Mitwirkung (er)leben

*Bertelsmann Stiftung (Hrsg.)*

# Mitwirkung (er)leben

Handbuch zur Durchführung von Beteiligungsprojekten
mit Kindern und Jugendlichen


Waldemar Stange
Sigrid Meinhold-Henschel
Stephan Schack



| Verlag BertelsmannStiftung

Unter Mitarbeit von Gundel Berger, Ulrich Deinet, Andreas Eylert, Reinhard Fatke, Kristin Hartmann, Heike Hasenfratz, Nicole Henrichfreise, Steffi Holzmann, Birgit Karstens, Anne Kraft, Roland Möhle, Berit Nissen, Thomas Olk, Ingo Richter, Roland Roth, Helmut Schneider, Oliver Schwan, Susanne Ulrich, Florian M. Wenzel, Christoph Zastrow und Claudia Zinser.
Ihnen, sowie den nicht namentlich genannten und an einzelnen Abschnitten Beteiligten, gilt unser Dank.

Bibliografische Information der Deutschen Nationalbibliothek

Die Deutsche Nationalbibliothek verzeichnet diese Publikation in der Deutschen Nationalbibliografie; detaillierte bibliografische Daten sind im Internet unter http://dnb.d-nb.de abrufbar.


*Verantwortlich: Sigrid Meinhold-Henschel*
*Lektorat: Heike Herrberg, Bielefeld*
*Herstellung: Sabine Reimann*
*Layout: Nicole Meyerholz, Bielefeld*
*Bildnachweis Innenteil: © Veit Mette, Bielefeld/ Archiv Bertelsmann Stiftung*
*Umschlaggestaltung: Nadine Humann*
*Umschlagabbildung: © Veit Mette, Bielefeld/Archiv Bertelsmann Stiftung*
*Satz und Druck: Hans Kock Buch- und Offsetdruck GmbH, Bielefeld*
*ISBN 978-3-89204-987-6*

*www.bertelsmann-stiftung.de/verlag*

# Inhalt

# Vorwort

Wie kann die Bereitschaft junger Menschen zur Mitgestaltung ihres Lebensumfeldes gehoben werden? Wie können im Dialog mit Jugendlichen eine neue Engagementkultur und eine lebendige lokale Demokratie entstehen? Wie profitieren Kommunen davon, die spezifischen Kompetenzen der Jugend bei der Lösung drängender Zukunftsfragen einzubinden?

Die Initiative »mitWirkung!« der Bertelsmann Stiftung hat sich mit Unterstützung ihrer Partner Unicef, dem Deutschen Kinderhilfswerk, dem Deutschen Städte- und Gemeindebund und der Gemeinschaftsaktion »Schleswig-Holstein – Land für Kinder« diesen Fragen seit 2004 gestellt und in der Praxis erprobt, wie Jugendliche für eine Mitwirkung in ihren Kommunen gewonnen werden können. In über 50 Städten wurden junge Menschen, deren Lehrkräfte und Schulleitungen sowie Verantwortliche in Kommunen zu Partizipationsverhalten, vorhandenen Möglichkeiten und bestehendem Handlungsbedarf befragt. An den Bedürfnissen junger Menschen ausgerichtete Information, eine fachliche Begleitung, die das Zutrauen zur eigenen Kompetenz stärkt, positive Partizipationserlebnisse in Schule und Kommune sowie die Möglichkeit, Erfahrungen mit Engagement in Vereinen zu machen, fördern die Mitwirkungsbereitschaft (Bertelsmann Stiftung 2005b und 2007b). Damit sind gleichzeitig die Felder benannt, die im Zentrum der Bemühungen all derjenigen stehen sollten, die im Bereich der Partizipation wirksame Kinder- und Jugendarbeit machen wollen.

Gleichzeitig wird Gemeinden, Städten und Kreisen immer bewusster, dass Kinder- und Jugendpolitik ein strategisches Handlungsfeld der Politik ist. Sich für Familien, Kinder und Jugend einzusetzen, ist ein Top-Thema für Kommunen, so das Ergebnis einer Ende 2007 im Auftrag der Bertelsmann

Stiftung durchgeführten repräsentativen Befragung unter (Ober-)Bürgermeistern.

Denn entgegen dem häufig veröffentlichten Bild von der desinteressierten und nicht engagierten Jugend ist mehr als jeder dritte Jugendliche freiwillig aktiv und bringt sich in die Gestaltung des Gemeinwesens ein. Dies ist das Ergebnis des Freiwilligensurvey, den das Bundesministerium für Familie, Senioren, Frauen und Jugend im Jahr 2004 veröffentlicht hat. Zwei von drei der befragten jungen Menschen würden sich noch mehr engagieren, wenn es attraktivere Angebote gäbe, so ein weiterer Befund der Studie.

In dem Handbuch »Mitwirkung (er)leben!« geht es auf Basis dieser Erkenntnisse um die Frage, wie Beteiligungsvorhaben mit jungen Menschen erfolgreich geplant und umgesetzt werden können. Das Handbuch beleuchtet normative Grundlagen, gibt konkrete Unterstützung zu allen Phasen des Projektmanagements und stellt eine umfangreiche Methodensammlung zur Verfügung. Zu allen Inhalten finden sich darüber hinaus vertiefende Materialien auf einer CD-ROM. Erprobt, evaluiert und optimiert wurden diese Materialien in der Praxisphase der Initiative »mitWirkung!« und in der Ausbildung von rund 120 zertifizierten Projektverantwortlichen. Entwickelt wurden sie in Kooperation mit Prof. Waldemar Stange (Universität Lüneburg), der seine langjährige Erfahrung in der Ausbildung von Moderatoren für Partizipationsvorhaben eingebracht hat. Hervorheben möchten wir auch das außerordentliche Engagement von Stephan Schack und Nicole Henrichfreise bei der Erstellung dieses Bandes. Darüber hinaus haben zahlreiche Fachleute mit ihrer Expertise zu dieser Publikation beigetragen. Bei allen Beteiligten möchten wir uns herzlich bedanken.

Wir verbinden mit diesem Buch die Hoffnung, eine konkrete Hilfestellung in der Arbeit mit Kindern und Jugendlichen in Beteiligungsvorhaben anzubieten und damit einen Beitrag zu leisten, ihre hohe Engagementbereitschaft künftig stärker in die Entwicklung unserer Gesellschaft einzubinden. An der Frage, ob junge Menschen für die Mitgestaltung des Gemeinwesens gewonnen werden, entscheidet sich die Zukunft der Zivilgesellschaft.

*Dr. Brigitte Mohn*
Mitglied des Vorstands der
Bertelsmann Stiftung

*Sigrid Meinhold-Henschel*
Projektleiterin der
Initiative »mitWirkung!«

# Nutzungshinweise für Handbuch und CD-ROM

Dieses Handbuch versteht sich als grundlegende Einführung in die Entwicklung, Planung, Moderation und Auswertung von Beteiligungsvorhaben mit Kindern und Jugendlichen. Es kann auch als Nachschlagewerk genutzt werden, um sich gezielt zu einzelnen Fragen zu informieren. Gleichzeitig ist es so konzipiert, dass es in der Ausbildung von Moderatorinnen und Moderatoren für Partizipationsprojekte als Begleitmaterial eingesetzt werden kann.

Im Handbuch werden verschiedene Symbole verwendet, die der Orientierung dienen:

Den drei Teilen des Handbuchs (Grundlagen, Projektmanagement und Methoden) sind orientierende Einführungen vorangestellt, in denen die zentralen Inhalte der nachfolgenden Kapitel im Überblick dargestellt werden.

Zu den Kapiteln oder auch einzelnen Textabschnitten gibt es kurze Einführungstexte.

Zentrale Aspekte zum Thema werden durch Begriffsklärungen definiert.

Es gibt eine Reihe von Empfehlungen, Tipps und Hinweisen für die Praxis der Kinder- und Jugendpartizipation.

Auf der beiliegenden CD-ROM befinden sich viele vertiefende Texte, Praxistipps und Instrumente für die Projektsteuerung und die Methoden.

Querverweise innerhalb des Handbuchs führen zu grundlegenden bzw. weiterführenden Abschnitten eines Themenbereichs.

Verweise auf weiterführende Literatur finden sich nur im Methodenteil.

Im Methodenteil des Handbuchs sind Kurzdarstellungen von Methoden zur Lebensweltererkundung, zur Ideenfindung und zum Projektmanagement enthalten. (Da es neben den hier aufgenommenen viele weitere Methoden gibt, werden zusätzlich Literaturempfehlungen zum jeweiligen Thema gegeben.)

Die Symbole in den Methodenbeschreibungen haben folgende Bedeutung:

Die Kurzbeschreibung gibt einen ersten Überblick über den Ablauf der Methode.

Eine Darstellung von Einsatzmöglichkeiten der Methode erleichtert die Auswahl für bestimmte Phasen des Projekts.

Die Argumente zu Vor- und Nachteilen der Methode geben weitere Hilfestellungen zum Einsatz.

Die Methodenauswahl wird durch Empfehlungen zum Alter der Zielgruppe und zur Gruppengröße unterstützt.

Hier wird der Zeitaufwand für den Einsatz der Methode genannt.

Möglicherweise besteht ein besonderer Aufwand in der Vorbereitung oder Durchführung der Methode.

Zu jeder Methode gibt es auf der CD-ROM eine ausführliche Anleitung mit einem Überblick, einer Moderationsanleitung und weiteren Hinweisen zum Einsatz. Zu einigen Methoden werden außerdem Arbeitsblätter, Fragebogen oder andere Elemente für die Praxis zur Verfügung gestellt.

## Hinweise zur Nutzung der CD-ROM

Die CD-ROM entspricht in ihrer Struktur dem Handbuch und beinhaltet folgende Teile:
Partizipationsprojekte in der Theorie
Partizipationsprojekte in der Praxis
Methoden für Projekte zur Kinder- und Jugendpartizipation

# Partizipationsprojekte in der Theorie

In diesem ersten Teil werden Grundlagen für die Praxis der Kinder- und Jugendpartizipation dargestellt.

Begriffsschärfung

Ausgehend von den Erfahrungen der Initiative »mitWirkung!« der Bertelsmann Stiftung liegt der Schwerpunkt auf der Beteiligung von jungen Menschen in öffentlichen Angelegenheiten im kommunalen Kontext. Dazu werden neben einer Begriffsklärung verschiedene Systematisierungen und Ordnungsversuche vorgenommen sowie normative und funktionale Begründungen gegeben. Die rechtlichen Grundlagen für die Gestaltung der Partizipationspraxis eröffnen Handlungsräume für die Entwicklung und Durchführung von Beteiligungsprojekten.

Qualitätsentwicklung

Die Initiative »mitWirkung!« hat gezeigt, dass die Qualität von Projekten und Vorhaben in deutschen Kommunen noch sehr unterschiedlich ausgeprägt ist. Daher war es ein wichtiges Anliegen der Initiative, praxisorientierte Kriterien zu entwickeln, die die Qualität und Nachhaltigkeit der einzelnen Maßnahmen erweitern. Eine Rolle spielen dabei grundsätzliche Fragen der Qualität in Partizipationsprojekten sowie spezifische Qualitätskriterien für kommunale Projekte und Vorhaben. Diese sind bereits in der Planung von Projekten zu berücksichtigen.

Beteiligtenperspektive

Umfassende Partizipationsmöglichkeiten von jungen Menschen in Kommunen können nur erfolgreich etabliert werden, wenn die Perspektive der Zielgruppe aufgenommen wird. Kinder und Jugendliche sind eine insgesamt sehr heterogene Bevölkerungsgruppe. Diese Vielschichtigkeit hat Folgen für die Entwicklung und Durchführung von Projekten und eröffnet unterschiedliche Zugänge, um junge Menschen an der Gestaltung ihrer unmittelbaren Lebenswelt zu beteiligen.

Beteiligungsformen

Für Kinder und Jugendliche, die sich aktiv an Partizipationsprojekten beteiligen wollen, muss ein Angebot entwickelt werden, das sich an ihren Bedürfnissen orientiert. In der Praxis haben sich unterschiedliche Formen bewährt. Im Zusammenhang mit Beteiligung im kommunalen Rahmen wird nach den konkreten Möglichkeiten der Partizipation differenziert. Am unmittelbarsten können sich junge Menschen bei den Modellen einbringen, die ihnen eigenständige Gestaltungs- und Entscheidungsspielräume eröffnen (Politik von Kindern und Jugendlichen). Daneben haben aber auch Modelle, in denen sich Kinder und Jugendliche an Entscheidungen der Erwachsenen beteiligen, eine große Bedeutung (Politik mit Kindern und Jugendlichen). Nicht zuletzt sind anwaltschaftliche Modelle eine Möglichkeit der Interessenvertretung (Politik für Kinder und Jugendliche).

Alle diese unterschiedlichen Formen haben ihre spezifischen Chancen, aber natürlich auch ihre Grenzen.

Information

Kinder und Jugendliche können sich nur dann beteiligen, wenn sie über die Angebote und konkreten Mitwirkungsmöglichkeiten informiert sind. Die umfassende Information über diese Angebote ist daher besonders wichtig. Kommunen stehen vor der Herausforderung, nicht nur zielgruppenadäquate Projekte zu etablieren, sondern bereits in der Öffentlichkeitsarbeit gegenüber jungen Menschen bestimmte Bedingungen zu berücksichtigen, die sich aus der Heterogenität der jungen Generation ergeben. Der Aufbau einer Kommunikationsstrategie ist deshalb eine unverzichtbare Grundlage für eine erfolgreiche Partizipationspraxis.

# I Grundlagen der Partizipation

Zur Partizipation von Kindern und Jugendlichen gibt es einen breiten Diskurs auf fachwissenschaftlicher Ebene wie auch in der Praxis. Dabei zeigt sich, dass der Begriff Partizipation nach wie vor unterschiedlich gesehen und bewertet wird. Der Initiative »mitWirkung!« der Bertelsmann Stiftung liegt ein praxisorientiertes Begriffsverständnis zugrunde, das die aktuellen Diskussionen aufnimmt und weiterentwickelt. Ihr Schwerpunkt liegt in der Beteiligung von Kindern und Jugendlichen in öffentlichen Angelegenheiten und kommunalen Zusammenhängen.

Systematisierung

Verschiedene Systematisierungen, die in Theorie und Praxis zur Partizipation diskutiert werden, unterscheiden sich im Grad der Einflussnahme von jungen Menschen, den bestehenden rechtlichen Rahmenbestimmungen, dem zugrunde liegenden Demokratieverständnis, der Reichweitendifferenzierung und der Beteiligtenperspektive. Diese unterschiedlichen Blickwinkel ermöglichen eine Orientierung für die Planung und Beurteilung sowie eine Einordnung von Partizipationsangeboten.

Begründungen

Für eine umfassende Verankerung ist es erforderlich, Partizipationsvorhaben auch anschlussfähig an aktuelle gesellschaftliche Diskurse zu gestalten. Normative und funktionale Begründungen zur Stärkung der Kinder- und Jugendbeteiligung helfen dabei, eine eigene Argumentation für die Entwicklung und Etablierung einer Beteiligungskultur zu entwickeln.

Handlungsrahmen

Der konkrete Handlungsrahmen ergibt sich aus verschiedenen rechtlichen Bestimmungen. Auf praktisch allen gesetzlichen Ebenen finden sich Ansatzpunkte, wenn nicht gar verpflichtende Bestimmungen, die dem Grundgedanken der Partizipation von Kindern und Jugendlichen Rechnung tragen. Partizipation ist juristisch betrachtet nicht nur möglich, sie ist sogar geboten.

## 1 Partizipation: mehr als nur Teilhabe

Partizipation steht für die aktive Beteiligung Betroffener – sowohl in ihrer unmittelbaren Umgebung am eigenen Wohnort als auch auf globaler Ebene. Es geht hier um Menschen, die Entscheidungsprozesse in ihrer Lebenswelt beeinflussen und verantwortungsvoll mitgestalten wollen.

Vielfalt der Definitionen

Gesellschaftspolitische Vorstellungen von Kinder- und Jugendpartizipation und die entsprechenden Diskurse spiegeln eine Vielfalt an Modellen wider, die jungen Menschen in verschiedenen Bereichen angeboten werden. Sie beginnen bei der unverbindlichen Offerte von Erwachsenen, »ein offenes Ohr« für die Interessen, Bedürfnisse und Anliegen junger Menschen zu haben. Sie zeigen sich aber auch in strukturellen Angeboten wie Kinder- und Jugendanwälten, Kinderbüros oder -beauftragten, Kinderbürgermeistern oder Schülervertretungen und unterschiedlichsten parlamentarischen Gremien für junge Menschen. Ergänzt wird dieses Spektrum durch vielfältige Einzelvorhaben und -projekte. Auch die einschlägige Fachliteratur bietet bisher keine klare und eindeutige Vorstellung oder Definition davon, was Partizipation von Kindern und Jugendlichen bedeutet oder sein soll (Fatke 2007: 23).

Sprachliche Annäherung

Partizipation stammt aus dem Lateinischen und wird in der deutschen Umgangssprache mit Begriffen wie Beteiligung, Teilhabe, Teilnahme, Mitwirkung, Mitbestimmung, Einbeziehung übersetzt. Die ursprüngliche Herkunft des Wortes »Partizipation« entstammt jedoch dem lateinischen »partem capere«. Dieser Begriff bedeutet wörtlich übersetzt: »einen Teil (weg-)nehmen« (ebd.: 24).

Teilen von Macht

Für die Kinder- und Jugendpartizipation folgt aus dieser wörtlichen Übertragung, dass junge Menschen einen Teil der Verfügungsgewalt über ihre Lebensgestaltung an sich nehmen. Dabei ist echte Partizipation nicht als vorgegeben oder aufgezwungen vorstellbar: Sie vollzieht sich immer freiwillig und kann als Chance zur Mitgestaltung oder Selbstbestimmung verstanden werden. Das Recht zu partizipieren muss allerdings vorhanden sein, entweder den jungen Menschen eingeräumt oder von ihnen erkämpft.

Für die Entscheidungsträger einer Gesellschaft bedeutet Partizipation immer auch das Delegieren bzw. Teilen von Macht – dieses begriffliche Element ist im Wort bereits enthalten. Erwachsene, die Entscheidungsmacht über die Lebensgestaltung von Kindern und Jugendlichen haben, müssen demnach Macht abgeben, oder sie muss ihnen »weggenommen« werden. Dies erklärt auch die häufige Abwehrreaktion von Erwachsenen – Eltern, Lehrern und Politikern – gegenüber Kinder- und Jugendpartizipation (vgl. ebd.).

Die internationale Partizipationsforschung hat sich in den letzten Jahrzehnten von einem zunächst begrenzten Verständnis des Begriffes, als »Beteiligung der Bürger an den gegebenen Formen bürgerlicher [...] Öffentlichkeit und parlamentarischer [...] Demokratie« (Vilmar 1986, zitiert nach Stange und Tiemann 1999: 216) gewandelt. Aktuelle Diskussionen haben nicht mehr nur die Beteiligung der Bürger als Wahlberechtigte ihres Staates im Blick, sondern beziehen sich nun auf alle Mitglieder in der Gesellschaft, egal welchen Alters, welchen Geschlechts und unabhängig von ihrer Wahlberechtigung. Zudem hat sich der Fokus von einer unmittelbaren Partizipation an politischen Willensbildungsprozessen erweitert zu einer Vielfalt der Lebensbereiche, in denen partizipiert werden kann und soll.

Internationale Forschung

Partizipation ist also zu verstehen als »die verantwortliche Beteiligung der Betroffenen an der Verfügungsgewalt über ihre Gegenwart und Zukunft« (Stange und Tiemann 1999: 215). In Anlehnung an dieses Verständnis bedeutet Partizipation von Kindern und Jugendlichen »die verbindliche Einflussnahme von Kindern und Jugendlichen auf Planungs- und Entscheidungsprozesse, von denen sie betroffen sind, mittels ihnen angepasster Formen und Methoden« (Jaun 1999: 266).

Verantwortliche Beteiligung der Betroffenen

Beide Definitionen beschreiben die unmittelbare Einbeziehung der Betroffenen. Partizipation soll in den Lebensbereichen von Kindern und Jugendlichen ermöglicht werden, in denen sie mittel- oder unmittelbar von Entscheidungen betroffen sind. Gleichzeitig treffen beide Definitionen bereits qualitative Aussagen zur Gestaltung von Partizipationsangeboten: In der ersten wird als zentraler Aspekt die Eigenverantwortlichkeit des Subjektes benannt, während die zweite Bezug nimmt auf die Formen und Methoden der Angebote, die der anvisierten Zielgruppe entsprechen müssen.

Verbindlich und wirkungsvoll

Die Ernsthaftigkeit des Partizipationsangebots verbindet beide Definitionen. Der Beteiligung soll demnach eine hohe Verbindlichkeit zukommen, die nur dann ernst gemeint sein kann, wenn sie eine Wirkung auf die Lebenswelt der betroffenen Menschen garantiert (vgl. Fatke 2007: 25).

## 1.1 Die Partizipationsleiter: Stufenmodell für Beteiligung

Für die Arbeit der Initiative »mitWirkung!« hat sich das Stufenleiter-Modell (Hart 1997) als hilfreich bei der Entwicklung nachhaltiger Partizipationskonzepte auf kommunaler Ebene erwiesen. Es illustriert die unterschiedlichen Intensitäten der Mitwirkung von jungen Menschen an Entscheidungsprozessen in ihrer Lebensumwelt und umfasst acht Stufen (Hart 1997, zitiert nach Fatke 2007: 25 f.):

1. Manipulation
2. Dekoration
3. Alibiteilnahme
4. zugewiesen, aber informiert
5. konsultiert und informiert
6. von Erwachsenen initiiert und Entscheidungen mit Kindern geteilt
7. von Kindern initiiert und durchgeführt
8. von Kindern initiiert und Entscheidungen mit Erwachsenen geteilt

Manipulation – Dekoration – Alibi

Als Manipulation wird die unzulässige Einflussnahme von Erwachsenen auf Kinder und Jugendliche bezeichnet. Form und Ergebnis des Beteiligungsangebotes sind weitgehend fremdbestimmt. Vor allem Kinder werden auf diese Weise oft in politische Aktionen einbezogen, ohne dass sie verstehen können, um was es geht.

Dekoration dagegen beschreibt die Einbeziehung von jungen Menschen, ohne dass deren Beteiligung einen unmittelbaren Bezug zum tatsächlichen Inhalt einer Veranstaltung hat. Häufig haben sie keine ausreichenden Informationen über den Anlass, die Themen oder Ziele ihrer Beteiligung; Sie sind lediglich dekoratives Beiwerk einer Veranstaltung.

Als Alibiteilnahme werden solche Maßnahmen bezeichnet, in denen junge Menschen zur Artikulation ihrer Interessen zwar aufgefordert werden, aber nur scheinbar mitbestimmen dürfen. Bei dieser Form der Partizipation, die in der Praxis recht häufig anzutreffen ist, spielen die Bedürfnisse junger Menschen bei der weiteren Bearbeitung eines Themas keine Rolle. Ihre Beteiligung bleibt ohne Konsequenzen.

So muss kritisch angemerkt werden, dass die ersten drei Stufen eher eine Instrumentalisierung junger Menschen darstellen als eine tatsächliche Form der Partizipation.

Intensitäten der Mitwirkung

Die weiteren fünf Stufen des Modells beschreiben Partizipationsmöglichkeiten unterschiedlicher Intensität (vgl. Quesel und Oser 2006: 3 f.; Fatke 2007):

- zugewiesen, aber informiert: Die freiwillige Übernahme von Aufträgen im Rahmen eines Vorhabens, deren Sinn und Zweck von jungen Menschen verstanden wird. Projekte sind zwar von Erwachsenen initiiert, Kinder und Jugendliche werden aber hinreichend über ihre Möglichkeiten informiert und bewusst zur aktiven Teilnahme an den Prozessen aufgefordert.
- konsultiert und informiert: Im Rahmen von Projekten werden junge Menschen seitens der Erwachsenen systematisch und umfassend informiert

und nach ihren Wünschen befragt. Diese Anregungen fließen in die Projektumsetzung ein; letzte Entscheidungen werden jedoch von Erwachsenen getroffen.

- von Erwachsenen initiiert und Entscheidungen mit Kindern geteilt: Junge Menschen werden in den von Erwachsenen entwickelten und durchgeführten Vorhaben umfassend beteiligt. Die Entscheidungen werden auf dieser Stufe gemeinsam mit den Erwachsenen getroffen.
- von Kindern initiiert und durchgeführt: Junge Menschen bringen aus eigener Motivation ein Vorhaben auf den Weg und regeln alle entscheidenden Fragen des Verlaufs selbstverantwortlich untereinander. Erwachsene sind als unterstützende Begleitung an den Vorhaben beteiligt und fördern diese.
- von Kindern initiiert und Entscheidungen mit Erwachsenen geteilt: Junge Menschen entwickeln eigene Projektideen, ziehen im weiteren Verlauf Erwachsene hinzu, um diese an den Entscheidungen zu beteiligen und damit die Verantwortung und Macht zu teilen.

**Abbildung 1: Die Partizipationsleiter**

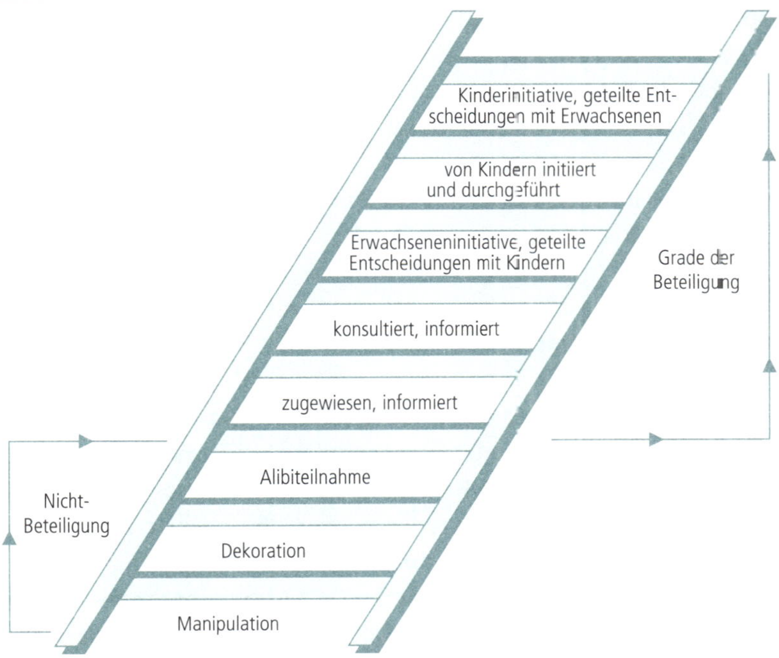


Quelle: Hart 1997

Vielfältige Modelle

Dieses Stufenmodell ist eine Möglichkeit aufzuzeigen, was Partizipation in der Praxis sein kann bzw. nicht ist. Es geht nicht um eine qualitative Bewertung der Ansätze. Der Ansatz einer höheren Stufe bezeichnet nicht automatisch eine bessere Möglichkeit der Partizipation als Ansätze auf mittleren Stufen (Hart 1997: 40; Fatke 2007: 26).

Die unteren drei Stufen sind im Kern nicht als Partizipation zu bezeichnen. Sie werden von Erwachsenen vor allem aus Eigeninteresse genutzt und jungen Menschen nur als »demokratische Spielwiesen« angeboten. Die weiteren Stufen dagegen beschreiben die verschiedenen Modelle der Partizipation. Die Unterschiede in den Beteiligungsgraden sind an einigen Stellen minimal.

Die beiden mittleren Stufen beschreiben Angebote, die Erwachsene an junge Menschen machen und über die sie sie informieren. Zugleich werden den jungen Menschen aber auch Beteiligungsmöglichkeiten zugewiesen oder übertragen. Auf Stufe fünf steht neben der Information die Konsultation im Sinne von Beratung durch Kinder und Jugendliche. Darunter ist das in der Partizipationspraxis oft zitierte Expertentum in eigenen Angelegenheiten zu zählen.

Auf den oberen drei Stufen spielen verschiedene Aspekte und Grade der Definitions- und Entscheidungsabgabe und somit der Machtteilung eine Rolle. Entscheidend ist hier die Frage, von wem die Initiative zur Beteiligung ausgeht. Zunächst geht es um die ernst gemeinte Initiative von Erwachsenen, anstehende Entscheidungen zu teilen, während auf Stufe sieben die Initiative von Kindern und Jugendlichen ausgeht und sie eigenverantwortlich an der Umsetzung arbeiten. Auf Stufe acht kehrt sich das Verhältnis um: Hier werden die Erwachsenen von jungen Menschen hinzugezogen und Entscheidungen dann gemeinsam getroffen.

## 1.2 Partizipationsverständnis in Deutschland

Kontinuum von Partizipationsgraden

Für eine eindeutigere Trennung der Partizipationsstufen und eine Begriffsschärfung hat sich innerhalb des deutschen Fachdiskurses in Anlehnung an das Stufenmodell eine Hierarchisierung der Partizipationsintensität durchgesetzt. Die verschiedenen Ansätze lassen sich demnach in eine Abfolge von Partizipationsgraden einordnen (Schröder 1995: 16 f.):

1. Fremdbestimmung – 2. Dekoration – 3. Alibiteilnahme – 4. Teilhabe – 5. Zugewiesen, informiert – 6. Mitwirkung – 7. Mitbestimmung – 8. Selbstbestimmung – 9. Selbstverwaltung. Sie beschreiben deutlicher als das Stufenmodell den Grad der Mitwirkung und sind in der Fachöffentlichkeit etabliert.

Fehlformen

Auch diesem Modell liegt zugrunde, dass die Angebote auf den Stufen eins bis drei kaum eine tatsächliche Partizipation beinhalten. In diesen Fällen werden die jungen Menschen von Erwachsenen instrumentalisiert, und Partizipation verkommt zu einer reinen Alibiveranstaltung. Diese Formen sollten daher als Fehlformen der Partizipation bezeichnet werden (Stange und Tiemann 1999: 218).

Selbstbestimmung

Die Formen auf den beiden obersten Stufen sind ebenfalls nicht als Beteiligung im eigentlichen Verständnis zu bewerten, da es bei Selbstbestimmung und Selbstverwaltung nicht mehr um das Teilen von Ressourcen oder Macht geht, sondern um Autonomie (ebd.).

Beteiligung im engeren Sinne

Deshalb konzentrieren sich die Ausführungen in diesem Handbuch auf die vier Formen der mittleren Stufen: Teilhabe – zugewiesen, informiert – Mitwirkung – Mitbestimmung. Diese Ansätze zur Kinder- und Jugendbeteiligung entsprechen dem ursprünglichen Sinn des Begriffs »partem capere«. Je nach sozialem oder gesellschaftlichem Kontext beschreiben diese Formen unterschiedliche Sachverhalte.

Aktive Mitbestimmung

Auf der Grundlage der sprachlichen und theoretischen Überlegungen beschreibt die Initiative »mitWirkung!« Kinder- und Jugendpartizipation wie folgt: das aktive und nachhaltige Mitwirken und Mitbestimmen von Kindern und Jugendlichen an Planungen und Entscheidungen, die ihre Lebenswelt betreffen, sowie an deren Verwirklichungen.

Öffentliche Angelegenheiten in der Kommune

Der Rahmen, in dem diese Definition weiter entfaltet und mit Leben gefüllt wird, sind alle öffentlichen Angelegenheiten im kommunalen Kontext, von denen Kinder und Jugendliche mittelbar oder unmittelbar betroffen sind. Damit ist zunächst der öffentliche Raum gemeint, also eine Gemeindefläche, die der Öffentlichkeit frei zugänglich ist und kommunal bewirtschaftet und unterhalten wird: alle öffentlichen Verkehrsflächen, Park- und Platzanlagen. Es sind aber auch solche Angelegenheiten gemeint, bei denen Kinder und Jugendliche an der Gestaltung der allgemeinen Lebensverhältnisse im Gemeinwesen mitwirken und mitbestimmen können.

Permanenter zukunftsoffener Lernprozess

Als gesellschaftlicher Leitgedanke ist Partizipation nur sinnvoll als permanenter Lernprozess zu verstehen, der möglichst viele Menschen einschließt. Ein solcher Prozess ist ergebnisoffen und ermöglicht die freie Diskussion über Alternativen. Die aktive Beteiligung junger Menschen an politischen und gesellschaftlichen Angelegenheiten ist eine notwendige Voraussetzung zur Verwirklichung eines demokratischen Gemeinwesens. Partizipation kann dabei als Mittel zur Artikulation und Durchsetzung von Anliegen und Interessen dienen, ist aber immer auch als Zweck zur Selbstverwirklichung der Menschen durch Beteiligung zu betrachten.

Kinder sind nur anders als Erwachsene

»Partizipation bedeutet nicht, ›Kinder an die Macht‹ zu lassen oder ›Kindern das Kommando zu geben‹. Partizipation heißt: Entscheidungen, die das eigene Leben oder das Leben der Gemeinschaft betreffen, zu teilen und gemeinsam Lösungen für Probleme zu finden. Kinder sind dabei nicht kreativer und demokratischer oder offener als Erwachsene, sie sind nur anders und bringen aus diesem Grunde andere, neue Aspekte und Perspektiven in die Entscheidungsprozesse hinein« (Schröder 1995: 14).

Kinder- und Jugendpartizipation im wissenschaftlichen Diskurs

## 2 Systematisierungen und Ordnungsversuche

Systematisierungen sind für einen genaueren Überblick zum Thema Partizipation sinnvoll, da sie unterschiedliche Aspekte und Grade von Beteiligung aufzeigen. Partizipation gewinnt durch solche Ordnungsversuche an Kontur. In der fachwissenschaftlichen Debatte der vergangenen Jahrzehnte sind Systematisierungen unter verschiedenen Gesichtspunkten erfolgt. Einige der Unterschiede sollen im Folgenden verdeutlicht werden.

### 2.1 Grad der Einflussnahme

Niveaus der Beteiligung

Eine erste Systematisierung des Begriffs bezieht sich auf das bereits dargestellte Stufenmodell. Es umfasst drei deutlich abgrenzbare Niveaustufen der Einflussnahme der jeweils Betroffenen (Hart 1992; Schröder 1995). Danach unterscheidet sich Partizipation in der Intensität bzw. nach dem Grad der Einflussnahme der betreffenden Beteiligungsform im konkreten Fall. Die Bandbreite reicht von unverbindlicher Partizipation ohne wirkliche Mitbestimmungsmöglichkeit bis zur völligen Selbstverwaltung:

| **Fehlformen** | **Beteiligung** | **Selbstbestimmung** |
|---|---|---|
| Fremdbestimmung:<br>Partizipation ist nicht oder nur als Alibifunktion vorhanden. | Mitwirkung, Mitbestimmung:<br>Betroffene partizipieren an Entscheidungsprozessen. | Selbstbestimmung:<br>Betroffene entscheiden allein. |

Qualität der Prozesse

Hier spiegelt sich bereits ein wichtiges Kriterium für erfolgreiche Partizipationsvorhaben wider: die Qualität der Prozesse innerhalb von Beteiligungsangeboten.

Wo nur Fremdbestimmung herrscht und Partizipation bestenfalls in Form von Alibiaktionen vorkommt oder der bloßen, unter Umständen medienwirksamen Zierde eines Machtträgers dient, wird von Fehlformen gesprochen. Meist sind solche Aktionen einmalig und haben keine Nachhaltigkeit.

Demgegenüber werden als Selbstbestimmung solche Vorhaben bezeichnet, in denen die Betroffenen ihre Angelegenheiten ausschließlich selbst regeln und verwalten. Auch dabei handelt es sich nicht um Partizipation. Wenn Kinder und Jugendliche bei wichtigen Entscheidungen sich selbst überlassen bleiben und ihre Angelegenheiten allein regeln, ist das keine Partizipation im engeren Sinne.

Dazwischen liegt der Bereich ernst gemeinter Beteiligung und Mitwirkung: Kinder und Jugendliche werden von Verantwortlichen über anstehende Entscheidungen informiert, sie werden zur Mitwirkung eingeladen und können ernsthaft mitbestimmen.

## 2.2 Rechtliche Rahmenbedingungen

Abgesicherte Einflussmöglichkeiten

Wenn es um Partizipation auf kommunalpolitischer Ebene geht, ist eine andere Systematisierung von Bedeutung: Der Grad der Beteiligung und die Reichweite des Betroffeneneinflusses sind durch rechtliche Rahmenbestimmungen vorgegeben und abgesichert (Detjen 2000).

Unverbindliche und verbindliche Partizipation

Zeit ist ein entscheidender Faktor und spannt einen Bogen von kurzer, einmaliger Ad-hoc-Beteiligung bis hin zur permanenten Mitwirkung. Unverbindliche Partizipation beschränkt sich auf Informations-, Beratungs- und Initiativrechte. Damit sind Möglichkeiten der prinzipiellen Mitwirkung an Prozessen der Willensbildung und Entscheidungsfindung gemeint. Durch das Informationsrecht stehen Kindern und Jugendlichen, wie allen Bürgerinnen und Bürgern, umfassende Mitteilungen der kommunalen Verantwortlichen zu. Das Anhörungsrecht gibt Betroffenen die Gelegenheit, ihre Perspektive in Entscheidungsprozesse einzubringen. Auf Grundlage des Initiativrechtes können Betroffene selbst Beteiligungsaktionen initiieren und sich für ihre Interessen einsetzen. Alle Fragen der Entscheidungshoheit und Verfügungsmacht sind jedoch gesetzlich klar geregelt: Sie liegen bei den politischen Mandatsträgern.

Dagegen ist verbindliche Partizipation gekennzeichnet durch die Einschränkung der Vollmachten von Erwachsenen. Darunter sind solche Entscheidungen zu sehen, die die Bürger selbst und direkt treffen oder bei denen sie mitwirken oder mitbestimmen können.

## 2.3 Partizipatorisches Demokratieverständnis

Direkte und indirekte Einflussnahme

In der Kinder- und Jugendpartizipation kann auch zwischen direkter und indirekter Partizipation differenziert werden. Während die Betroffenen bei direkt-demokratischer Mitwirkung unmittelbaren Einfluss auf Entscheidungen haben, wird diese Einflussnahme bei repräsentativ-demokratischer Beteiligung von legitimierten Vertretern wahrgenommen.

Politik der Bürgerbeteiligung

Die Einteilung in direkte und indirekte Partizipation verweist auf ein bestimmtes Verständnis der demokratischen Gesellschaft. Auf der einen Seite

steht eine Beschränkung auf die Regularien der parlamentarischen Demokratie, bei der Kindern und Jugendlichen Angebote gemacht werden, innerhalb vorgegebener Strukturen mitzuwirken. Auf der anderen Seite steht ein partizipatorisches Demokratieverständnis, das auch als »Politik der umfassenden Bürgerbeteiligung« (Barber 1994) bezeichnet werden kann.

Diese Systematik wird gelegentlich stark bewertend diskutiert, indem die verschiedenen Arten der Beteiligung im Sinne echter Formen unmittelbarer und unechter Formen mittelbarer Demokratie betrachtet werden. Den nach diesem Verständnis unechten Beteiligungsformen wie Kinder- oder Jugendparlamenten wird dabei vorgeworfen, nur eine Alibifunktion zu erfüllen. Es ist jedoch eine Frage der Qualität der Beteiligungsvorhaben, ob ein Angebot als erfolgreich oder nicht erfolgreich anzusehen ist.

## 2.4 Differenzierung nach Reichweite und Perspektive der Betroffenen

Begrenzung und Offenheit

Eine weitere Unterscheidungsmöglichkeit stellt die Differenzierung nach der Reichweite von Partizipationsangeboten dar. Hier kann hinsichtlich der thematischen Ausrichtung zwischen Begrenzung und Offenheit unterschieden werden. Innerhalb der Kinder- und Jugendbeteiligung ist eine solche Begrenzung häufig anzutreffen und ein wesentliches Merkmal unterschiedlichster Projektansätze. Beteiligungsangebote für junge Menschen beschränken sich oft auf – meist von Erwachsenen definierte – unmittelbare Themen der betreffenden Altersgruppe wie Spielplatzgestaltung, Mitarbeit in der Schülervertretung oder Planung und Gestaltung von informellen Treffpunkten für Jugendliche.

Interesse am Thema

Jugendpartizipationsstudie

Jedoch, so belegt die Jugendpartizipationsstudie der Bertelsmann Stiftung (Bertelsmann Stiftung 2005b), hängt die prinzipielle Bereitschaft von Kindern und Jugendlichen zur Mitwirkung im kommunalen Umfeld und ihre sich daraus entwickelnde längerfristige Motivation sehr stark von ihrem eigenen Interesse am Thema ab. Das am zweithäufigsten genannte Thema, bei dem sich junge Menschen beteiligen, ist »Hilfe für Menschen in Not«. Großes Interesse geben sie auch bei Themen zur Gewalt- und Konfliktbearbeitung und zur Integration an (ebd.: 25 und 52). Inhalte und Themen müssen relevant für junge Menschen sein und einen Bezug zu ihrer Lebenswelt haben. Dies ist eine Grundvoraussetzung für erfolgreiche Partizipationsprojekte.

Zielgruppendifferenzierung

Ein anderes Kriterium der Reichweitendifferenzierung bezieht sich auf die zu beteiligenden Zielgruppen. Dabei geht es auch um Angebote zur Mitwirkung, die einer besonderen Förderung und Unterstützung von bestimmten Zielgruppen entsprechen. Dies können alters- oder geschlechtsspezifische Gruppen sein, örtliche Einwohnergruppen nur einer bestimmten Kommune oder eines Stadtteils, institutionelle Gruppen in Kindergärten oder Schulen, Kinder und Jugendliche mit Migrationshintergrund, Menschen mit Behinderungen oder anderem besonderen Förderbedarf oder intergenerationelle Gruppen.

Direkte und indirekte Beteiligung

Ein letztes Unterscheidungsmerkmal bezieht sich auf die Perspektive der Betroffenen. Die Grundformen der Interessenvertretung und Beteiligung von Kindern und Jugendlichen lassen sich grundsätzlich systematisieren in solche der Interessenvertretung durch Erwachsene als indirekter Beteiligung und solche der Interessenwahrnehmung von Kindern selbst als direkter Beteiligung.

Unterhalb dieser groben Einteilung erfolgt die Differenzierung im Blick auf das zugrunde liegende Politikverständnis. Interessenvertretung durch Erwachsene ist eine »Politik für Kinder und Jugendliche«. Davon sind alle Formen der »Politik mit Kindern und Jugendlichen« und »Politik von Kindern und Jugendlichen« zu unterscheiden.

| **Indirekte Beteiligung** | **Direkte Beteiligung** | |
|---|---|---|
| **»Politik für Kinder und Jugendliche«** | **»Politik mit Kindern und Jugendlichen«** | **»Politik von Kindern und Jugendlichen«** |
| stellvertretende Wahrnehmung von Kinderinteressen durch Erwachsene | Beteiligung an den Institutionen der Erwachsenenwelt<br>punktuelle Beteiligung | repräsentative Formen<br>offene Formen<br>projektorientierte Formen<br>punktuelle Beteiligung |

Politikverständnis als Grundlage

Eine »Politik für Kinder und Jugendliche« drückt sich darin aus, dass Erwachsene die Interessen junger Menschen stellvertretend wahrnehmen. Die bekanntesten Formen sind Kinderbüros, Kinderbeauftragte oder Kinderanwälte. Einen wichtigen Beitrag für die Umsetzung der Kinder- und Jugendlichenrechte leisten auch verschiedene Lobbyverbände.

Unter »Politik mit Kindern und Jugendlichen« sind jene Formen gefasst, die eine Beteiligung an den Institutionen der Erwachsenenwelt ermöglichen. Junge Menschen können an Einwohnerfragestunden teilnehmen oder auf verschiedenen Wegen in Ausschüssen kommunaler parlamentarischer Gremien mitarbeiten. Teilweise lassen sich auch Formen einer punktuellen Beteiligung diesem Politikbereich zuordnen, wie Planspiele zur Kommunalpolitik oder Besuche von Kindern und Jugendlichen in den parlamentarischen Gremien.

Beteiligung im engeren Sinne setzt voraus, dass eine »Politik von Kindern und Jugendlichen« seitens der kommunalen Entscheidungträger erwünscht ist. Repräsentative Formen wie Kinder- und Jugendparlamente oder -beiräte sind die wohl bekanntesten Ansätze der Mitwirkung. Immer häufiger werden auch offene Versammlungsformen angeboten wie Kinder- oder Jugendforen bzw. Runde Tische, bei denen junge Menschen zusammenkommen und selbstständig für ihre Interessen eintreten. Solche offenen Formen können sowohl dauerhaft als auch punktuell zu konkreten Anlässen angeboten werden.

Eine Politik von Kindern und Jugendlichen drückt sich auch in projektorientierten Formen aus: Zu einem konkreten Thema beteiligen sich Kinder und Jugendliche aktiv an Planungs- und Entscheidungsprozessen.

## 2.5 Konsequenzen für kommunale Beteiligungsstrukturen

Die unterschiedlichen Systematisierungen und Abgrenzungsversuche spiegeln die Vielfalt der Partizipationsansätze für Kinder und Jugendliche wider, die heute in der Praxis vor Ort anzutreffen ist. Alle Modelle bieten spezifische Vorteile, alle haben aber zugleich auch mehr oder weniger deutliche Schwachstellen.

Kommunale Gesamtstrategie

Entscheidend ist, dass das jeweils gewählte Modell, mit dem junge Menschen an der Gestaltung der Gesellschaft beteiligt werden, immer Teil eines Gesamtangebotes ist. Der Erfolg von Partizipationsvorhaben ist hochgradig abhängig von bestimmten strukturellen Voraussetzungen. Dazu gehört zum einen, dass Kinder- und Jugendbeteiligung als strategisches Ziel in politische Leitbilder, kommunale Gesamtkonzeptionen oder Grundsatzbeschlüsse aufgenommen wird. Das erforderliche robuste Mandat für eine umfassende Beteiligungskultur auf kommunaler Ebene spiegelt sich in rechtlich verbindlichen Beschlüssen, Satzungen oder Dienstanweisungen wider. Zum anderen müssen solche Grundsatzentscheidungen für eine Beteiligung auch kontinuierlich mit entsprechenden Ressourcen ausgestattet werden.

Interessenvertretung und Netzwerke

Ein wichtiges Kriterium für die strukturelle Verankerung ist die Existenz einer anwaltschaftlichen Interessenvertretung für junge Menschen, etwa ein Kinder- oder Jugendbüro oder entsprechende Beauftragte. Die Nachhaltigkeit der Kinder- und Jugendbeteiligung ist dann gewährleistet, wenn sie gemeinsam mit lokalen Partnern entwickelt und etabliert wird. Dafür sind Netzwerke erforderlich, die die wesentlichen Akteure einbeziehen. In besonderem Maße spielt hier die Kooperation mit Schulen eine Rolle.

Herausforderungen

Den Beteiligten im Netzwerk, vor allem auch den Jugendlichen, müssen regelmäßig und zuverlässig Qualifikationsangebote zur Verfügung stehen. Des Weiteren müssen Informationskanäle aufgebaut werden, die eine umfassende Kommunikation zwischen den Beteiligten, vor allem auch mit den jugendlichen Zielgruppen ermöglichen. Nicht zuletzt sind Evaluationsverfahren zu entwickeln, die nicht nur einzelne Projekte auf ihre Wirksamkeit hin untersuchen, sondern ebenso die Gesamtstrategie einer Kommune in den Blick nehmen.

Moderne Jugendpartizipation

Mit strukturell verankerten Rahmenbedingungen und attraktiven operativen Angeboten lassen sich Vorteile der verschiedenen Partizipationsansätze ausbauen. Gleichzeitig können mit einem solchen Partizipationsmix die Nachteile der jeweils in sich begrenzten Formen ausgeglichen werden. Die Verzahnung der unterschiedlichen Partizipationsformen zu einem ganzheitlichen Konzept entspricht der aktuellen Debatte in Wissenschaft und Praxis zur Beteiligung junger Menschen.

## 3 Begründungen für eine verstärkte Beteiligung von Kindern und Jugendlichen

Aktueller Befund

Die Partizipation von Kindern und Jugendlichen ist in den vergangenen 20 Jahren in Deutschland wie in zahlreichen anderen Staaten deutlich aufgewertet worden. Entscheidend dazu beigetragen hat die UN-Kinderrechtskonvention, 1989 international verabschiedet und 1992 von Deutschland ratifiziert. Sie setzt neben der Schaffung gesicherter Lebensgrundlagen (»provision«) und dem Schutz vor Gewalt (»protection«) als dritten Schwerpunkt die Beteiligungsrechte (»participation«).

UN-Konvention als normative Grundlage

Diese normative Verankerung der Rechtsposition von Kindern und Jugendlichen hat erhebliche Ausstrahlungswirkung in vielen der Konventionsstaaten entfaltet. Vor allem die Verankerung des Partizipationsrechts hat Reformprozesse unterstützt. Auch wenn Deutschland nicht wie viele andere Nationen den Weg gegangen ist, Kinderrechten Verfassungsrang zu geben, hat sich die Rechtsstellung des Kindes im Privatrecht wie auch im öffentlichen Recht verbessert. Beispielhaft sei hier auf die Kindschaftsrechtsreform 1997 und die Aufnahme von Beteiligungsrechten in viele Gemeindeordnungen hingewiesen.

Die Wirkung der UN-Kinderrechtskonvention lässt sich dabei weniger positivistisch aus der Wirkungsmacht rechtlicher Normen erklären, zumal umstritten ist, ob sich aus ihr subjektive Rechte des Kindes ableiten lassen. Ihre Kraft wurde vielmehr durch gesellschaftliche Veränderungsprozesse vorbereitet, die bis an den Anfang des 20. Jahrhunderts zurückreichen und das Verhältnis zwischen Erwachsenen und jungen Menschen in rechtlicher und sozialer Hinsicht neu und gleichberechtigter justiert haben.

Dennoch ist die Mitwirkung von Kindern und Jugendlichen auch heute noch längst keine Selbstverständlichkeit. Engagierte Erwachsene aus Politik, Verwaltung, dem Bildungs- oder dem Jugendhilfebereich werben mit unterschiedlichen Argumenten für den Partizipationsgedanken. Einigkeit besteht darüber, dass eine unfassendere Beteiligung von jungen Menschen an für sie relevanten Entscheidungsprozessen der Entwicklung der Bürgergesellschaft wichtige Impulse geben kann.

Systematische und funktionale Zusammenhänge

Im Rahmen der Initiative »mitWirkung!« der Bertelsmann Stiftung sind übergreifende Begründungen für eine verstärkte Beteiligung von Kindern und Jugendlichen formuliert worden. Sie basieren auf den Ergebnissen der Jugendpartizipationsstudie, der Arbeit der Initiative »mitWirkung!« in den beteiligten Modellkommunen sowie dem aktuellen Forschungsstand.

Dabei sind systematische von funktionalen Begründungen zu unterscheiden; beide Argumentationslinien haben ihre Berechtigung. Systematische

Zusammenhänge sind auf Dauer angelegt; sie haben einen von Zeit und Raum unabhängigen Geltungsanspruch und sind Ausdruck grundlegender Überzeugungen oder Prinzipien innerhalb der Gesellschaft. Die funktionalen Begründungen hingegen sind anschlussfähig zur Tagespolitik und werden damit auch für solche Akteure und Entscheidungsträger interessant und nachvollziehbar, die von dem Beteiligungsgedanken noch nicht überzeugt sind. Im Kern beziehen sich diese Argumente auf den »Nutzen« bzw. auf einen bestimmten Mehrwert, der für Akteure und die Gesellschaft durch die Partizipation von Kindern und Jugendlichen erzielt werden kann.

Im Folgenden werden einige Aspekte aus den Begründungen für eine verstärkte Kinder- und Jugendpartizipation dargestellt. Diese Argumentationen sind der Publikation »Mehr Partizipation wagen« entnommen (Bertelsmann Stiftung 2007a).

## 3.1 Systematische Zusammenhänge

!

**Menschenrechte, Bürgerrechte, Kinderrechte**
Die grundsätzlichste und weitestreichende Legitimation für Beteiligungsrechte von Kindern und Jugendlichen liefern die Menschen- und Bürgerrechte. Sie wirken universell und sind nicht an Bedingungen gebunden. Danach teilen Kinder und Jugendliche mit allen anderen Menschen dieselben Grundrechte. Sie sind daher grundsätzlich in allen Fragen und Angelegenheiten der politischen Gemeinschaft zu beteiligen. Einschränkungen, die sich unter Umständen aus der besonderen Situation und dem Entwicklungsstand ergeben mögen, sind besonders zu begründen und sorgfältig auf Vereinbarkeit mit den unveräußerlichen Grundrechten zu prüfen.

**Demokratie und »civic education«**
Unser Verständnis von Demokratie und Teilhabe hat sich in den letzten Jahrzehnten nachhaltig verändert. Herkömmliche Formen politischer Partizipation, wie etwa die Teilnahme an Wahlen, sind inzwischen durch Protestaktionen, Demonstrationen, Unterschriftensammlungen, Petitionen etc. erweitert worden. Die Ausdehnung der politischen Beteiligung von Kindern und Jugendlichen ist daher Teil eines Reformprojektes, das auf die »Demokratisierung liberaler Demokratien« zielt.

Im Mittelpunkt steht hier die Überzeugung, dass politisches Engagement vielfältige Formen aufweist und politische Beteiligung aktive Bürgerinnen und Bürger

voraussetzt. Probehandeln und ein »spielerisches« Einüben in den Erwachsenen vorbehaltenen Formen der politischen Partizipation (Wahlen, Mitgliedschaft in politischen Parteien etc.) reichen nicht aus, um die Grundlagen für eine solche aktive Bürgerschaft zu legen. Vielmehr muss Kindern und Jugendlichen ermöglicht werden, sich in jedem Lebensalter in verschiedenartigen Formen aktiv zu beteiligen. Kommunale Kinder- und Jugendpartizipation kann einen entscheidenden Beitrag dazu leisten, junge Menschen in die Gestaltung kommunaler Angelegenheiten einzubeziehen und ihnen die Erfahrung einer anerkannten Mitbürgerschaft zu vermitteln.

**Pädagogik und Bildungstheorie**
In der politischen Bildung wird Kinder- und Jugendbeteiligung als ein wichtiger Katalysator im Prozess der Entwicklung politischer und sozialer Kompetenzen betrachtet. Eine umfassende Partizipation von Kindern und Jugendlichen an Angelegenheiten des politischen Gemeinwesens ist erforderlich, um junge Menschen für die Mitgestaltung nachhaltig zu befähigen und zu motivieren.

**Veränderte Kindheit, veränderte Jugend**
Die neuere sozialwissenschaftliche Kindheitsforschung betont, dass Kinder und Jugendliche nicht lediglich lern- und bildungsbedürftige »Defizitwesen« sind, sondern von Beginn an über eine prinzipielle Handlungsbefähigung verfügen und produktive Beiträge sowohl für ihr soziales Umfeld als auch für die Gesellschaft liefern. Ihr unkomplizierter Zugang zu neuen Wissensbeständen und Handlungsorientierungen macht sie zu privilegierten Akteuren bei der Bewältigung neuer gesellschaftlicher Herausforderungen und der Entwicklung innovativer Lösungswege.

## 3.2 Aktuelle politische Zusammenhänge

!

**Demographischer Wandel und Generationengerechtigkeit**
Ein breites Spektrum unterschiedlicher Begründungen für Kinder- und Jugendpartizipation bezieht sich auf die Folgen des demographischen Wandels. Auf lokaler und regionaler Ebene gilt eine Gesellschaft mit einer verbesserten Infrastruktur für Heranwachsende und Familien als wichtiger Anreiz, der zur Steigerung der Geburten beitragen könnte. Eine verstärkte Beteiligung von Kindern und Jugend-

lichen ist in diesem Kontext allerdings erst dann zu erwarten, wenn nicht lediglich die (potenziellen) Eltern, sondern auch und gerade Kinder und Jugendliche im Zentrum des Interesses stehen.

Auch die veränderte demographische Zusammensetzung der Wahlbevölkerung wird als Begründung herangezogen. Die zunehmende Zahl von Wählern im Seniorenalter könnte dazu führen, dass die Interessen, Bedürfnisse und Anliegen der Altersgruppe der unter 18-Jährigen öffentlich immer weniger sichtbar und politisch immer stärker marginalisiert werden. Verschiedene Akteure setzen sich vor diesem Hintergrund für eine Senkung des aktiven wie passiven Wahlalters ein, um die Zahl der jüngeren Wahlberechtigen zu erhöhen.

Eine stärkere Beteiligung von Kindern und Jugendlichen bietet darüber hinaus neue Chancen für Generationengerechtigkeit. Hierbei geht es sowohl um die verstärkte Beteiligung an Entscheidungen des Gemeinwesens als auch um die frühzeitige Überprüfung politischer Entscheidungen hinsichtlich ihrer Verträglichkeit für alle Altersgruppen.

### »Weicher Standortfaktor« im interkommunalen Wettbewerb

Auf kommunalpolitischer Ebene wird Kinder- und Jugendpartizipation im Kontext des strategischen Ziels »Kinder- und Jugendfreundlichkeit« thematisiert. Kinder – bzw. Familien mit kleinen Kindern – gelten in diesem Zusammenhang als Ressourcen zur Stärkung der »Halte- und Bindekräfte« der Region und zur Verbesserung der weichen Standortfaktoren im interkommunalen Konkurrenzkampf um Industrieansiedlungen und Arbeitsplätze.

### Ökonomische und gesellschaftliche Innovationsfähigkeit

Kinder und Jugendliche gelten in einer alternden Gesellschaft als Garanten für die Aufrechterhaltung der Innovationsfähigkeit in Wirtschaft und Gesellschaft. Durch ihre verstärkte Beteiligung kann sichergestellt werden, dass neue und ungewohnte Problemzugänge, innovative Ideen, Kompetenzen, Ressourcen sowie frischer Mut und Schwung in Wirtschaft, Gesellschaft und Politik wirksam werden.

### Moderne Staatlichkeit und Bürgerkommune

Durch die Verwaltungsreformbewegung der 90er Jahre wurden kommunale Fachbereiche und Verwaltungen zu »kundenorientierten Dienstleistungsorganisationen«. Bei der Produktion persönlicher Dienstleistungen wirken die Nutzer bzw. Konsumenten als »externe Produktionsfaktoren« mit. Eine Beteiligung von Kindern und Jugendlichen etwa im Rahmen der Jugendhilfe ist daher schon aus öko-

nomischen Gründen zweckmäßig. Vermehrte Wahlmöglichkeiten sollten darüber hinaus die Konsumentenmacht von jungen Menschen und ihren Eltern als »Kunden« öffentlicher Dienstleistungen stärken.

Über diesen Ansatz gehen demokratietheoretisch begründete Bestrebungen zu einer echten Bürgerbeteiligung weit hinaus: Hier geht es um die Öffnung der kommunalen Verwaltung auch für Kinder und Jugendliche durch den Ausbau von Beteiligungsrechten an Entscheidungs- und Umsetzungsprozessen sowie Formen der Selbstorganisation und Selbstverwaltung. Dem entspricht, dass die Prinzipien der »Partizipation« und »Lebensweltorientierung« zentrale Bestandteile eines fachlichen Selbstverständnisses moderner Jugendhilfe sind.

**Steigerung der Effizienz von Planungsvorhaben**

In der Planungstheorie gilt die Beteiligung der Betroffenen als ein wichtiges Mittel zur qualitativen Verbesserung von Vorhaben. Kinder und Jugendliche werden daher zunehmend als »Experten in eigener Sache« in Prozesse wie Wohnumfeld-, Spielplatz- oder Verkehrswegeplanung einbezogen. So kann eine bessere Abstimmung der Vorhaben mit den spezifischen Bedürfnissen und Interessen der Kinder und damit eine Qualitätsverbesserung der Planung erreicht werden.

Allerdings reichen beschränkte Formen der Beteiligung durch einmalige Konsultationen und »Zufriedenheitsbefragungen« nicht aus; erforderlich sind Projekte, bei denen Kinder und Jugendliche von Beginn an daran mitwirken, lokale Planungsvorhaben vorzubereiten, umzusetzen und zu evaluieren.

**Förderung von Integration**

Partizipation wird mehr und mehr zu einem bevorzugten Instrument, um Integration und Teilhabe gerade für benachteiligte Kinder und Jugendliche zu verbessern. Die Ausweitung von Partizipationsgelegenheiten wird dabei als Königsweg eingesetzt, um soziale Integration zu verstärken und Ausgrenzung zu vermeiden und zu bekämpfen.

Gerade für Angehörige von Minderheitengruppen, wie etwa behinderte junge Menschen oder Kinder und Jugendliche mit Migrationsstatus, kann der aktive Einbezug in Beteiligungs- und Gestaltungsprozesse ihre Kompetenzen und Schutzfaktoren stärken sowie eine gesellschaftliche Anerkennung mit sich bringen.

**Prävention durch Partizipation**

Partizipation ist ein wichtiges Instrument, um unterschiedliche Präventionsziele zu erreichen. Das Spektrum reicht von der Gesundheitsprävention über die Kriminalprävention bis hin zur politischen Prävention. Durch Beteiligung werden Kinder und Jugendliche ermutigt, ihre Sichtweisen und Interessen zu äußern und sich zum Beispiel gegen Übergriffe von Erwachsenen (durch sexuellen Missbrauch etc.) zu wehren.

Durch Partizipation erwerben Kinder und Jugendliche zudem Kompetenzen wie Verantwortlichkeit, Kooperationsfähigkeit und Selbstbewusstsein, die ihre Rolle als aktive Bürgerinnen und Bürger stärken. Aus der Perspektive eines umfassenden Partizipationsverständnisses geht es dabei nicht um die Durchsetzung restriktiver Verhaltenserwartungen an den »guten Bürger«, sondern vielmehr darum, Zugehörigkeitsgefühl, Selbstbewusstsein und die Befähigung zu selbstsicherem Beteiligungshandeln zu fördern.

### Europäische Initiativen und Europäische Bürgerschaft

In der Europäischen Union ist die verstärkte Partizipation von Kindern und Jugendlichen Bestandteil der demokratischen Ausgestaltung und Legitimierung der wirtschaftlichen, sozialen und ökologischen Erneuerung der EU. Besonders die gescheiterte Ratifizierung einer gemeinsamen Europäischen Verfassung zeigt eindringlich, dass das Ziel einer Europäischen Bürgerschaft nur erreicht werden kann, wenn auch junge Leute in diesen Prozess einbezogen werden.

### »Jugend der Welt«: Transnationale Impulse

Auch im internationalen Kontext und in der Entwicklungszusammenarbeit spielt die Partizipation von Kindern und Jugendlichen eine wachsende Rolle. Hierzu gehören die UN-Kinderrechtskonvention von 1989 sowie die Weltkonferenzen der 90er Jahre, aus denen die lokale Agenda 21 hervorgegangen ist.

In globalisierten Politikfeldern spielt die Beteiligung junger Menschen eine wichtige Rolle. Vor allem die Kindergipfel (1990 und 2002), durch die in vielen Ländern nationale Aktionsprogramme angestoßen wurden, haben zu einer Ausweitung der Beteiligungsrechte für Kinder und Jugendliche geführt. Auch in Zukunft sind verstärkte Anstrengungen auf nationaler Ebene erforderlich, um die auf internationalen Gipfeltreffen und in internationalen Dokumenten formulierten anspruchsvollen Partizipationsziele umsetzen zu können.

Zum Nutzen der Beteiligung von Kindern und Jugendlichen

## 4 Normativer Bezugsrahmen der Kinder- und Jugendpartizipation

Rechtlicher Rahmen auf allen Ebenen

Auf allen rechtlichen Ebenen gibt es eine Fülle normativer Bestimmungen für mehr Partizipation von Kindern und Jugendlichen. Der Trend zu konkreteren Vorgaben für mehr Beteiligung spiegelt sich auch auf internationaler Ebene wider: War die »Deklaration über die Rechte des Kindes« von 1959 nicht viel mehr als eine unverbindliche Absichtserklärung, so hat die entsprechende UN-Konvention von 1989 den Status von Völkerrecht und wurde mit nur zwei Ausnahmen (USA und Somalia) von allen Staaten unterzeichnet. Konkretisierungsansätze finden sich auch auf anderen Gesetzesebenen.

Normativer Bezugsrahmen

Die (Beteiligungs-)Rechte von Kindern und Jugendlichen sind auf praktisch allen gesetzlichen Ebenen verankert. Dies beginnt bei Richtlinien für mehr Partizipation, die durch die Vereinten Nationen vorgegeben werden, und setzt sich auf europäischer Ebene fort, zuletzt mit dem Weißbuch der Europäischen Kommission »Neuer Schwung für die Jugend Europas« (Kommission der Europäischen Gemeinschaften 2001). Auch nationale Bestimmungen und Rechtsgrundlagen auf Länderebene, etwa die Grundzüge des Kinder- und Jugendhilfegesetzes, die Öffnung des kommunalen Wahlrechts für 16- bis 18-Jährige oder die Verankerung von Partizipationsrechten von Kindern und Jugendlichen in Kommunalverfassungen, greifen die Idee der Beteiligung junger Menschen auf.

### 4.1 Internationale und europäische Ebene

Internationale Ebene

Auf internationaler Ebene ist die Kinderrechtskonvention der Vereinten Nationen aus dem Jahr 1989 die wichtigste Norm zur Verankerung der Kinderrechte. 1992 wurde diese Deklaration von der Bundesrepublik Deutschland ratifiziert, jedoch mit einigen Vorbehalten. Vier von fünf Einschränkungen wurden mittlerweile aufgegeben, festgehalten wird weiterhin daran, dass das deutsche Ausländerrecht Vorrang vor den Verpflichtungen der Konvention hat.

**UN-Kinderrechtskonvention (UN-KRK)**

Art. 12 (1): Berücksichtigung des Kinderwillens
Art. 13 (1): Meinungs- und Informationsfreiheit
Art. 14 (1): Gedanken-, Gewissens- und Religionsfreiheit
Art. 15 (1): Vereinigungs- und Versammlungsfreiheit

Art. 27 (1): Angemessene Lebensbedingungen
Art. 31 (1): Beteiligung an Freizeit, kulturellem und künstlerischem Leben

**Agenda 21**
In Kapitel 25 der Agenda 21 wird die Wichtigkeit der Einbeziehung von Kindern und Jugendlichen in umwelt- und entwicklungspolitische Entscheidungsprozesse betont. Beteiligung in diesem Zusammenhang wird als Bedingung genannt, der Agenda 21 zum langfristigen Erfolg zu verhelfen.

Europäische Ebene

Auch auf europäischer Ebene wurde vor allem in den letzten Jahren verstärkt versucht, Partizipationsmöglichkeiten für Kinder und Jugendliche zu präzisieren und rechtlich zu verankern. Grundlage dafür ist die Europäische Charta der Rechte des Kindes, aber auch in vielen anderen Verlautbarungen finden sich Aspekte, die die Teilhabemöglichkeiten der jungen Generation betreffen. Zuletzt wurde mit dem Weißbuchprozess der Europäischen Kommission zum Thema Jugend ein breit angelegter Dialog mit jungen Menschen begonnen. Dieser findet seine Fortsetzung in der Etablierung eines sogenannten »Strukturierten Dialoges« in den Jahren 2007 bis 2009.

**Europäische Charta der Rechte des Kindes**
an die UN-Kinderrechtskonvention angelehnt

**Europäisches Übereinkommen über die Ausübung von Kinderrechten**
Verpflichtung des Staates auf Art. 12 (2) der UN-Kinderrechtskonvention (Anhörung in Gerichts- und Verwaltungsverfahren)

**Europarat**
Europäische Charta über die Beteiligung der Jugendlichen am Leben der Gemeinden und Regionen
Empfehlung »Jugend, Mitbestimmung und die Zukunft der Zivilgesellschaft«

**Charta der Grundrechte**
Die Kapitel über Freiheiten (II) und Solidarität (IV) erkennen ausdrücklich die Rechte von Kindern und Jugendlichen an (Art. 14: »Recht auf Bildung«; Art. 24: »Rechte des Kindes«; Art. 32: »Verbot der Kinderarbeit und Schutz der Jugendlichen am Arbeitsplatz«).

**Vertrag über die Europäische Union**
Titel I Art. 3 (3)
Solidarität zwischen den Generationen, Schutz der Rechte des Kindes
Titel I Art. 3 (5)
Beziehung zur übrigen Welt: Schutz der Menschenrechte, insbesondere der Rechte des Kindes

**Weißbuch der Europäischen Kommission zum Thema Jugend**
»Neuer Schwung für die Jugend«: viele Hinweise zu Partizipation und Information

### 4.2 Nationale Partizipationsbestimmungen

Nationale Ebene

Angefangen bei den allgemein gültigen Regelungen wie dem Grundgesetz oder dem Bürgerlichen Gesetzbuch bis hin zu den speziellen Bestimmungen der Kinder- und Jugendhilfe (Achtes Buch des Sozialgesetzbuches – SGB VIII; KJHG) finden sich auch in der nationalen Gesetzgebung viele Anknüpfungspunkte für mehr Partizipation.

Mit dem Sozialgesetzbuch VIII wird das Recht der Kinder- und Jugendhilfe in die Regelungskompetenz des Bundes übertragen und bindet die Verantwortlichen in den Kommunen und den Ländern. »Die gesetzliche Regelung hat zur Folge, dass Partizipation nicht nur ein zeitweiliges Qualitätskriterium, sondern ein fester Bestandteil der praktischen Jugendarbeit ist« (Berger 2007: 120).

**Grundgesetz (GG)**
Artikel 1: Unantastbarkeit der Würde
Artikel 2: Recht auf die freie Entfaltung der Persönlichkeit
Artikel 3: Gleichheit vor dem Gesetz
Artikel 17: Anhörungs- und Petitionsrecht

**Bürgerliches Gesetzbuch (BGB)**
§ 1626 (2): Elterliche Sorge
§ 1671 (2): Trennung/Scheidung
§ 1746 (1): Adoption
§ 1887 (2): Betreuer/Verein

**SGB VIII – Kinder und Jugendhilfegesetz (KJHG)**
§ 1 (3) Nr. 4: Aufgabe der Jugendhilfe, positive Lebensbedingungen für junge Menschen und Familien zu schaffen
§ 5 (1): Wunsch- und Wahlrecht
§ 8: Beteiligung von Kindern und Jugendlichen
§ 11 (1): Jugendarbeit, Beteiligung der Jugendlichen
§ 36 (2): Beteiligung beim Hilfeplan
§ 80 (1) Nr. 2: Bedarfsermittlung der Jugendhilfeplanung unter Berücksichtigung der Wünsche, Bedürfnisse und Interessen der jungen Menschen und Personensorgeberechtigten

**Baugesetzbuch (BauGB)**
§ 1 (6) Nr. 2 u. 3: Berücksichtigung von Sozial-, Kultur- und Wohnbedürfnissen
§ 3: Beteiligung der Öffentlichkeit
§ 4: Beteiligung von Trägern öffentlicher Belange

**Gesetz über religiöse Kindererziehung (RelKErzG)**
§ 5: Freie Wahl der Religionszugehörigkeit

**Gesetz über die freiwillige Gerichtsbarkeit (FGG)**
§ 50 b (1): Persönliche Anhörung des Kindes in einem die Personen- und Vermögenssorge betreffenden Verfahren
§ 59 (1): Ausübung des Beschwerderechts ab dem vollendeten 14. Lebensjahr

Länderebene

Auf Landes- und Gemeindeebene sind vor allem die verschiedenen Ausführungsgesetze zum SGB VIII (KJHG) bedeutsam. Darüber hinaus haben einige Bundesländer auch in anderen Gesetzen Teilhaberechte und -möglichkeiten für Kinder und Jugendliche festgeschrieben.

Dem Beispiel Schleswig-Holstein folgend, haben in den 90er Jahren einige Bundesländer die Beteiligung von jungen Menschen an Planungsverfahren und -entscheidungen in die Gemeindeordnungen aufgenommen. Die immer knapperen Finanzen in den Kommunen haben diesen Prozess allerdings gebremst. Dies führte in Schleswig-Holstein sogar zu Bestrebungen, den § 47 f wieder abzuschaffen. Im Frühjahr 2006 entschied sich der Landtag jedoch für die Beibehaltung der Regelung.

**Länderausführungsgesetze zum SGB VIII**

Die Länder haben die Möglichkeit, die Standards des SGB VIII zu erweitern. So ist z. B. das 1992 in Kraft getretene »Jugendförderungsgesetz von Schleswig-Holstein zur Ausführung des Kinder- und Jugendhilfegesetzes (JuFöG)« in § 4 Abs. 3 bewusst über die Regelung des § 8 SGB VIII hinausgegangen. Dort heißt es: »Kinder und Jugendliche sollen an Planungen in den Gemeinden in angemessener Weise beteiligt werden, soweit ihre Interessen hiervon berührt werden.« Die Partizipation ist danach keine freiwillige Leistung mehr, sondern eine zentrale kommunale Aufgabe.

**Kommunales Wahlrecht**

Herabsetzung des Wahlalters bei Kommunalwahlen auf 16 Jahre in Berlin, Mecklenburg-Vorpommern, Niedersachsen, Nordrhein-Westfalen, Sachsen-Anhalt und Schleswig-Holstein.

**Aufnahme von Kinderrechten in die Länderverfassungen**

In Brandenburg und Nordrhein-Westfalen wird z. B. die Rechtsstellung der Kinder deutlich benannt, und es wird auf weiterführende gesetzliche Regelungen verwiesen, in denen die Rechte in praktische Handlungen übertragen werden sollen.

**Gemeindeordnungen (Kommunalverfassung)**

Schleswig-Holstein war Vorreiter in der Frage der Beteiligung von Kindern und Jugendlichen bei kommunalen Planungen. Mit dem § 47 f der Gemeindeordnung werden seit 1996 die Gemeinden verpflichtet, junge Menschen an den Planungsentscheidungen zu beteiligen. Andere Bundesländer, wie das Saarland, Rheinland-Pfalz, Hessen, Niedersachsen und Brandenburg, haben ähnliche Formulierungen in ihren Kommunalverfassungen.

## 4.3 Ausgestaltung der Rahmenbedingungen in der Praxis

Bestehende Möglichkeiten besser nutzen

Bei näherer Betrachtung der gesetzlichen Bestimmungen wird deutlich, dass diese sehr differenziert sind. Zudem existiert eine Vielzahl rechtlicher Grundlagen für die Beteiligung von Minderjährigen (Schröder 1995: 27). Aber rechtliche Rahmenbedingungen sorgen nicht per se für praktische Wirksamkeit. Die Beteiligung von Kindern und Jugendlichen ist mehr eine Frage der konkreten Ausgestaltung als der rechtlichen Regelungen (Borsche 2000).

Im Rahmen der Initiative »mitWirkung!« hat eine Recherche nach guten Beispielen von Partizipationsvorhaben stattgefunden. Dabei wurde deutlich, dass die Projektlandschaft in Deutschland zwar vielfältig, jedoch nicht immer von überzeugender Qualität ist. Es gilt weiterhin die Einschätzung: »Die Verabschiedung einer Gemeindeordnung, die Kindern und Jugendlichen mehr Rechte als bisher sichert, ist eine Sache, ihre praktische Umsetzung eine andere. Wir müssen uns ganz realistisch dem Problem stellen, dass wir noch über zu wenig Praxismodelle der Alltagsdemokratie von Kindern und Jugendlichen verfügen« (Tiemann 1995a: 36).

Engagement ja – Mitbestimmung »jein«

Neben der unzureichenden Nutzung der gesetzlichen Grundlagen wirkt sich auch die mangelnde Bereitschaft Erwachsener, junge Menschen in ihrem Engagement zu unterstützen, negativ aus. Dies kann für Kinder und Jugendliche als Barriere wirken, wenn sie ihr gesellschaftliches Engagement ausbauen wollen. In einer Studie der Bertelsmann Stiftung (Frühjahr 2007) wurden 1.000 Erwachsene im Alter von über 34 Jahren zu ihrer Sichtweise auf das gesellschaftliche Engagement Jugendlicher befragt. Danach werden Jugendliche durchaus als kompetent erlebt, 73 Prozent sind der Meinung, dass Jugendliche gut mit anderen Menschen umgehen können, und sogar 92 Prozent bescheinigen ihnen ausgeprägte technische Fähigkeiten. Jedoch nur 36 Prozent gestehen jungen Menschen ein sicheres politisches Urteilsvermögen zu. Zwei Drittel der Erwachsenen sind der Meinung, dass Jugendlichen die notwendigen Kompetenzen fehlen, um sich für gesellschaftliche Belange zu engagieren. 72 Prozent sprechen sich gegen die Einführung des Wahlrechtes auf Bundesebene ab 16 Jahren aus (Schneider 2007: 175).

Die meisten Menschen sind also beim Gedanken an die rechtlich abgesicherte Beteiligung von Kindern und Jugendlichen zunächst einmal skeptisch. Die langjährige, zum Teil kontroverse Diskussion um ein aktives Wahlrecht für unter 18-Jährige macht dies deutlich.

Beitrag für die Zivilgesellschaft

Eine Politik für und mit jungen Menschen muss auf allen Ebenen die vorhandenen rechtlichen Vorschriften in einer den Kindern und Jugendlichen angemessenen Weise umsetzen. Die rechtlichen Gebote zur Beteiligung von Kindern und Jugendlichen sind auf Dauer sicher hilfreich, weil sie, jenseits von Druck und Einklagbarkeit, das öffentliche Klima beeinflussen werden. Dies geschieht nicht zuletzt auch vor dem Hintergrund der Diskurse um die Zivilgesellschaft. Der Bewusstseinswandel und die Änderung von grundsätzlichen Einstellungen auf dem Weg zu einer Mitbestimmungs- und Verantwortungskultur sind wichtige Zwischenziele. Alltagspartizipation und Demokratie sind Ziele, die sich schon heute moderne Bürgerkommunen auf ihre Fahnen geschrieben haben. Angemessene Rechtsgrundlagen stützen sie.

Nationaler Aktionsplan

Die Bemühungen um mehr Teilhabemöglichkeiten für Kinder und Jugendliche spiegeln sich auch im »Nationalen Aktionsplan für ein kindergerechtes Deutschland 2005–2010« (BMFSFJ 2005b) wider. Er geht zurück auf den Weltkindergipfel der Vereinten Nationen im Jahr 2002. Hier wurden Ziele festgelegt, um die Lebenssituation von Kindern weltweit zu verbessern.

Der Nationale Aktionsplan entwickelt umfangreiche Maßnahmen, mit denen die Bedingungen des Aufwachsens verbessert und die Rechte von jungen Menschen gestärkt werden können. Der Bereich der Beteiligung von Kindern und Jugendlichen spielt dabei eine wichtige Rolle (ebd.).

Im Jahr 2006 wurde ein »Kinder- und Jugendreport zum Nationalen Aktionsplan« an die Bundesregierung übergeben. Darin haben junge Menschen ihre Vorstellungen zur Umsetzung des Nationalen Aktionsplans formuliert. Sie wünschen sich mehr Chancen zur politischen und gesellschaftlichen Partizipation und wollen ernst genommen werden. Sie fordern eine abgesicherte, umfangreiche Beteiligung und schlagen die partizipative Erstellung von Aktionsplänen auf lokaler Ebene vor (BMFSFJ 2006).

- Kinderrechte – normativer Rahmen für die Mitwirkung von Kindern und Jugendlichen
- Rechtlicher Rahmen für die Mitwirkung in Kommunen
- Von Jugendskeptikern und Jugendbefürwortern

# II Qualität in Partizipationsprojekten

In vielen Städten und Gemeinden ist die Beteiligung von Kindern und Jugendlichen im Rahmen der Diskussion um eine bürgerorientierte Kommunalentwicklung zu einem wichtigen Thema geworden. Kommunen kommt dabei eine große Bedeutung zu, denn sie bieten jungen Menschen unmittelbare Erfahrungsräume.

Eine Recherche der Bertelsmann Stiftung hat belegt, dass es in Deutschland bereits eine breite und vielfältige Partizipationspraxis für Kinder und Jugendliche gibt. An Möglichkeiten des Zugangs zur Beteiligung und an methodischen Anregungen zur Umsetzung der Projekte fehlt es demnach nicht.

Engagementpotenzial vorhanden

Auch hat die im Rahmen der Initiative »mitWirkung!« durchgeführte Jugendpartizipationsstudie (Bertelsmann Stiftung 2005b) gezeigt, dass rund 80 Prozent der Jugendlichen grundsätzlich bereit sind mitzuwirken (Fatke et al. 2006: 30). Andere Untersuchungen zeigen ebenfalls, dass es ein ungehobenes Engagementpotenzial junger Menschen gibt (BMFSFJ 2005a: 213). In der Praxis gelingt es jedoch noch nicht, dieses zu heben.

Geringe Beteiligung in Kommunen

Die empirischen Befunde belegen im Vergleich zu Familie und Schule, dass es im kommunalen Raum um die Mitwirkung der Kinder und Jugendlichen deutlich am schlechtesten bestellt ist. Sowohl ist die Intensität sehr niedrig ausgeprägt als auch die Zahl der Themen und konkreten Angebote, an denen sich junge Menschen beteiligen können. Zudem werden Beteiligungsmöglichkeiten, die Kommunen anbieten, insgesamt relativ wenig genutzt. Weniger als 14 Prozent der Jugendlichen haben ausgeprägte Partizipationserfahrungen in der Kommune gemacht (Bertelsmann Stiftung 2005b: 23).

Gute Erfahrung als Voraussetzung

Als Gründe für dieses Nicht-Mitwirken geben Kinder und Jugendliche an, dass sie kein Interesse an den angebotenen Themen hätten und ihnen das Vertrauen in Politiker fehle. Ein weiterer wichtiger Grund, den über die Hälfte benennen, ist die Tatsache, dass sie sich über Mitwirkungsmöglichkeiten an ihrem Wohnort unzureichend informiert fühlen. Die Studie weist nach, dass die Bereitschaft zur Partizipation wesentlich durch den Grad der Zufriedenheit mit bisherigem Engagement bestimmt wird: Junge Menschen wirken dann mit, wenn sie damit in der Vergangenheit gute Erfahrungen gemacht haben (vgl. Fatke et al. 2006).

## 1 Qualität in der Diskussion

Zunehmende Bedeutung der Diskussion

Die Qualitätsdiskussion im Bereich der sozialen Arbeit ist nicht neu (Merchel 1999). In der Vergangenheit fand sie unter dem Begriff »Entwicklung von fachlichen Standards« oder »Handlungsmaximen« statt (BAGLJÄ 2001: 1). Die Diskussion um Fragen der Leistungen der sozialen Arbeit und der Jugendarbeit wurde spätestens mit Beginn der 90er Jahre dynamisiert durch

- vermehrte Legitimationsanfragen im Zusammenhang knapper öffentlicher Ressourcen,
- die Einführung neuer Steuerungsmodelle zur Steigerung von Effektivität und Effizienz von Verwaltungsleistungen,
- die Adaption von Konzepten des Qualitätsmanagements aus der Wirtschaft,
- die Intensivierung des Qualitätsthemas in anderen sozialen Bereichen, z.B. Pflege oder Gesundheit.

Ganzheitlicher Ansatz

Statt wie in der Vergangenheit auf einzelne Aspekte zu fokussieren, wie etwa die eingesetzten Personal- und Finanzressourcen in Relation zu den erbrachten Leistungen, beziehen sich aktuelle Qualitätsüberlegungen auf den gesamten Prozess der Leistungserstellung: von den eingesetzten Ressourcen (Input) über die erbrachten Leistungen (Output, z.B. der Zahl der Beratungsgespräche) bis hin zu den erzielten Wirkungen (z.B. der Wiederaufnahme des Schulbesuchs und die Zufriedenheit der Klienten mit der fachlichen Begleitung) auf individueller (Outcome) und gesellschaftlicher Ebene (Impact).

Dieser ganzheitliche Ansatz des Qualitätsdiskurses ist zu begrüßen. Dennoch stellen sich auch kritische Fragen. Geht es tatsächlich um eine Verbesserung sozialer Arbeit, oder stehen Effizienzsteigerung und Nutzenmaximierung im Vordergrund? Wie können im Feld sozialer Arbeit eindeutige und messbare Qualitätskriterien festgelegt werden? Sind Konzepte der Qualitätssicherung aus dem Bereich der Wirtschaft auf den Sozialbereich übertragbar? Wie können in einem auf Offenheit, Flexibilität, Co-Produktion und Aushandlung angelegten Feld wie der sozialen Arbeit Standards vereinbart werden? Wie bleibt gewährleistet, dass Standardsetzungen innovatorische Entwicklungen nicht verhindern?

Herausforderung Qualität

Trotz vielfältiger inhaltlicher und prozessualer Herausforderungen in der Qualitätsdebatte verdeutlichen die Ergebnisse der Jugendpartizipationsstudie die Notwendigkeit der Diskussion. Auch in der Fachszene besteht Übereinstimmung darin, dass Fragen nach der Qualität der geleisteten Arbeit unverzichtbarer Bestandteil professionellen Handelns sind. Fachkräfte der Jugendarbeit, die Verwaltungsführung von Kommunen und Kommunalpolitiker sind gleichermaßen gefordert, sich über Qualitätsanforderungen zu verständigen. Dies gilt auch für den Bereich der Partizipation. Zu fragen ist: Welchen Qualitätsanforderungen müssen Beteiligungsvorhaben genügen, damit Jugendliche positive Erfahrungen machen können? Wie kann strukturell abgesichert werden, dass ein fachlich wünschenswerter Standard umgesetzt wird?

## 2 Aspekte einer Definition

?

Für die Durchführung erfolgreicher Partizipationsvorhaben und -projekte ist es entscheidend, zunächst eine Verständigung über den Qualitätsbegriff vorzunehmen. Nur wenn darüber Klarheit besteht, welche grundsätzlichen Maßstäbe an qualitativ wertvolle Beteiligungsmöglichkeiten anzulegen sind, können entsprechende Qualitätskriterien umgesetzt werden.

Individueller Zugang

Qualität ist nicht allgemeingültig zu definieren. Sie fällt je nach Bedürfnis, Zweck und Güteanspruch unterschiedlich aus und kann zweckgerichtet, tätigkeitsbezogen und nutzenorientiert bestimmt werden. Qualität ist insofern interessenbezogen definiert und wird zudem subjektiv gesehen, je nach Interessenlage und Gewohnheit. Sie ist nur am Ergebnis zu bewerten und hat ihren Preis, der jedoch bezahlbar sein muss, um sie nutzen zu können (Middendorf 2002: 16 f.).

Es geht darum, sich das eigene Qualitätsverständnis bewusst zu machen. Und es geht darum, durch Verständigung mit anderen zu erkennen, welche gemeinsamen und unterschiedlichen Qualitätskriterien in Bezug auf dieselbe Sache vorherrschen und was für alle Beteiligten die beste Qualität ergibt.

Das bedeutet, dass die Verantwortung für das Qualitätsmanagement von Beteiligungsvorhaben nicht allein auf der Leitungsebene und dem oberen Management liegt, wie teilweise im betrieblichen Bereich (im Sozialen: Einrichtungsleitung, Vorstand des Trägers, Politik und Verwaltung), sondern breiter und partizipativer gefasst werden muss.

Pädagogische Arbeit

»Was heißt das für das Verständnis der Qualität von pädagogischer Arbeit mit Kindern und Jugendlichen? Sie ist – weil keine Sache – noch weniger objektiv definierbar, also deutlich stärker subjektiv geprägt und insofern von der Verständigung und dem gelingenden Zusammenwirken der beteiligten Menschen abhängig. [...] Damit wird [...] deutlich, dass Qualitätsentwicklung in politischen, sozialen und pädagogischen Praxisfeldern eine kontext-, personen- und erfahrungsgebundene Angelegenheit ist, die nur von den Beteiligten selbst genauer definiert werden kann« (ebd.).

Ein häufig benutzter Aphorismus lautet: »Qualität bedeutet, das Richtige richtig tun«. Für die Partizipationspraxis bedeutet dies, den Werte- und den Anwenderbezug in den Blick zu nehmen. Es ist also wesentlich, sich mit den Werten, die dem Projekt zugrunde liegen, auseinanderzusetzen. Diese Werte werden in einem Vorhaben, bewusst oder unbewusst, an die Zielgruppe weitervermittelt. Zudem knüpft Qualität an einzelne Leistungsmerkmale an, aus deren Summe sie entsteht (Burmeister und Lehnerer 1996: 17 f.).

Dynamischer Umgang

Für die Praxis der Partizipation muss im Blick behalten werden, dass sich Qualität fortlaufend im Spannungsfeld befindet zwischen den Erwartungen von Nutzern und Stakeholdern, gesetzlichen Vorgaben, fachlichen Kriterien sowie der Qualifikation der Beteiligten. Daraus ergibt sich ein dynamischer Umgang mit dem Begriff »Qualität«.

- Qualität ist ein wertbesetzter Begriff: Die Qualität von Humandienstleistungen hängt davon ab, welche gesellschaftlichen Normen, Werte, Ziele und Erwartungen verfolgt werden.
- Qualität ist ein relativer Begriff: Qualität konstituiert sich im Zusammenspiel von Interessen. Erwartungen an die Qualität haben die Auftraggeber einer sozialen Leistung (z. B. der Rat), die Fachverantwortlichen, die allgemeine Öffentlichkeit und nicht zuletzt die Zielgruppe selbst, also Kinder und Jugendliche. Qualität ergibt sich somit aus der Übereinstimmung zwischen Erwartungen hinsichtlich der Leistung und der Beurteilung der tatsächlich erbrachten Leistung.
- Qualität entsteht aus der Summe einzelner Leistungsmerkmale.
- Qualität ist eine kontinuierliche Größe: In einem Spektrum von 0 bis 100 Prozent geht es um den jeweiligen Grad der Ausprägung. Dass eine Leistung gar keine Qualität hat oder diese bereits vollständig erreicht hat, dürfte eher die Ausnahme sein.
- Qualität unterliegt dem Wandel.

Struktur – Prozess – Ergebnis

Ein mittlerweile vor allem in der Projektarbeit geläufiges und für die Praxis von Partizipationsprojekten nützliches Ordnungsschema unterscheidet nach Struktur-, Prozess- und Ergebnisqualität (Donabedian 1982; Merchel 1999: 29 ff.).

In der Entwicklung von Projekten kommt es nicht nur auf das erzielte Resultat an (Ergebnisqualität), sondern auch darauf, wie und wann es erreicht wurde und wie sich die Interaktion zwischen den Beteiligten gestaltet (Prozessqualität). Um Prozesse und Ergebnisse qualitativ abzusichern, bedarf es zudem personeller und finanzieller sachadäquater Ressourcen sowie Verfahrensregelungen zur Verschränkung von Planung und Umsetzung (Strukturqualität).

Dieses klassische Ordnungsschema (Beywl und Schepp-Winter 2000: 25 ff.) wird zum Teil modifiziert, indem die »Konzeptqualität« als eigenständige Dimension geführt wird. Dabei werden die pädagogischen Zielsetzungen und die daraus abgeleiteten Umsetzungsstrategien betrachtet.

| | |
|---|---|
| Struktur<br>feste, langfristig geltende Voraussetzungen | räumliche, finanzielle, personelle Rahmenbedingungen eines Programms, wie Raumangebot und -ausstattung, Finanzausstattung, Abrechnungsmodalitäten, Formalqualifikationen oder Alters- und Geschlechtermischung des Personals, Sozialstruktur der Wohngegend, aus der Teilnehmende kommen |
| Prozess<br>organisatorische und pädagogische Umsetzung | Stabilität und Flexibilität der Abläufe, Lernsettings, Störungsfreiheit der Aktivitäten, Methoden- und Medieneinsatz; Interaktions- und Kommunikationsmuster der Teilnehmenden untereinander, zwischen Teilnehmenden und haupt- oder ehrenamtlich Mitarbeitenden |
| Ergebnis<br>Resultate und Wirkungen | Veränderungen im Wissen, in den Einstellungen, im Handeln oder im sozialen Status der Teilnehmenden; Auswirkungen auf das Klima in einer Organisation, auf die soziale Integration in einer Kommune oder Region, auf das Zusammenleben in der Gesellschaft |

## 3 Qualitätsanforderungen an Beteiligungsprojekte

Partizipation und Qualität

Fachleute aus Wissenschaft und Praxis sind sich weitgehend einig, welche Faktoren über das Gelingen von Partizipationsvorhaben entscheiden. Gütekriterien für erfolgreiche Beteiligung sind in Deutschland bereits mehrfach formuliert worden. Sie weisen eine hohe fachliche Übereinstimmung aus, auch wenn die jeweiligen Systematisierungen unterschiedlich sind (Brunsemann, Stange und Tiemann 1997; Möller 2000; Dinger und Franke 2004; Knauer et al. 2004; Knauer und Sturzenhecker 2005). Auch am Beginn der Initiative »mitWirkung!« stand eine Diskussion, was erfolgreiche Partizipationsvorhaben auszeichnet. Vor diesem Hintergrund wurden im wissenschaftlichen Beirat Kriterien entwickelt, die für die Planung, Steuerung und Bilanzierung von zentraler Bedeutung sind.

Dabei zeigte sich, dass die etablierte Trennung in Struktur-, Prozess- und Ergebnisqualität (Donabedian 1982) den analytischen Prozess unterstützt, aber auch zu Redundanzen führen kann, wenn etwa das Kriterium »Herstellung von Transparenz« zum einen strukturell (vorhandenes und qualifiziertes Personal, abgesicherte Verfahren) und prozessual (zeitnahe und umfassend Information zu allen Projektschritten) beleuchtet wird.

Themenbezogener Zugang

Daher wurde ein themenbezogener Zugang gewählt, aus dem sich neun inhaltliche Qualitätsdimensionen ergeben. Jede ist so auszugestalten, dass die Beteiligung junger Menschen gefördert wird. In allen Dimensionen hängt das Erreichen dieses Erfolges von mehreren Fragen ab. Sind Konzepte und Umsetzungen sachadäquat? Wird die soziale Interaktion zwischen den Beteiligten adressatengerecht gestaltet? Gelingt es, die Kommunikation zwischen Erwachsenen und jungen Menschen symmetrisch zu gestalten? Gibt es auch Verfahren, mit Konflikten und Widerständen bewusst umzugehen? Wird ein zeitliches Gleichgewicht zwischen Ergebnis- und Prozessorientierung erreicht? Diese Fragen müssen als querliegende Qualitätskriterien bei allen Planungs-, Umsetzungs- und Auswertungsprozessen berücksichtigt werden.

### 3.1 Zugänglichkeit gewährleisten

Kinder haben ein Recht auf Beteiligung

Junge Menschen sind Grundrechtsträger und daher grundsätzlich an allen Angelegenheiten der politischen Gemeinschaft zu beteiligen (Bertelsmann Stiftung 2007a: 25–38). Die Stärkung der Partizipation steht damit im Kontext der weiteren Demokratisierung unserer Gesellschaft. Vor diesem Hinter-

grund sollten möglichst vielen Kindern und Jugendlichen Beteiligungsmöglichkeiten und damit Demokratieerfahrungen im Alltag eröffnet werden.

Heterogene Zielgruppe

Hieraus ergibt sich eine besondere Anforderung an Beteiligungsvorhaben. Keine Zielgruppe ist so heterogen wie die der Kinder und Jugendlichen. Wie in keiner anderen Lebensspanne sind Bedürfnisse so schnelllebig: Ein Kind von elf Jahren hat wesentlich andere Bedürfnisse als ein 13-jähriger Jugendlicher. Nicht nur das Alter, sondern auch das Geschlecht, die Nationalität und die Schulbildung führen zu sehr heterogenen Lebenslagen mit entsprechend unterschiedlichen Anforderungen an Beteiligungsvorhaben.

Die Überzeugung, dass es differenzierter Angebote für Mädchen und Jungen bedarf, hat sich mittlerweile durchgesetzt. Aber auch die Belange junger Menschen, die beteiligungsfernen Gruppen zuzurechnen sind, müssen in den Blick genommen werden: Kinder und Jugendliche mit Migrationshintergrund, aus sozial benachteiligenden Verhältnissen, mit Behinderungen oder mit negativen Bildungserfahrungen in der Schule. Qualitätsfragen richten sich darauf, ob Beteiligungsprojekte so niedrigschwellig angelegt werden, dass auch diese Gruppen erreicht werden. Hier ist auch zu klären, an welchem Ort, zu welchem Zeitpunkt und über welche Dauer Angebote gemacht werden können, damit die entsprechende Zielgruppe tatsächlich teilnehmen kann.

Zugangsgerechtigkeit

Die Unterschiedlichkeit von Kindern und Jugendlichen stellt kommunale Beteiligungsvorhaben vor die Herausforderung, eine Zugangsgerechtigkeit zu Beteiligungsangeboten herzustellen und gleichzeitig differenzierte Angebote zu machen, die unterschiedlichen Kompetenzprofilen und Kommunikationsfähigkeiten Rechnung tragen (Knauer und Sturzenhecker 2005: 72–76). Darüber hinaus ist zu gewährleisten, dass die erforderlichen Ausdifferenzierungen nicht die Sprachlosigkeit und Abschottung zwischen jungen Menschen unterschiedlicher Gruppenzugehörigkeit verfestigen. Es braucht eine Gelegenheitsstruktur hinsichtlich Zeiten und Orten, um im Dialog der Gruppen unterschiedliche Anforderungen sichtbar zu machen und auszuhandeln.

Auf die begleitenden Erwachsenen kommt eine besondere pädagogische Verpflichtung zu. Nur wer die unterschiedlichen Lebenslagen von Kindern und Jugendlichen bei der Planung und Umsetzung von Beteiligungsvorhaben analysiert und konzeptionell berücksichtigt, wird im weiteren Verlauf Ziele, Themen, Formen und Methoden richtig bestimmen können.

## 3.2 Projektziele klären

Schillernder Begriff

Am Anfang eines jeden Beteiligungsprojektes sollte eine Zielklärung stehen. Diese wird in der Praxis oft dadurch erschwert, dass Partizipation als schillernder Begriff gesehen wird und zudem ein weites Handlungsspektrum abdeckt. Im Modell der Partizipationsleiter werden die verschiedenen Stufen der Beteiligungsmöglichkeiten beschrieben. Der Grad der Partizipation bestimmt sich dabei nach den für Kinder und Jugendliche real bestehenden Einflussoptionen und ihrer Rolle in der Initiierung des Vorhabens: von »informiert werden« und »Meinung sagen« bis »Einfluss nehmen auf Entscheidungen« und »Entscheidungen autonom treffen und umsetzen«.

vgl. Seite 25

Gemeinsame Sichtweise entwickeln

In der konkreten Arbeit entwickeln sich Missverständnisse zwischen den Beteiligten immer dann, wenn unterschiedliche Sichtweisen darüber bestehen, auf welcher Beteiligungsstufe das Projekt angesiedelt ist. Das ist beispielsweise der Fall, wenn Jugendliche der Auffassung sind, es gehe in einem Projekt darum, dass sie Entscheidungen träfen, Kommunalpolitiker oder Verwaltungsmitarbeiter aber nur ein Meinungsbild einholen wollen. Es ist deshalb wichtig, frühzeitig die Ziele und die Reichweite des Beteiligungsvorhabens zwischen allen Akteuren abzustimmen und sie transparent zu machen. In diesem Kontext ist auch die Frage zu klären, ob, zu welchem Zeitpunkt und in welchem Umfang Kinder und Jugendliche bei der Zielformulierung von Partizipationsvorhaben beteiligt werden.

Bedürfnisse Jugendlicher ermitteln

Dabei gilt nicht, dass der höchste Partizipationsgrad immer auch der Idealzustand ist. Das Ausmaß von Entscheidungsbefugnis und Verantwortungsübernahme sollte an den Bedürfnissen und Kompetenzen der Kinder und Jugendlichen ausgerichtet sein. Hier kann es auch innerhalb eines Projektes für die beteiligten Kinder und Jugendlichen unterschiedliche Rollen geben. Je nach ihren persönlichen Fähigkeiten und Wünschen sollten sie die Wahl haben, in eine initiierende oder eher umsetzungsorientierte Rolle zu gehen. Die Qualität eines Vorhabens bemisst sich daran, dass das Projekt zu einer Maximierung der individuellen Partizipationsmöglichkeiten beiträgt (Hart 1997: 42).

Entscheidungsbefugnisse vorher klären

Nicht nur Kinder und Jugendliche haben das Recht, ihre Rolle auszuwählen. Auch Kommunalverwaltung und -politik sollten offensiv die Möglichkeit nutzen, den Partizipationsgrad bereits vor Start eines Vorhabens zu klären, um situationsangemessene Beteiligungsangebote zu machen. Im Sinne eines positiven Erwartungsmanagements ist dies Chance und Verpflichtung zugleich. Beteiligungsvorhaben sind nur dann authentisch, wenn sie in aktuelle Entscheidungs- und Willensbildungsprozesse eingebunden sind. Wo nichts

zu entscheiden und auszuhandeln ist, verbietet es sich, ein Partizipationsvorhaben zu starten.

Weiter gilt, dass einmal zugestandene Handlungsspielräume und damit übertragene Entscheidungsmacht nachträglich auf keinen Fall reduziert werden dürfen. Dies würde vielfach vorhandene negative Einstellungen gegenüber Entscheidungsträgern in Politik und Verwaltung weiter verfestigen und sich kontraproduktiv auf die Bereitschaft zu künftigen Engagements auswirken.

### 3.3 Relevante Themenstellungen bearbeiten

Beteiligung nur bei wirklichem Interesse

Die Themenauswahl ist von großer Bedeutung, wenn Kinder und Jugendliche für Partizipationsvorhaben aktiviert werden sollen. Das Interesse am Thema und der Wunsch, etwas zu verändern, sind die von jungen Menschen am häufigsten genannten Gründe für ihre Mitwirkung in der Kommune (Bertelsmann Stiftung 2005b: 25). Dass Inhalte und Themen einen Bezug zur Lebenswelt der Kinder und Jugendlichen haben und damit für sie relevant sind, ist somit unverzichtbare Voraussetzung für erfolgreiche Beteiligungsvorhaben.

Dominanz der Interessen Erwachsener verhindern

Es ist deshalb darauf zu achten, dass nicht Erkenntnis- und Entscheidungsinteressen der Erwachsenen dominieren. Damit stellt sich die Frage: Was sind aus Sicht von Kindern und Jugendlichen relevante Themen? Häufig werden die Beteiligungsanlässe verengt auf kinder- und jugendpolitische Belange, beispielsweise die Spielplatzgestaltung, die Programmentwicklung im Jugendzentrum oder auch die Skaterbahn. Sie gelten als klassische Beteiligungsthemen. Dass junge Menschen aber durchaus breiter gelagerte Interessen der Beteiligung haben, rückt dabei in den Hintergrund.

Rückkopplungsprozesse verstetigen

Über die Bedeutsamkeit eines Themas entscheidet die Sichtweise der Kinder und Jugendlichen. Es ist deshalb empfehlenswert, Rückkoppelungsprozesse mit der adressierten Zielgruppe einzuplanen, um keiner Fehleinschätzung zu unterliegen. Den begleitenden Erwachsenen kommt dabei die Aufgabe zu, Kinder und Jugendliche verantwortlich zu beraten, damit realisierbare Ziele und ermutigende Erfahrungen möglich werden (Möller 2000: 393).

## 3.4 Formen und Methoden der Beteiligung

Spezifische Zugänge und Methoden

Es gibt ganz unterschiedliche Zugänge, Formen und Methoden der Beteiligung. Im Folgenden geht es speziell um die Formen der direkten Beteiligung. Diese lassen sich strukturieren nach repräsentativen, offenen und projektorientierten Verfahren. Während in repräsentativen Modellen junge Menschen stellvertretend die Interessen ihrer Altersgruppe wahrnehmen, eröffnen Kinder- und Jugendforen spontane und personell nicht eingegrenzte Möglichkeiten der Teilnahme. Projektorientierte Formen sind schließlich durch einen thematischen Fokus und eine zeitliche Begrenzung der Mitarbeit gekennzeichnet.

Vor- und Nachteile der Zugänge

Hinsichtlich der unmittelbaren Beteiligung besteht in der Fachdiskussion Konsens darüber, dass jede der Formen mit Vor- und Nachteilen behaftet ist. Die repräsentativen Beteiligungsformen erreichen nicht alle und begünstigen strukturell ältere, männliche und gut gebildete Jugendliche (Herrmann 1998: 333; Möller 1999: 86). Offenen und projektorientierten Formen mangelt es hingegen oft an Nachhaltigkeit und Verbindlichkeit. Festzustellen ist, dass bislang noch nicht in ausreichendem Maße nach Wegen gesucht wird, die unterschiedlichen Ansätze miteinander zu verbinden und dadurch eine neue Qualität in der Kinder- und Jugendpartizipation zu erreichen.

Methoden- und Zugangsmix

Eine Mischung der Beteiligungsverfahren bietet die Chance, junge Menschen dort abzuholen, wo sie in ihrer Entwicklung stehen, und ihren jeweils spezifischen Interessen gerecht zu werden. Ein Partizipationsmix eröffnet verschiedene Zugänge und kann einen Beitrag zu einer nachhaltigen Verankerung von Beteiligungsaktivitäten im kommunalen Raum schaffen.

Bei allen Entscheidungen hinsichtlich der Formen und Methoden sollte im Blick bleiben, dass ein starkes Engagementmotiv von Jugendlichen ist, andere Menschen zu treffen und Spaß zu haben (BMFSFJ 2005: 245). Attraktiv sind Angebote für junge Menschen vor allem auch dann, wenn Raum und Zeit für Spontaneität bleibt und spiel-, handlungs- und dialogorientierte Formen gewählt werden.

## 3.5 Weiterbildung verankern

Zielgerichtete Weiterbildung

Beteiligung will gelernt sein. Sich beteiligen auch. Kommunen, die nachhaltig die Beteiligung junger Menschen verankern wollen, müssen dafür Sorge tragen, dass eine zielgerichtete Weiterbildung sichergestellt ist, die sich an erwachsene Begleiter wie auch an Kinder und Jugendliche richtet.

Die Ergebnisse der Jugendpartizipationsstudie (Bertelsmann Stiftung 2005b) haben gezeigt, dass sich junge Menschen dann einbringen, wenn sie sich dafür kompetent fühlen. Das Zutrauen zur eigenen Kompetenz kann durch zielgerichtete Qualifizierungsmaßnahmen gesteigert werden. Gleichzeitig werden erwachsene Prozessmoderatoren benötigt, denn bislang wird die Kompetenz zum Management komplexer Beteiligungsvorhaben weder in pädagogischen noch in verwaltungsspezifischen Ausbildungsgängen hinreichend vermittelt. Neben Methoden effektiver Beteiligung steht vor allem die Frage im Mittelpunkt, mit welcher Haltung Erwachsene jungen Menschen begegnen und wie eine symmetrische Interaktion gewährleistet werden kann.

Jugendliche und Erwachsene qualifizieren

In struktureller Hinsicht stehen Kommunen vor der Herausforderung, nicht einmalige Qualifizierungsangebote zu machen, sondern auf eine Verstetigung zu achten. Als Spin-off-Effekt von Weiterbildungsmaßnahmen ist festzuhalten, dass sie sich als Motor kommunaler Netzwerkbildung erweisen, indem sie den Akteuren Raum und Zeit bieten, ihre Beteiligungskonzepte gemeinsam zu reflektieren, weiterzuentwickeln und Planungen zu konkretisieren.

Strukturelle Absicherung der Qualifikation

## 3.6 Information und Kommunikation sicherstellen

Kindern und Jugendlichen sind die vielfach bestehenden Partizipationsangebote in ihrer Gemeinde oder Stadt oft nicht bekannt. Ein erster wichtiger Schritt liegt deshalb in einer verbesserten Kommunikationsarbeit. Zentral für ihren Erfolg dürfte sein, dass für Kinder und Jugendliche erkennbar wird, dass sie in einer Kommune leben, in der die Beteiligung junger Menschen politischen Stellenwert hat, einzelne Projekte in eine Beteiligungsstrategie eingebettet sind und es regelmäßige Beteiligungsanlässe gibt.

Kommunikationskonzepte entwickeln

Beteiligung muss für junge Menschen ein Gesicht bekommen und mit einer attraktiven, wiedererkennbaren Botschaft verbunden sein. Dabei ist wichtig, dass Ausmaß und Grenzen der Einflussnahme von Anfang an transparent sind. Informationen müssen aber nicht nur an Kinder und Jugendliche transportiert werden, sondern es muss auch gewährleistet sein, dass alle Akteure ausreichend eingebunden sind. Dies gilt vor allem in Bezug auf Schulen, Kommunalpolitik und die Fachbereiche der Verwaltung. Überzeugungskraft gewinnt eine Partizipationsstrategie nur, wenn ihre Zielsetzungen kommuniziert und akzeptiert sind.

## 3.7 Anerkennung

Anerkennungskultur entwickeln

Anerkennung gehört zu den wichtigsten Ansätzen, bürgerschaftliches Engagement zu fördern (Enquete-Kommission 2002: 268–279). Dies gilt gerade auch im Verhältnis zu Kindern und Jugendlichen, denn sie erfahren sich im öffentlichen und politischen Kontext häufig als nicht anerkannt (Burdewick 2003: 217 f.). Vor diesem Hintergrund bieten Partizipationsprojekte die Chance, positive Erfahrungen zu ermöglichen und durch ihre öffentliche Wertschätzung zu multiplizieren.

Anerkennung als Interaktion zwischen Beteiligten

Anerkennung konstituiert sich zunächst in der Interaktion zwischen den Beteiligten: aus der hierarchiefreien, symmetrischen und verlässlichen Kommunikation und Zusammenarbeit. Kinder und Jugendliche als Gesprächs- und Verhandlungspartner ernst zu nehmen ist damit ein zentrales Erfolgskriterium für Beteiligungsvorhaben.

Anerkennung als wertschätzender symbolischer Akt

Anerkennung ist aber auch ein symbolischer Akt, der sich in der öffentlichen Wertschätzung vorbildlichen Engagements ausdrückt. In diesem Zusammenhang schlägt die Enquete-Kommission vor, eine umfassende Anerkennungskultur zu etablieren, die immaterielle Formen (z. B. Auszeichnungen) kombiniert mit materiellen Anreizen (z. B. Gutscheinheften) und der formalen Anerkennung von erworbenen Qualifikationen (Zertifizierungen, Zeugnissen).

## 3.8 Partner gewinnen

Kooperationen entwickeln

Selbst auf den ersten Blick einfache Partizipationsvorhaben benötigen in der Regel die Kooperation mit vielen Partnern. Soll beispielsweise ein Schulhof umgestaltet werden, gibt es neben den Schülerinnen und Schülern eine Vielzahl von Beteiligten und Betroffenen: Schulleitung, Lehrkräfte, Eltern, Anwohner, diverse Verwaltungsstellen und politische Gremien in der Kommune (Planung, Schulverwaltung, ggf. Jugendamt, Bauamt, je nach Budgetzuordnung die entsprechenden Ausschüsse und den Rat, ggf. das Kinder- und Jugendparlament, die Kinderbeauftragte) und ggf. weitere administrative Einheiten (z. B. die Schulaufsicht zu Fragen von Unterrichtsausfällen).

Beteiligte identifizieren und gewinnen

Meistens führen Analysen der Frage, wer beteiligt bzw. betroffen ist (sog. Stakeholder), zu einem komplexen Bild. Für den Erfolg des Projektes sind folgende Fragen entscheidend: Sind alle wichtigen Interessengruppen identifiziert worden? Konnten sie für das Vorhaben gewonnen werden? Sind sie bereits ausreichend informiert? Wie werden sie für eine kontinuierliche Unterstützung gewonnen? Wie kann vorsehbarem Widerstand begegnet werden?

## 3.9 Ressourcen

Ressourcen ermitteln und sichern

Beteiligung benötigt Ressourcen, in personeller wie in finanzieller Hinsicht. Dabei lassen sich drei relevante Zeitabschnitte unterscheiden. In der Vorbereitungsphase kommt es darauf an, für die Durchführung des Vorhabens Know-how aufzubauen, entsprechende Fachleute zu gewinnen oder Mitarbeiter zu qualifizieren. Für die Durchführung des Partizipationsvorhabens sind ebenfalls Mittel erforderlich. Schließlich sollten aus einem guten Partizipationsvorhaben Umsetzungsschritte folgen – und die können nicht unerhebliche Geldmittel erforderlich machen, wenn es etwa um die Überplanung von Freiflächen oder andere Investitionsentscheidungen geht. Bevor junge Menschen beteiligt werden, sollte deshalb sorgfältig geklärt werden, ob für alle drei Phasen Mittel zur Verfügung stehen oder zumindest höchstwahrscheinlich gewonnen werden können.

Ressourcenentscheidungen als politische Themen begreifen

In der Diskussion über die Bereitstellung von Ressourcen wird oft argumentiert, dass die Beteiligung von Kindern und Jugendlichen ein wichtiges Thema für nachhaltige Kommunalentwicklung sei, das aber aufgrund fehlender Ressourcen zurzeit nicht in der gewünschten Intensität bearbeitet werden könne. Ressourcenentscheidungen sind immer auch Ausdruck politischer Schwerpunktsetzung, insofern ist eine solche politische Positionierung in sich nicht widerspruchsfrei und sollte Anlass sein zu einem kritischen Diskurs über die tatsächliche Verortung der Kinder- und Jugendbeteiligung in der Stadtpolitik.

Dies ist Voraussetzung für die Entwicklung zukunftsorientierter Perspektiven darüber, wie sukzessive ein tragfähiges Fundament für die gesellschaftliche Teilhabe junger Menschen auf- oder ausgebaut werden kann und wie hierfür ggf. auch Ressourcen außerhalb des kommunalen Etats neu erschlossen werden können. Richtungweisend für diesen Verständigungsprozess ist die Verpflichtung der Akteure, dass Partizipation von Kindern und Jugendlichen keine Zusatzaufgabe ist, sondern als integraler Bestandteil einer zukunftsorientierten Stadtpolitik konzeptionell entwickelt wird.

## 3.10 Ergebnissicherung

Das Ergebnis zählt (auch)

Die Ergebnisorientierung ist eine nicht zu vernachlässigende Dimension für die Beurteilung der Qualität demokratischer Prozesse (Schmidt 2000: 513): Haben die Beteiligten ihr Engagement als effektiv und effizient erlebt, wurde das richtige Ziel in einer angemessenen Relation zu den eigenen Aufwendungen erreicht. Aus Sicht der beteiligten Jugendlichen ist dabei der Zeiteinsatz maßgeblich. Für sie dürfte entscheidend sein, wie sie die eigenen Opportunitätskosten beurteilen, also den entstandenen Nutzen, der durch die Entscheidung für die Teilnahme an einem Beteiligungsvorhaben entstanden ist, und den damit verbundenen Verzicht auf andere Aktivitäten. Da jungen Menschen heute vielfältige Möglichkeiten zur Freizeitgestaltung zur Verfügung stehen, dürfte gerade die positive oder negative Beurteilung der Opportunitätskosten, die auch als »Kosten der Reue« bezeichnet werden, einen großen Einfluss auf weiteres Engagement haben.

Unterschiedliche Wirkungen wahrnehmen

Wirkungen von Partizipationsvorhaben liegen nicht nur auf Ebene der jungen Menschen, sondern können entsprechend den Begründungen für Partizipationsvorhaben (Olk und Roth 2007: 40) auf unterschiedlichen Ebenen verortet werden.

Gewinn durch Kompetenzentwicklung

Hinsichtlich der beteiligten Kinder und Jugendlichen geht es primär darum, ob sie ihr Engagement als gewinnbringend und konsequenzenreich erlebt haben. Es geht auch um die Frage, ob sie ihre personalen und sachbezogenen Kompetenzen ausbauen konnten. Haben sie sich als selbstwirksam erfahren können? Sind sie darin gestärkt worden, ihre Rechte und Positionen zu erkennen und argumentativ zu vertreten? Ist ihr Verständnis von (Kommunal-)Politik als diskursiver Prozess der öffentlichen Verhandlung unterschiedlicher Interessen gewachsen?

Lernwirkungen bei allen Beteiligten

Individuelle Lernwirkungen sind nicht nur für die Kinder und Jugendlichen anzustreben, sondern auch für die begleitenden Erwachsenen. War es durch das Partizipationsvorhaben möglich, auch die Akteure von der Relevanz der Einbeziehung junger Menschen zu überzeugen? Das Erreichen dieser Wirkungsebene ist unverzichtbar dafür, dass sich Entscheidungsträger in Politik, Verwaltung, inner- und außerschulischen Bildungseinrichtungen etc. auch künftig für dieses Thema einsetzen.

Verbesserte Politik für Kinder

In gesellschaftlicher Hinsicht ist die Frage zu stellen, ob Politikergebnisse durch die Beteiligung von Kindern und Jugendlichen konkret verbessert und ob eine zeitnahe Umsetzung abgesichert werden konnte, und auch: ob es gelungen ist, junge Bevölkerungsgruppen für zukünftiges Engagement zu gewinnen.

## 3.11 Evaluation

Reflexion des eigenen Handelns

Die Optimierung von Beteiligungsprozessen setzt immer eine Reflexion des eigenen Handelns voraus. Evaluation, verstanden als eine systematische, datenbasierte Beschreibung und Bewertung von Programmen, Projekten und Maßnahmen anhand von vorab definierten Kriterien (Kromrey 2001: 105 ff.) bietet die Chance, Vorhaben besser zu planen, erforderliche Zwischensteuerungen vorzunehmen, Wirkungen zu dokumentieren und nachzuweisen (Windau und Meinhold-Henschel 2006: 3).

Belastbare Wirkungen nachweisen

Besonders angesichts der Tatsache, dass Partizipationsvorhaben mit Kindern und Jugendlichen von allen Beteiligten oft als aufwendig erfahren werden, ist es extrem wichtig, aussagefähig zu den erzielten Wirkungen zu sein. Gleichzeitig sind Vorhaben, wie oben dargestellt, durch die Vielzahl der beteiligten Akteure von einer nicht zu unterschätzenden Komplexität.

Evaluation als partizipativer Prozess

Evaluation kann rechtzeitig Hinweise auf notwendige Änderungen der Planungen geben und unterstützt Lernprozesse für künftiges Handeln. Gerade für die Evaluation von Beteiligungsprozessen gilt, dass sie in einem partizipativen Prozess erfolgen sollte (Ulrich und Wenzel 2004) und auch Kinder und Jugendliche als primäre Zielgruppe eingebunden werden.

Umsetzung der Qualitätsanforderungen

**Umsetzung der Qualitätsanforderungen**

Die erfolgreiche Durchführung von Partizipationsprojekten ist abhängig von den strukturellen Voraussetzungen. Da Projekte zeitlich befristet sind, haben sie nur selten die Chance, Rahmenbedingungen in ihrem Sinne zu verändern. Projektverantwortliche müssen sich deshalb die Frage stellen, unter welchen Voraussetzungen sie antreten und welche Faktoren übergeordneter Art eine effektive Umsetzung ermöglichen oder auch erschweren. Dabei hilft es, sich folgenden Fragen zu stellen:

- Gibt es ein robustes Mandat zur Beteiligung junger Menschen, das von Verwaltungsführung und Kommunalpolitik gleichermaßen ausgesprochen wird und sich auch in entsprechenden Entscheidungen zu Ressourcen niederschlägt?
- Ist es gelungen, ein Netzwerk kommunaler Partner unter Einbindung von Schulen und freien Trägern der Jugendhilfe zu organisieren? Konnte vor allem auch die Unterstützung der Schulaufsicht und der zuständigen Ministerien gewonnen werden?
- Sind die handelnden Akteure fachlich qualifiziert, Beteiligungsvorhaben durchzuführen?

- Werden die Kinder und Jugendlichen über die Partizipationsangebote ihrer Gemeinde oder Stadt angemessen informiert? Sind die Akteure ausreichend informiert und in den Prozess eingebunden?
- Werden die Wirkungen von Projekten, Maßnahmen und Programmen dokumentiert und kommuniziert?
- Ist für die Partizipation von Kindern und Jugendlichen in der Kommune eine breit getragene Konzeption mit klar erkenn- und überprüfbaren Zielstellungen entwickelt worden? Sind deren wichtige strategische Schritte zur Umsetzung formuliert und in ein umfassendes kommunales Leitbild eingebettet?
- Gibt es für alle jungen Menschen der Kommune adäquate Beteiligungsmöglichkeiten?
- Stellt die Kommune hinsichtlich Themen, Methoden und Orten ein breites Spektrum an Beteiligungsmöglichkeiten für unterschiedliche Zielgruppen sicher?
- Ist die kommunale Beteiligungsstrategie so ausgelegt, dass sich positive Erfahrungen bei Kindern und Jugendlichen selbstverstärkend auswirken?

Die Zukunft von Beteiligungsprojekten liegt in der Entwicklung eines kommunalen Gesamtkonzepts, das die Beteiligung von Kindern und Jugendlichen als Teilstrategie auf dem Weg zur Realisierung des Leitbildes einer Bürgerkommune versteht.

Instrument zur Selbstevaluation

In der Initiative »mitWirkung!« wurde auf Basis der Qualitätskriterien ein Instrument zur Selbstevaluation entwickelt. Es unterstützt die Planung, Zwischensteuerung und Bilanzierung von Beteiligungsvorhaben und dient der Dokumentation der Projektarbeit nach innen und außen. Gleichzeitig wird ein sachorientierter Dialog der Verantwortlichen über den Entwicklungsstand des Vorhabens und ein Abgleich individueller Sichtweisen ermöglicht.

Qualitätsanforderungen an Beteiligungsvorhaben

vgl. Seite 160 ff.

# III Zielgruppen der Partizipation

Die Ausrichtung an der Zielgruppe gehört zu den essenziellen Qualitätsstandards von Partizipationsangeboten, denn nur wer den Nerv der Zielgruppe trifft, erleichtert ihr den Zugang zu politischer Partizipation. Diese Zugänglichkeit zu gewährleisten ist wiederum ein entscheidendes Element, damit möglichst viele Kinder und Jugendliche Demokratie als lebendigen Prozess erfahren und ihr Grundrecht auf Beteiligung an politischen Fragen und Angelegenheiten auch wirklich wahrnehmen können (vgl. Meinhold-Henschel 2007: 225).

Heterogene Bevölkerungsgruppe

Kinder und Jugendliche stellen keine einheitliche Zielgruppe dar. Sie unterscheiden sich beispielsweise durch die unterschiedlichen Bedürfnisse und Kompetenzen, die das jeweilige Alter mit sich bringt. Aber auch innerhalb jeder Altersgruppe spielen Einflüsse wie Geschlecht, Ethnie, Jugendkultur, Bildung, Vorbilder, Wohnort, Gesundheit oder finanzielle Ressourcen eine entscheidende Rolle für Identität und Lebenslage und lassen eine Vielzahl an Zielgruppen entstehen. Jede Zielgruppe hat andere Vorlieben, Kompetenzen und Bedürfnisse (vgl. Knauer und Sturzenhecker 2005: 72 ff.). Und auch diese sind fließend, denn schnell können sich Einzelne oder die Zusammensetzung der Gruppe verändern.

Diversität und Wandel

Somit treffen Partizipationsangebote auf ganz unterschiedliche Anliegen, die altersspezifisch stark im Wandel sind und sich nicht immer sofort klar fassen lassen. Diversität sowie Wandel der Bedürfnisse und Interessen stehen darüber hinaus im Kontrast zur Zähigkeit politischer oder institutioneller Veränderungsprozesse und der Beharrlichkeit von Bedenkenträgern. Beteiligungsangebote müssen diese unterschiedlichen Welten miteinander in Kontakt und in Bewegung bringen. Das stellt hohe Anforderungen an die pädagogische Arbeit im Rahmen der Angebote.

Es ist wichtig, sich vorab Gedanken über die Zielgruppe zu machen, diese im Zusammenhang der Rahmenbedingungen, Interessenlagen und Kompetenzen zu betrachten und entsprechend methodisch zu agieren und die Angebote strukturell daran auszurichten (vgl. Olk und Roth 2007: 44).

Vier Perspektiven sollen im Folgenden diskutiert werden:

- Hat die Auswahl der Zielgruppe Vorrang vor dem Thema oder dem Beteiligungsmodell?
- Was ist förderlicher für den Partizipationsprozess: eine heterogene oder eine homogene Zielgruppe?
- Was versteht welche Zielgruppe unter »Politik«? Welche Bedeutung hat das unterschiedliche Politikverständnis der Zielgruppen für die Beteiligungsangebote?
- Wie wirken sich die unterschiedlichen Bedürfnisse der Zielgruppen auf ihren Zugang zur Partizipation aus? Wie können die Anbieter darauf methodisch reagieren?

## 1 Zugang über Zielgruppe, Beteiligungsmodell oder Thema

Wurde die Partizipationsdebatte lange Zeit von der Suche nach dem »richtigen« Modell bestimmt, rückt in den letzten Jahren die Zielgruppe stärker in den Mittelpunkt. Auslöser war die Beobachtung in der Praxis, dass die Einführung von Beteiligungsmodellen nicht automatisch zum Erreichen aller Kinder und Jugendlichen führt. Häufig finden gerade diejenigen den Weg in die Angebote, die sowieso einen eher unkomplizierten Zugang zur Mitbestimmung haben (vgl. Wächter und Zinser 2008; Kutscher 2007a: 189 f.). Beteiligungsangebote enthalten somit nicht nur die Möglichkeit zur Inklusion, sondern auch zur Exklusion.

Die Auseinandersetzung mit der anvisierten Zielgruppe und die Überprüfung, ob diese auch erreicht wurde, sind daher elementar. Ob jedoch die Zielgruppe, das aktuelle Thema oder ein favorisiertes Beteiligungsmodell den Impuls für das Angebot geben, ist situationsabhängig und manchmal nicht steuerbar. Es sind Variationen, die unterschiedliche Rahmenbedingungen und methodische Vorgehensweisen mit sich bringen. Allerdings sind die Konsequenzen der jeweiligen Herangehensweise zu durchdenken, damit Qualitätskriterien festgelegt werden können und über die Zielrichtung der Beteiligung Klarheit herrscht.

### 1.1 Die Zielgruppe als Ausgangspunkt

Das Vorgehen und die Prioritäten werden unter anderem dadurch bestimmt, wer den Partizipationsprozess initiiert. Kommt der Impuls von den Erwachsenen beispielsweise aus Politik oder Pädagogik oder von den Beteiligten selbst, also Kindern oder Jugendlichen?

Initiative von jungen Menschen

Geht der Wunsch nach Mitsprache und Mitentscheidung von einer bestimmten Gruppe von jungen Menschen aus, dann ist sie automatisch die Zielgruppe, die als Erste einbezogen werden sollte. Ihr Thema oder Anliegen hat die Gruppe in der Regel bereits selbst gewählt.

Entwicklungsszenarien

Vier Entwicklungsszenarien sind möglich, die von den Bedürfnissen der Gruppe ebenso beeinflusst werden wie von den Reaktionen der zuständigen pädagogischen und politischen Fachkräfte:

- Die initiierende Gruppe wird gezielt gefördert, und die Kinder oder Jugendlichen machen die Erfahrung, dass es Spaß macht, sich in die Gestaltung der Lebensumwelt einzumischen und politisches Handeln darüber hinaus Erfolge mit sich bringen kann. Die Gruppe wird für eine partizipative Lebenshaltung gewonnen und mischt sich künftig auch bei anderen Themen gezielt ein. Sie verfügt über ein starkes Gruppenzugehörigkeitsgefühl und sucht sich unter Umständen eine passende Struktur für das Engagement aus.

- Die Gruppe wird in ihrem Anliegen unterstützt und macht positive Erfahrungen. Trotzdem kann es sein, dass die Gesamtgruppe sich auf kein weiteres gemeinsames Thema einigen kann oder aus anderen Gründen auseinanderfällt. Einzelne Kinder und Jugendliche bleiben weiter aktiv und schließen sich möglicherweise anderen Engagierten an (abhängig von Sympathie und/oder Thema) oder greifen auf bestehende Beteiligungsmodelle zurück: gewählte Interessenvertretungen, offene Foren, Parteien etc.
- Die Gruppe verfügt über eine ausgeprägte Gruppenidentität. Sie beteiligt sich einmalig, und niemand kann für weitere Partizipation gewonnen werden. Dabei können mangelnde Erfolge und fehlender Zugewinn für die Beteiligten eine Rolle spielen, aber auch veränderte Prioritäten oder Gruppendruck.
- Die Gruppe wird dazu angeregt, ihr Thema auch für andere interessierte Kinder und Jugendliche zu öffnen und verändert ihre Zusammensetzung bereits während des Beteiligungsprozesses. Das bedeutet, dass der Ursprungsgruppe das Thema wichtiger ist als der Erhalt ihrer anfänglichen Gruppenidentität.

Initiative von Erwachsenen

Geht das Angebot zur Beteiligung dagegen von Erwachsenen aus, kommen der Kontext und das Ziel des Angebots zum Tragen. Hatte eine Partei oder Lobbygruppe die Idee für ein bestimmtes Modell? Soll zu einem aktuellen, häufig jugendpolitischen Thema die Meinung der Jugendlichen erfragt werden? Gibt es ein kommunalpolitisches und zumeist öffentlich diskutiertes Problem (Vandalismus, Ruhestörung etc.), bei dem Partizipation Abhilfe verspricht? Wird aus pädagogischen oder politischen Gründen das Einbeziehen einer bestimmten Zielgruppe angestrebt?

Auswahlmotive

Auch die Motive für die Auswahl einer spezifischen Zielgruppe können völlig unterschiedlich sein. Dabei kann es inhaltliche Zusammenhänge mit den Kontexten und Zielen geben, die Motive können aber auch unabhängig davon zum Tragen kommen:

- Die Gruppe ist beteiligungserfahren oder leicht zugänglich, sodass sie schnell einbezogen werden kann und sich mit dem gängigen politischen Prozedere gut zurechtfinden wird.
- Die Gruppe ist beteiligungs- und oft auch bildungsfern und soll gerade deshalb an Beteiligungsmöglichkeiten herangeführt werden und die Chance auf ungewohnten Kompetenzerwerb erhalten.

- Die Zielgruppe ergibt sich aus dem institutionellen Setting (Schule, Kindergarten, Jugendzentrum, Erziehungshilfe etc.)
- Die Zielgruppe kann die Antwort auf eine aktuell relevante Frage geben.
- Eine auffällige Gruppe gerät in den Blick von Politik und Öffentlichkeit und soll durch die Beteiligung und aktive Vertretung ihrer eigenen Interessen (wieder) in das Gemeinwesen integriert werden.

## 1.2 Das Modell als Ausgangspunkt

Repräsentative oder offene Modelle

Wird der Beteiligungsprozess über die Auswahl eines Modells in die Wege geleitet, hat dieses bestimmte politische Hürden bereits passiert und dort Zustimmung gefunden. Zuständigkeiten, Etat, Reichweite, Rechte und Pflichten der Beteiligungsmodelle sind in der Regel durch Konzepte oder sogar Satzungen abgeklärt. Bei der Einrichtung eines Jugendparlaments ist der Abstimmungsprozess meist schwieriger und langwieriger als bei der Durchführung von Jugendforen oder Projekten. Die Kontinuität einer »parlamentarischen Beteiligung« wird zwar geschätzt, der Verwaltungsaufwand und die langfristigen Kosten werden jedoch gescheut. Das Jugendforum als offene Beteiligungsform erscheint weniger verpflichtend für alle Beteiligten und doch eine gute Möglichkeit, sich auszutauschen und einen Eindruck der Befindlichkeit und Wünsche von Kindern und Jugendlichen zu erhalten. Projekte können zwar im Einzelfall ebenfalls kostenintensiv sein, inhaltlich und zeitlich wirken sie jedoch überschaubar und damit »kontrollierbarer« als eine kontinuierliche Beteiligung.

vgl. Seite 92 ff.

Auswahlkriterien

Die Auswahlkriterien der Erwachsenen hinsichtlich der drei wichtigsten Beteiligungsmodelle lassen sich somit zuspitzen auf:

- repräsentativ = kontinuierlich
- offen = weniger verpflichtend
- projektorientiert = kontrollierbar

Auch wenn diese Zuschreibungen jeweils nur eine Facette hervorheben, prägen sie in ihrer reduzierten Form die Modelldiskussionen. Die Jugendlichen orientieren sich ebenfalls an diesen Zuschreibungen. Ausstattung und Möglichkeiten, Laufzeit und Aufwand der einzelnen Modelle sind ihnen im Detail oft gar nicht bekannt.

Auch sie erleben die Wahl oder Delegation in ein Kinderparlament oder einen Jugendstadtrat als kontinuierliches Engagement. Das impliziert eine verbindliche Festlegung für einen Zeitraum von ein bis zwei Jahren. Dagegen kann die Teilnahme an einem Jugendforum einmalig und spontan erfolgen, der Erwartungsdruck ist scheinbar gering: Das Forum kann für ein Statement genutzt werden, aber es ist legitim, nur zuzuhören oder die Versammlung zu verlassen, wenn es langweilig wird. Sich an einem Projekt zu beteiligen hat demgegenüber eine höhere Verbindlichkeit, aber der Zeitraum des Engagements ist überschaubar und vermittelt ein Gefühl der persönlichen Kontrolle.

Wirksamkeit und Zugewinn

Diese Auswahlkriterien werden ergänzt durch die vermutete Wirksamkeit des Engagements und den persönlichen Zugewinn in den drei Dimensionen Beziehungen, Kompetenzerweiterung, Sinngebung (vgl. Zinser 2004: 8 ff.; Winklhofer und Zinser 2008: 83 f.). Doch selbst ohne hier auf weitere Auswahlkriterien einzugehen, genügen die oben aufgeführten Zuschreibungen, bestimmte Kinder und Jugendliche anzuziehen oder abzuschrecken.

Grob gesagt fühlen sich von repräsentativen Modellen eher Jugendliche angesprochen, die schon einen Bezug zur Politik und der Idee der Interessenvertretung haben und die sich von stark sprachorientierten Arbeitsformen (Sitzungen, Verhandlungen mit Parteien, Lobbygruppen und Sponsoren, schriftlichen und mündlichen Eingaben in den Stadtrat etc.) nicht abschrecken lassen.

Offene Formen stehen für eine einmalige Anwesenheit und verhindern damit die Hemmschwelle einer längerfristigen und verbindlichen Zusage. Allerdings setzt eine aktive Teilnahme an einem Jugendforum große verbale Kompetenz voraus und viel Mut, um sich vor eine unbekannte Gruppe von Erwachsenen und Gleichaltrigen zu stellen und die eigenen Forderungen und Ideen vorzutragen.

Projekte haben demgegenüber die größte Chance, die Kinder und Jugendlichen zu erreichen, deren Stärken und Interessen auf der praktischen und kreativen Seite liegen: jüngere Kinder, Mädchen und junge Menschen, deren Muttersprache nicht deutsch ist oder die als »bildungsfern« bezeichnet werden.

Die konzeptionelle Festlegung auf ein bestimmtes Modell enthält somit quasi immanent einen Zuschnitt auf eine spezifische Zielgruppe. Eine Überprüfung, ob diese Zielgruppe erreicht werden soll oder wie das Modell durch veränderte Methoden ein breiteres Spektrum an Jugendlichen ansprechen kann, sichert die Qualität des Angebots.

## 1.3 Zugang über ein Thema oder Problem

Relevanz des Themas

Gibt es einen inhaltlichen Anlass oder ein öffentliches Problem für die Beteiligungsinitiative, dann ist Aktualität des Themas gewährleistet. Ob das Thema für Kinder oder Jugendliche relevant ist oder für welche Gruppe es Bedeutung hat, muss sich allerdings erst noch zeigen. Eine landesweit angeregte Debatte über Jugendgewalt ist nicht automatisch ein so interessantes Thema für junge Leute, dass sie zu Jugendhearings gehen oder Anti-Gewalt-Projekte ins Leben rufen. Das Thema muss sich mit den Bedürfnissen der Jugend treffen, sonst kann die Politik zwar fragen, aber nur wenige werden antworten.

Problembewusstsein

Ebenso wenig haben Jugendliche und Erwachsene das gleiche Empfinden in Bezug auf Problemlagen. Eine Gruppe Jugendlicher, die an ihrem Treffpunkt – etwa einer Bushaltestelle im Stadtteil – zum Ärgernis wird, empfindet ihr Verhalten nicht als auffällig. Sie lebt einfach einen Teil ihres gewohnten Gruppenlebens öffentlich. Es sind die Anwohner, die das Verhalten als Ruhestörung oder Aggression erleben und die ihre eigenen Interessen durchsetzen möchten, oder eine politische Partei, die sich des Themas z. B. aus wahlstrategischen Gründen annimmt. Es kann sein, dass die Jugendlichen ein Beteiligungsangebot als positiv erleben, weil sie wahrgenommen werden und sich bessere Lösungen für einen Treffpunkt zeigen als die Bushaltestelle. Aber unter Umständen sind sie mit ihrem Treff völlig zufrieden und wollen kein pädagogisches Setting, sondern nur ihre Ruhe.

Individuelles Interesse

Auch beim Beteiligungsimpuls durch ein Thema lässt sich somit festhalten, dass bestimmte Gruppen von Jugendlichen angesprochen werden. Der Zugang zum Thema kann über persönliche Betroffenheit oder die Lust an der Auseinandersetzung mit für sie spannenden (politischen) Themen erfolgen. Bei der Einschätzung, welches Thema welche Jugendlichen anspricht, sind Erwachsene erfahrungsgemäß nicht sehr treffsicher. Ein enger Kontakt und ein genaues Hinhören bei unterschiedlichen Jugendszenen lohnen sich.

Fazit

Bei der Betrachtung der drei Herangehensweisen kristallisiert sich heraus, dass auch die Wahl des Beteiligungsmodells und der Zugang über ein Thema einen direkten – wenn auch nicht immer intendierten – Einfluss darauf haben, welche Gruppe letztlich erreicht wird. Keiner der Zugänge ist als besser oder schlechter zu werten, solange die Zusammenhänge zur Zielgruppe gesehen werden und sich im besten Fall eine kommunale Beteiligungskultur entwickelt, die so breit gefächert ist, dass sie möglichst viele unterschiedliche junge Menschen erreichen kann.

## 2 Heterogene und homogene Zielgruppen

Klärung der Ziele und Lernfelder

Die Entscheidung, wie sich eine potenzielle Zielgruppe zusammensetzt, hängt davon ab, welche Ziele und Lernfelder mit dem Partizipationsprozess verbunden werden. Geht es vorrangig um eine erfolgreiche und zügige Zielerreichung? Oder gehören Diskussionen über Toleranz, Aushandlungsprozesse zum Umgang mit Minderheitenmeinungen und die Verschiedenheit in der Gruppe zum demokratischen Kern des Partizipationsprozesses?

vgl. Seite 56 ff.

In Qualitätskriterien gedacht, steht im ersten Fall die Ergebnisqualität und im zweiten Fall die Prozessqualität im Vordergrund der Arbeit (die Strukturqualität als drittes Kriterium bleibt an dieser Stelle unberücksichtigt). Das hat Auswirkungen auf die Lernfelder. Bei einem Fokus auf die Zielerreichung werden vor allem Kompetenzen wie Projektmanagement, Organisationsfähigkeit, Verhandlungsführung, Struktur- und Fachkenntnisse erweitert.

Die Prozessqualität nimmt stärker den Beziehungsaspekt in der Gruppe in den Blick. Der Umgang mit eigenen Werten, mit Fremdheit und Unterschieden wird geübt, Regeln eines respektvollen Miteinanders erprobt. Gruppenerlebnisse werden gezielt als Motivationsanreiz benutzt. Zusätzlich zu den oben genannten werden soziale Kompetenzen wie Perspektivenwechsel, Kommunikationsfähigkeit, Empathie und Ambiguitätstoleranz gestärkt (vgl. Krappmann 2000: 85 f.).

Vorteile heterogener Zielgruppen

Je heterogener die Zielgruppe, desto mehr Zeit und Energie benötigt sie für eine intensive Auseinandersetzung mit dem Thema Verschiedenheit. Hier prallen – je nach Schulbildung, Wohnort, Subkultur oder ethnischer Zugehörigkeit – unterschiedliche Meinungen, Lebenshaltungen, Fähigkeiten und Sprachstile aufeinander. Das macht den Prozess komplexer und zeitaufwendiger, erweitert aber auch die möglichen Lernfelder.

Eine heterogene Gruppe gewährleistet – im Sinne der Interessenvertretung möglichst vieler Jugendlicher – eine größere Repräsentativität. Deshalb ist es gerade bei sogenannten repräsentativen Beteiligungsformen wie Jugendparlamenten wichtig, Jugendliche aus unterschiedlichen Szenen und mit verschiedenen biografischen Hintergründen zu gewinnen. Da besonders diese Beteiligungsform einen einschränkenden Charakter hat, spielen ein breites Methodenspektrum in der konkreten Arbeit und eine gute Werbung für die Attraktivität und den Zugang eine wichtige Rolle.

Vorteile homogener Zielgruppen

Eine schnelle Zielerreichung ist mit einer homogenen Gruppe leichter, weil sie einige gruppenbezogene Aushandlungsprozesse nicht leisten muss. Doch auch in homogenen Gruppen gibt es Machtkämpfe um Positionen oder in der Außenvertretung und herrscht nicht immer Einigkeit über den Weg zum Ziel.

Homogene Gruppen haben den Vorteil, dass sie ein Gefühl von Vertrautheit auslösen und damit Jugendlichen, die in der Gruppe eher nach Schutz und nicht nach Herausforderung suchen, einen leichteren Zugang zum Partizipationsangebot ermöglichen. Dieses Phänomen lässt sich besonders bei Jugendlichen feststellen, die aufgrund ihres Migrationshintergrundes im Alltag häufig mit dem Thema Fremdheit konfrontiert werden. Sie sind leichter für Partizipation zu gewinnen, wenn sie vertraute Gesichter um sich haben.

Ähnliches zeigt sich in der Arbeit mit Mädchen. Die Selbstverständlichkeit, mit der Jungen sich im Alltag Raum nehmen und ihre Interessen durchsetzen, führt bei vielen Mädchen zum Rückzug. Der ständige Kampf um Terrain oder Aufmerksamkeit ist ihnen zu mühsam, sie stellen häufig ihre Interessen zurück. In einer reinen Mädchengruppe fällt dieser Kampf weg, originäre Interessen können gespürt und mit größerer Intensität verfolgt werden. Dabei kann sich im Verlauf der gemeinsamen Arbeit herausstellen, dass eine geschlechtshomogene Gruppe in ihren Interessen und Bedürfnissen durchaus heterogen sein kann und Toleranz und Solidarität hier genauso Thema sind wie in einer Gruppe von Mädchen und Jungen.

Gruppendynamik

Ist den Initiatoren die heterogene Zusammensetzung gerade wegen der gruppendynamischen Möglichkeiten wichtig, sollten sie eine besonders intensive pädagogische Begleitung einplanen. Die Beteiligungspraxis zeigt, dass Gruppen, die sich selbst überlassen bleiben, zur Homogenität neigen, weil diese nicht so anstrengend scheint. Es kommt zu Exklusionsprozessen, die den Beteiligten häufig nicht bewusst sind.

So zeigten Interviews mit Mitgliedern eines Jugendforums, dass in der Anfangsgruppe viele Hauptschüler waren, sich aber eine Arbeitsform durchsetzte, die so stark auf verbale Fähigkeiten ausgerichtet war, dass nach kürzester Zeit nur noch Schülerinnen und Schüler vom Gymnasium an den Treffen teilnahmen. Den Befragten fiel dieser Umstand jedoch nur aufgrund der Nachfrage auf. Das Wegbrechen der Hauptschüler wurde damit erklärt, dass diese Jugendlichen anscheinend kein Interesse an dieser Aufgabe hatten, sondern »nur« auf der Suche nach »fun« waren.

Eine selbstorganisierte Gruppe neigt dazu, die scheinbar Schwächeren herauszudrängen, um bezogen auf ihre Zielerreichung »arbeitsfähig« zu bleiben oder zu werden. Eine heterogene Gruppe, die auf sich gestellt ist, übersieht leicht das Potenzial der gegenseitigen Bereicherung und Unterstützung, die Möglichkeiten der Perspektivenerweiterung. Ein anregender Umgang mit Heterogenität benötigt Moderation und manchmal auch Mediation von Menschen, die Verschiedenheit zu schätzen wissen. Eine Lösung für das Problem, dass Vertrautheit und Verschiedenheit sich auszuschließen scheinen, kann im Zusammenführen von unterschiedlichen Gruppen liegen. Die eigene Gruppe gibt Sicherheit, die anderen Gruppen bieten Anregung und neue Perspektiven.

Fazit

Wie schon bei der Frage nach Modell, Thema oder Zielgruppe gibt es auch bei der Homo- oder Heterogenität der Gruppe kein Falsch oder Richtig: Die Entscheidung, ob eine eher homogene oder eine heterogene Gruppe angestrebt wird, hängt von der Zielstellung, dem Zeitrahmen, dem pädagogischen Personal und den angestrebten Lernfeldern ab. In beiden Zusammensetzungen können die angestrebten Ziele erreicht werden und für die Entwicklung relevante Partizipations- und Gruppenerfahrungen stattfinden. Wichtig für jede Zielgruppe ist, dem Erleben und den Erfahrungen einen Namen zu geben, sie eindrücklich vor Augen zu führen. Damit wird das Erlebte zur bewussten – im Fall der Partizipationserfahrung auch politischen – Handlungsoption. Die Bewusstheit ermöglicht wiederum den Transfer des Erprobten in andere Lebenssituationen.

## 3 Unterschiedliches Politikverständnis – vier Typen

Passives Politikverständnis der Bevölkerung

In einer repräsentativen Demokratie wird Politik häufig als Aufgabe verstanden, die gewählte Volksvertreter für ihre Wählerinnen und Wähler »erledigen«. Die wichtigste politische Aufgabe bestünde somit darin, bei Wahlen eine Stimme abzugeben. Deutlich seltener werden gesellschaftliche Aktionsfelder politisch gedeutet und für eine entsprechende Einflussnahme genutzt bzw. wird Politik als Möglichkeit gesehen, selbst aktiv zu werden und die eigene Lebenswelt mitzugestalten.

Jugendliche wachsen in dieses eher passive Politikverständnis hinein; es ist fast schon ein Glücksfall, wenn sie zu Hause oder über Schule und Freizeiteinrichtungen für politisches Engagement sensibilisiert oder gar aktiviert werden. Dazu kommt eine skeptische Haltung gegenüber den politischen Vertreterinnen und Vertretern (vgl. Deutsche Shell 2006: 144 ff.; Gille und Krüger 2000: 235 f.). Junge Menschen trauen ihnen nicht zu, dass sie die anstehenden Probleme lösen können oder überhaupt ein Interesse daran haben. Die bestehende Distanz zur »politischen Klasse« wird durch verklausulierte Sprache und die Abstraktheit politischen Handelns vergrößert. Der Versuch, Jugendliche nach ihrem Politikverständnis zu charakterisieren, führt zu einer Einteilung in vier »Typen« (vgl. Zinser 2007: 2 f.):

- die politisch Passiven
- die Ablehnenden
- die unwissentlich politisch Aktiven
- die politisch aktiven Überzeugten

In den folgenden kurzen Beschreibungen werden mögliche Ursachen für das jeweilige Politikverständnis skizziert sowie die Konsequenzen, die sich daraus für die Herangehensweise an die Gruppen ergeben.

Die politisch Passiven

Die politisch Passiven zeichnen sich dadurch aus, dass sie keinen Bezug zur Politik haben. In ihrer Wahrnehmung hat Politik nichts mit ihrem Leben zu tun. Politik ist etwas Abstraktes und wird von »denen da oben« durchgeführt. Es kommt den politisch Passiven nicht in den Sinn, dass sie selbst politisch aktiv werden könnten. Bildungs- und partizipationsferne Lebenssituationen und fehlende Vorbilder spielen hier eine Rolle.

Diese Gruppe kann durchaus für Politik gewonnen werden. Der Politikbegriff muss dazu aus dem Abstrakten in die Lebenswelt übersetzt werden. Wenn die Jugendlichen durch konkrete Projekte »begreifen«, dass Politik etwas mit ihrem Leben zu tun hat und auch beeinflussbar ist, können sie politisches Denken und Handeln in ihr Leben integrieren. Dazu müssen sie von Menschen, denen sie vertrauen, in für sie relevante Projekte einbezogen werden.

Die Ablehnenden

Die Ablehnenden haben zwar einen Bezug zur Politik, aber er ist negativ geprägt. Sie sind von Politik und ihren Auswirkungen – oder den fehlenden Veränderungen – enttäuscht. Das Handeln von Politikern überzeugt sie nicht, sondern verärgert sie eher. Sie fühlen sich mit ihren Interessen nicht gesehen und unter Umständen sogar der Politik ohnmächtig ausgeliefert. Dies führt jedoch nicht zu Aktion, sondern zu Resignation.

Hier können nur Gegenerfahrungen im Sinne von gelungener Einflussnahme helfen. Diese Gruppe ist sicher nicht leicht für einen Versuch zu gewinnen, aber es ist nicht unmöglich. Dazu müssen jedoch die Erwartungen an das Projekt auf ihre Realisierbarkeit überprüft werden. Das angepeilte Ziel darf weder zu klein noch unerreichbar sein.

Die unwissentlich politisch Aktiven

Diese Gruppe ist in ihrer Widersprüchlichkeit spannend. Hierbei handelt es sich um Jugendliche, die bereits für politische Beteiligung gewonnen werden konnten: Sie haben sich also vom Typus »passiv« oder »ablehnend« bereits zum Typus »aktiv« entwickelt, sind sich jedoch des politischen Elements ihres Handelns nicht bewusst.

In Interviews mit Mädchen aus einem Hamburger Stadtteilprojekt tauchte überraschend dieses Politikverständnis auf: Die Mädchen – größtenteils aus bildungs- und partizipationsfernen Familien und aus vielen verschiedenen Kulturkreisen – haben aktiv und selbstbewusst über zwei Jahre die Interessen aller Mädchen im Stadtteil vertreten. Sie haben sich mit Erfolg in die Gestaltung ihrer Lebenswelt eingemischt und Veränderungen durchsetzen können. Sie waren stolz auf ihre Leistungen und ihr gewachsenes Selbstbewusstsein. Und dennoch haben sie ihr Handeln nicht als politisch begriffen. Politik wurde weiterhin als etwas Abstraktes, Abgehobenes wahrgenommen, das wichtige Menschen weit entfernt von ihrem Leben machen.

Hier fehlt es eindeutig an Transferarbeit. Die Aktivierung und Stärkung ist bereits gelungen. Aber wenn junge Menschen nicht verstehen, dass dieses Engagement Politik ist, wird eine Chance für die Entwicklung eines lebendigen demokratischen Verständnisses vertan, und die gefühlte Politikferne bleibt bestehen.

Die politisch aktiven Überzeugten

Diese Jugendlichen hatten häufig das Glück, früh mit politischem Denken in Kontakt zu kommen, sie wurden aufgefordert, neugierig und kritisch zu sein und ihre Meinungen zu äußern. Für sie sind Projekte im Stadtteil häufig »Kleinkram«. Sie wollen in großen politischen Kontexten denken und arbeiten sowie die Sicht der Jugend auf Bundes- oder Europaebene einfließen lassen.

Es macht ihnen Spaß, schwierige Fragen intellektuell zu durchdringen. Sie diskutieren gerne – wenn es sein muss – stundenlang. Sie reisen beispielsweise zum Kindergipfel nach New York, halten dort hochkarätige Reden und wirken professioneller und besser informiert als so manche Person, die das beruflich macht. Sie schreiben Protokolle, Manifeste, Konzepte, Bundestagsvorlagen und erarbeiten auch mal länderübergreifend für die Europäische Kommission ein »Weißbuch Jugend«, in dem sie ihren Zukunftsvorstellungen sowie ihren Forderungen nach Information, Partizipation, Einsatz für Frieden und gegen Diskriminierung Ausdruck verleihen.

Andere gründen eine »Servicestelle Jugendbeteiligung« zur Beratung und Schulung von Jugendlichen, die sich in ihrer Schule oder Kommune für Beteiligung einsetzen wollen. Oder sie vergeben als Jugendjury einer »Youth Bank« Fördermittel für Jugendprojekte und übernehmen Projektpatenschaften.

Diese Jugendlichen werden am ehesten von politisch aktiven Erwachsenen wahrgenommen, weil sie ähnlich agieren. Hier ist keine Aktivierung mehr nötig, aber Unterstützung und Qualifizierung trotzdem sinnvoll. Und vor allem sollten sie bewahrt werden vor einem Politikphänomen der Erwachsenen: dem Verlust der Anbindung an die Basis und einer für die anderen (Jugendlichen) unverständlichen Sprache.

Orientierungsmodell: Haltung der Erwachsenen

Eine nicht unwesentliche Rolle für das Politikverständnis spielt die Haltung der politisch aktiven Erwachsenen. Sie haben sehr genaue Vorstellungen davon, welches Engagement der Jugendlichen politisch ist und welches nicht. Damit sehen sich vor allem gewählte Interessenvertreterinnen und -vertreter konfrontiert.

Die Mitglieder des 6. Solinger Jugendstadtrats beispielsweise erleben – selbst bei themenbezogenen Meinungsverschiedenheiten – viel Anerkennung vonseiten der Politik, wenn sie sich um den Einsatz von Nachtbussen, die Sanierung von Sportanlagen oder die Neuplanung der Innenstadt kümmern. Auch ist ihr Votum gefragt, wenn es um Einsparungen in der Jugendhilfe gehen soll, was wiederum bei den Jugendlichen ein zwiespältiges Gefühl hinterlässt. Wenn sie jedoch eine Partyreihe für 14- bis 16-Jährige ins Leben rufen und sich selbst an der Durchführung beteiligen, zeigen sich die Parteien irritiert. Schnell wird ein solches Gremium dann als »Partyrat« stigmatisiert und nicht mehr ernst genommen.

Der Jugendstadtrat wollte dieser Haltung der Erwachsenen offensiv begegnen und diskutierte die Frage: Was ist an Partys für 14- bis 16-Jährige politisch? Dabei besann sich das Gremium auf seinen politischen Auftrag als Interessenvertretung der Solinger Jugendlichen. Vor allem die Jüngeren langweilen sich am Wochenende und wünschen sich die Möglichkeit, in geschütztem Rahmen tanzen gehen zu können, sodass die Eltern auch zustimmen. Diesen Wunsch hat der Jugendstadtrat mit seiner Projektgruppe »Party für Jüngere« aufgegriffen und umgesetzt. Er kommt also seiner Verpflichtung als Interessenvertretung gleich in mehrfacher Hinsicht nach: Er greift den Wunsch auf, erstellt ein Konzept und sichert die Qualität der Veranstaltung sowie eine günstige Finanzierung durch persönliche Mitarbeit ab (vgl. ebd.: 8).

Partys und Jugendkulturevents spielen eine wichtige Rolle im Leben von Jugendlichen, und sich für die Bereitstellung von entsprechenden Freizeitangeboten einzusetzen, gehört unbestritten zur politischen Arbeit eines Jugendparlaments. Für das politische Renommee eines Gremiums ist es aber sicherlich klug, auch »klassische« Politikthemen aufzugreifen und sich in den Ausschüssen der Kommunalpolitik zu bewegen.

## 4 Umsetzung zielgruppengerechter Angebote

Partizipationsangebote lohnen sich immer

So wenig es möglich ist, alle Erwachsenen in einer Demokratie für politische Beteiligung zu begeistern, so wenig wird es gelingen, alle Jugendlichen dafür zu gewinnen: Ein Mitgestaltungsprojekt abzulehnen, das Mitspracheangebot in einer Jugendversammlung nicht wahrzunehmen, keine Lust auf Politik zu haben sind legitime Entscheidungen. Politische Arbeit wird damit jedoch – mehr oder weniger bewusst – in die Hände anderer gegeben.

Und dennoch gibt es grundsätzlich keine Jugendlichen, bei denen es sich nicht lohnen würde, ihnen Partizipationsangebote zu machen. Immer wieder können die Passiven aktiviert und die Ablehnenden zu Gegenerfahrungen angeregt werden – auch wenn es schwierig ist und Widerstände überwunden werden müssen. Den unbewusst Aktiven kann das Politische ihres Tuns deutlich gemacht werden, damit sie dieses bewusster einsetzen können, und die Überzeugten sind bereits aktiviert und benötigen vor allem Aktionsbühnen.

Sinnliche Methoden

In fast allen Fällen ist das Arbeiten mit sinnlichen Methoden eine gute Wahl. Konkretes und haptisches – auch mediales – Herangehen macht die Welt erfahrbar und damit auch leichter veränderbar. Wer erkannt hat, dass unsere Lebenswelt konstruiert ist, kann anfangen, sie zu verändern. Vom Erkennen und der Aneignung des Lebensumfeldes ist der Schritt zum Wunsch nach Einflussnahme und zur bewussten und aktiven Gestaltung der eigenen Lebenswelten nicht mehr so weit (vgl. Winklhofer und Zinser 2003: 32).

Methoden zur Erkundung der Lebenswelt und der Bedürfnisse oder für kreative Planungsprozesse und die Übersetzung der Ideen in ein Modell sind klassische Vorgehensweisen in Projekten, aber sie müssen diesen nicht vorbehalten sein. Gerade Jugendparlamente benötigen dringend einen Ausgleich – für das lange Sitzen, die Diskussionen, die rauchenden Köpfe und die schwierige Sprache –, der mit Bewegung und sinnlicher Erfahrung zu tun hat. Für ein Parlament kann es entscheidend sein, einen Stadtteil zu erkunden, um das Lebensgefühl nachvollziehen und die Interessen der dort lebenden Jugendlichen vertreten zu können. Sehen und Spüren ermöglicht Empathie.

Zielgruppenangemessene Methoden

Doch bei allen Vorteilen kreativer Methoden: Sie sind nicht für alle Jugendlichen attraktiv. Manche ziehen das geistige Durchdringen von Themen vor. Jugendliche, deren Intellekt Anregung braucht und für die »trockenes« Lesematerial eine Herausforderung und keine Qual bedeutet, sind dort gut aufgehoben, wo viel Information aufgenommen und analysiert werden muss, um in komplexen Fragestellungen Position zu beziehen.

Anregung zum Einbringen der Übersetzungsfähigkeit

Wenn diese Fähigkeit zur Analyse verbunden ist mit einer »Übersetzungsfähigkeit« in leichte Sprache, sind sie ein Glücksfall für jedes Parlament, Forum oder Projekt. Sie können den anderen, die diese Arbeit nicht schätzen oder nicht leisten können, schwierige Themen verständlich nahebringen und damit Entscheidungsgrundlagen zur Verfügung stellen. Diese Übersetzungsfähigkeit sollte angeregt und weiterqualifiziert werden, denn gerade leichte Sprache gehört nicht unbedingt zu den Stärken derjenigen, die Fachsprache und Fremdwörter flüssig benutzen und sich manchmal genau darüber ihre Anerkennung in den kommunalpolitischen Gremien holen.

Anpassungsleistung auch von Erwachsenen

Die Qualifizierung von Jugendlichen in Beteiligungsmodellen ist eine große Chance, am konkreten Beispiel die eigenen Fertigkeiten zu erweitern und in das politische »Spiel« der Erwachsenen kompetent einsteigen zu können. Und doch darf diese Anpassungsleistung nicht nur von den Jugendlichen erwartet werden. Auch Politik und Verwaltung sind gefragt, über den Tellerrand hinauszuschauen und ihre Strukturen und ihre Sprache auf unnötige Hemmschwellen zu überprüfen. Wer Jugendliche verstehen will, muss sich auch in ihre Welt begeben – und erlebt dabei die gleichen Unsicherheiten, mit denen Jugendliche umgehen müssen, wenn sie die politische Welt betreten. Dabei kann die gegenseitige Anerkennung wachsen.

!

**Welche Schritte sind wichtig, um partizipationsferne Jugendliche zu gewinnen?**

Bei der folgenden Aufzählung wird vorausgesetzt, dass es eine Person gibt, die beauftragt ist, den Beteiligungsprozess zu initiieren und zu begleiten. Zielgruppe sind die Passiven und die Ablehnenden.

**Der Beginn: aufsuchende Arbeit**

Je weniger die Jugendlichen von sich aus auf der Suche nach politischem Engagement sind, desto mehr müssen sie an den Orten aufgesucht werden, an denen sie sich aufhalten.

**In Kontakt treten und Vertrauen aufbauen**

Hierbei können Personen hilfreich sein, die bereits ein Vertrauensverhältnis zu der Gruppe haben. Ansonsten wirkt es Wunder, Fragen zu stellen und sich für den Alltag und die Bedürfnisse der Jugendlichen zu interessieren. Denn das passiert ihnen nur sehr selten. Dazu gehört auch eine angemessene Sprache: leicht verständlich, ohne in Jugendslang zu verfallen und anbiedernd zu werden.

Ausschreibungen und öffentliche Werbung können das Spektrum der Teilnehmenden öffnen, sind aber meist erst dann hilfreich, wenn das Projekt oder Gremium – oder darin engagierte Leute – bereits bekannt ist. Viele finden den Zugang über eine vertraute Person. Die Mundpropaganda von bereits gewonnenen Jugendlichen ist daher entscheidend.

**Einfach anfangen**

Wenn es bereits ein Thema oder Anliegen gibt, sollte man gleich in die Projektplanung einsteigen. Sonst empfiehlt sich der Einstieg über eine öffnende Methode (Zukunftswerkstatt, Open Space). Auch im weiteren Prozess sollten attraktive Methoden einfließen.

**Kontakte knüpfen und Strukturen zugänglich machen**

Entscheidend im Projektverlauf ist, dass die Begleitperson die Verbindungen herstellt oder aufzeigt, die ein persönliches oder Gruppenanliegen zu einem öffentlichen und politischen Anliegen machen. Diese Verknüpfung stellen Jugendliche meistens nicht selbst her. Strukturen von Verwaltung und Politik werden klarer, wenn deutlich wird, wo Kinder und Jugendliche weshalb mit ihren konkreten Anliegen hingehen müssen. So werden Informationswege und Machtverteilungen sichtbar und können genutzt werden.

**Darstellung und Verhandlung üben**

Wer weiß, wo sie oder er hin muss, kann deshalb noch nicht automatisch das eigene Anliegen gut vertreten. Hier hilft nur üben: Rollenspiele und Präsentationstrainings, die an den Stärken ansetzen und die Handlungsoptionen der Jugendlichen erweitern.

**Die Gruppe pflegen**

Der Gruppenprozess spielt eine entscheidende Rolle beim Gelingen von Beteiligung. Niemand engagiert sich lange in einer Gruppe, in der er oder sie sich unwohl fühlt – so wichtig ist kaum ein Anliegen. Beteiligung muss Spaß machen. Gemeinschaftserlebnisse, Entspannung, Anerkennung sind wichtig, um den Einsatz von Zeit und Energie in der Balance zu halten. Die Begleitung muss sich in dem Spannungsfeld von Zutrauen und Unterstützung bewegen (vgl. Zinser und Schübel 2007: 25 f. und 35). Kontinuität, Verbindlichkeit, Zuverlässigkeit in der Teilnahme fallen vielen Jugendlichen schwer. Sie brauchen immer wieder die Einladung – auch weil sie sich ihrer Wichtigkeit im Prozess nicht bewusst sind.

**Innehalten und überprüfen**
Es lohnt sich, im Projektverlauf innezuhalten und auszuwerten, wie sich der Gruppenprozess gestaltet, ob sich das Ziel verändert hat, wer noch Förderung benötigt und wer das Beteiligungsangebot verlassen hat. Dass Jugendliche aus dem Engagement auch wieder aussteigen, gehört dazu. Allerdings sollte überprüft werden, ob der Grund in der Struktur oder der Gruppendynamik zu suchen ist, das heißt, ob sie sich ausgeschlossen, unter- oder überfordert gefühlt haben und ob hier Veränderungen möglich sind.

**Erfolge möglich machen und feiern**
Dazu gehört immer wieder ein Blick auf die Erwartungen und die Möglichkeiten. Mut machen und anregen ist wichtig. Aber es kann entscheidend sein für das Erleben von Demokratie, ein völlig aussichtsloses Projekt zu stoppen bzw. leistbare Teilschritte aufzuzeigen. Wenn das Scheitern vorprogrammiert ist, kann die Lust am Mitbestimmen nicht wachsen. Das Engagement verdient auf jeden Fall Anerkennung – auch wenn das Ziel nicht erreicht werden konnte. Und Erfolge verdienen ein Fest!

Ein breites Methodenspektrum erhöht die Chancen, unterschiedliche Zielgruppen zu erreichen. Eine partizipative pädagogische Grundhaltung beinhaltet die Orientierung an den Interessen und Stärken der Jugendlichen. Die Heranführung an Ungewohntes, das noch eingeübt werden muss, erfolgt in einem zweiten Schritt, nachdem das Interesse geweckt worden ist.

Voraussetzung: Veränderungen zulassen und Zugewinn gewährleisten

Relevant für gelingende Partizipation ist der Wille aller beteiligten Personen und Institutionen, Veränderungen zuzulassen. Partizipation muss erkennbare Folgen zeigen, sonst gleiten gerade die schwer zu erreichenden Zielgruppen wieder in die Resignation. Darüber hinaus muss ein persönlicher Zugewinn gewährleistet sein, denn dieser entscheidet über die Intensität und die Dauer des Engagements. Im engen Kontakt mit den Jugendlichen lässt sich herausfinden, ob die Sinngebung, die Kompetenzerweiterung oder die Beziehungsdimension aktuell den größten biografischen Zugewinn bietet (vgl. Winklhofer und Zinser 2008: 82 f. und 87 f.). Anknüpfend an diese Zugewinnanalyse kann das Partizipationsangebot methodisch entsprechend ausgerichtet werden.

# IV Modelle der Beteiligung

Im Blick auf Formen, Methoden und Vorgehensweisen der Kinder- und Jugendbeteiligung lassen sich in Theorie und Praxis unterschiedliche Ansätze feststellen.

Ausgangspunkte kommunaler Mitwirkungsvorhaben sind häufig Formen einer institutionalisierten Interessenvertretung, die als öffentlich getragene Einrichtung oder in freier Trägerschaft existieren. Von Einrichtungen wie Kinderbüros oder Kinderbeauftragten können wesentliche Impulse ausgehen. Sie bieten oft den Einstieg in die Entwicklung einer umfassenden Beteiligungsstrategie.

vgl. Seite 112 ff.

Politik für Kinder und Jugendliche

Nicht ohne Bedeutung für die Partizipationszufriedenheit junger Menschen ist die Offenheit, mit der Erwachsene, vor allem Entscheidungsverantwortliche in Politik und Verwaltung, Teile der eigenen Macht abgeben. Verbunden damit ist die Bereitschaft, gemeinsam mit Kindern und Jugendlichen kommunale Entscheidungen zu treffen. Solche Angebote sind punktuell in Alltagsangelegenheiten von jungen Menschen oder auch durch die Mitwirkung in Erwachseneninstitutionen möglich.

Politik mit Kindern und Jugendlichen

Die wirkungsvollste Form der Partizipation ist dann gegeben, wenn die Gestaltungsräume zur Beteiligung von jungen Menschen selbst entwickelt werden. Im Mittelpunkt steht dabei ein Ansatz, der Kindern und Jugendlichen die größten Möglichkeiten zur Mitwirkung eröffnet. Damit sind offene Formen der Interessenvertretung wie Foren oder Versammlungen ebenso gemeint wie repräsentative Angebote, z. B. Beiräte oder Parlamente. Daneben ist ein Schwerpunkt kommunaler Partizipationspraxis, jungen Menschen über projekt- oder themenorientierte Angebote Zugänge zur sozialen und politischen Mitwirkung im Gemeinwesen zu eröffnen. Dabei sollten alle The-

Politik von Kindern und Jugendlichen

men in den Blick genommen werden, von denen Kinder und Jugendliche unmittelbar oder mittelbar betroffen sind. Die Aktionsräume in Kommunen bieten dafür ein weites Repertoire.

Vor- und Nachteile

In der Fachdiskussion besteht Konsens darüber, dass jede der unmittelbaren Beteiligungsformen mit Vor- und Nachteilen behaftet ist. Die repräsentativen Formen erreichen nicht alle und begünstigen strukturell ältere, männliche und gut gebildete Jugendliche (Herrmann 1998: 315 ff.). Offenen Formen und projektorientierten Formen mangelt es hingegen oft an Nachhaltigkeit und Verbindlichkeit. Bislang wird noch nicht in ausreichendem Maße nach Wegen gesucht, die unterschiedlichen Ansätze miteinander zu verbinden und dadurch eine neue Qualität in der Kinder- und Jugendpartizipation zu erreichen.

Partizipationsmix

Eine Mischung verschiedener Formen oder Modelle bietet die Chance für eine ganzheitliche Bearbeitung des Themas, eröffnet verschiedene Zugänge und leistet einen Beitrag zur nachhaltigen Verankerung von Beteiligungsaktivitäten im kommunalen Raum (ebd.: 333; Möller 1999: 86).

Für junge Menschen ist die Bandbreite ihrer individuellen Mitwirkung groß. Die Jugendpartizipationsstudie hat in der Befragung von etwa 12.000 Jugendlichen in 42 Kommunen eine Auflistung von Möglichkeiten der Beteiligung verwendet, die das Spektrum der Formen und Modelle in einem solchen Partizipationsmix aufzeigt (vgl. Bertelsmann Stiftung 2005b):

- an einer Diskussion aktiv teilnehmen
- Unterschriften selber sammeln
- bei einem Jugendforum oder einer Jugendkonferenz mitwirken
- an einer Politikerbefragung durch Jugendliche teilnehmen
- in einer Bürgerinitiative mitarbeiten
- zu einem Thema abstimmen
- bei einer Stadtteilkonferenz mitwirken
- in einer politischen Partei oder einer Wahlveranstaltung mitarbeiten
- an einer Jugendsprechstunde des Bürgermeisters teilnehmen
- an einem Gespräch mit dem Jugendbeauftragten teilnehmen
- sich in einem Jugendparlament / Jugendrat betätigen
- an einer genehmigten Demonstration teilnehmen
- an einer verbotenen Demonstration teilnehmen
- in einem Jugendverband mitarbeiten
- in einem sozialen oder politischen Projekt mitwirken
- in einem politischen Netzwerk aktiv sein

Themenvielfalt

Mitwirkung von jungen Menschen in Städten und Gemeinden bedeutet vor allem, sie in den öffentlichen Angelegenheiten zu beteiligen. Dies bezieht sich

auf Entscheidungen, von denen Kinder und Jugendliche sowohl unmittelbar betroffen sind, als auch auf solche, die sie scheinbar nur mittelbar in ihrem sozialen Lebensumfeld berühren. Es geht um soziale und politische Partizipation – kaum eine Frage der Gestaltung der Gesellschaft ist nicht auch relevant für Kinder und Jugendliche.

Politischer Beteiligung liegt ein Verständnis zugrunde, das als »Regelung der gemeinsamen Angelegenheiten« innerhalb und außerhalb politischer Institutionen mit dem Zusatzkriterium der Öffentlichkeit bezeichnet wird. Damit sind solche Entscheidungen gemeint, die sich im öffentlichen Raum einer Stadt oder Gemeinde, dem Wohn- und Lebensort von jungen Menschen bewegen. Die Bandbreite der Themen, die junge Menschen interessieren und die sie berühren, ist vielfältig. Im Fragebogen der Jugendpartizipationsstudie wurde die folgende Zusammenstellung von Themen verwendet (vgl. ebd.):

- Umweltschutz
- Tierschutz
- Themen aus der Politik des Wohnortes
- Ausgestaltung von Sport- und Freizeitanlagen
- Gestaltung von Straßen, Rad- oder Fußwegen
- Gleichberechtigung von Jungen und Mädchen
- Gestaltung von Verkehrsverbindungen (z. B. Bushaltestellen, Fahrtzeiten)
- Angebote vom Jugendzentrum, Jugendclub oder Jugendtreff
- Schulhof- oder Spielplatzgestaltung
- Ausbildungsplätze, Lehrstellen
- Zusammenleben von Deutschen und Ausländern
- Hilfe für Menschen in Not
- Vermeidung von Gewalt
- Zusammenleben von jungen und alten Menschen
- Ausgestaltung der Weltpolitik (Globalisierung)
- Fremdenfeindlichkeit

**Handlungsansatz für Beteiligung in Kommunen**

Aus dem Spektrum der Beteiligungsformen und der Vielzahl an möglichen Themen können Handlungsansätze für eine Stärkung der Partizipation im kommunalen Gemeinwesen entwickelt werden.

Ein zentraler Faktor für die Mitwirkungsbereitschaft junger Menschen ist die Zufriedenheit mit bisherigen Partizipationserfahrungen am Wohnort. Diese bezieht sich gleichermaßen auf die Themen, den Prozess und das Ergebnis. Zufriedenheit ist stets das Ergebnis eines individuellen Abgleichs zwischen Erwartungen und Erleben. Es ist deshalb äußerst wichtig für den

Erfolg der Angebote, die Erwartungen von Kindern und Jugendlichen an den Beteiligungsprozess sowie an das Ergebnis zu ermitteln und die lokalen Vorhaben daran auszurichten.

Im Folgenden werden verschiedene Ansätze, Formen und Modelle zur Kinder- und Jugendpartizipation vorgestellt, die die Entwicklung und Implementierung einer kommunalen Beteiligungstrategie und eines Gesamtangebots befördern können.

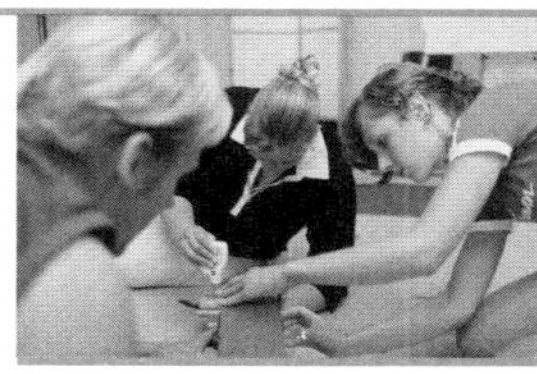

## 1 Politik von Kindern und Jugendlichen

### 1.1 Offene Formen: Foren und Versammlungen

Zu den offenen Versammlungsformen gehören Kinder- und Jugendforen, Kinderversammlungen, Runde Tische, Kinder- und Jugendeinwohnerversammlungen und -konferenzen sowie Stadtteilforen. Dabei können sich alle Interessierten beteiligen, es gibt keine Wahlen. Diese Zusammenkünfte von Kindern und/oder Jugendlichen sind wenig formal reglementiert. Alle können ihre Anliegen vortragen oder Meinungen zu einem Thema äußern.

Hohe demokratische Legitimation

Um den Wünschen und Bedürfnissen Rechnung tragen zu können, müssen diese Beteiligungsmodelle kind- und jugendgerecht modifiziert werden. Daher sind insbesondere bei Foren und anderen Versammlungsformen erwachsene Beteiligte für die Bedürfnisse der jungen Generation zu sensibilisieren.

Die offenen Formen sollten grundsätzlich auf Dauer angelegt sein und werden nicht einmalig angeboten. Sie sollten als regelmäßiges Forum für die eigenständige Interessenwahrnehmung für Kinder und Jugendliche in der Kommune etabliert sein.

Kinder- und Jugendforen sind attraktiv und mit einem überschaubaren Aufwand durchführbar. Durch die Offenheit kann ein hoher Grad an demokratischer Legitimation erreicht werden. Sind die offenen Formen gut organisiert und über Gemeindeordnungen, Ratsbeschlüsse, kommunale Satzungen oder Ähnliches strukturell verankert, können sie sehr erfolgreich sein.

Eigene Lebenswelt im Mittelpunkt

Diese Form der Partizipation ist für Jugendliche wie für Kinder geeignet. Die Offenheit bietet allen Interessierten die Möglichkeit, individuelle Probleme anzusprechen. In anderen Beteiligungsmodellen wie etwa den Parlamenten geht es dagegen in der Regel um Themen, die schwerpunktmäßig eine Mehrzahl von Adressaten betreffen. Im Forum besteht die Möglichkeit, sich unmittelbar zur eigenen Lebenswelt zu äußern.

Begleitende Erwachsene

Erwachsene sollen junge Menschen als gleichberechtigte Partner akzeptieren und ihre Bedürfnisse und Interessen als wichtig ansehen. Der dauerhafte Erfolg eines Forums hängt entscheidend von der fachlichen Begleitung ab. Dazu gehören eine gute Vorbereitung in Kooperation mit den Adressaten und eine gute Arbeitsatmosphäre. Aufgabe der begleitenden Erwachsenen ist es zudem, die Veranstaltungen zu moderieren, die Öffentlichkeitsarbeit zu organisieren, die Ergebnisse zu sichern und bei den Anträgen zu unterstützen.

Gefahren

Doch die Offenheit birgt auch Schwierigkeiten. Da die Teilnahme völlig freisteht, werden unter Umständen nicht alle Altersstufen, Stadtteile, ethnischen Gruppen oder Schulformen umfassend repräsentiert. Zudem gestaltet sich der Informationsfluss schwieriger als bei einer dauerhaft arbeitenden Gruppe. Wird die Zahl der Teilnehmenden zu groß, können unter Umständen nicht mehr alle gewünschten Themen bei einem Treffen behandelt werden.

Foren

Es gibt einige Beispiele von gelungenen Kinder- und/oder Jugendforen. Diese machen deutlich, dass offene Formen, wenn sie gut vorbereitet und durchgeführt werden, gewinnbringend für alle Beteiligten sein können. Durch die positive Resonanz haben sich in einigen größeren Städten Foren auf Stadtteilebene gebildet, die zusätzlich zu einem gesamtstädtischen Forum tagen. Mit der Einrichtung von offenen Beteiligungsformen im Stadtteil kann ein unmittelbarerer Bezug zu den Alltagsfragen hergestellt werden. Entscheidungsprozesse zwischen den Betroffenen und verantwortlichen Erwachsenen werden direkter kommuniziert.

Kinder- und Jugendversammlungen

Als Versammlungen werden gemeinsame Treffen von Kindern und/oder Jugendlichen mit Erwachsenen bezeichnet. Sie finden oft in einem kleineren Rahmen statt, da hier vor allem abgrenzbare Themen oder konkrete Probleme im Mittelpunkt stehen. Der kleine Rahmen vereinfacht die Vorbereitung und ermöglicht ein schnelles Vorgehen. Nachteilig ist die geringere öffentliche Präsenz und Reichweite, sodass diese Form sich eher für überschaubare Thematiken eignet (vgl. Schröder 1995: 84 f.).

Jugendeinwohnerversammlungen

Jugendeinwohnerversammlungen können auf verschiedene Weise durchgeführt werden. Entweder nehmen junge Menschen an den Einwohnerversammlungen der Bürgerinnen und Bürger einer Kommune teil oder sie werden gesondert zu jugendspezifischen Themen von Kommunalverwaltung oder -politik eingeladen. Zudem gibt es Versammlungen von jungen Menschen, die von Jugendparlamenten oder -beiräten einberufen werden.

Runde Tische

Vor allem in den neuen Bundesländern haben sich Runde Tische als Möglichkeit demokratischer Aushandlungskultur auch für Kinder und Jugendliche als eine Beteiligungsform entwickelt. In Struktur, Teilnahmemöglichkeiten und Verläufen sind sie mit den Foren vergleichbar.

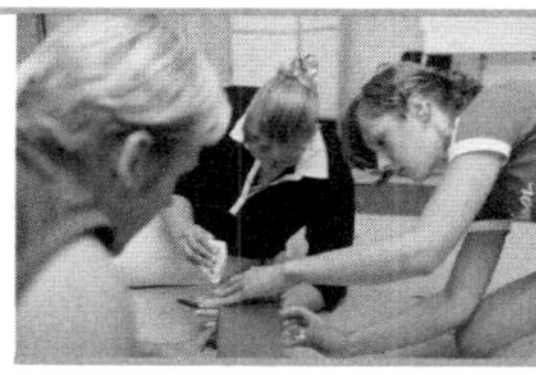

## Tipps für den Aufbau von Offenen Formen der Beteiligung

### Teilnehmende

Eingeladen werden, neben den Kindern und Jugendlichen des Ortes, Politiker, Vertreter der Verwaltung, Eltern oder andere Erwachsene – öffentlich, per Post, über Aushänge in Schulen und Jugendtreffs, über die Medien oder Gemeindeorgane. Offene Formen der Beteiligung werden in regelmäßigen Abständen durchgeführt.

### Inhalte

Inhalte der Veranstaltungen sind aktuelle Fragen oder besondere Anliegen der Kinder und Jugendlichen. Das kann der Bau eines neuen Jugendzentrums, die Spielraumgestaltung oder die Planung eines neuen Wohngebietes sein. Es kann aber auch darum gehen, langfristige Ideen oder Zukunftsbilder für eine kinderfreundliche Umwelt zu entwickeln. Mithilfe eines Moderators oder einer Moderatorin diskutieren und entwickeln die Kinder ihre Vorstellungen bzw. Vorschläge und überlegen, wie ihre Interessen bei Entscheidungen und Planungen berücksichtigt werden können.

### Vorteile

Die offene Form der Beteiligung hat viele Vorteile, denn die Interessen der Kinder stehen im Vordergrund. Kinderversammlungen sind weniger formal als Kinderparlamente. Viele können zu Wort kommen und aus eigener Betroffenheit heraus darstellen, was ihnen nicht gefällt oder wo sie Probleme haben. Erwachsene stellen sich dabei auf Kinder ein und hören ihnen hauptsächlich zu. In den Diskussionen wird ein direkter und persönlicher Kontakt zwischen Politikern, Verwaltung und Kindern der Stadt hergestellt, der zum besseren gegenseitigen Verstehen und Anerkennen führen kann.

### Grenzen

Von Nachteil sind der große organisatorische Aufwand solcher Versammlungen und der eher unverbindliche Charakter. Verbindlichkeit kann nur mit großem Aufwand hergestellt werden. Eine Kontrolle dessen, was mit den Wünschen und Anliegen der Kinder passiert, ist nur möglich, wenn dafür vorher zwischen Organisatoren, Politik und Verwaltung klare Regeln und Rahmenbedingungen vereinbart wurden. Wenn freie Träger offene Foren betreuen, ist zudem der Einblick in sozial- und städteplanerische Entwicklungen begrenzt.

**Was brauchen offene Formen?**
Bei offenen Formen spielt das sprachliche Ausdrucksvermögen von Kindern in der Verständigung mit Erwachsenen eine große Rolle; redegewandte Politiker sind den Kindern schnell überlegen. Deshalb ist die vermittelnde Moderation eines oder einer Erwachsenen notwendig, die für ein interessantes, ernsthaftes und folgenreiches Gespräch sorgt, bei dem die Kinder und ihre Anliegen im Vordergrund stehen. Aufgabe der erwachsenen Betreuung ist es, ein breites alters- und zielgruppengerechtes Methodenspektrum anzubieten, das auch weniger redegewandten Mädchen und Jungen die Chance bietet, sich einzubringen. Erfolgreich sind offene Formen der Beteiligung besonders dann, wenn die Kinder sich vor oder während der Foren gut vorbereiten und informieren können.

- Jugendforen
- Jugendeinwohnerversammlungen

## 1.2 Repräsentative oder parlamentarische Formen: Kinder- und Jugendvertretungen

?

In den repräsentativen Formen der Beteiligung setzen sich gewählte oder delegierte Kinder oder Jugendliche stellvertretend für die Belange von Gleichaltrigen ein. Im Gegensatz zu anderen Formen sind nur gewählte Kinder und Jugendliche unmittelbar an den Diskussions- und Entscheidungsprozessen beteiligt. Gemeinsames Kennzeichen ist, dass es sich stets um institutionalisierte und eher langfristig orientierte Modelle handelt. Kinder- oder Jugendparlamente sind nach wie vor eine der häufigsten Formen der Partizipationsmöglichkeiten für junge Menschen. Die einzelnen Modelle sind in der Realität nicht immer ganz trennscharf, und die Bezeichnungen werden in der Literatur oft unterschiedlich verwendet.

| Kinder- und Jugendparlamente | Kinderbürgermeister/in | Klassen- und Schulsprecher/in | Kinder- und Jugendbeiräte | verbands- und gruppenbezogene Formen |
|---|---|---|---|---|
| kommunale Kinder- und Jugendparlamente<br>Jugendkreistage<br>Landtag der Jugend<br>Schülervertretungen als Schülerparlament organisiert | aus einem Parlament heraus, im Rahmen einer Kinder-Einwohner-Versammlung oder<br>einer Kinderkonferenz oder<br>direkt gewähltes Kind mit eigenen Kompetenzen und Ressourcen | je nach Schulgesetz entweder aus der Schülerversammlung oder<br>der Klassensprecherversammlung oder<br>direkt gewählt | auf Gemeinde- oder auf Kreisebene (z. B. als Unterausschuss des Jugendhilfeausschusses) | repräsentative Gremien und Aussschüsse der Jugendverbände und Vereine |

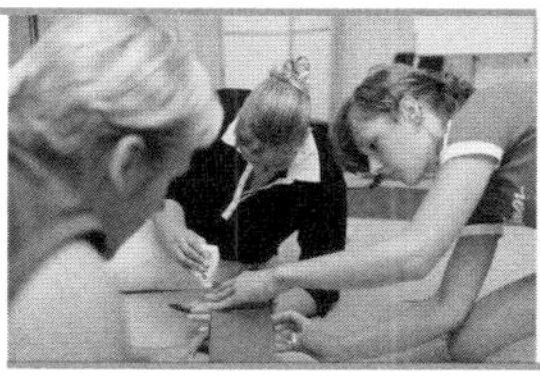

Kinder- und Jugendparlamente orientieren sich am Vorbild von Stadt- und Gemeinderäten. Sie werden daher auch als Kinderstadtrat, Jugendgemeinderat oder ähnlich bezeichnet. Junge Menschen haben als Delegierte die Möglichkeit einer kontinuierlichen Beteiligung und erhalten Einblick in die Arbeit demokratischer Institutionen. Fast jedes Kinder- und Jugendparlament hat eine eigene Organisationsstruktur, eigene Entscheidungswege und Finanzierungslösungen.

Kinder- und Jugendparlamente

In einigen Kommunen entstanden Beteiligungsgremien für Kinder und Jugendliche nach Beschluss des Stadt- oder Gemeinderates, oder die jungen Menschen setzten selbst ein eigenes Parlament durch. Die Organisation und Gestaltung orientiert sich immer am Alter und an den Kompetenzen der Beteiligten. Eine kontinuierliche Begleitung durch Erwachsene ist fast immer notwendig, besonders in Parlamenten, in denen sowohl Kinder als auch junge Jugendliche mitwirken.

Zahl und Alter der Mitglieder

Die Anzahl der gewählten oder delegierten Mitglieder ist unterschiedlich und schwankt in der Regel zwischen zehn und 30, in Ausnahmefällen wird diese Größe aber auch überschritten; die Zahl orientiert sich oft an der Mitgliederzahl des jeweiligen Kommunalparlamentes. Es gibt sowohl reine Kinder- bzw. Jugendvertretungen als auch gemischte Vertretungen. Ist die Altersgrenze auf 14 Jahre festgelegt, handelt es sich um ein reines Kinderparlament. Ist die Zielgruppe älter, meist bis zu 21 Jahren, wird von einem Jugendparlament gesprochen (Stange, Petzhold und Zastrow 2007: 74 ff.).

Wahlen als Voraussetzung

Wahlen finden meist in Zusammenarbeit mit Schulen und/oder Freizeiteinrichtungen statt. Wahlberechtigt sind alle Kinder und Jugendlichen des Ortes in einer vorher festgelegten Altersgruppe. Manchmal werden auch Schülerinnen und Schüler aus jeder Schule oder Mitglieder aus Jugendverbänden direkt delegiert. Die gewählten Vertreter oder Delegierten repräsentieren die Kinder und Jugendlichen ihrer Gemeinde.

Themen und Inhalte

In Parlamenten und Gemeinderäten diskutieren Kinder und Jugendliche ihre Fragen und Probleme. Ein Kinder- und Jugendparlament kann zum Beispiel Fragen zu Spielplatzplanungen, Radwegen, Schulhöfen und -bussen, zum Umweltschutz, zu Kinder- und Jugendzentren oder allgemeinen Fragen der Stadtentwicklung bearbeiten.

Ziele von Kinder- und Jugendparlamenten

Ziel ist es, die Wünsche und Vorstellungen der Kinder und Jugendlichen in Entscheidungsprozesse einzubringen. Dazu werden in der Regel Lösungsvorschläge erarbeitet, die erwachsenen Politikern als Anträge vorgelegt werden. Damit die Anträge die nötige Beachtung finden, können Kinderbeauftragte, Kinderanwälte oder andere Interessenvertreter unterstützend tätig werden.

Mehr als ein Parlament

Manche Kinderparlamente gründen Arbeitsgemeinschaften oder Ausschüsse, um bestimmte Themen intensiver vor- und nachzubereiten. Sie laden dazu Interessierte ein, auch wenn diese nicht Mitglieder des Parlamentes sind. In Parlamenten muss aber nicht nur geredet werden. Durch eine Vielfalt an Methoden können in gezielten Aktionen die eigenen Beschlüsse umgesetzt werden.

Vorteile …

Kinder- und Jugendparlamente können einen verbindlichen und langfristigen Rahmen für Partizipation bieten. Erwachsene Politiker haben in einem Kinder- und Jugendparlament feste Ansprechpartner. Eine enge Anbindung an die Kommune sichert den Vertretern einen politischen und rechtlichen Rahmen, in dem sie ihre Ansichten diskutieren, gezielt Informationen einholen und Vorschläge erarbeiten können. Diese werden später von der Verwaltung geprüft und in Entscheidungsprozesse der Erwachsenen einbezogen. Kinder und Jugendliche können Erfolgskontrollen durchführen. Werden ihre Anträge nicht genügend beachtet, können sie mit neuen Aktionen und gezielter Öffentlichkeitsarbeit reagieren.

… und Grenzen parlamentarischer Formen

Kritiker bemängeln, dass jungen Menschen in repräsentativen Vertretungen nur scheinbar Mitbestimmungsrechte eingeräumt werden, ihre realen Einflussmöglichkeiten aber gering sind. Auch die komplizierten und manchmal aufwendigen Wahlvorgänge werden moniert. Die Arbeit in Kinder- und Jugendparlamenten sollte selbstständig möglich sein und nicht von Erwachsenen beeinflusst oder gar kontrolliert werden.

Qualitätsaspekte

Kinder- und Jugendvertretungen sind nur dann sinnvoll, wenn sie zwei wesentliche Qualitätskriterien erfüllen. Zum einen müssen sie mit entsprechenden Entscheidungsbefugnissen ausgestattet werden. Parlamente stehen sehr schnell in der Gefahr, vorrangig die Interessen von Erwachsenen zu bedienen, wenn diese nicht wirklich bereit sind, Entscheidungsmacht ab- und an die junge Generation zu übergeben. Das bedeutet auch, dass die Erwachsenengremien die Entscheidungen von Kinder- und/oder Jugendparlamenten respektieren und sie ernsthaft in die weiteren Diskussionen einbeziehen.

Zum anderen müssen Parlamente und andere Vertretungsformen kontinuierlich von Erwachsenen begleitet werden. Vertretungsgremien von jungen Menschen verkommen sehr schnell zu pseudodemokratischen Spielwiesen, wenn ihre Arbeit nicht unter fachlich kompetenter Begleitung stattfindet.

Chancen und Stolpersteine

Parlamentarische Modelle bieten eine Reihe von Chancen für die Beteiligung. Jedoch sind sie in der Praxis nicht immer leicht zu handhaben. Der regelmäßigen und kontinuierlichen Arbeit drohen nicht selten Inaktivität oder Auflösung. Junge Menschen werden nur dann aktiv, wenn sie direkt

betroffen sind. Fehlt diese Betroffenheit, ergibt sich kein Bedarf an parlamentarischer Mitbestimmung. Das Gelingen solcher Modelle kann durch eine direkte, zeitnahe und ergebnisorientierte Bearbeitung der Wünsche von Kindern und Jugendlichen positiv beeinflusst werden.

Des Weiteren bieten institutionalisierte Beteiligungsformen die Chance für Verbindlichkeit. Jedoch dürfen sich Kinder- und Jugendgremien nicht zu stark an der politischen Arbeit Erwachsener orientieren. Wichtig ist bei solchen Formen, dass sie jungen Menschen Spaß machen.

Weitere Hürden ergeben sich durch das (Aus-)Wahlverfahren der Mitglieder. In Gremien finden sich oft vor allem Jugendliche mit höherer Bildung, die sich auch entsprechend artikulieren können. Dagegen sind bildungsferne Jugendliche eher benachteiligt. Auch die Altersstruktur der Gremien ist nicht unproblematisch, wenn Ansprüche und Fähigkeiten zu verschieden sind.

Ein weiterer wichtiger Faktor ist die genügende Ausstattung mit Kompetenzen sowie personellen und finanziellen Ressourcen. Wenn jungen Menschen reale Einflussmöglichkeiten wie Rede- oder Antragsrecht verweigert werden, sind repräsentative Beteiligungsformen ohne Substanz.

**Tipps für den Aufbau von Kinder- und Jugendparlamenten**

Zu Beginn eines solchen Vorhabens steht als wichtiger Grundsatz: Partizipation muss immer freiwillig erfolgen. Das heißt, dass Kinder und Jugendliche sich aus freiem, eigenem Willen an möglichen Partizipationsangeboten beteiligen. Das bedeutet jedoch nicht, dass Kinder und Jugendliche nicht auf die Möglichkeiten der Beteiligung aufmerksam gemacht werden. Partizipation bedeutet schließlich auch, Chancen zu eröffnen und den Adressaten Freiräume und Gelegenheiten aufzuzeigen. Grundsätzlich müssen drei Fragen geklärt werden:

- Besteht in der Kommune ein Bedarf bzw. ein Interesse von Politik und Verwaltung an parlamentarischer Mitbestimmung?
- Sind hinreichend viele Kinder und Jugendliche an dieser Form der Mitwirkung interessiert?
- Sind die erwachsenen Entscheidungsträger bereit, eine solche Form der Mitwirkung mit entsprechenden Rechten und Befugnissen auszustatten bzw. sie so in die Entscheidungstrukturen der Kommune einzubinden, dass die Teilnehmenden auch wirklich mitwirken können?

Nur wenn diese Fragen bejaht werden können, sollten die Überlegungen konkretisiert werden. Für den Aufbau einer Jugendvertretung sind Ziele zu entwickeln,

Kinder- und Jugendparlamente

eine geeignete Form und Struktur auszuwählen, ein politischer Beschluss über den Aufbau der Mitwirkungsform zu fassen, die Altersstruktur festzulegen, die Anbindung an die Verwaltung zu klären und für strategische Vernetzung innerhalb der Kommune Sorge zu tragen.

Halboffene Kinder- und Jugendvertretungen

Für eine Mischform der Beteiligung wird der Begriff »halboffen« verwendet, da auf der einen Seite der freie Zugang für alle gewährt wird, auf der anderen Seite jedoch Verbindlichkeiten wie bei den Parlamenten bestehen. Dazu gehört unter anderem eine längerfristige und kontinuierliche Arbeit des Gremiums und eine strukturelle Verankerung im kommunalen Rahmen.

Es gibt verschiedene Beispiele für diese Mischung der Modelle, etwa Kinder- oder Jugendparlamente mit zusätzlichen offenen Arbeitsgruppen bzw. offenen projektorientierten Maßnahmen. Manche Parlamente führen zwischen den turnusmäßigen Sitzungen offene Versammlungen oder Foren für alle Interessierten durch.

Eine weitere Möglichkeit im kommunalen Rahmen besteht in einem »Parlament der Projekte« (Herrmann 1998: 333). Innerhalb verschiedener Einzelprojekte, die sich mit Themen der Kommunalentwicklung befassen, gibt es einen offenen Zugang für alle Kinder und Jugendlichen. Aus den Projektgruppen werden durch Wahlen legitimierte Delegierte in ein Parlament entsandt, in dem die Ergebnisse und Erfahrungen aus den Projekten zusammengeführt und mit Entscheidungsträgern diskutiert werden.

Schließlich haben besonders größere Kommunen die Chance, stadtteilbezogene offene Arbeitsgruppen oder Kinderortsbeiräte zu etablieren. Diese Gruppen sind ohne vorherige Wahlen offen zugänglich und agieren punktuell. Das Parlament selbst arbeitet jedoch mit größerer Verbindlichkeit, in der strukturellen Verankerung und dauerhaft.

Im ländlichen Raum gibt es gelegentlich in Jugendclubs angesiedelte Jugendräte. Die Wahlen dazu finden spontan auf Jugendvollversammlungen statt. Solche Räte sind teils durch Ratsbeschlüsse rechtlich abgesichert, und den Vertretern werden Rede- und Antragsrechte im Rat zugestanden. Meist haben diese Jugendräte aber keine Absicherung, etwa durch eine Satzung (Stange, Petzhold und Zastrow 2007: 66).

Kinderbürgermeister

Bei der Beteiligungsform der Kinderbürgermeister wird ein Vertreter bzw. eine Vertreterin gewählt, um die Interessen der Kinder und Jugendlichen zu vertreten. Die Wahl kann im Kinder- oder Jugendparlament erfolgen oder im Rahmen einer Einwohnerversammlung für junge Menschen.

Fachlich begleitet wird sie von Vertretern der Stadt, der Gemeinde oder Mitgliedern von Ausschüssen, häufig auch von den Jugendbeauftragten der Stadt. Eine Geschäftsordnung oder gar eine Satzung ist für diese Form der Kinder- und Jugendvertretung nicht bekannt, aber durchaus denkbar. Die Kompetenzen der gewählten Vertreter werden im Allgemeinen durch die Gemeindevertretung oder den Stadtrat beschlossen.

Kinder- und Jugendbeiräte

Bei den Kinder- und Jugendbeiräten wird zwischen zwei Formen unterschieden: einem Jugendbeirat aus Erwachsenen, der sich stellvertretend für die Belange der Jugend einsetzt, und einem aus Kindern oder Jugendlichen.

Die Zahl der Mitglieder liegt in der Regel deutlich unter denen der Parlamente. Auch hier setzen sich die Vertreter aus delegierten oder gewählten Personen zusammen. Beispielsweise kann es Beiräte in Freizeiteinrichtungen für Kinder und Jugendliche geben oder projektbezogene Beiräte, die eine befristete Zeit arbeiten. Zudem werden Beiräte auch als Beratungsgremien in jugendrelevanten Angelegenheiten von Erwachsenenparlamenten hinzugezogen.

Den Beiräten werden jeweils spezifisch verhandelte Kompetenzen zugesprochen. Dazu gehört beispielsweise das Recht, Anträge bezüglich der jugendrelevanten Angelegenheiten an die entsprechenden Ausschüsse und Gemeindevertretungen zu stellen. Zudem können die Vorsitzenden der Vertreter an Sitzungen eben dieser Ausschüsse und Vertretungen teilnehmen (ebd.: 103 ff.).

Chancen und Risiken der Beiräte

Beiräte treffen sich, zo zeigt die Praxis, häufiger und regelmäßiger als Parlamente. Da bedingt durch die kleinere Mitgliederzahl der Organisations- und Verwaltungsaufwand geringer ist als bei Parlamenten, sind Vollversammlungen einfacher zu planen. Daraus ergibt sich ein entscheidender Vorteil der Beiräte: Die Gruppe ist flexibler und kann somit spontaner auf aktuelle Interessen und Probleme eingehen.

Die geringe Mitgliederzahl birgt jedoch auch ein gewisses Risiko. Die Aufgaben verteilen sich auf weniger Schultern, und es wird schwierig, den vielen Bedürfnislagen gerecht zu werden. Aus diesem Grund ist es wichtig, dass den Beiräten eine gute fachliche Begleitung zur Seite gestellt wird.

## 1.3 Projektorientierte Formen

In Projekten werden Kinder und Jugendliche an konkreten Planungen und Realisierungen in zeitlich begrenzten Vorhaben beteiligt. Dabei ist das jeweilige Thema für Kinder und Jugendliche besonders wichtig. Die in der Jugendpartizipationsstudie am häufigsten genannten Gründe für die Mitwirkung junger Menschen am gesellschaftlichen Leben in ihrem Wohnort sind das Interesse am Thema und der Wunsch, etwas zu verändern (Bertelsmann Stiftung 2005b: 25).

Diese Form der Beteiligung ist sehr stark produkt- bzw. ergebnisorientiert. Es wird nicht die Gesamtpalette aller jugendspezifischen Themen und Probleme behandelt, sondern an einem konkreten und eingrenzbaren Thema zeitlich befristet gearbeitet. Im Mittelpunkt stehen die konkreten Bedürfnisse der beteiligten Mädchen und Jungen zu einem spezifischen Ort, Anlass oder Thema.

Besonderer Stellenwert

Etwa zwei Drittel aller Beteiligungsverfahren sind projektorientiert. Damit haben diese einen besonderen Stellenwert innerhalb der Partizipationsansätze (Bertelsmann Stiftung 2005a). Das ist insofern erklärbar, da sich diese Formen sehr konkret an der unmittelbaren Betroffenheit der Adressaten orientieren. Die Lebenswelt der Kinder und Jugendlichen sowie dezentrale, stadtteil- und wohnumfeldbezogene Problemlagen stehen im Mittelpunkt.

Politische und soziale Beteiligung

Mit der Ausrichtung von Partizipationsangeboten auf politische und soziale Beteiligung von Kindern und Jugendlichen steht ein breites Spektrum von Themenfeldern zur Verfügung. Die Arbeit in Projekten dient dazu, junge Menschen in Entscheidungen miteinzubeziehen und Mitbestimmungs- und Einflussmöglichkeiten erlebbar zu machen. Sie orientieren sich an der Handlungskompetenz der Adressaten. Diese sollen nicht nur aufnehmen und lernen, was Erwachsene ihnen an die Hand geben, sondern aktiv ihre Umwelt unter Berücksichtigung ihrer Bedürfnisse wahrnehmen und verändern.

Methodische Vielfalt

Einen hohen Stellenwert haben in diesem Zusammenhang spielerische und motivierende Veranstaltungs- und Aktionsformen sowie kreativitätfördernde Methoden. Sie sollen den Kindern und Jugendlichen ermöglichen, ihre Lebenswelt aktiv zu erforschen. Auf diese Weise erhalten sie die Gelegenheit, ihre Fragen, Probleme und Wünsche zu thematisieren und mit denen der anderen zu vergleichen. So können sich Ideen für Projekte ergeben, die die Veränderung und Verbesserung des jeweiligen Lebensbereiches zum Ziel haben (Bartscher 1998: 129 ff.).

Nicht selbstverständlich

Beteiligungsprojekte sind noch keine Selbstverständlichkeit. Probleme gibt es vor allem bei der Umsetzung von Qualitätskriterien oder bei der Finanzierung. Partizipationsprojekte erfordern zudem qualifiziertes Personal. In den Projekten wird möglichst professionenübergreifend zusammengearbeitet. Noch ist eine solche Kooperation im Rahmen von Planungsprozessen Neuland. Partizipationsprojekte sind arbeitsaufwändig und kosten

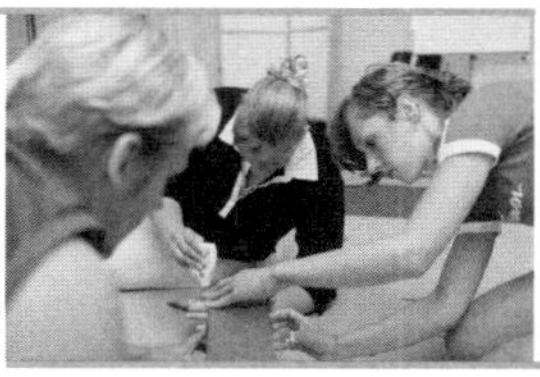

Geld. Neben einer professionellen und intensiven Unterstützung der Kinder während des Projektes sind auch eine gute Vor- und Nachbereitung wichtig.

Verknüpfung mit anderen Angeboten

Projektorientierte Formen sind durch einen thematischen Fokus und eine zeitliche Begrenzung der Mitarbeit gekennzeichnet. Sie decken deswegen auch nur einen Teil der Mitwirkungsmöglichkeiten im kommunalen Kontext ab. Zudem mangelt es vielen Projekten noch immer an Nachhaltigkeit und Verbindlichkeit. Dennoch haben sie im Zusammenspiel der verschiedenen Angebote eine große Bedeutung. Die begrenzte Reichweite der Projekte kann ausgeglichen werden, indem diese in einen verknüpfenden Ansatz kommunaler Angebote eingebunden werden. Neben Projekten gehören zu einem solchen Mix repräsentative und offene Formen der Partizipation. Projekte könnten dadurch an Verbindlichkeit gewinnen und strukturell in das Gesamtangebot einer Kommune eingebunden werden.

Stadt- und Dorfentwicklung

Viele gesetzliche Bestimmungen schreiben vor, Kinder und Jugendliche an kommunalen Planungen in den Städten und Gemeinden angemessen zu beteiligen, wenn ihre Interessen berührt werden. Zudem bietet die Berücksichtigung der Jugendhilfeplanung in der Gesamtplanung (§ 80 Abs. 4 SGB VIII) eine Chance, die Interessen von Kindern und Jugendlichen in kommunalen Planungen nicht nur als »Politik für Kinder«, sondern als »Politik mit Kindern« und »Politik von Kindern« zu verstehen.

?

Stadtentwicklung

Stadtentwicklung meint die räumliche, historische und strukturelle Gesamtentwicklung einer Kommune. Damit unterscheidet sich die Stadtentwicklung von der Stadtplanung, die sich auf die baulich-räumliche Entwicklung bezieht. Im interdisziplinären Bereich der Stadtentwicklung sind Faktoren des gesellschaftlichen, wirtschaftlichen, kulturellen und ökologischen Zusammenhangs zunehmend wichtig.

Zu den Instrumenten der Stadtentwicklung zählen beispielsweise Stadtentwicklungskonzepte, Fachplanungen zu Bereichen wie Verkehr, Schule, Angeboten der Jugendhilfe, Klimaschutzprogrammen sowie, in Verbindung mit der klassischen Stadtplanung, Flächennutzungsplänen oder Bebauungsplänen.

Beteiligung in urbanen Lebenswelten

Beteiligung von Kindern und Jugendlichen im Bereich der Stadtentwicklung (im Folgenden auch synonym für Dorfentwicklung verwendet) bedeutet mehr als nur das Abfragen von Wünschen. Gemeint ist die aktive Gestaltung der Lebenswirklichkeit mit unterschiedlichen Herangehensweisen. Vorhaben werden so organisiert, dass die Interessen der jungen Menschen gewahrt bleiben und die angestrebten Ziele und Ergebnisse erreicht werden. Dazu braucht es Erwachsene, die als Anwälte die Qualität der Beteiligung sicherstellen.

Die bisher eher baulich-städtebaulich orientierte Stadtentwicklung (klassisch: Stadtplanung) sieht sich mit veränderten Aufgaben konfrontiert. Diese ergibt sich zum einen aus sozialen Missständen in bestimmten Quartieren, zum anderen aus der begrenzten Leistungsfähigkeit des Wohlfahrtsstaates und den mangelnden finanziellen Ressourcen der öffentlichen Haushalte.

Bürgerbeteiligung als Ressource

Unter Berücksichtigung dieser veränderten Rahmenbedingungen hat die Ressource »Bürger« bei Politikern, Akteuren der Stadtplanung und Multiplikatoren einen neuen Stellenwert. Gerade für Städte und Regionen ohne Wirtschaftswachstum wird die Aktivierung endogener Potenziale als unerlässlicher Bestandteil wirkungsvoller Handlungskonzepte erkannt.

In der konventionellen, sektoralen Planung bestehen jedoch kaum Möglichkeiten »selbstverständlicher« Bürgerbeteiligung. Flexible Strukturen, die nicht linear von »oben« nach »unten« verlaufen und eine integrierte Handlungsweise erlauben, haben sich bewährt. Der individuelle, unmittelbare Nutzen einer Beteiligung bietet die Gelegenheit für mittel- bis langfristig angelegte Projekte. Sogenannte Selbermachprojekte können den genannten Anforderungen eher genügen als die klassischen Formen wie Bürgerversammlungen, Bürgerbefragungen oder Beiräte. Dies trifft insbesondere für Kinder und Jugendliche zu. Daher bezieht sich die Beteiligung von Bürgerinnen und Bürgern an Stadtentwicklungsmaßnahmen meist auf Teilräume oder einzelne Projekte und ist dadurch inhaltlich, räumlich oder zeitlich begrenzt.

Eine aktivierende Rolle seitens der Kommune, die Beteiligung möglich macht und Strategien zur Vertrauensbildung entwickelt, wird damit erforderlich.

Bereiche der Stadtentwicklung

Im Rahmen von Stadtentwicklungsprozessen gibt es drei wesentliche Bereiche, in denen junge Menschen beteiligt werden können. Dabei handelt es sich aus der Perspektive von Kindern um die Komplexe »Spielräume und Spiellandschaften«, »Verkehrsplanung« und »Kinderfreundliches Wohnen«. Aus der Sicht Jugendlicher gelten im Prinzip ähnliche Herausforderungen: Was für Kinder Spielplätze und Streifräume sind, sind für Ältere offizielle oder auch informelle Treffpunkte. Sie sind wichtiger Bestandteil eines für Jugendliche attraktiven Lebensumfeldes.

Im Gegensatz zu den formellen Verfahren der Beteiligung, wie zum Beispiel Bürgerentscheiden, Bürgeranträgen, Beteiligung an der Bauleitplanung (vorgegeben durch das BauGB), haben sich in der Praxis der Planungsbeteiligung von Kindern und Jugendlichen informelle, projektorientierte Verfahren wie Workshops, Zukunfts- und Planwerkstätten, Planungsspiele, Jugendkonferenzen durchgesetzt. Für mittel- bis langfristig angelegte Prozesse eignen

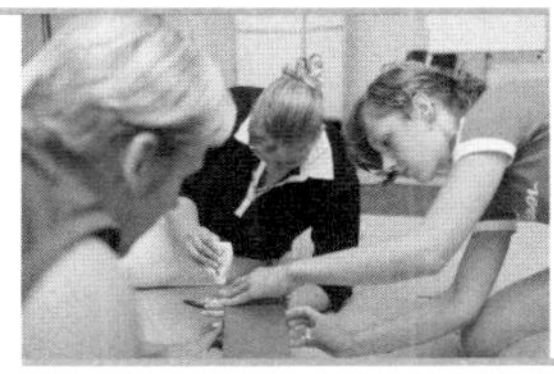

sich zudem verstetigte Austauschmöglichkeiten wie etwa Jugendeinwohnerversammlungen oder Jugendstadtteiltreffen.

Spielraumplanung

Die für Spiel und Freizeit nutzbaren Flächen in der Großstadt sind für Kinder und Jugendliche immer mehr zurückgegangen; interessante Spielräume wurden durch Bebauung oder zunehmenden Verkehr eliminiert oder zerschnitten. Spielplätze werden vielerorts durch verbesserte Ausgestaltung und natürliche Materialien attraktiver, können aber kein vollwertiger Ersatz für verloren gegangene Spielräume sein.

Sollen unsere Städte (wieder) kinder- und jugendfreundlicher werden, gibt es eine Reihe von Herausforderungen, die im Blick auf Beteiligung von Kindern bedeutsam sind. So wenig, wie Städte insgesamt heute als kinderfreundlich bezeichnet werden können, sind sie auch für Jugendliche attraktiv. Zwar überdecken in großen Städten die Möglichkeiten zur Befriedigung von Konsuminteressen bzw. kommerziell orientierte Anbieter von Freizeitangeboten für Jugendliche mit entsprechenden finanziellen Möglichkeiten einige dieser Defizite, offene jugendgemäße Treffpunkte oder -räume fehlen aber weitgehend. Besonderen Entwicklungsbedarf haben dabei mittlere und kleine Städte.

Merkmale von Kinderfreundlichkeit

Als kinderfreundlich wird eine Stadt oder ein Stadtviertel bezeichnet, wenn folgende Merkmale (Lehwald 2008a: 38 f.)vorhanden sind:

- Raum zum Spielen
- Orte zum Treffen
- Erreichbarkeit von Spielorten
- Erreichbarkeit von anderen Kindern
- Verkehrssicherheit, Möglichkeiten zur Naturerfahrung
- anregungsreiche Angebote
- Möglichkeiten zum Rückzug und Ungestörtsein
- Partizipation von Kindern und Erwachsenen

Eine kinderfreundliche Stadtplanung sieht deshalb das gesamte Stadtquartier als Wohn- und Lebensraum und damit als Spielraum von Kindern und bezieht dieses bei ihren Planungen ein. Aus den oben genannten Merkmalen lassen sich eine Checkliste erarbeiten und Leitsätze für einen »Spielraum Stadt« ableiten (ebd.):

- Spielräume sichern oder neu schaffen
- Spielräume zurückgewinnen und vernetzen
- Spielplätze kindergerecht und qualitätsvoll gestalten
- Belange von Mädchen und Jungen gleichermaßen berücksichtigen
- Kinder und Jugendliche bei der Spiel- und Freiflächenplanung beteiligen

## Leitsätze für eine kinder- und jugendfreundliche Spielraumplanung

### Spielräume sichern oder neu schaffen

Grundsätzlich sollten alle Freiflächen für das Kinderspiel zugelassen sein. Das schließt die Sanierung alter Spielplätze ein. Grünräume, Brachflächen oder auch Schulhöfe werden potenziell als Spielräume betrachtet. Eine kindgerechte Bauleitplanung erstellt frühzeitig, unter Mitwirkung von Kindern und Jugendlichen, ein Spielraumverbundkataster.

### Spielräume zurückgewinnen und vernetzen

Kinder und Jugendliche erreichen ihre Spiel- und Freizeiträume zu Fuß oder fahren mit dem Fahrrad dorthin. Eine kindgerechte Verkehrsplanung im Viertel muss sich dieser Herausforderung stellen und das Mobilitätsverhalten berücksichtigen. Der Verkehrsraum ist so zu gestalten, dass das Schutzbedürfnis von Kindern und Jugendlichen Beachtung findet. Das betrifft auch die Gestaltung der Fußwege, der Plätze und der Einkaufszentren, die im Konzept der bespielbaren Stadt ebenfalls als Spiel- und Erholungsflächen dienen.

### Spielplätze kindgerecht und qualitätsvoll gestalten

Die kindgerechte Gestaltung von Spielräumen bedeutet mehr, als sie durch Vegetation oder Geländemodellierung den kindlichen Bedürfnissen anzupassen. Wichtig ist auch die Einbindung der Spielflächen in das örtliche Umfeld, sodass sie zu Treffpunkten für Jung und Alt im Viertel werden. So könnte der Spielplatz eine Fläche sein, auf der Generationen (wieder) miteinander ins Gespräch kommen. Ein Spielplatz ist ein Kristallisationspunkt in einem Netz anderer öffentlich nutzbarer Grünflächen.

### Belange von Mädchen und Jungen gleichermaßen berücksichtigen

Besonders am Ende des Grundschulalters beginnen Mädchen und Jungen, Spielräume auf unterschiedliche Art und Weise zu nutzen. Aktivitäten der Mädchen sind meist weniger raumgreifend und sportlich. Sie wollen sich eher treffen, diskutieren und andere beim Spiel beobachten. Reine Tobe- und Bolzplätze sind für Mädchen eher uninteressant, für Jungen sind sie jedoch meist sehr attraktiv. Spielräume sollten deshalb in sich strukturiert sein und unterschiedlichen Bedürfnissen entsprechen. Für Mädchen ist auch der wohnungsnahe Spielraum interessant (Blockinnenhöfe).

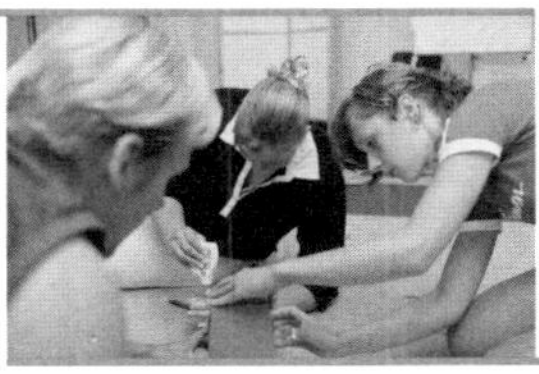

**Kinder und Jugendliche bei der Spiel- und Freiflächenplanung beteiligen**
Kinder und Jugendliche sind auf allen Planungsebenen und in jeder Phase der Gestaltung einer »Stadt als Spielraum« angemessen einzubeziehen. Das betrifft sowohl die Ebene der Bauleitplanung (Beispiel Verkehrsberuhigung, Funktionsmischung) als auch die der konkreten Durchführung (Beispiel Wohnumfeldverbesserung, Straßenraumgestaltung) (vgl. Lehwald 2008a: 39 f.).

Kinder- und jugendfreundliches Wohnen

Partizipation führt zu mehr Identifikation mit dem Wohnort. Sie stärkt die Motivation, sich für den Raum, in dem man lebt, zu engagieren. Dies alles betrifft insbesondere die direkte Umgebung der eigenen Wohnung. Viele Familien mit Kindern leben heute in Wohnungen, die hinsichtlich der Größe, des Zuschnitts und weiterer baulicher Gegebenheiten nicht allen Erfordernissen entsprechen. Hinzu kommt, dass das unmittelbare Wohnumfeld oft nicht mehr als Spiel- und Sozialisierungsraum für Kinder und Jugendliche ausreichend zur Verfügung steht. Durch Beteiligung gestaltete Veränderungen erhöhen die Zufriedenheit mit der Wohnumgebung.

Umwelt beeinflusst kindliche Entwicklung

Die gebaute Umwelt beeinflusst in hohem Maße unser Leben, besonders in der Phase der kindlichen Entwicklung. Ob ein Kind auf einem Bauernhof aufwächst oder in der sechsten Etage eines Hochhauses an einer stark befahrenen Straße, macht für seine Entwicklung einen großen Unterschied. Kleine Kinder haben das Bedürfnis zu spielen, ob nun in einem Hochhaus, auf einem Bauernhof oder in der Schule. In jedem einzelnen Fall wird die Umwelt Einfluss darauf nehmen, ob, was und wie ein Kind spielt, und deshalb auf seinen Entwicklungsprozess einwirken.

Mehr Aufmerksamkeit für das Wohnumfeld

Der Gestaltung der Wohnung, des Wohnumfeldes und der Siedlungen in einer Stadt muss daher besondere Aufmerksamkeit geschenkt werden. Mit Respekt vor der kindlichen Entwicklung sollten alle für Kinder gebauten Umwelten die persönliche Identität fördern, die Kompetenzentwicklung begünstigen, den Sinn für Sicherheit und Vertrauen unterstützen und sowohl soziale Interaktion als auch Privatheit erlauben (vgl. Schröder 2008b).

Verkehrsplanung

Im Blick auf die Entwicklung der letzten 30 Jahre muss Deutschland als Autoland bezeichnet werden. 1970 gab es noch einen »Gleichstand« mit jeweils 14 Mio. Kindern und Autos. Bei rückläufiger Kinderzahl hat sich die Anzahl der Pkws seitdem verdreifacht. 2007 sind nach offizieller Statistik in Deutschlands Straßenverkehr 34.534 Kinder unter 15 Jahren zu Fuß, mit dem Rad oder als Mitfahrer verunglückt. In der Altersgruppe bis 18 Jahre kommen noch einmal 26.906 verunglückte Jugendliche hinzu (Statistisches

Bundesamt 2007: 431). Anders ausgedrückt: Alle neun Minuten kommt ein junger Mensch im Straßenverkehr zu Schaden.

Im Bereich Verkehr scheint es daher besonders dringlich, die Partizipation von Kindern, Jugendlichen und Erwachsenen auszubauen. Die Lebenswelt der Kinder hat sich durch zunehmende Bebauung und das immer größere Verkehrsaufkommen sehr verändert. Die Wege von Kindern bergen häufig viele Gefahren und sind oft nicht geeignet, sich selbstständig im Wohnumfeld und im Straßenverkehr zu bewegen.

Besonders im Blick auf die Situation von Kindern im Verkehr ist eine Vernetzung von baulichen, verkehrslenkenden, aufklärenden, beratenden und erzieherischen Aktivitäten zu fordern.

Konzertierte Aktionen erforderlich

Verkehrssicherheitsarbeit ist Teamwork: Planer und Behörden, Erzieher und Eltern, die die verschiedenen Maßnahmen einleiten und ausführen, handeln gemeinsam und koordiniert. Insbesondere Kinder und Jugendliche werden miteinbezogen. Sie sind Fachleute, wenn es zum Beispiel darum geht, Gefahrenpunkte auf ihren Wegen im Straßenverkehr zu benennen, da sie oft einen – im wahrsten Sinne des Wortes – anderen Blick für ihre konkreten Problemsituationen haben als Erwachsene (vgl. Schröder 2008a: 99 ff.).

Mobilität

Ein längerer Schulweg gehört vor allem im ländlichen Raum zum Alltag von Kindern und Jugendlichen. Die Dorfschule ist verschwunden, auch Arbeitsplätze sind in Dörfern kaum mehr vorhanden. Das bedeutet für ganze Familien ein Pendlerdasein. Hinzu kommt, dass junge Menschen immer weniger Zeit im Dorf, sondern viel mehr unterwegs oder am Ort der Schule verbringen. Freizeitangebote nehmen sie häufig eher in der Stadt wahr. Pendeln wird damit zur Lebensgewohnheit von Kindern und Jugendlichen und muss folglich in der Raumentwicklungsplanung berücksichtigt werden.

!

**Tipps für die Beteiligung von Kindern und Jugendlichen bei der Stadtentwicklung**

Für die Beteiligung von Kindern und Jugendlichen im Rahmen kommunaler Planungs- und Entwicklungsprozesse steht ein umfangreiches methodisches Repertoire zur Verfügung. Hier einige grundsätzliche Hinweise zum Herangehen an Partizipationsprojekte (vgl. Lehwald 2008a: 56):

- Beteiligungsmethoden dienen dazu, Einstellungen, Interessen oder Handlungsorientierungen der beteiligten Akteure »abzubilden«. Vor der Erarbeitung von Lösungen ist es zunächst notwendig, das später zu analysierende Stadtteilgebiet genau zu erkunden. Kinder und Jugendliche lernen unter Anleitung,

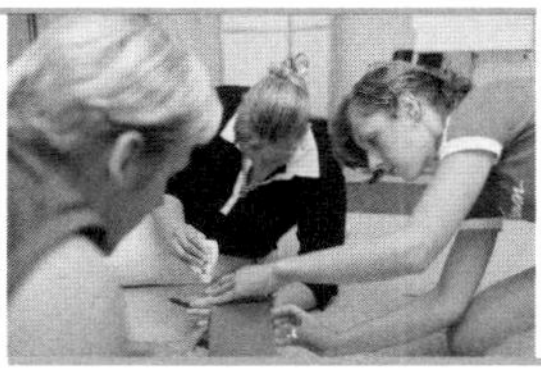

worauf es in dem betreffenden Umweltausschnitt ankommt: Ein Spielplatz wird mit anderen Kriterien bewertet als ein Fahrradweg, ein Schulhof erfordert eine andere »Qualität« als ein innerstädtisches Quartier.

- Bevor Kinder und Jugendliche überlegen, was und wie sie etwas verändern wollen, sollten sie zunächst den Standort gründlich analysieren. Dabei können sie vielfältige Ideen entwickeln, sollten aber das Ziel nicht aus dem Auge verlieren. Es muss ihnen stets deutlich gemacht werden, warum eine Analyse durchgeführt wird. Daher sind Methoden zu bevorzugen, die sich an der Realität orientieren.
- Die Themen, die von Kindern und Jugendlichen bearbeitet werden können, sind nahezu unbegrenzt. Sie betreffen alle Lebens- und Geschehensbereiche in einem Stadtquartier.
- Vor allem Kinder denken und fühlen stark lokal bezogen. Eine konsequente Stadtteilorientierung sollte bei den unterschiedlichen Beteiligungsverfahren berücksichtigt werden.
- Für die gemeinsame Arbeit mit Kindern und Jugendlichen sind Methoden zu favorisieren, die Betroffenheit erzeugen. Anhand positiver Lösungsbeispiele, die von den Heranwachsenden selbst erarbeitet werden, wird der konstruktive Umgang mit Problemen geübt.
- Der größte Antrieb, sich in Stadtteilprojekten zu engagieren, besteht für Kinder und Jugendliche darin, sich selbst als wirksam zu erleben. Aus diesem Grund ist eine permanente wechselseitige Kooperation mit Ämtern der Stadtverwaltung notwendig. Die Stadtverwaltung ist über anstehende Gestaltungsmaßnahmen rechtzeitig und umfassend zu informieren, sodass Beteiligungsprozesse langfristig vorbereitet werden können.

## 2 Politik mit Kindern und Jugendlichen

### 2.1 Beteiligung an Institutionen der Erwachsenenwelt

?

Mit der Beteiligung an Entscheidungsprozessen in Gemeinde- und Stadträten oder dort, wo Erwachsene entscheiden, ist die Möglichkeit der Teilnahme an Zusammenkünften, Ausschüssen, Gesprächen oder Gremien gemeint. Kinder und Jugendliche beteiligen sich hier durch Teilnahme, die je nach Gremium mit verschiedenen Befugnissen gekoppelt ist. So erhalten sie zum Teil ein Rederecht, wodurch sie ihre eigenen Interessen und Bedürfnisse artikulieren und bei Entscheidungen mitreden können. In einigen Fällen ist das Rede- auch mit einem Antragsrecht gekoppelt. Es handelt sich um auf Dauer angelegte, rechtlich und institutionell fixierte sowie strukturell verankerte Beteiligungsformen.

Die Möglichkeiten der Beteiligung an Institutionen der Erwachsenenwelt:

- garantierte Informations- und Initiativrechte in den Gemeindeordnungen unterhalb der Ebene der Entscheidungsrechte
- Beteiligung an der Bauleitplanung (§ 3 BauGB)
- Vertretung von Kindern und Jugendlichen in Erwachsenengremien und Planungsgruppen (zum Teil mit Stimmrecht)
- Wahlrecht für Jugendliche

Garantierte Informations- und Initiativrechte

Junge Menschen zählen wie Erwachsene zu den Einwohnerinnen und Einwohnern einer Gemeinde. Das bedeutet, dass immer dann, wenn in der Gemeindeordnung von Einwohnern oder von Personen die Rede ist, auch den unter 18-Jährigen die daraus folgenden Rechte zugesprochen werden. Wie jedem Einwohner und jeder Einwohnerin steht Kindern und Jugendlichen damit beispielsweise das allgemeine Beschwerde- und Anregungsrecht zu.

Jedoch gelten nicht alle jungen Menschen auch als Bürger, da die Bürgerrechte sich aufgrund der Wahlberechtigung ergeben. Die Rechte, die sich entsprechend den Gemeindeordnungen ergeben, gelten also nicht automatisch auch für Kinder und Jugendliche.

Versammlungen und Fragestunden für Einwohner

In Einwohnerversammlungen nehmen Gemeinden ihre Unterrichtungspflicht gegenüber den Einwohnern wahr. Dafür gibt es in der Praxis verschiedene Varianten: allgemeine Einwohnerversammlungen, an denen Erwachsene und auch Kinder und Jugendliche beteiligt sind, sowie Jugendeinwohnerversammlungen zu Themen, die ausschließlich oder in erster Linie junge Menschen betreffen. Im öffentlichen Teil von Ratssitzungen finden regelmäßig Einwohnerfragestunden statt. Auch hier besteht die Möglichkeit, Kinder und

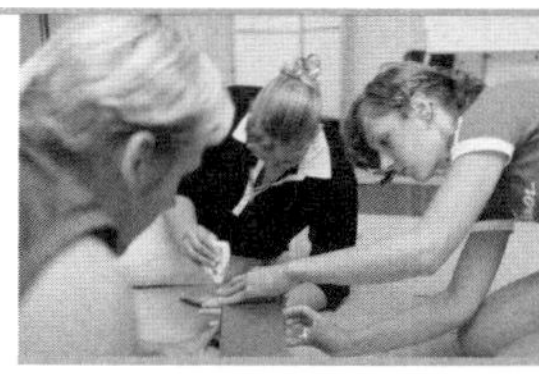

Jugendliche an den allgemeinen Einwohnerfragestunden zu beteiligen oder spezielle Fragestunden einzurichten.

**Beteiligung als sachkundige Einwohner**

Junge Menschen können sich als sachkundige Einwohner an der Arbeit von Ratsausschüssen als Nicht-Ratsmitglied und in Beiräten beteiligen. Zum Beispiel können Jugendliche als Vertreter von Jugendverbänden oder anderen anerkannten Trägern der freien Jugendhilfe als Mitglieder der Jugendhilfeausschüsse berufen werden. Noch wenig genutzt werden in der Praxis die Möglichkeiten der Einwohneranträge, die mittlerweile in zwölf Bundesländern in den Gemeindeordnungen enthalten sind. Jedoch gibt es Unterschiede bei der Beteiligung von Kindern und Jugendlichen, da das Alter, ab dem junge Menschen sich mit einem Einwohnerantrag beteiligen können, sich in den Ländern unterscheidet.

vgl. Seite 41 ff.

**Beteiligung an der Bauleitplanung**

Laut § 3 des Baugesetzbuches wird der Öffentlichkeit das Recht zugesprochen, bei der Entwicklung von Bauleitplänen mitzuwirken. Dieses Recht gilt für alle, die von diesen Plänen betroffen sind. Die Beteiligung kann im Anfangsstadium, in der vorgezogenen und auch in der förmlichen Bürgerbeteiligung erfolgen. Wichtig ist hier, dass im Gegensatz zu den Gemeindeordnungen die Beteiligung an der Bauleitplanung nicht an die Wahlberechtigung gebunden ist und somit auch Kindern und Jugendlichen die Möglichkeit der Mitwirkung eingeräumt ist. Alle Betroffenen können Vorschläge oder Bedenken äußern, Entscheidungen werden letztlich jedoch vom Rat getroffen.

**Beiräte und Ausschüsse**

Durch die Mitarbeit in Beiräten können junge Menschen an verschiedenen Themen oder Anlässen mitwirken. Zum Teil gibt es sehr unterschiedliche Regelungen in den Städten und Gemeinden. In kommunalen Bezügen sind es Gremien wie Stadtteilarbeitskreise, Runde Tische, Bürgerinitiativen oder Stadtteilkonferenzen, die prinzipiell für Jugendliche offen sind. Junge Menschen können als beratendes Mitglied im Sozial- oder Jugendhilfeausschuss mitarbeiten, teils gibt es Kinder- und Jugendkommissionen als Unterausschüsse des Jugendhilfeausschusses.

**Nicht-repräsentative Erwachsenengremien**

Auch die Teilnahme an den offenen Versammlungsformen der Erwachsenen wie Einwohnerversammlungen, regelmäßigen Bürgertreffen für Straßen und Stadtteile, Quartiersversammlungen, Spontantreffen von Bürgern usw. ist möglich. Ebenso stehen Kindern und Jugendlichen alle sonstigen Stadtteilgremien offen, wie Stadtteilkonferenzen, Arbeitskreise zu spezifischen Themen und thematisch orientierte Ad-hoc-Gremien, zum Beispiel in der Jugendhilfeplanung. Auch die Teilnahme an Runden Tischen, Arbeitskreisen, Zukunftskonferenzen, Entscheidungs- oder Strategieworkshops, die nach bestimmten Schlüsseln zusammengesetzt sind, gehört zu dieser Form der Beteiligung.

Wahlrecht für Jugendliche

Politische Partizipation wird am deutlichsten per Teilnahme an Wahlen ausgeübt. Die Bundesländer Berlin, Mecklenburg-Vorpommern, Niedersachsen, Nordrhein-Westfalen, Sachsen-Anhalt und Schleswig-Holstein haben das Alter für die Ausübung des aktiven Wahlrechts bei Kommunalwahlen auf 16 Jahre gesenkt. Damit soll der Einfluss von Jugendlichen auf kommunale Entscheidungen ausgeweitet werden.

Die Wahlrechtsänderungen der vergangenen Jahre zugunsten von Jugendlichen sind strategische Versuche, junge Menschen an die Institutionen der Erwachsenwelt heranzuführen und an ihnen partizipieren zu lassen. Dieser Ansatz der Ausweitung durch ein kommunales Wahlrecht ab 16 Jahren gehört zu den wichtigen, wenn auch nicht flächendeckend durchgesetzten Beteiligungsstrategien.

Beteiligung an den Institutionen der Erwachsenenwelt

Ein direktes Wahlrecht für Kinder ist aber umstritten und wird weitestgehend abgelehnt. Um die Zukunftsbelange von Kindern zu sichern, könnte sich die Einführung zusätzlicher Stimmen für Eltern anbieten. Ein wesentlicher Grund für die Auseinandersetzung mit der Frage des Wahlalters ist die demographische Entwicklung in der Bundesrepublik. Sie zeigt deutlich, dass schon in naher Zukunft die älteren Bevölkerungsgruppen zunehmen werden. Ob und wie dies zu einer Verlagerung der politischen Profile von Parteien und der Regierungspolitik zulasten von Kindern führt, bleibt abzuwarten. Wie hier ein Gegengewicht zugunsten von Kindern geschaffen werden kann, wird immer wieder erörtert (Hattenhauer 1998; Merk 1998; Weimann 2002).

## 2.2 Punktuelle Beteiligung

Bei den punktuellen Formen handelt es sich um eine Beteiligung mit eingeschränkter Reichweite in Bezug auf Anzahl und Dauer der Projekte, aber auch hinsichtlich der Inhalte und dem Grad der Institutionalisierung. Sie sind jedoch sehr gut als Einstieg in die Beteiligung von jungen Menschen geeignet. Zudem überzeugen diese Formen durch ihre Häufigkeit und Wirkung. Sie können, auch wenn die Themen eher alltäglich sind, eine große Nachhaltigkeit und Intensität bei den Beteiligten haben. Punktuelle Beteiligung ist jedoch methodisch begrenzt und oft untergeordnet innerhalb umfassender Vorhaben.

Beteiligung innerhalb der Beteiligung

Formen der punktuellen Beteiligung erfüllen gelegentlich ein Teilziel innerhalb eines größeren Projektes. Besonders dann fungieren sie häufig als »Beteiligung innerhalb der Beteiligung«:

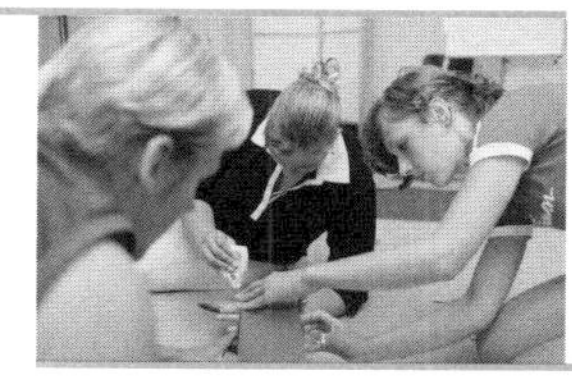

- Vorformen der Beteiligung
- Verfahren der punktuellen Problemerfassung und -klärung
- medienorientierte Beteiligung
- symbolische Beteiligung
- punktuelle Beteiligung durch Einzelhandlungen

Mehr als symbolische Beteiligung

Durch ihre verkürzte inhaltliche Ausrichtung und Reichweite stehen punktuelle Beteiligungsformen oft im Ruf einer symbolischen Beteiligung. Jedoch gibt es ausreichend Argumente für diese Form der Partizipation, die ihren eigenständigen Stellenwert und die besondere Bedeutung begründen.

Vorformen der Beteiligung

Als Vorformen werden solche Ansätze der Partizipation bezeichnet, die Kindern und Jugendlichen zwar Einblicke in (politische) Entscheidungsverfahren gewähren, sie jedoch in keiner Weise an diesen Prozessen beteiligen. Durch Informationen und Erfahrungen werden junge Menschen an die Möglichkeiten der Mitwirkung herangeführt und lernen die konkreten Mitwirkungsangebote kennen.

Parlamentsbesuche

Viele Gruppen von Kindern oder Jugendlichen besuchen verschiedene Parlamente bis hin zum Bundestag und informieren sich über die Arbeit der Abgeordneten oder nehmen an Aktionen und Begegnungen mit Politikern teil. Oft werden solche Besuche im Stadtrat oder im Landtag auch mit simulierten Sitzungen kombiniert, sodass die jungen Menschen Erfahrungen mit politischen Themen und Entscheidungsfindungsprozessen machen können.

Planspiele und Simulationen

Es gibt eine große Palette von Plan- und Simulationsspielen zu verschiedenen (kommunal)politischen Themen. Dabei werden Verfahren nachgestellt, ohne dass echte Antrags- und Entscheidungsbefugniss besteht. In verschiedenen Landkreisen, Kommunen, Ländern und im Angebot von Bildungsträgern sind solche Ansätze seit langem Praxis.

Punktuelle Problemerfassung und -klärung

Mit den Verfahren der punktuellen Problemklärung soll Kindern und Jugendlichen mit sehr geringem Ressourceneinsatz die Möglichkeit der Mitwirkung an Alltagsentscheidungen gegeben werden. Dazu gehören nichtpersonale Problem- und Bedürfniserfassungen durch Wunsch- oder Meckerkästen, Wunschbäume oder der Klassenbriefkasten in Schulen, aber auch unterschiedliche Varianten von Politikerkontakten, wie zum Beispiel Besuche von Politikern in Schulen, Rathausbesuche von Klassen und Kinderanhörungen, die im konkreten Einzelfall die Interessen junger Menschen aufnehmen können.

Bürgermeistersprechstunden

Viele Bürgermeister haben in der Zwischenzeit erkannt, dass sie durch die Einrichtung einer Kinder- und Jugendsprechstunde oder öffentlichen Gesprächsrunde die Wünsche und Bedürfnisse junger Menschen wahrnehmen und in spätere Entscheidungsprozesse einfließen lassen können. Solche Dialogformen finden nicht mehr nur in der Amtsstube statt – in einigen Fällen suchen die Bürgermeister junge Menschen an den Orten auf, wo diese sich aufhalten. Das trägt erheblich zum Gefühl des Ernstgenommenwerdens bei. Neben Bürgermeistern werden solche Kontakte und Dialoge in Gemeinden auch durch andere Funktionsträger wie Verwaltungsmitarbeiter oder Kommunalpolitiker wahrgenommen. Auch wenn es an vielen Stellen tatsächlich nur punktuelle Besprechungen zu Einzelanlässen sind, bieten sie dennoch eine gute Einstiegsmöglichkeit, um junge Menschen zur Mitwirkung zu motivieren.

Guter Einstieg in Partizipation

Diese Form der Beteiligung ist gut geeignet, um auf einfache Weise Informationen zu vermitteln und einen altersgemäßen Zugang zu Verwaltungsabläufen zu ermöglichen. Junge Menschen können ihren Bürgermeister kennenlernen und haben zugleich die Möglichkeit, Wünsche und Bedürfnisse mitzuteilen. Bei guter Begleitung und Nachbereitung der Aktionen erfahren sie etwas über die konkrete Umsetzung und Realisierung ihrer Wünsche und Forderungen. Bürgermeistersprechstunden können aber bestenfalls als Einstieg in die Mitwirkung oder als Ergänzung zu anderen Maßnahmen gelten. Die Beteiligungserfahrung von Kindern und Jugendlichen hat eine geringe Intensität und bedarf deshalb weiterer Möglichkeiten. Zudem besteht in diesem Rahmen häufig keine ausreichende Gelegenheit, um die Ideen von Kindern und Jugendlichen konkretisieren zu lassen (vgl. Pralow 2003: 106 ff.).

Medienorientierte Beteiligung

Kinder und Jugendliche sind ständig mit Medien konfrontiert. Ziel der medienorientierten Beteiligung ist die Befähigung von jungen Menschen, sich bewusst und kritisch mit unterschiedlichen Medien auseinanderzusetzen und sie in der Entwicklung von Medienkompetenz zu unterstützen. Dazu gehört, Zusammenhänge im Mediensystem zu erkennen, und ein reflektierter Umgang, um medienspezifische Kritik äußern zu können (vgl. Nagel 2007: 233 ff.). In der Praxis gibt es eine Vielzahl von Projekten, die eine medienorientierte Beteiligung von Kindern und Jugendlichen in den Mittelpunkt stellen.

Um an der Gestaltung eines Radio- und Fernsehprogramms, von Printmedien und Internetseiten mitwirken zu können, müssen junge Menschen als Partner einbezogen werden. Ihr Wissen um die Interessen Gleichaltriger und ihre technischen Kompetenzen können sie sehr gut in die Zusammenarbeit mit Medienprofis einbringen. Positive Konsequenz ist bei solchen Projekten neben dem besseren Erreichen der Zielgruppe eine zusätzliche Fortbildung in medialer Informationsvermittlung.

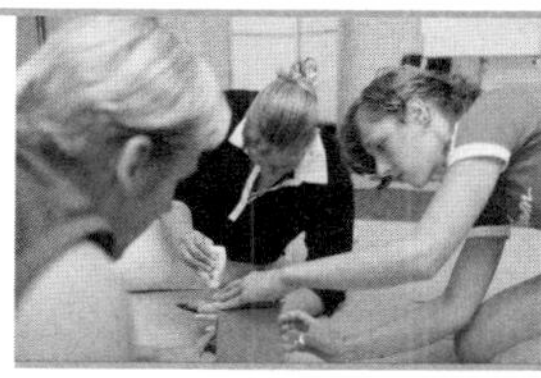

Mitarbeit an Tageszeitungen

Die Mitarbeit in der Redaktion von Tageszeitungen und Zeitschriften durch das selbstständige Gestalten von Seiten, Rubriken und Beiträgen oder ganzer Kinder- oder Jugendseiten kann für Kinder und Jugendliche eine interessante Beteiligungsmöglichkeit sein. Auch Radio- und Fernseprogramme bieten auf vielfältige Weise die Möglichkeit einer Mitarbeit von jungen Menschen.

Mitwirkung online

In den letzten Jahren hat sich das Internet zu einem großen Forum an Möglichkeiten der Mitwirkung, Mitgestaltung und Mitentscheidung entwickelt. Immer mehr wird es auch als Plattform für politische Partizipation oder politische Bildung genutzt, zum Beispiel für Internet-Wahlen als parallele Aktionen zu Kommunal-, Landtags- oder Bundestagswahlen. Zum themenbezogenen Meinungsaustausch werden vermehrt Internetforen und -chats genutzt.

Schülerzeitungen

Schülerzeitungen haben sich als eine Form etabliert, durch die Kinder und Jugendliche die Möglichkeit haben, Entwicklungen in der Schule mitzugestalten. Immer häufiger werden dabei nicht nur die engeren schulinternen Themen aufgenommen, sondern Aspekte aus dem kommunalen Umfeld der Schule angesprochen und bearbeitet.

Symbolische Beteiligung

Symbolische Beteiligung ist keine substanzielle, echte Beteiligung. Sie gewährt vor allem Kindern öffentlichkeitswirksame »Spielwiesen«. Gleichwohl können damit durchaus wichtige Themen, wie zum Beispiel »Kinderrechte« transportiert und in die Diskussion gebracht werden. Zu den Formen der symbolischen Beteiligung gehören vor allem solche wie Kinderbürgermeister, die Kinderinteressen artikulieren können, aber ansonsten keine Rechte und Kompetenzen haben.

Einzelhandlungen

Neben den bereits dargestellten Formen der punktuellen Beteiligung gibt es zudem verschiedene Einzelaktionen wie Demonstrationen, Unterschriftensammlungen, Leserbriefe und thematische Aktionen.

Punktuelle Partizipation

## 3 Politik für Kinder und Jugendliche

### 3.1 Erwachsene nehmen Kinder- und Jugendinteressen stellvertretend wahr

Erwachsene können Lobbyfunktionen vor allem für Kinder und Jugendliche wahrnehmen und deren Interessen im Gemeinwesen vertreten. Hinsichtlich dieser Form der Partizipation konzentrieren sich die nachfolgenden Ausführungen insbesondere auf Kinderbüros und Kinderbeauftragte, da diese den Schwerpunkt innerhalb der stellvertretenden Formen haben. Ihr Themenspektrum umfasst die Belange, die mit den Bedürfnislagen von jungen Menschen zu tun haben. Von daher sind die Ausführungen als Ausschnitt zu betrachten.

Es gibt vielfältige Möglichkeiten der Vertretung von Kinder- und Jugendinteressen durch Erwachsene:

- Kinder- und Jugendbüros
- Kinder- und Jugendbeauftragte
- anwaltschaftliche Verfahren der öffentlichen Jugendhilfe
- Verfahrenspfleger im kindschaftsrechtlichen Verfahren nach § 50 FGG
- Patenschaften
- Interessenwahrnehmung durch indirekte Formen der Einflussnahme
- erweitertes Wahlrecht für Familien

Parteilich für Kinder

Je jünger die Kinder sind, desto eher brauchen sie Erwachsene, die auf ihrer Seite stehen und über genügend Kompetenzen und Einfluss verfügen, um die Interessen anderer nicht aus den Augen zu verlieren. Interessenvertreter arbeiten in allen Bereichen, die Kinder berühren: Sie sind Querschnittsdenker und Querschnittshandelnde. Sie denken und arbeiten meist professionenübergreifend. Sie sind in doppelter Hinsicht Gefahren ausgesetzt: Einerseits können sie sich in einer Art »Allzuständigkeit« verfangen, andererseits können sie sich fast nirgends beliebt machen, weil sie sich immer wieder einmischen müssen.

Die Pluralität dieser Formen lässt sich mit zwei grundsätzlichen Fragen erklären: Wie lassen sich Kinderinteressen wirkungsvoll vertreten? Wer wird mit der Kinderinteressenvertretung beauftragt?

Viele Kommunen, die sich eine kinder- und jugendfreundliche Entwicklung zum Ziel gesetzt haben, stellen nach den ersten Versuchen fest, dass es besonderer Strukturen und Personen bedarf, um die Interessen junger Menschen kontinuierlich zu sichern und weiterzuentwickeln. Es gibt dafür sehr unterschiedliche Modelle; die bekanntesten sind Kinderbeauftragte oder -an-

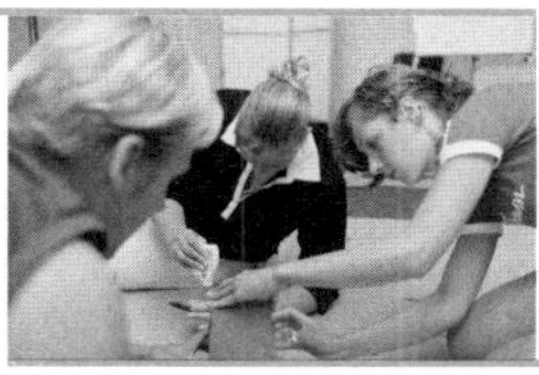

wälte, Kinderbüros und -kommissionen. Manche sind auf politischer Ebene angesiedelt, andere in der Verwaltung oder bei freien Trägern. Die Mitarbeiterinnen und Mitarbeiter sind zum Teil hauptamtlich mit der Interessenvertretung betraut, häufig aber auch ehrenamtlich tätig. Sie können sehr öffentlichkeitswirksam arbeiten, aber auch leise und trotzdem effizient im Hintergrund.

Abgestimmt auf Bedürfnisse

Jede Interessenvertretung für Kinder und Jugendliche in den Kommunen sollte auf die Ziele und Bedürfnisse der Zielgruppe, aber auch auf die beteiligten Personen, Hintergrundsituationen bzw. die kinder- und jugendpolitische Landschaft zugeschnitten sein. Das Für und Wider jeder Form ist abzuwägen, um ein kluges und effizientes Modell für die Kommune und den eigenen Wirkungsbereich zu entwickeln.

Wächteramt gegenüber Eltern und Gesellschaft

Das örtliche bzw. regionale Jugendamt mit dem Jugendhilfeausschuss ist der klassische Vertreter von Interessen der Kinder und Jugendlichen – im Rahmen des staatlichen Wächteramtes auch gegenüber den Eltern und der Gesamtgesellschaft. Es herrscht jedoch eine gewisse Konfliktlage vor, weil das Jugendamt gleichzeitig Leistungsbewilliger ist. Bei der Interessenvertretung geht es aber im Blick auf die jungen Menschen nicht nur um individuelle Probleme, sondern auch um kommunale Angelegenheiten.

!

**Kinder- und Jugendbüros**

Kinder- und Jugendbüros stellen eine niedrigschwellige Anlaufstelle für Kinder, Jugendliche und Eltern dar. Kontakt und Beratung sind telefonisch wie auch persönlich möglich. Die Mitarbeiterinnen und Mitarbeiter sind ansprechbar für Fragen oder Informationen zu Kinder- und Jugendrechten sowie deren Beteiligung und Interessenvertretung. Die Koordination dieser Belange beinhaltet die unmittelbare Arbeit mit den Betroffenen selbst. Dabei werden Beteiligungsprojekte initiiert, konzipiert und umgesetzt. Zum anderen setzt sich das Kinder- und Jugendbüro auch für die stellvertretende Wahrnehmung von Kinder- und Jugendinteressen ein. Hier geht es insbesondere um die Gestaltung guter Lebensbedingungen für Kinder, Jugendliche und Eltern, aber auch um die öffentlich-politische und verwaltungsmäßige Koordination von Kinder- und Jugendbelangen insgesamt. Die Büros können bei der öffentlichen Verwaltung oder bei freien Trägern angesiedelt werden.

Diese Form der Interessenvertretung ist dann geeignet, wenn Kinder und Jugendliche sich ihrer Interessen nicht ausreichend bewusst sind oder diese nicht durchsetzen können. Die Erwachsenen werden auch von selbst aktiv und übernehmen eine Lobbyfunktion. Junge Menschen, die Rat und Hilfe oder ggf. kompetente und fachkundige Erwachsene an ihrer Seite brauchen, um bestimmte Ziele angehen oder Projekte, Vorhaben und Maßnahmen umsetzen zu können, sprechen Erwachsene direkt an.

Kinder- und Jugendbüros

Kinder- und Jugendbüros versuchen, das Recht der jungen Menschen auf Beteiligung an allen sie betreffenden Belangen umzusetzen und ihre Lebensumwelten gemeinsam mit ihnen zu gestalten. Sie sind eine Anlauf- und Beratungsstelle, die Kinder- und Jugendbelange auch koordiniert und Lobbyarbeit durch Informations- und Öffentlichkeitsarbeit für junge Menschen betreibt.

**Kinder- und Jugendbeauftragte oder Kinder- und Jugendanwälte**

Kinder- und Jugendbeauftragte oder -anwälte sind ein personalisiertes Konzept der stellvertretenden Interessenvertretung. Ihre Aufgaben liegen neben der Interessenvertretung vor allem in der Förderung der Kinder und Jugendfreundlichkeit der Kommune, der Vernetzung der Freizeitangebote, der Zusammenarbeit mit Vereinen, Kindertagesstätten, Schulen und anderen kinderorientierten Institutionen und der Organisation von Runden Tischen mit Bürgermeistern, Kinderbeauftragten, Verwaltung, Sozialausschuss, Vereinen, Verbänden und Betroffenen.

Die Kinder- und Jugendbeauftragten oder -anwälte verfügen teilweise über eigene Büros und halten Sprechstunden ab. Um diese Ziele zu erreichen, werden Kooperationspartner eingebunden. Es gibt ehrenamtliche und hauptamtliche Beauftragte oder Anwälte.

Kinder- und Jugendbeauftragte

Für den Einstieg in oder die Begleitung von umfassenderen Beteiligungsmodellen können Kinder-und Jugendanwälte oder -beauftragte ein übersichtlichtes und klares Modell der (stellvertretenden) Interessenvertretung darstellen. Sie sind Ansprechpartner für Kinder, Jugendliche und Eltern auf der einen, für Politik und Verwaltung auf der anderen Seite. Sie sind geeignet für alle Situationen, in denen besonders Kinder nicht in der Lage sind, ihre Interessen selbstständig zu vertreten.

Weitere Formen der Interessenvertretung

Neben den beauftragten Formen der Interessenvertretung für junge Menschen gibt es eine Vielfalt an Möglichkeiten, mit denen Träger der öffentlichen und freien Jugendhilfe die Verantwortung für Kinder und Jugendliche wahrnehmen können. Diese erfolgt immer stellvertretend, soweit entsprechende Gremien nicht ohnehin bereits existieren bzw. Mädchen und Jungen in solchen Gremien nicht auch vertreten sind.

So existieren Runde Tische für Kinderfreundlichkeit oder Elternbeiräte in Schulen und Kindergärten. Kinder- und Jugendverbände verstehen sich qua Satzung als Interessenvertreter der jungen Generation. In Stadtteil- und Regionalkonferenzen im Rahmen der Jugendhilfeplanung treffen sich Fachkräfte und Schlüsselpersonen oder betroffene Bürgerinnen und Bürger und richten Stadtteilstammtische ein.

Der Bundestag und die Landesparlamente haben Kinderkommissionen eingesetzt. In Kreistagen, Stadt- und Gemeindevertretungen wurden diese ebenfalls aufgebaut, zum Teil ohne ein direktes Antragsrecht und nicht in allen Fällen mit Mitgliedern der Kreistage bzw. Stadträte.

In der Kommunal-, Landes- und Bundespolitik sind immer wieder Themen auf der Tagesordnung, die mit Kindern und Jugendlichen zu tun haben und zu denen Beschlüsse gefasst werden. Dabei müssen sich die Mandatsträger die Interessen und Bedürfnisse der Betroffenen bewusst machen. Nicht zuletzt sind auch politische Aktionen wie Demonstrationen, die von Erwachsenen für Kinderinteressen initiiert werden, und verschiedene mediale Aktivitäten für Kinder wichtige Impulse, um auf die Rechte der jungen Generation aufmerksam zu machen.

Lobbyarbeit auf allen Ebenen

Auf internationaler und auf Bundesebene gibt es eine Reihe von Lobbyverbänden, die sich für Kinderrechte einsetzen. Dazu gehören das Kinderhilfswerk der Vereinten Nationen Unicef oder der international tätige Verein »terres des hommes«. Das Deutsche Kinderhilfswerk e. V. und der Deutsche Kinderschutzbund e. V. sind die in Deutschland bekanntesten Verbände für die Umsetzung der Kinderrechte. In der »National Coalition« für die Umsetzung der UN-Kinderrechtskonvention haben sich derzeit rund 100 bundesweit tätige Organisationen und Initiativen aus verschiedenen gesellschaftlichen Bereichen zusammengeschlossen mit dem Ziel, die Kinderrechtskonvention bekannt zu machen und ihre Umsetzung in Deutschland voranzubringen.

Auch die Anhörungen vor Parlamentsausschüssen von erwachsenen Kindervertretern als sogenannte »Kinder-Lobby« und Elterninitiativen für die Durchsetzung von Kinderinteressen gehören in diesen Bereich der Lobbyarbeit.

!

**Merkmale der stellvertretenden Formen**

- In der Person der Kinder- und Jugendbeauftragten finden junge Menschen konkrete Ansprechpartner für ihre Wünsche, Sorgen oder Bedürfnisse. Als Teil der Verwaltung haben Kinderbeauftragte schon frühzeitig Einblick in laufende

Planungsprozesse, jedoch ist ihr Einfluss auf politische und verwaltungstechnische Entscheidungen oft gering.

- Der Begriff Kinder- und Jugendbüro symbolisiert als Institution eine klare Zuständigkeit und zielgruppenorientierte Anlaufstelle. Die genaue Aufgabenstellung erschließt sich daraus jedoch nicht.
- Kinder- und Jugendbüros sind Anlaufstellen für einzelne Personen und individuelle Problemlagen, Einschränkungen ergeben sich durch die Erreichbarkeit der Stelle oder klar geregelte Öffnungszeiten.
- In der Arbeit von Kinder- und Jugendbüros geht es um strukturelle Veränderungen durch Einmischung in verwaltungsinterne und politische Prozesse, unabhängig vom Einzelfall mit teils sehr langfristigen Erfolgen.
- Kinder- und Jugendbüros stehen in der Regel »in einer Linie« mit Vorgesetzten und Untergebenen. Kinderbeauftragte nehmen oft eine Stabs- oder Assistentenfunktion von Vorgesetzten ein.
- Für die Arbeit von Kinder-und Jugendbüros oder -beauftragten ist Hauptamtlichkeit ein wesentliches Qualitätskriterium. Feste zeitliche Ressourcen und die Zusammenarbeit mit anderen Dienststellen innerhalb der Verwaltung werden dadurch erleichtert.
- Eine ehrenamtliche Beauftragung ist kostengünstig und kann unabhängigeres Agieren ermöglichen.
- Die Ansiedlung innerhalb der Verwaltung sorgt für schnelleren Informationsfluss und Einfluss auf Abläufe innerhalb der Verwaltung. Es besteht jedoch eine größere Abhängigkeit von Zuteilungsmechanismen.
- Die Ansiedlung bei freien Trägern bietet mehr Möglichkeiten für Förderquellen. Dagegen besteht kein unmittelbarer Einfluss auf Verwaltung und Politik, und häufig gibt es eine mangelnde Akzeptanz innerhalb der Verwaltung.

# V Information und Kommunikation

Die Jugendpartizipationsstudie der Bertelsmann Stiftung hat nachgewiesen, dass eine ausreichende Informiertheit großen Einfluss auf die Mitwirkung von Kindern und Jugendlichen am Wohnort hat (Bertelsmann Stiftung 2005b: 39 ff.). Damit wurde eine Ausgangshypothese der Untersuchung bestätigt. Für junge Menschen sind Informationen über Beteiligungsmöglichkeiten sehr wichtig, zugleich lässt sich der Grad der Informiertheit seitens der Anbieter von Partizipationsvorhaben relativ leicht beeinflussen (Schneider und Fatke 2007: 140 ff.).

Eine sachgerechte und zielgruppenadäquate Information über Mitwirkungsmöglichkeiten und die Kommunikation innerhalb der Projekte ist nur gemeinsam mit jungen Menschen erfolgreich zu entwickeln.

## 1 Information: Basis und Handlungsfeld

Bedeutung von Informationen

Die Mitwirkung an Entscheidungsprozessen sowie Kenntnisse und Wissen über diese beeinflussen sich wechselseitig. Jedoch ist es eine große Herausforderung, einer speziellen jugendlichen Zielgruppe die genauen Intentionen eines Angebotes zu vermitteln.

- Die Ausdrucksformen, wie Sprache, Mimik und Gestik, verändern sich kontinuierlich. Unter Jugendlichen verläuft dieser Prozess besonders schnell und führt teilweise zu eigenen Codes oder Sprachelementen.
- Die Voraussetzungen zum Verstehen einer Botschaft, etwa der Bildungsgrad oder die Sprachkenntnisse, sind vor allem bei Kindern und Jugendlichen als vielfältiger Zielgruppe höchst unterschiedlich. Zudem liegt die Weltsicht von Erwachsenen und Nicht-Erwachsenen oft weit auseinander.
- Für die Ansprache einer eher abstrakten und gleichzeitig auch heterogenen Gruppe ist es von Bedeutung, dass schwer einzuschätzende Interessen und Erwartungshaltungen ein wesentlicher Bestandteil der Aufnahmebereitschaft sind.

Zentrale Botschaften vermitteln

Insofern ist die effektive Ansprache von Kindern und Jugendlichen häufig ein Problem, vor allem, weil Informationen über Beteiligungsangebote die Basis erfolgreicher Partizipation sind. Im Kern geht es bei den Informationen darum, als zentrale Botschaft zu vermitteln: Partizipation bedeutet mehr, als dass junge Menschen eine Wunschliste vorlegen, die als Legitimation für eine Planungsumsetzung dienen soll. Mitwirkung eröffnet nicht nur die Teilnahmemöglichkeit an einem Vorhaben, sondern stellt zugleich auch einen motivierenden und kreativitätsfördernden Beitrag zu dessen Gelingen dar.

Doch bietet gerade die Schwierigkeit der Zielgruppenerreichung zugleich die Gelegenheit, Heranwachsende in ein weiteres Handlungsfeld einzubinden: Wer weiß besser, wie junge Adressaten angesprochen und für die Teilnahme an einem Projekt motiviert werden können, als diese selbst?

Information ist Partizipation

Die Herausforderung besteht darin, aktuelle gesellschaftliche, politische, vor allem aber kommunale Themen mittels jugendgerechter Kommunikation zu vermitteln. Dafür sind zielgruppenspezifische Informationsansätze notwendig. Diese sind eng an den Qualitätskriterien der Kinder- und Jugendpartizipation orientiert und betrachten junge Menschen nicht nur als passive Empfänger von Informationen, sondern beziehen sie aktiv als Informationsträger ein. Förderlich für einen solchen Ansatz ist, dass junge Menschen vor allem im Umgang mit Neuen Medien über sichere und zum Teil umfassendere Kenntnisse verfügen als Erwachsene. Digitale Informationsquellen haben

in der Freizeit vieler Jungen und Mädchen einen hohen Stellenwert. Partizipation ist ohne Information nicht möglich – oder anders formuliert: Ein aktiver Umgang mit Information ist zugleich Partizipation (vgl. Feldmann-Wojtachnia 2007: 8).

Indirekte und direkte Information

Partizipationsvorhaben entstehen auf unterschiedliche Weise: Kinder und Jugendliche fordern sie direkt ein, etwa in Schulen oder Jugendzentren, oder erwachsene Entscheidungsverantwortliche erachten es als notwendig und sinnvoll, junge Menschen an einem geplanten Vorhaben zu beteiligen. In beiden Fällen ist als erster Schritt die Information der Betroffenen nötig.

Klassische Wege gehen über die lokalen Medien, über Faltblätter und Plakate in Schulen, Freizeitzentren oder Vereine und in einigen Fällen über eine Internetseite. Diesen indirekten Kommunikationswegen stehen direkte Ansprachemöglichkeiten gegenüber, die in aller Regel mehr Erfolg haben, allerdings auch wesentlich umfangreicher zu gestalten sind: Workshops, Vorträge, Kinder- und Jugendforen oder Informationsveranstaltungen.

Gerade die indirekte Information über Partizipationsprojekte birgt die Gefahr enormer Streuverluste. Das Mediennutzungsverhalten ist ebenso schwer einzuschätzen wie der Verständnisgrad bei Kindern und Jugendlichen. Eine reine Faktenvermittlung spricht die heterogene Zielgruppe oft nicht an. Zudem ist die mangelnde Möglichkeit der Interaktion ein Nachteil, weil die Begeisterung für eine Projektbeteiligung wesentlich davon abhängt, was sich Jugendliche von ihrer Mitwirkung versprechen können und wie diese konkret aussieht.

Gezielt und direkt

Besondere Bedeutung hat darüber hinaus eine gezielte persönliche Ansprache von Gruppen und einzelnen Kindern in Schulen und Jugendzentren. Durch ein solches Vorgehen fühlen sich junge Menschen direkt angesprochen, ihre Meinungen und ihr Engagement erscheinen als wichtig und erwünscht. Eine Einladung dieser Art ist neben der Weitergabe von Informationen zugleich ein erster Schritt der allgemeinen Wertschätzung von jungen Menschen in der Gesellschaft.

Als wirkungsvoll stellt sich oft die Ansprache von Meinungsführern heraus, die »ihre Gruppe« von einem Vorhaben meist besser überzeugen können als die Initiatoren. Sie verfügen über wichtige Vernetzungen innerhalb der Zielgruppe, kennen den aktuellen Sprachcode, schätzen die Erwartungshaltungen und Interessen besser ein, wissen um die Ängste und Bedürfnisse und können auch mögliche migrationsbedingte kulturelle Hürden überwinden oder kommunizieren.

Zielgruppenspezifische Ansprache

Die Lebensphasen in Kindheit oder Jugend verlaufen individuell sehr verschieden. Unterschiede bestehen aber auch bezogen auf das Geschlecht, die ethnische Herkunft und den Bildungshintergrund. Aufgrund dieser Diversitäten können mit einem Partizipationsvorhaben nur selten alle Gruppen gleichermaßen erreicht werden. Dies sollte bereits bei der Planung von Projekten berücksichtigt werden. Entweder konzentriert sich eine Maßnahme speziell auf eine Gruppe, die als Kernzielgruppe unbedingt erreicht werden soll, oder aber es wird gerade die Zielgruppe ausgewählt, für die das gewählte Thema besonders geeignet erscheint.

Altersgruppenunterschiede

Eine präzise Definition des Zielgruppenalters ist wichtig, denn mit zunehmendem Alter wachsen beispielsweise die Fähigkeiten, komplexere Themen zu verstehen, und damit auch die Anforderungen an Inhalte. Zugleich wechseln natürlich auch die Themen, für die sich Kinder oder Jugendliche interessieren. Im Blick auf die Information über ein Partizipationsvorhaben ist zu beachten, dass sich auch gewünschte Gestaltungscodes bei Kommunikationsmitteln verändern.

Es gibt jedoch nicht »das richtige Alter« für Projekte rund um Partizipation in der Gesellschaft. Es kommt immer auf das Thema und die Umsetzung an. Je älter die anvisierte Zielgruppe ist, desto mehr Verständnis für komplexe Zusammenhänge kann erwartet werden. Allerdings wird es mit zunehmendem Alter immer schwieriger, Jugendliche zu erreichen: Zum einen entziehen sie sich bewusst dem Einfluss von Erwachsenen, zum anderen verstärkt sich die Konkurrenz mit attraktiven kommerziellen Freizeitangeboten.

Geschlechterdifferenzierungen

Mädchen und Jungen können jeweils sehr spezifische Anforderungen haben. Differenzierungen lassen sich an verschiedenen Interessen der Geschlechter oder durch unterschiedliche Reizstärke oder Stimulation erkennen. Auch dies sollte bei allen Informationsmaßnahmen berücksichtigt werden.

Gerade im Grundschulalter kann eine Trennung der Geschlechter sinnvoll sein – Jungen und Mädchen können ihre Stärken dann oft unbefangener ausleben. Im Jugendalter kann dagegen der durch eine Aktion geschaffene Kontakt mit dem anderen Geschlecht stark motivierend wirken und sollte ggf. gezielt gefördert werden.

In den meisten Fällen ist es jedoch besser, die Zielgruppe möglichst eng zu definieren und sie dann punktgenau anzusprechen, statt eine breite Zielgruppe nur teilweise anzusprechen.

Benachteiligte Zielgruppen

Eine besondere Herausforderung bei der Entwicklung von Partizipationsvorhaben sind benachteiligte Gruppen von Kindern und Jugendlichen. Für diese müssen spezifische Informationswege gesucht werden. Die Zugangsmöglichkeiten und Nutzungsintensität der Neuen Medien sind stark abhängig vom sozialen Milieu, in dem junge Menschen aufwachsen. In der Infor-

mationsweitergabe ist deshalb auf solche strukturellen Benachteiligungen Rücksicht zu nehmen und sind solche Kommunikationsmaterialien zu entwickeln, die die Adressaten auch erreichen und von ihnen rezipiert werden können (vgl. Kutscher 2007b: 106–108).

Kooperationen aufbauen

Die Berücksichtigung der unterschiedlichen Zugangsmöglichkeiten von jungen Menschen zu Informationen ist eine Grundvoraussetzung, um die verschiedenen und gewünschten Zielgruppen zu erreichen. Insofern ist eine Zusammenarbeit zwischen Schulen und außerschulischen Akteuren der Jugendarbeit, möglicherweise Planungsbüros oder dem Quartiersmanagement, wichtig für eine erfolgreiche Informationsarbeit. Ohne die Mitwirkung eines regionalen Netzwerkes der Akteure verspricht eine zielgerichtete Ansprache wenig Erfolg. Die gebündelten Kenntnisse fortlaufender und aktueller Strömungen innerhalb der Jugendszene bilden den Ansatzpunkt für eine funktionierende Ansprache.

## 2 Aufbau einer Kommunikationsstrategie

Genauso wichtig wie die richtige Aktion ist eine effektive Kommunikation – sie muss professionell geplant werden. Die beste Aktion nützt nichts, wenn niemand davon erfährt. Weil Medien von der jungen Zielgruppe sehr speziell genutzt werden, muss eine differenzierte Kommunikationsstrategie die Aktionen entsprechend begleiten. Es wird in den meisten Fällen nicht ausreichen, nur ein Medium zu nutzen – je nach Kommunikationsaufgabe sollten die passenden Medien gewählt werden.

Aufmerksam machen

Die Auswahl adäquater Medien, denen nicht ausgewichen werden kann, ist zudem wichtig. Dazu zählen vor allem die Massenmedien wie Fernsehen, Printmedien oder Radio, aber auch Plakate oder Flyer: Dort werden Botschaften zu solchen Themen transportiert, die von selbst nicht gesucht werden. Wenn die Aktion sich ihre Teilnehmenden also selber suchen muss, kommt sie um diese Form der Kommunikation nicht herum: Die Aktion muss auf sich selbst aufmerksam machen!

Emotion wecken

Um Emotionen zu wecken, sind Fernsehen und Kino von Vorteil, da sie durch ihre audiovisuelle Reizstärke am ehesten Gefühle auslösen können. Zielgruppengerechte Welten können aber auch durch eine ansprechende Gestaltung von anderen Kommunikationsmitteln wie Anzeigen, Flyern oder Plakaten geschaffen werden.

Interesse wecken

Je komplizierter das Thema, desto wichtiger wird informelle Kommunikation mit Freunden oder erwachsenen Ratgebern. Bei einfachen Themen mit emotionaler Aufladung funktionieren auch Printwerbung und Flyer recht gut. Im Internet können dann weiterführende Informationen angeboten werden, wenn das erste Interesse geweckt wurde.

Aktionen auslösen

Je mehr Reaktion zu erwarten ist, umso einfacher kann die Aktion gestaltet sein. Ist bereits Interesse an einem Thema geweckt, so sind bei Jugendlichen das Internet oder eine SMS einfache und schnelle Möglichkeiten zur Kontaktaufnahme, die sie gerne nutzen – wenn die entsprechenden Adressen bekannt sind.

Informationsmix entwickeln

In den meisten Fällen reicht es nicht aus, nur einen Kommunikationskanal zu nutzen: Es kommt auf den passenden Mix an, der jeweils die richtigen Informationen zum richtigen Zeitpunkt über den passenden Kanal kommuniziert. Eine genaue Analyse darüber, wie die Zielgruppe erreicht werden kann und welche Botschaft kommuniziert werden muss, ist unabdingbar. Die Botschaften sind dabei so einfach wie möglich zu halten, und bei der Ansprache sind die relevanten Grundbedürfnisse der Zielgruppe zu berücksichtigen.

Weiterführende Informationen

Weitere Informationen können später beispielweise über das Internet gezielt an diejenigen gegeben werden, die bereits Interesse zeigen. Die erste Kontaktaufnahme sollte aber unverbindlich sein, denn junge Leute lehnen es häufig ab, sich sofort festzulegen. Zwischenresultate müssen transparent dargestellt und die konkreten Auswirkungen aufgezeigt werden.

Partner gewinnen

Zudem sollte gezielt nach Möglichkeiten gesucht werden, die Kontakte von potenziellen Partnern zu nutzen: Wer die Zielgruppe im Haus hat (auch Geschäfte, Kinos oder Vereine), eignet sich oft auch als Multiplikator für die Informationsvermittlung.

Partizipation und Information

Gute Informationen über Kinder- und Jugendpartizipationsvorhaben gelingen umso besser, je frühzeitiger die beabsichtigte Zielgruppe in die Konzeption und Umsetzung der Kommunikationsstrategie einbezogen wird. Erwachsene haben in der Regel deutlich weniger Kenntnisse, welche Form der Kommunikation gerade angesagt ist. Hier können sich Kinder und Jugendliche als Fachleute in eigener Sache einbringen. So wird beispielsweise die Entwicklung einer Internetseite als kommunale Kommunikationsplattform nur dann erfolgreich sein, wenn sie an den Nutzungsgewohnheiten junger Menschen orientiert ist. Kinder- und Jugendinformationen bieten sich mit dem Fokus auf Beteiligungsmöglichkeiten und -vorhaben in der Kommune als ein eigenständiges Feld der Mitwirkung von jungen Menschen sehr gut an.

Praxistipps für die Öffentlichkeitsarbeit

vgl. Seite 198 ff.

# Partizipationsprojekte in der Praxis

Dieser Teil enthält Grundlagen des Projekt- und Qualitätsmanagements sowie eine Handreichung zur konkreten Umsetzung von Partizipationsprojekten. Ergänzend werden einige wichtige Arbeitstechniken für die Durchführung solcher Projekte vermittelt.

Projekt- und Qualitätsmanagement

Partizipationsprojekte für Kinder und Jugendliche zu planen und umzusetzen sowie die angestrebte Projektdauer unter den Bedingungen eingeschränkter Ressourcen einzuhalten ist eine große Herausforderung in der Praxis. Um die Angebote zur Beteiligung von jungen Menschen zu erweitern, sind grundlegende Kenntnisse über die Methodik des Projektmanagements notwendig. Das Merkmal der Einmaligkeit von Projekten führt dazu, dass nur begrenzt auf vergleichbare Erfahrungen zurückgegriffen werden kann.

Bei der Einführung in die wesentlichen Elemente des Projektmanagements spielen Aspekte wie Projektprinzipien und -organisation, Teamarbeit, Gruppendynamik und Umgang mit Veränderung eine besondere Rolle. Zur Umsetzung der Qualitätskriterien ist es zudem sinnvoll, Aspekte des Qualitätsmanagements zu berücksichtigen.

Phasenmodell für die Praxis

Auch in der Praxis der Kinder- und Jugendpartizipation hat es sich bewährt, nach den klassischen Prinzipien des Projektmanagements vorzugehen. Viele Projekte sind reich an Ideen und Verfahren, jedoch wird der Steuerung der Prozesse oft noch zu wenig Aufmerksamkeit geschenkt. Da die Qualität eines Projektes aber nicht nur vom Ergebnis abhängig ist, sondern zugleich auch von den Prozessen und Strukturen beeinflusst wird, ist es besonders wichtig, sich umfassend mit dem Projektrahmen zu beschäftigen. Das hier vorgestellte Phasenmodell dient als Orientierung für die Initiative zum Projekt, die Analyse der Situation, die Planung und die Umsetzung. Es beinhaltet alle relevanten Einzelschritte, die auf kleinere wie auch auf komplexere Projekte übertragbar sind.

Arbeitstechniken

Um Kinder- und Jugendpartizipationsprojekte erfolgreich durchführen zu können, bedarf es bei den Akteuren auch solcher Kompetenzen, die sich auf Moderation, Visualisierung und Präsentation im Zusammenhang mit Projekten beziehen. Gerade an diesen Stellen zeigt sich die Professionalität in der Umsetzung von Partizipationsprojekten. Die Darstellung beschränkt sich dabei auf wesentliche Aspekte, die jedoch unverzichtbar sind. Die Anregungen reichen von konzeptionellen Grundlagen bis hin zu Hinweisen für die Durchführung von Moderationen, Visualisierungen und Präsentationen. Sie bieten die Möglichkeit, Projekte teilnehmerorientiert zu moderieren, Arbeitsschritte und Ergebnisse gekonnt zu visualisieren und diese auf verschiedenen Ebenen zu präsentieren.

# I Grundlagen des Projekt- und Qualitätsmanagements

## 1 Das Projektmanagement

In der Regel wird in Projekten zu einem klar abgegrenzten Einzelthema gearbeitet. In der Praxis der Kinder- und Jugendpartizipation sind die Projekte unterschiedliche komplex: Anspruchsvolle größere Projekte, wie eine umfassende Schulhofumgestaltung mit vielen Baumaßnahmen oder die komplette Planung und Realisierung eines Jugendzentrums, stehen vielen kleineren Projekten gegenüber: einer Stadtforscheraktion, einem partizipativen Theaterprojekt oder der Durchführung eines Jugendforums.

Verschiedene Interessengruppen

An Kinder- und Jugendpartizipationsprojekten sind – unmittelbar und mittelbar – unterschiedliche Personen, Gruppen oder Institutionen beteiligt:

- die Zielgruppen der Kinder und Jugendlichen
- die Prozessmoderation, die meist von Fachleuten aus Jugendarbeit, Schule und Verwaltung wahrgenommen wird
- die operative Projektleitung, der die Koordination und Federführung vor Ort obliegt
- übergeordnete fachliche oder wissenschaftliche Projektbeiräte sowie strategische Steuerungsgruppen
- Auftraggeber, meist die Kommune in Form ihrer politischen Gremien, der Verwaltung, der Ämter oder Dezernenten
- einzelne Organisationen, Verbände und Einrichtungen, wie Schulen oder Jugendeinrichtungen

Diese Gruppen haben unterschiedliche Interessen, auch wenn sich manche der erwähnten Rollen gelegentlich überschneiden.

Blickwinkel Prozessmoderation

Die Darstellung des Projektmanagements erfolgt weitgehend aus dem Blick der operativen Projektgruppe und der unmittelbaren Prozessmoderation. Wo es erforderlich ist, werden die Bezüge zu den anderen Akteuren punktuell hergestellt. So ist es selbstverständlich, dass die übergeordneten Leitziele immer mit dem Auftraggeber des Projektes, den Beiräten und Steuerungsgruppen abgestimmt werden. Diese gehen in der Regel auf demokratische Beschlüsse kommunaler Gremien oder Ämter zurück und werden in das Projekt übernommen.

Der empfohlene Aufbau von Partizipationsprojekten orientiert sich an einem in der Praxis bewährten Schema, das aus vier Phasen besteht (vgl. Motzel 2006; Schulz-Wimmer 2007). Es wird jedoch themenspezifisch erweitert. Die einzelnen Schritte dieses Phasenmodells werden sowohl den komplexeren Vorhaben gerecht als auch den einfacheren Projekten.

## 1.1 Was ist ein Projekt?

?

Eine allgemeingültige Definition für »Projekt« gibt es nicht. Das Deutsche Institut für Normung e.V. (DIN) hat in der DIN 69901 den Begriff wie folgt definiert: »Ein Projekt ist ein Vorhaben, das im Wesentlichen durch Einmaligkeit der Bedingungen in ihrer Gesamtheit gekennzeichnet ist, wie z.B. Zielvorgabe, zeitliche, finanzielle, personelle oder andere Begrenzungen, Abgrenzung gegenüber anderen Vorhaben, projektspezifische Organisation« (Schulz-Wimmer 2007: 8).

Eines der frühesten Projekte, das allen diesen Kriterien der DIN-Norm entsprach, ist der Bau der Arche Noah (vgl. Kolhoff 2004: 15).

| **Projektdefinition nach DIN 69901** | **Beispiel Arche** |
|---|---|
| einmalige Bedingungen in ihrer Gesamtheit | Sintflut |
| Zielvorgabe | Noahs Familie und je ein Tierpaar retten |
| zeitliche und personelle Begrenzung | Fertigstellung bis zur Sintflut durch Noah und seine Familie |
| Abgrenzung gegenüber anderen Vorhaben | Bau eines Schiffes weit weg vom Meer |
| projektspezifische Organisation | Einzug aller Tierarten in die Arche |

Nicht alltäglich

Diese Definition ist zwar treffend formuliert, aber gleichzeitig, wie andere Definitionsversuche auch, nicht eindeutig. Die zentrale Frage ist: Wo beginnt und wo endet die Einmaligkeit von Projekten? Das Vorhaben, einen Schulhof neu zu gestalten, ist sicher nicht einmalig. Wenn jedoch der Blick auf die

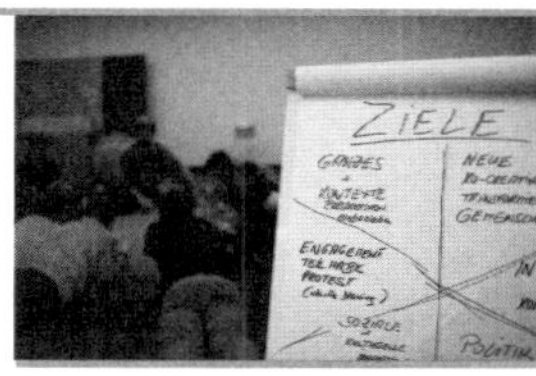


Betroffenengruppe oder die spezifischen Bedingungen an der konkreten Schule gerichtet wird, erscheint das Vorhaben als etwas Besonderes und ist für die unmittelbar Beteiligten einmalig. Projekte sollten sich von den alltäglichen Aufgaben, Vorhaben und Arbeitsabläufen unterscheiden. Mit diesem Kriterium kann eine Trennschärfe erreicht werden zwischen dem Vorhaben, eine umfassende und nachhaltige Beteiligungskultur für Kinder und Jugendliche auf kommunaler Ebene zu entwickeln, und den einzelnen Projekten, die diesen Weg flankieren.

Einmaligkeit

Jedes Projekt ist – in Bezug auf die Rahmenbedingungen – tendenziell einzigartig und einmalig. Damit grenzen sich Projekte gegenüber anderen Vorhaben und Regelaufgaben ab. Ein Projekt kehrt selten identisch wieder. Eine Wiederholung ist bei der Planung meistens weder absehbar noch angestrebt.

Merkmale eines Projektes

Jedes Projekt hat in seinem Kern und in den jeweils neuen Rahmenbedingungen Merkmale, die zu seiner Einzigartigkeit führen (vgl. Schulz-Wimmer 2007: 9):

- Projekte werden inhaltlich von Ziel- und Ergebnisvorgaben bestimmt. Zweck eines Projektes ist es, diese Ziele zu erreichen. Darauf werden sie ausgerichtet, und alle Schritte innerhalb des Verlaufs unterstützen die Ergebniserreichung.
- Projekte stellen keine dauerhaften, sondern temporäre Vorhaben dar. Es gibt stets einen Anfang und ein Ende. Auf Dauer gestellte Projekte gibt es nicht.
- Projekte sind vielschichtig. Ihre Komplexität drückt sich in der Verschiedenartigkeit der zu erfüllenden Aufgaben sowie in ihren starken Abhängigkeiten untereinander und in der Abfolge aus. Die Tätigkeiten und Aufgaben können in Planung und Durchführung sehr umfangreich und stark miteinander vernetzt sein.
- Allen Projekten werden in der Regel vorab definierte, begrenzte finanzielle und personelle Ressourcen zur Verfügung gestellt.
- Aufgrund der Einmaligkeit lassen sich teils nur begrenzt eindeutige Erfahrungswerte nutzen. Es kann nie mit Sicherheit vorhergesagt werden, ob die Aufgaben und Ziele eines neuen Projektes unter den neuen spezifischen Rahmenbedingungen auch zu erreichen sind.
- Ein Projekt umzusetzen heißt immer, für einen begrenzten Zeitraum neue Arbeitsbeziehungen, eine neue Struktur, eine eigene Projektgruppe und ein Management mit klaren Zuständigkeiten und Verantwortlichkeiten zu schaffen. Sich auf ein Projekt einzulassen hat auch zur Folge, dass andere Aufgaben nicht mehr mit der gleichen Intensität verfolgt werden können, weil dafür weniger Ressourcen zur Verfügung stehen. Die Ent-

scheidung für ein Projekt ist manchmal auch verbunden mit der Entscheidung gegen andere Ideen.

**Leitfragen zum Projektstatus**

Die folgenden Leitfragen können hilfreich bei der Entscheidung sein, ob ein zu lösendes Problem Alltagsaufgabe und Routine ist oder zu einem Projekt gemacht werden sollte. Je mehr dieser Fragen sich mit »Ja« beantworten lassen, desto weniger scheint die Umsetzung der Idee im Alltag möglich und desto eher sollte ein Projekt begonnen werden. Wenn mindestens fünf Fragen mit einem Ja versehen sind, ist das eine gute Grundlage für ein spezielles Projekt.

Wichtig ist, die Antworten auf die Fragen zu dokumentieren und nach Abschluss des Projektes zu überprüfen, ob die Entscheidung für ein Projekt sinnvoll war. Daraus lassen sich Konsequenzen für die künftige Projektarbeit ableiten (vgl. Schulz-Wimmer 2007: 9 f.).

Checkliste Projektstatus

- Hat das Vorhaben eine besondere Bedeutung für die Entwicklung der Kommune?
- Wirkt sich ein Scheitern bedeutsam auf die Lebensqualität von Kindern und Jugendlichen aus?
- Ist das Vorhaben wirklich einmalig und nicht innerhalb der normalen Angebote und Prozesse von Jugendarbeit und/oder Schule und/oder Kommunalverwaltung umsetzbar?
- Ist die Aufgabenstellung besonders komplex und/oder besonders neuartig?
- Ist die Aufgabe besonders umfangreich und schlecht überschaubar?
- Verlangt das Vorhaben die Zusammenarbeit verschiedener, mitunter auch schwer zu koordinierender Bereiche?
- Sind von dem Vorhaben viele Menschen innerhalb der Kommune betroffen?
- Existiert ein besonderer zeitlicher Druck für die Umsetzung des Vorhabens?
- Werden besondere finanzielle und/oder personelle Ressourcen benötigt?
- Haben Kommunalpolitik und -verwaltung aus anderen Gründen ein besonderes Interesse an dem Vorhaben?

Soziale und fachliche Komplexität

Es gibt verschiedene Ansätze von Projekten, die sich in ihrer Komplexität, im Blick auf soziale Aspekte und fachliche Inhalte voneinander unterscheiden lassen. Es handelt sich um operative, innovative, politische und strategische Projekte (vgl. ebd.: 12). Relevant ist diese Unterscheidung vor allem hinsichtlich der Steuerung. Sie stellt jedoch in keiner Weise eine Hierarchisierung dar oder bewertet die Projekte nach »besser« und »schlechter«. Jedes Partizi-

pationsprojekt hat in seinem speziellen Kontext eine Berechtigung, keines sollte gegen andere Vorhaben argumentativ gewichtet werden. Jedoch erfordert die unterschiedliche Komplexität im Hinblick auf soziale Zusammenhänge zwischen den Beteiligten und die fachliche Komplexität verschiedene Kompetenzen in der Prozessmoderation. Es gibt viele Projekte, die sich nicht exakt einem Bereich zuordnen lassen, die Grenzen sind vor allem bei Beteiligungsprojekten unscharf. Tendenziell lässt sich aber eine schematische Einteilung aus der Projektpraxis im Bereich der Kinder- und Jugendpartizipation vornehmen (vgl. ebd.).

Operative Projekte

Operative Projekte sind durch eine geringe soziale Komplexität und eine klar begrenzte Aufgabenstellung gekennzeichnet. Beziehungen zwischen den beteiligten Personen spielen eher eine untergeordnete Rolle, selten behindern Konflikte die Umsetzung. Der Erfolg oder Misserfolg von operativen Projekten entscheidet sich durch die richtige Auswahl von Methoden und Techniken. Solche Projekte verlaufen häufig in geordneten und bekannten Bahnen. Mögliche Konflikte werden bereits in anderen Zusammenhängen geklärt, oder die Beteiligten wissen, wie sie zu vermeiden sind. Auf den Projektverlauf wirkt sich günstig aus, dass oft bereits eine Grundsatzentscheidung von den zuständigen Verantwortlichen getroffen worden ist. Die zentrale Aufgabe besteht in der Umsetzung solcher Beschlüsse (vgl. ebd.).

Ein Beispiel: Wenn die Sanierung eines Spielplatzes bereits beschlossene Sache ist, die Mittel bereitgestellt und nur in der Planungsphase Kinder beteiligt sind, liegt tendenziell ein operatives Projekt vor. Es hat eine klare Aufgabe, eingrenzbare Lösungsmöglichkeiten und eine leicht zu bestimmende Zielgruppe.

Innovative Projekte

Innovative Projekte unterscheiden sich davon vor allem durch eine offenere Aufgabenbeschreibung, einen breiten Zielkorridor und die Option für verschiedene Lösungen (vgl. ebd.). Am Spielplatzbeispiel würde sich der innovative Charakter zeigen, wenn bereits bei den allerersten Überlegungen für eine anstehende Sanierung die Kinder als künftige Nutzer einbezogen würden. Die offene Projektstruktur lässt verschiedene Lösungswege zu und ermöglicht gegebenenfalls ein anderes Ergebnis. Die fachliche Kompetenz des Projektteams spielt hier eine größere Rolle, insbesondere, da das Ergebnis sich aus einem Prozess heraus entwickelt.

Politische Projekte

Politische Projekte machen eine hohe soziale Kompetenz des Projektteams notwendig. Konflikte auf verschiedenen Ebenen erfordern die Abwägung aller Interessen, Erwartungen und Bedürfnisse, um zu einer gemeinsamen Lösung zu gelangen. Oft stehen solche Projekte unter einem hohen Erwartungsdruck von außen, sodass Aspekte von Öffentlichkeit, Marketing und

Außendarstellung besonderer Berücksichtigung bedürfen. Die eigentlichen Planungs- und Umsetzungsprozesse geraten dadurch in den Hintergrund (vgl. ebd.).

Ein Beispiel: In vielen Kommunen existieren Jugendvertretungen als Parlamente oder Beiräte, die neben den politischen Entscheidungsgremien der Erwachsenenwelt bestehen und diese beraten oder Voten zu klar beschriebenen Themen abgeben. Die tatsächlichen Einflussmöglichkeiten solcher Gremien sind insgesamt eher begrenzt, da sie vor allem der Abwicklung von (sicher durchaus attraktiven) Aufträgen Erwachsener dienen. Daraus ergeben sich häufig Konflikte, mit denen ein Projektteam gut umgehen können muss.

Strategische Projekte

Strategische Projekte sind gekennzeichnet durch die Vielfalt der angestrebten Lösungen, eine offenere Aufgabenbeschreibung und einen breiten Zielkorridor. Kinder- und Jugendvertretungen können mit vielen Kompetenzen ausgestattet werden, sodass sie tatsächlich verschiedene Lösungsoptionen entwickeln, Alternativvorschläge zu Entscheidungen der Erwachsenengremien machen können oder ihnen sogar ein Vetorecht bei Entscheidungen eingeräumt wird. Da sie vonseiten der Erwachsenen unter dem Aspekt des Rechtes auf Beteiligung einbezogen werden, sind ihre Einflussmöglichkeiten weitaus vielfältiger. Bei der Zusammenstellung von Teams für die Durchführung von strategischen Projekten ist zu berücksichtigen, dass die Teammitglieder sozial wie fachlich hoch kompetent sind, da Konflikte aufgrund der hohen sozialen Komplexität der Projekte den Verlauf beeinträchtigen können.

Strategische Projekte lassen sich durch längerfristige Ziele und die damit verbundene grundsätzliche thematische Ausrichtung von anderen Formen unterscheiden (vgl. ebd.).

## 1.2 Einführung in das Projektmanagement

Projektmanagement ist mehr als nur die Abwicklung eines Auftrages. Grundsätzlich gehört dazu die Gesamtheit der Aufgaben, die sich aus der Planung, Organisation, Steuerung und Überwachung eines Vorhabens ergeben. Gleichzeitig geht es um die ständige Motivation aller am Projekt Beteiligten. Um die Ziele zu erreichen, bedarf es der Anwendung von Wissen, Fähigkeiten, Werkzeugen und Methoden in allen Phasen eines Projektes.

Operativ und strategisch

Prinzipiell lassen sich zwei Formen des Projektmanagements unterscheiden. Operatives Projektmanagement ist gefragt, wenn die Mitarbeiter eines Projektes die Aufgabe haben, »das Projekt richtig zu machen«. Das erfordert

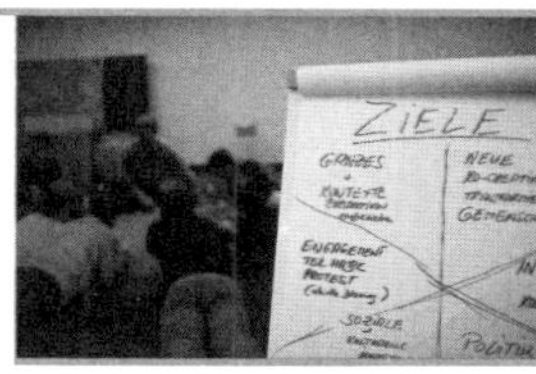


eine möglichst effiziente Planung, Organisation und Steuerung sowie einen erfolgreichen Abschluss. In der Regel sind die vielfältigen Einzelprojekte, die im Rahmen der Kinder- und Jugendpartizipation durchgeführt werden, mit operativem Management zu steuern.

Dagegen beschreibt strategisches Projektmanagement die Aufgaben einer Steuerungsgruppe, die die Verantwortung hat, »die richtigen Projekte zu machen«. Das bedeutet, Projekte so auszuwählen, dass sie den Bedürfnissen und Erwartungen vor allem der jungen Zielgruppen entsprechen und zu einer kommunalen Weiterentwicklung beitragen. Projekte sollten daher strategisch ausgewählt, entsprechende Budgets bereitgestellt, Projektleitungen beauftragt und der Verlauf der Projekte kontinuierlich verfolgt und begleitet werden (vgl. Motzel 2006: 157 f.).

Projektmanagement beinhaltet eine Fülle von Einzelaktivitäten und -aufgaben. Es erfordert aufgrund der Komplexität von Projekten besonders anspruchsvolle Aktivitäten der Planung, Organisation, Steuerung und Überwachung sowie der Maßnahmen, die zur Konkretisierung der Aufgaben erforderlich sind.

Geistige Herausforderung

Mit einem Projekt soll in der Regel ein bestimmtes, nicht alltägliches und zumeist komplexes Problem gelöst werden. Projektmanagement wird damit zu einer geistigen Herausforderung. Diesen Auftrag erfolgreich zu managen ist Aufgabe des Projektteams. Der Herausforderung, dass Projektarbeit als Lernprozess zu verstehen ist, müssen sich alle Beteiligten stellen. Die Aufgabe der Projektleitung ist es, diesen Prozess bewusst, aber auch sensibel zu steuern. Projektmanagement beinhaltet die Aufgabe, Inhalte, Prozesse, Abläufe und Strukturen so zu organisieren, dass sie erfolgsorientiert sind und zur Lösung eines Problems beitragen.

Erfolgsfaktoren

Praxiserfahrungen zeigen, dass vor allem fünf Faktoren für das Gelingen von Projekten entscheidend sind.

Projektleitung

Zunächst bestimmt die Art und Weise, wie die mit der Projektleitung beauftragte Person agiert und sich im Kontext aller projektrelevanten Rahmenbedingungen verhält, den Erfolg. Menschen, die die Leitung von Projekten übernehmen, sollten über Kompetenzen verfügen, die die Bedürfnisse und Erwartungen aller Beteiligten einbeziehen. Dazu gehören vor allem Führungs-, Steuerungs- und Methodenkompetenz sowie Kommunikations- und Kooperationsfähigkeiten. Es ist deshalb wichtig, sorgfältig zu entscheiden, welche Personen mit der Leitung eines Beteiligungsprojektes beauftragt werden.

Entscheiderebene

Wenn Projekte von der Leitungs- oder Entscheidungsebene nicht gewollt und gefördert werden, sind sie von vornherein zum Scheitern verurteilt. Das gilt besonders für die Arbeit mit jungen Menschen im Rahmen von Beteiligungsprojekten. Wenn sie spüren, dass ihr Engagement nicht ernsthaft gewollt wird, können sie aus guten Gründen aus dem Projekt aussteigen. Ein solcher Misserfolg hat nicht nur Folgen für das aktuelle Projekt, sondern kann sich in mangelndem Interesse bei zukünftigen Projekten äußern. Entscheidungsträger sollten also von Anfang an in die Projektentwicklung einbezogen sein, um die Erfolgsaussichten zu erhöhen.

Projektteam

Neben einer guten Leitung braucht ein Projekt ein gutes Team. Es zeichnet sich durch Personen aus, die in der Summe alle erforderlichen Kompetenzen und Fähigkeiten abbilden. Nicht jede Gruppe von Personen ist zugleich ein Team. Kennzeichen für ein Team ist eine vereinbarte Zielbestimmung, auf die gemeinsam hingearbeitet wird. Die Erfahrungen und der konstruktive Umgang mit Konflikten befördern eine Arbeitsatmosphäre, die durch wechselseitige Unterstützung und gegenseitiges Vertrauen gekennzeichnet ist. Einzelkämpfer sind selten nachhaltig erfolgreich.

Methoden und Techniken

Erfolgreiche Projekte leben nicht zuletzt von den geeigneten Methoden und Arbeitstechniken bei der Umsetzung der Projektthemen und -aufgaben. Sie sind wichtige Handwerkszeuge für die Praxis. Die Moderation von Partizipationsprojekten erfordert fundierte pädagogische Kenntnisse sowie ein reichhaltiges methodisches Repertoire. Jedoch sind Methodenkenntnis und Anwendungssicherheit allein keine hinreichende Bedingung für den Erfolg. Erst die Einbettung in den Gesamtkontext und das Zusammenspiel aller Erfolgsfaktoren führen zu nachhaltigem Erfolg.

Kooperation

Ständige umfassende Information und Kommunikation zwischen den Beteiligten sind eine wichtige Grundvoraussetzung für den Erfolg. Dies gilt nicht nur in der Binnenstruktur des Projektteams, sondern vor allem nach außen. Die Zielgruppen müssen informiert und aktiv eingebunden werden, Entscheidungsverantwortliche sind laufend zu unterrichten, Projektpartner müssen immer auf einen aktuellen Projektstand gebracht und auch die Öffentlichkeit will regelmäßig informiert werden.

Hemmfaktoren

Diese fünf Faktoren können den Erfolg von Projekten maßgeblich beeinflussen. Jedoch dürfen die Augen nicht verschlossen werden vor zwei wesentlichen und im Alltag immer wieder auftauchenden Hindernissen.

Konflikte

Projekte, die zusätzlich zu Alltagsaufgaben durchgeführt werden, bringen auch Störungen mit sich. Diese Tatsache ist im Blick zu behalten, wenn Projekte begonnen werden. Projekte stören routinierte Abläufe, irritieren persönliche und professionelle Planungen, kosten Zeit und Geld. Auch wenn das eigentliche Projektteam gut und weitgehend konfliktfrei zusammen agiert, gibt es häufig um das Team und das Projekt herum eine Vielzahl von Störquellen, die in das Projekt hineinwirken. Konflikte sind fast unvermeidlich,

müssen aber nicht immer negative Folgen haben. Vorbeugend zu arbeiten und durch klare Vereinbarungen und Absprachen Konflikte zu vermeiden, ist die eine, Mut zur Konfliktfreudigkeit und kreative Problemregelungen sind eine andere Seite, wie Konflikten vorbeugend begegnet werden kann.

Zieländerungen

Auch auf die konkreten Ergebnisse bezogen ist Projektarbeit ein Lernprozess. Selbst die Ziele sind nicht allen Beteiligten von Beginn an klar. Die Konsequenz darf aber nicht sein, dass ziellos mit der Arbeit begonnen wird und erst im Prozess die Zielstellungen präzisiert werden. Die Startphase eines Projektes ist oft entscheidend. Für sie sollte ausreichend Zeit eingeplant und auch investiert werden, um den gemeinsamen Rahmen für alle Beteiligten abzustecken bzw. transparent zu machen. Erst dann kann mit der konkreten Umsetzung begonnen werden (vgl. Schulz-Wimmer 2007: 13 ff.).

## 1.3 Die fünf Prinzipien

Grundhaltung der Projektarbeit

Der Erfolg eines Projektes lässt sich über eine bestimmte innere Grundhaltung am ehesten erreichen. Erfahrungen aus dem Management erfolgreicher Projekte zeigen, dass es von großer Bedeutung ist, nach folgenden fünf Prinzipien zu arbeiten (vgl. ebd.: 16).

!

**Fünf Prinzipien**

- *Systemorientierung* bedeutet, in der Projektplanung ganzheitlich zu denken und in der Durchführung vernetzt zu agieren.
- *Beteiligtenorientierung* erfordert, in allen Prozessen die Zielgruppe der Kinder und Jugendlichen im Blick zu behalten und entsprechend ihren Bedürfnissen zu denken, zu handeln und Entscheidungen zu treffen. Dabei dürfen jedoch die Interessen anderer Beteiligter nicht vernachlässigt werden.
- *Wissensorientierung* bedarf eines schritt- oder stufenweisen Vorgehens, bei dem umfassende und übergreifende Entscheidungen vor der Klärung von Details stehen.
- *Methodenorientierung* sollte schrittweise unter Nutzung verschiedenster methodischer Ansätze und Zugänge erfolgen.
- *Personenorientierung* zielt auf die Klärung von Fragen im Zusammenhang mit vorhandenen Hierarchien, Macht- und Verantwortungsverteilung.

Ganzheitlich denken

Nicht nur in sich sind Partizipationsprojekte komplex und manchmal nicht sofort überschaubar; sie stehen auch in Wechselbeziehungen zur Umwelt. Damit werden auch scheinbar weit entfernt Stehende zu Beteiligten. Dieses Zusammenspiel von Machtfaktoren beeinflusst den Projektverlauf zumindest mittelbar. Das Projektteam, besonders aber die Projektleitung, muss sich dieser Situation immer wieder neu stellen. Ganzheitliches Denken und Handeln im Sinne von systematischem und vernetztem Vorgehen ist gefordert. Folgende Fragen sind dabei hilfreich (vgl. ebd.: 27):

- Wo sind die Grenzen unseres Projektes?
- Wie wird unser Projekt von außen beeinflusst?
- Wer sind die internen und die externen Beteiligten, und welche Interessen und Erwartungen haben sie?
- Welche Wirkungen wird unser Projekt auf die Umgebung haben?
- Welche Teilprojekte sind Bestandteil unseres Projektes?
- Welche Beziehungen bestehen zwischen den verschiedenen Beteiligten?
- Welche Wirkungen erzielen eventuelle Teilprojekte?
- Wie ist der Auftrag innerhalb und außerhalb des Projektes vernetzt?
- Wie kann ein Ergebnis aussehen, das diese verschiedenen Aspekte integriert?

Prozesse mit Beteiligten organisieren

Projekte sind Vorhaben, in denen Aufgaben bewältigt, Ressourcen eingesetzt und Ergebnisse produziert werden. Projekte sind auch Prozesse. Als Prozess wird die Transformation einer Ausgangsaufgabe in ein Ergebnis verstanden. Dies geschieht durch die Tätigkeit von Menschen und den Einsatz von Methoden und Techniken. Solche Prozesse finden in einem Projekt immer wieder aufeinanderfolgend statt. Dabei steht im Mittelpunkt der Arbeit, dass Kinder und Jugendliche sich aktiv an der Mitgestaltung ihrer Kommune beteiligen. Von diesem Ergebnis her soll prozessorientiertes Projektmanagement gedacht und verstanden werden. Die Zufriedenheit von jungen Menschen mit Partizipationsvorhaben lässt sich am konkreten Ergebnis der Arbeit feststellen, der Zeit, die zu investieren war, und dem Aufwand, den sie für das Projekt erbracht haben.

Dreieck der Projektarbeit

Der Erfolg von Projekten wird wesentlich von diesen drei Größen beeinflusst, und das Projektmanagement erfordert einen aktiven Umgang damit. Alle diese Größen beeinflussen wiederum einander. Sie bilden zum Teil konkurrierende Beziehungen und werden im sogenannten »magischen Dreieck« (vgl. Schulz-Wimmer 2007: 19) abgebildet.

Die Projektgrößen in diesem Dreieck stehen in einem Spannungsverhältnis. Sie sind voneinander abhängig, da sich jede Veränderung einer Größe auf

die anderen auswirkt. Wenn sich beispielsweise erhoffte Ergebnisse eines Projektes nicht einstellen, hat dies zur Konsequenz, dass sich der Abschlusstermin verzögert und der Aufwand steigt. Wird mehr Zeit für eine bestimmte Projektphase benötigt, wächst der Aufwand für die Beteiligten, und das ursprüngliche Ergebnis kann möglicherweise nicht mehr erreicht werden.

Ein Projektteam bewegt sich in diesem Dreieck. Das ist auch notwendig, da sich wesentliche Parameter in einem Projekt verschieben können und alle drei Aspekte des Projekterfolgs im Blick behalten werden müssen: mal mehr die Kosten und der Aufwand, mal mehr die Terminplanung, mal mehr das anvisierte Ergebnis.

Einbindung in die Gesamtstrategie

Partizipationsprojekte mit jungen Menschen sind aber nicht nur von diesen drei Faktoren abhängig. Maßgeblich werden die Ergebnisse, der Aufwand und die Kosten auch dadurch beeinflusst, ob und wie diese Projekte in eine kommunale Gesamtstrategie zur Beteiligung von Kindern und Jugendlichen eingebunden sind. Eine solche Strategie kann sich, wenn sie gut konzipiert und gesteuert wird, positiv auf den Projektverlauf auswirken. Jedoch besteht die Gefahr, dass sie behindernd wirkt, wenn auf dieser Seite Qualitätskriterien nicht berücksichtigt werden. Ist gar keine Strategie vorhanden, fehlt den Projekten der für ihren Erfolg notwendige Rahmen: Sie finden isoliert und ohne Rückbindung an die vorhandenen Strukturen innerhalb einer Kommune statt.

In diesem Zusammenhang lässt sich das klassische Dreieck der Projektarbeit um einen wichtigen und für den Erfolg von Partizipationsprojekten unverzichtbaren Aspekt erweitern: einen Rahmen der kommunalen Gesamtstrategie. Ähnlich wie der Globe im Dreieck der Themenzentrierten Interaktion (vgl. Cohn 1975) das organisatorische, physikalische, strukturelle, soziale, politische, ökologische, kulturelle engere und weitere Umfeld einer Person oder Gruppe beschreibt, bildet der strategische Rahmen das Projektumfeld ab.

Kernaufgaben im Projektmanagement

Daraus ergeben sich Kernaufgaben für Prozesse des Projektmanagements. Die Herausforderung für Projektakteure besteht darin, vier Prozesse gleichzeitig im Blick zu haben und aufeinander abgestimmt zu gestalten (vgl. Schulz-Wimmer 2007: 20).

- Im Problemlösungsprozess steht das fachliche Ergebnis im Mittelpunkt, das mit der Projektarbeit erreicht werden soll.
- Der Projektmanagementprozess im engeren Sinne beinhaltet das geeignete Vorgehen und die Auswahl sowie Abfolge von Projektschritten, Methoden und Techniken.
- Im Entscheidungsprozess geht es darum, von relevanten Entscheidungsträgern oder -gremien Beschlüsse einzufordern bzw. deren Beschlüsse in den Projektablauf zu integrieren.

**Abbildung 1: Das magische Dreieck der Partizipationsprojekte**

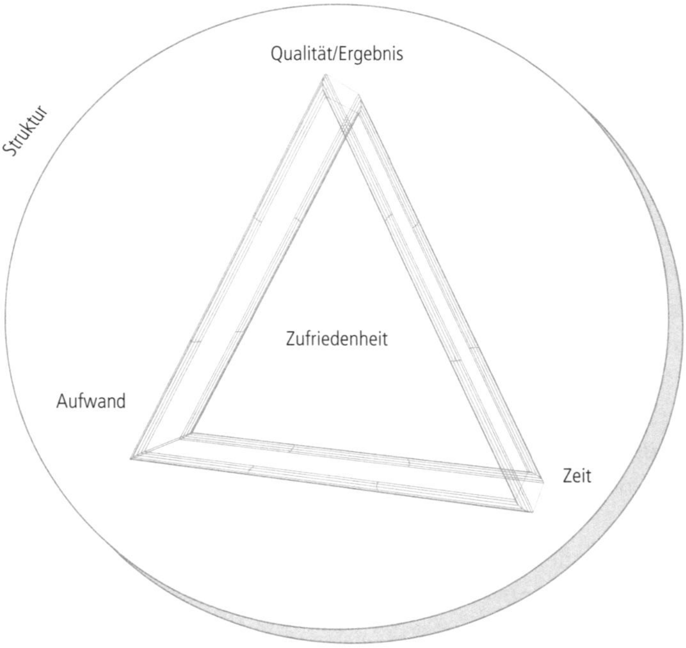


Quelle: Eigene Darstellung

- Der Führungsprozess richtet sich vor allem auf die Fragen der Aufgabenverteilung innerhalb des Projektteams und die Klärung der Grundlagen der Zusammenarbeit.

Auch für Projekte zur Kinder- und Jugendbeteiligung ist es wichtig, sich grundlegend mit den Aufgaben und Anforderungen des Projektmanagements zu befassen. Nur ein Training zur Didaktik und Methodik von Partizipationsprojekten zu absolvieren reicht nicht aus.

Vom Groben zum Detail

Projekte erfordern eine spezifische Art und Weise des Vorgehens. Zu Beginn sind sowohl der Weg zum Ziel als auch das konkrete Ergebnis manchmal noch unklar. Auf diese eher diffuse Ausgangslage zu reagieren macht ein stufenweises Vorgehen sinnvoll. Alle Detailfragen können im Verlauf des Prozesses geklärt werden. Am Anfang ist es wichtig, die äußeren und inneren Rahmenbedingungen zu definieren, unter denen das Projekt stattfindet. Eine solche Projektplanung lässt die Möglichkeit zu, im späteren Verlauf Aufgaben zu reduzieren und Kräfte zu bündeln.

Zusätzliche Aufgaben in ein laufendes Projekt zu integrieren ist hingegen fast nicht möglich, weil viele Prozesse dann von Neuem begonnen werden müssen. Dieser Grundsatz gilt auch für die Entwicklung der einem Projekt zugrunde liegenden Zielstellungen. Von daher ist eine Aufteilung in Leitziele, Mittlerziele und Handlungsziele diesem Projektprinzip dienlich.

Schrittweise vorgehen

Im vorangegangenen Prinzip ist ein stufenweises Bearbeiten bereits angelegt. Das schrittweise und systematische Behandeln der Projektthemen und -inhalte bedeutet, eine sinnvolle und vor allem logische Reihenfolge festzulegen. Jedes menschliche Handeln folgt im Kern und meist unbewusst einem solchen Verfahren: Etwas wird geplant und dessen Ergebnis vorherbestimmt, das Geplante wird umgesetzt, das Ergebnis kontrolliert, und Konsequenzen für neue Planungen werden gezogen. Das Projektmanagement folgt diesen Schritten mit einem grundlegenden Unterschied: Die Schritte und ihre innere Logik werden bewusst geplant und gesteuert; sie werden für alle Beteiligten nachvollziehbar umgesetzt.

APAKA-Schrittfolge

Welche Aufgaben auch immer in einem Projekt umgesetzt werden – sie sollten methodisch dem folgenden Ablauf entsprechen:

- **A**uslösen des Schritts: Wollen wir es machen?
- **P**lanen des Schritts: Wie machen wir es?
- **A**usführen des Plans: Wir machen es!
- **K**ontrolle der Ausführung: Haben wir es planmäßig gemacht?
- **A**nbahnen des Ergebnisses: Wir sind so weit!

Ein Projekt ist die Aneinanderreihung und Abfolge immer wiederkehrender Schritte nach der sogenannten Mikro-Logik. Mit dieser »APAKA«-Schrittfolge lassen sich die kleinen Aufgaben innerhalb eines komplexen Projektes zielgerichtet umsetzen. Wichtig ist bereits an dieser Stelle, dass alle Projektschritte dokumentiert werden, um die gebündelten Erfahrungen im weiteren Verlauf nutzen zu können. Damit werden Fehlerwiederholungen vermieden und der Projektfortschritt vorangebracht. Je weiter ein Projekt vorangeschritten ist, desto detaillierter müssen die Planungen sein und desto konkreter werden die erreichten Teilergebnisse. Die Dokumentation als fortlaufende Querschnittsaufgabe bietet die Sicherheit, dass Projekte nicht wieder in vorherige Phasen zurückfallen und Projektarbeit zur Sisyphusarbeit wird (vgl. ebd.: 23 f.).

Projektstruktur

Die Abfolge der Schritte dieser Mikrologik gibt dem Gesamtprojekt eine Struktur, die sich in einem als Makrologik zu bezeichnenden Phasenmodell widerspiegelt. In einem solchen Modell ist Raum, um die Projektinhalte und -aufgaben schrittweise zu bearbeiten. Mit einem Phasenmodell werden komplexe Projekte in Teilschritte zerlegt, die in einer logischen zeitlichen Reihenfolge nacheinander bearbeitet werden. Wenn jedoch beispielsweise in der Praxis geplante Ziele nicht zu erreichen sind, kann das bedeuten, dass einzelne Teilschritte noch einmal durchlaufen werden müssen. Dann ist es erforderlich, bewusst einige Schritte zurückzugehen und sich noch einmal der Zielklärung zu widmen. Auch an dieser Stelle gilt der Grundsatz: Projektarbeit ist ein gemeinsamer Lernprozess. Jede neu gewonnene Erkenntnis führt dazu, die Ergebnisse an den vorangegangenen Schritten zu überprüfen.

Phasenmodell

Das gängige Phasenmodell des Projektmanagements untergliedert Projekte in vier Phasen: Start, Definition, Planung und Umsetzung. Dieses Modell aus dem Unternehmensmanagement bildet grundsätzlich auch den Rahmen für Projekte im Sozial- und Bildungsbereich. Je nach den spezifischen Erfordernissen werden diese vier Phasen ergänzt um weitere Teilschritte, die für den Erfolg eines Projektes von Bedeutung sind. Ausgangspunkt solcher Überlegungen ist wiederum das Dreieck der Projektarbeit mit dem Fokus auf die Qualität der Ergebnisse.

Um die Zufriedenheit von Kindern und Jugendlichen mit dem Prozess und dem Ergebnis von Beteiligungsprojekten zu erhöhen, ist eine Orientierung solcher Vorhaben an der Lebenswelt der Zielgruppe zwingende Voraussetzung.

Verantwortung klären und teilen

In Projektteams arbeiten Menschen mit unterschiedlichen Kompetenzen, Fähigkeiten und Motivationen zusammen. Jedes Team braucht eine Leitung, bei der die Fäden zusammenlaufen. Jedoch bedeutet das Vorhandensein einer Projektleitung nicht automatisch, dass diese alles allein machen muss – aber sie ist allein für alles verantwortlich. Teilaufgaben lassen sich mit hoher Verantwortung an Mitarbeiter aus der Projektgruppe delegieren. Ist die Kommunikation zwischen den Teammitgliedern klar geregelt, ist die Projektleitung auch während aller Teilschritte über die wesentlichen Fakten des Projektes informiert. Erfolgreiche Teamarbeit zeichnet sich auch dadurch aus, dass die Frage der Verantwortung und ihrer Konsequenzen eindeutig geklärt ist (vgl. ebd.: 26).

Diese Prinzipien sind die Grundlage für die Haltung der Akteure in der Projektarbeit. Wenn es schwerfällt, diese ab sofort und immer gleichzeitig im Blick zu haben oder sie zu komplex erscheinen, kann zusammenfassend auch folgender Leitspruch empfohlen werden:

»Wähle Deine Schritte immer bewusst und immer so, dass jeder Beteiligte sie kennt und nachvollziehen kann« (ebd.: 26).

## 1.4 Projekte organisieren

**Quer zur Linie**

Bevor ein Projekt begonnen wird, müssen die Startbedingungen geklärt sein. Weil Projekte in ihrer Binnenstruktur anders beschaffen sind als viele Alltagsaufgaben, liegen sie oft quer zum Regelangebot oder -auftrag von Einrichtungen und Institutionen. Vor allem dort, wo hierarchische Macht- oder Verantwortungslinien zum Alltag gehören, benötigen Projekte eine eigene Organisation. Der Leiter eines Jugendzentrums oder die Schulleiterin sollten nicht automatisch, nur qua Funktion die Leitung eines Projektes innerhalb ihrer Einrichtung übernehmen. Ebenso wenig wird der Leiter des Stadtplanungsamtes die Projektleitung für die Teilraumentwicklung einer Kommune übernehmen (können).

Erforderlich ist also eine eigenständige, temporäre, von den üblichen Regelungen abweichende Projektorganisation. Dabei sind vor allem die Zusammenarbeit zwischen Projektteam und Leitung sowie das Verfahren über die anstehenden Entscheidungsprozesse zu klären.

Mit einer guten Organisation im Vorfeld wird der Personenorientierung als einem der wesentlichen Prinzipien des Projektmanagements Rechnung getragen. Hier werden auch die unvermeidlichen Machtfragen geklärt. Dies ist erforderlich, weil Projekte hin und wieder auch quer zur Linienorganisation einer Einrichtung oder Institution organisiert werden müssen, wenn sie erfolgreich sein sollen. Wenn jedoch die Machtfragen hier nicht ausreichend und tragfähig geklärt sind, wird der Hemmnisfaktor Konflikte schnell zu Tage treten und die Projektarbeit be- oder sogar verhindern. Zu beantworten ist also:

- Wer ist an der Arbeit im Projekt beteiligt?
- Welche Aufgaben, Kompetenzen und Verantwortungen werden dem Projektteam und speziell der Projektleitung übertragen?

**Beteiligte am Projekt**

Bestandteile einer guten Projektorganisation sind drei sogenannte Muss-Beteiligte:

- der Auftraggeber (entscheidungsverantwortlich in Politik oder Verwaltung)
- die Projektleitung (nach fachlicher und sozialer Kompetenz ausgewählt)
- das Projektteam (erledigt die Umsetzung der Aufgabe)

Vielfach arbeiten Projektgruppen im Auftrag oder in Anbindung an eine lokale Steuerungsgruppe, die die Gesamtprozesse für eine Leitbild- oder Strategieentwicklung koordiniert. Nicht immer aber ist dieses Steuerungsgremium auch zugleich Auftraggeber für das Projekt.

Bei größeren Projekten, die aus vielen Teilaktivitäten bestehen und dementsprechend von vielen Personen gemeinsam bearbeitet werden, empfiehlt es sich, ein Kernteam zu bilden, das die Steuerung der Prozesse innerhalb des Gesamtprojektes übernimmt (vgl. ebd.: 27 ff.).

## 1.5 Teamentwicklung

Fachlich kompetent und teamfähig

Projekte sind in der Regel die Leistung von mehreren Personen: Menschen arbeiten in einer zeitlich befristeten Projektgruppe zusammen und müssen dabei Einzelinteressen im Dienste der Sache zurückstellen. Neben fachlicher Kompetenz wird damit die Teamfähigkeit zu einer Grundvoraussetzung für Projekterfolge.

Was aber bedeutet teamfähig? Die wesentlichsten Kriterien, die Mitglieder eines Teams erfüllen müssen, sind: Kommunikationsfähigkeit, Initiative und Engagement, Konfliktfähigkeit, Sensibilität, Selbstkontrolle, Konfliktbewältigung, Lösungsfindungsfähigkeit, Loyalität und Solidarität.

Kompetenzen in einem Team

In einem Modell zur Organisationsentwicklung sind acht Kompetenzen zusammengefasst, die in einem Team vertreten sein sollten (vgl. ebd.: 47 ff.):

- Beraten: Informationen beschaffen und weitergeben
- Innovieren: Ideen kreativ entwickeln und mit ihnen experimentieren
- Promoten: andere von den neuen Ideen überzeugen
- Entwickeln: neue Ansätze beurteilen und die Verwendbarkeit überprüfen
- Organisieren: Mittel und Wege suchen, um die neuen Ideen voranzubringen
- Umsetzen: die Ansätze und Wege in der Praxis anwenden
- Überwachen: den Projektverlauf überprüfen und Abweichungen im Blick behalten
- Stabilisieren: die Einhaltung von Zeitplänen und anderen Vorgaben sichern

Diese Funktionen müssen in einem Team erfüllt werden, damit es erfolgreich arbeiten kann. Wenn diese Kriterien jedoch von Einzelkämpfern umgesetzt werden, wird das Team nicht gut zusammenarbeiten. Wichtig ist die Koordination und die Verbindung der einzelnen Kompetenzen. Daraus lassen sich Synergieeffekte im Team entwickeln.

Rollen im Team

Aus den acht Faktoren können Rollen von Teammitgliedern abgeleitet werden, die sich in einem sogenannten Team Management Rad® abbilden lassen.

Die acht Rollen verdeutlichen, wo die Vorzüge von Teammitgliedern hinsichtlich verschiedener Aufgaben, Tätigkeiten und Wechselwirkungen einzuordnen sind. Das sind besonders der Umgang mit anderen Menschen, die

**Abbildung 2: Das Team Management Rad®**

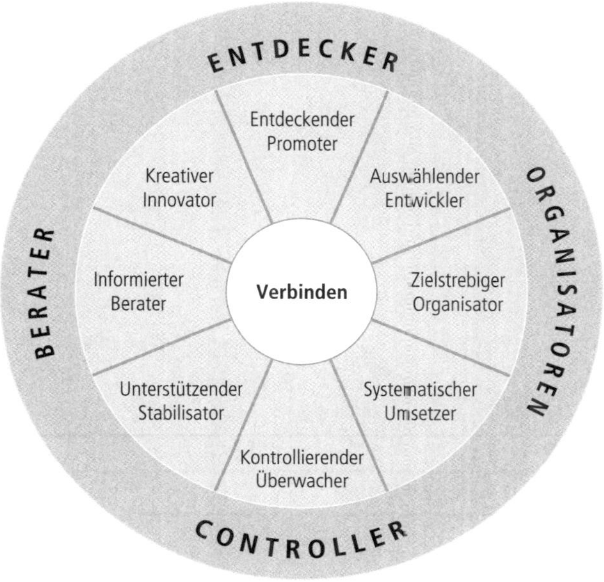


Das Team Management Rad von Margerison-McCann ist ein geschütztes Warenzeichen.

Quelle: Schulz-Wimmer 2007: 49

Art der Informationsbeschaffung oder der Entscheidungsfindung und wie sich die Teammitglieder die Arbeit selbst und mit anderen organisieren. Diese Rollen zeigen bevorzugte Handlungsoptionen von Personen, sagen jedoch nicht alles über deren Fähigkeiten und Kompetenzen aus. Sie sollen Richtungen andeuten, die bei der Zusammenstellung von Projektteams wichtig sind (vgl. ebd.: 51 ff.).

Umgang mit verschiedenen Rollen im Team

Jede Gruppe, in der Menschen zusammenarbeiten oder auf andere Weise durch gemeinsame Erfahrungen miteinander verbunden sind, durchläuft verschiedene Phasen, in denen sich die Beziehungen zwischen den Personen verändern. Das betrifft in besonderem Maße auch Projektteams. Erst das Durchlaufen und Durchleben eines solchen gruppendynamischen Prozesses lässt die wichtigsten Grundlagen für die Teamarbeit entstehen: Vertrauen und gegenseitige Unterstützung.

Gruppendynamik in Teams

In der Gruppendynamik geht man von einem Vier-Phasen-Modell aus. Darin reihen sich die Orientierungs-, die Konflikt-, die Stabilitäts- und die Leistungsphase aneinander. Die Verlaufdauer ist jeweils davon abhängig, wie lange eine Gruppe zusammenbleibt. Je nachdem, wie sich ein Team dieser

4-Phasen-Modell

**Abbildung 3: Die Phasen der Gruppendynamik in Teams**

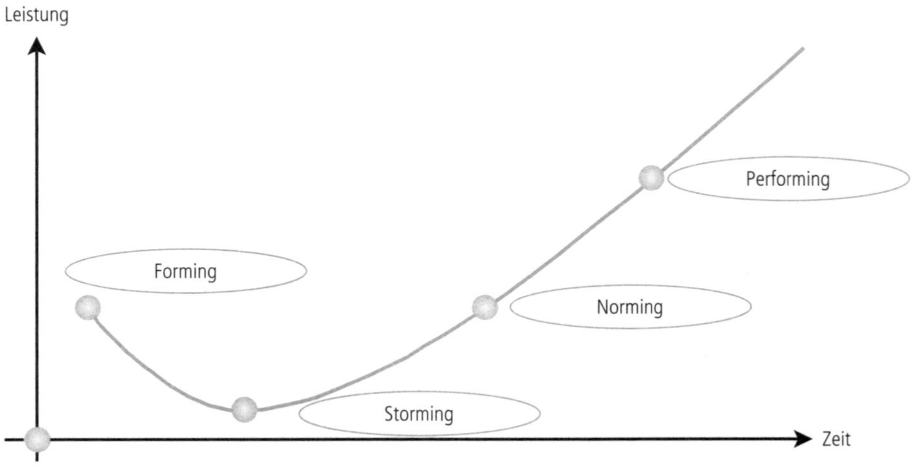


Quelle: Sperling, Stapelfeldt und Wasseveld 2007: 334

Phasen bewusst ist und wie in den schwierigen Situationen die entstehenden Konflikte konstruktiv bearbeitet werden, kann sich die Leistungsfähigkeit der Gruppe früher oder später einstellen. Die Konfliktphase kann durchaus mehrfach durchlaufen werden, entweder weil beim ersten Mal Konflikte nicht ausreichend bearbeitet und geregelt wurden, oder weil sich eine Situation verändert hat, die zu neuen, zunächst unüberwindbaren Differenzen führt. Kommen neue Mitglieder in ein Team, braucht es Zeit für eine Orientierung.

Solche Modelle sind hilfreich, um die Wirklichkeit zu erklären und zu verstehen – sie bilden sie jedoch nicht genau ab. Es gibt in Gruppen oder Teams keine sicheren Möglichkeiten der Vorhersage, wann sie sich in welcher Phase befinden und wie lange diese andauert.

Um die Arbeit in Projektteams zu erleichtern, gibt es im Folgenden eine kurze Zusammenfassung dieser Phasen der Gruppendynamik.

Orientierungsphase

In der Orientierungsphase (Forming) lernen sich die Mitglieder einer Gruppe zunächst kennen und tauschen erste Vorstellungen über ihre Zusammenarbeit aus. Es erfolgen Verabredungen über die bevorstehenden Aufgaben und die angestrebte Vorgehensweise. Unsicherheit und Vorsicht im Umgang miteinander spielen eine bedeutsame Rolle, und Fortschritte werden zunächst nur langsam sichtbar. Menschen, die eher ergebnisorientiert sind, können in dieser Phase ungeduldig werden.

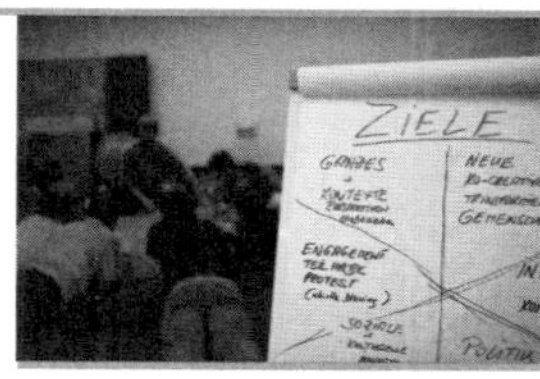


Kennzeichen der Phase sind ein eher unsicheres, höfliches, angespanntes, unpersönliches und vorsichtiges Ausprobieren (vgl. Sperling, Stapelfeldt und Wasseveld 2007: 335).

**Tabelle 1: Die Orientierungsphase**

| Themen/<br>typische Fragen | Kennzeichen/<br>typisches Verhalten | Hilfen zur Entwicklung |
|---|---|---|
| Wer sind die anderen?<br>Was wollen sie?<br>Was können sie?<br>Wie sind sie?<br>Worum geht es hier?<br>Will ich mitmachen?<br>Was habe ich davon?<br>Was droht mir? | höflich, distanziert<br>abwartend<br>vorsichtige Äußerungen<br>Smalltalk<br>Anfangsbegeisterung<br>Statusdemonstrationen<br>Skepsis<br>»Abtasten«<br>erste Koalitionen<br>erste Positionssicherungen | gemeinsamen Start organisieren<br>Zeit geben<br>Vorstellungsrunde machen<br>Kontakte und Kommunikation untereinander fördern<br>Klarheit über Ziele und Rahmenbedingungen schaffen<br>Erwartungen klären<br>vorläufige Regeln aufstellen<br>Gemeinsamkeit betonen<br>Gleichrangigkeit hervorheben |

Quelle: Schulz-Wimmer 2007: 56

Konfliktphase

In der Konfliktphase (Storming) werden die einzelnen Personen offener zueinander. Dabei werden Unterschiede deutlich sichtbar, und erste Gegensätze und Widersprüche treten auf, aus denen Konflikte entstehen können. Bereits getroffene oder auch stillschweigende Vereinbarungen werden infrage gestellt.

**Tabelle 2: Die Konfliktphase**

| Themen/<br>typische Fragen | Kennzeichen/<br>typisches Verhalten | Hilfen zur Entwicklung |
|---|---|---|
| Wie ist meine Position?<br>Wer hat was zu sagen?<br>Wer hat welchen Status?<br>Wer tut sich zusammen?<br>Ist das denn sinnvoll?<br>Lohnt sich das Projekt überhaupt? | Grundsatzdiskussionen<br>inhaltliche Positionen werden festgezurrt<br>Standpunkte werden verteidigt<br>verdeckte Konflikte<br>Cliquenbildung<br>Methodendiskussionen<br>innerlicher Rückzug einzelner Personen<br>das Projekt wird infrage gestellt<br>Erfolg wird bezweifelt | Kontroversen zulassen<br>Störungen ernst nehmen, denn sie haben Vorrang<br>Konflikte ansprechen<br>Klärungshilfe bieten<br>Transparenz herstellen<br>neutral bleiben<br>Ruhe bewahren<br>Zeit zur Klärung lassen<br>Prozessbegleiter hinzuziehen |

Quelle: Schulz-Wimmer 2007: 57

Kämpfe um Macht und Einfluss nehmen zu. Einzelne Teammitglieder können diese Phase durchaus als Auseinanderbrechen verstehen.

Kennzeichen sind Turbulenzen und kritisches Aufbegehren, Cliquenbildung, Konflikte zwischen Personen und Bildung von Untergruppen mit der Führungsperson oder dem Moderator (vgl. ebd.).

Stabilitätsphase

In der Stabilitätsphase (Norming) wachsen gegenseitige Achtung sowie die Akzeptanz von geltenden Normen und vereinbarten Regeln. Unterschiedliche Sicht- und Arbeitsweisen werden zunehmend als wertvoll angesehen. Statt interner Spannungen stehen jetzt die neuen gemeinsamen Herausforderungen, die das Projekt mit sich bringt, im Mittelpunkt.

Diese Phase ist gekennzeichnet durch die Entwicklung neuer Umgangsformen, mehr Kooperationen und Wir-Gefühl, durch offenen Austausch und Feedback (vgl. ebd.).

**Tabelle 3: Die Stabilitätsphase**

| Themen/ typische Fragen | Kennzeichen/ typisches Verhalten | Hilfen zur Entwicklung |
|---|---|---|
| Wer macht was?<br>Welche Spielregeln gelten?<br>Wie wollen wir miteinander umgehen?<br>Was sind unsere Ziele? | Regeln werden entwickelt<br>Umgangsformen werden festgelegt<br>Ziele werden vereinbart<br>Rollen werden geklärt<br>Aufgaben werden zugeordnet<br>erste Zeichen von Wir-Gefühl | Regeln überprüfen und diese ggf. ergänzen oder neue Regeln verabreden<br>Aufgaben, Kompetenzen und Verantwortung gemeinsam klären<br>Verhaltenskodex entwickeln lassen<br>Gruppen selbstständig arbeiten lassen<br>Konsens über Abreden herbeiführen<br>ggf. Strukturen anbieten<br>die Stillen ermutigen<br>Führungsrolle Projektleitung klären |

Quelle: Schulz-Wimmer 2007: 57

Leistungsphase

In der Leistungsphase (Performing) ist das Verhalten untereinander weitgehend geklärt. Alle Aufmerksamkeit kann sich nun auf die inhaltlichen Aufgaben richten, Erfolge bestätigen die Arbeitsweise des Teams. Eine Orientierung auf die Ziele steht im Mittelpunkt des gemeinsamen Handelns. Die Teammitglieder identifizieren sich mit der Gruppe und arbeiten kooperativ und engagiert zusammen.

Kennzeichen dieser Phase sind synergetisches, effektives und effizientes Arbeiten, wachsende Kreativität, Entschärfung interpersoneller Probleme und eine funktionale Teamstruktur (vgl. ebd.).

**Tabelle 4: Die Leistungsphase**

| Themen/ typische Fragen | Kennzeichen/ typisches Verhalten | Hilfen zur Entwicklung |
|---|---|---|
| Wie erreichen wir das Ziel?<br>Wie sind wir möglichst effizient?<br>Wie kooperieren wir am besten?<br>Welche Vorgehensweisen sind hilfreich?<br>Wie unterstützen wir uns? | Leistung<br>Kooperation<br>Zufriedenheit<br>Verantwortungsübernahme<br>Vertrauen<br>ggf. Abschottung nach außen<br>ggf. unproduktiver Gruppendruck<br>Euphorie mit Ernüchterung | Kommunikation<br>regelmäßiges Feedback/ Standortbestimmung<br>konsequentes Controlling<br>gemeinsame Steuerungsmaßnahmen entwickeln<br>soweit möglich nur Moderation durch die Projektleitung<br>Coaching |

Quelle: Schulz-Wimmer 2007: 58

Trennungsphase

Besonders für zeitlich befristete Projektteams, die sich nach Bearbeitung der Aufgabe wieder auflösen, schließt sich diesen vier Phasen eine weitere an: die Trennungsphase (Adjourning). Das gemeinsame Ziel ist erreicht, nun treten Unsicherheiten auf, wie es danach weitergeht. Manchmal finden Teams keinen richtigen Abschluss, oder dieser zögert sich lange hinaus. Aufgrund einer starken individuellen Identifikation mit dem Thema, dem erfolgreichen Verlauf des Projektes oder mit dem Team sträuben sich die Mitglieder bewusst oder unbewusst gegen die kommende Auflösung. Dabei spielen Verlustängste und ein möglicherweise entstehendes emotionales Vakuum eine Rolle. Die im Projekt aufgebauten Beziehungen, die gute Arbeitsweise und vertraute Rollen werden beendet (vgl. ebd.).

Einflussfaktoren

Die Entwicklung in Teams oder Gruppen wird von unterschiedlichen Faktoren beeinflusst. Dazu gehören die verschiedenen Charaktere der Menschen, die zusammenarbeiten. Inner- und außerhalb des Projektes stehen diese Personen in unterschiedlichen Konstellationen und Beziehungen zueinander, die sich im Projekt ebenso abbilden. Sehr viel hängt zudem davon ab, wie ein Team geführt und moderiert wird. Der Projektleitung kommt an dieser Stelle eine besondere Verantwortung zu.

Nicht unerheblich ist die Frage, ob es sich um kürzere oder langfristig angelegte Projekte handelt. Je nachdem entwickelt sich das Team schneller oder auch langsamer. Auch die Fragen, wie intensiv die Zusammenarbeitet gestaltet ist, in welchen Abständen, wie oft und in welchem Rahmen Treffen stattfinden, spielen eine Rolle. Nicht zuletzt haben Rahmenbedingungen wie die Umgebung, in der gearbeitet werden soll, oder ein von außen projizierter (vermeintlicher) Erfolgsdruck Einfluss auf die Teammitglieder und damit auf die Gruppe.

Phasen der Teamentwicklung

Die Projektleitung ist herausgefordert, mit den Phasen der Teamentwicklung umzugehen. Unterstützen können dabei Empfehlungen, wie in den verschiedenen Phasen interveniert und mit dem Team gearbeitet werden kann (vgl. ebd.: 336).

**Empfehlungen zur Intervention in den einzelnen Phasen der Teamentwicklung**

Die Orientierungsphase dient vor allem dazu, eine Vertrauensbasis zu schaffen und zugleich ein erstes Bewusstsein für die Gruppe entstehen zu lassen:

- den Akteuren beim Projektstart ausreichend Zeit lassen
- neue Kontakte und Kommunikation unter den Teilnehmenden fördern
- den Akteuren Anhaltspunkte für die individuelle Orientierung geben
- die Vorbildfunktion der Projektleitung bewusst einsetzen
- gemeinsam erste Regeln erarbeiten und verabschieden

Die Konfliktphase dient dazu, vorhandene Konflikte auszutragen und gemeinsam konstruktiv zu lösen:

- vorhandene Kontroversen zulassen
- wahrnehmbare Störungen ernst nehmen; sie haben Vorrang vor der weiteren Bearbeitung von Sachthemen
- offen auf die Beziehungsebene zwischen den Akteuren gehen und dort nach möglichen Konfliktursachen suchen
- eine Feedbackkultur einführen und regelmäßig praktizieren
- die Metakommunikation fördern, also die Kommunikation über die Kommunikation
- offensichtliche, aber noch verdeckte Konflikte aufklären und bearbeiten

Intervention in der Teamentwicklung

Die Stabilitätsphase dient dazu, Beständigkeit und Ausdauer im Team zu fördern und ein Gefühl von Einigkeit, Verständnis und Zugehörigkeit herzustellen:

- vereinbarte Regeln überprüfen und möglicherweise ergänzen oder – wenn erforderlich – auch neue vereinbaren
- das gemeinsame Aufgabenverständnis für das Projekt vertiefen
- die Vorgehensweise für die Umsetzung des Vorhabens konkretisieren

Die Leistungsphase dient dazu, eine möglichst hohe Produktivität des Teams zu erreichen und den einsetzenden Erfolg fortzuführen:

- die Formen der Zusammenarbeit überprüfen und ggf. verbessern

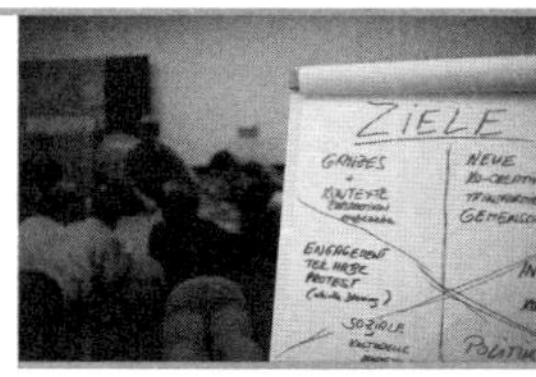


- den einzelnen Teammitgliedern ein möglichst hohes Maß an Verantwortung übertragen

Die Trennungsphase dient dazu, den Abschied der Akteure und anderer Beteiligter vorzubereiten:
- ausreichend Zeit einplanen, um die Erfolge zu feiern und die Zusammenarbeit zu würdigen
- für das offizielle Ende des Projektes und damit der Zusammenarbeit aller Beteiligten einen festen Zeitpunkt finden
- mit einem gemeinsam verabredeten Trennungsritual den Abschied aus der Gruppe erleichtern

(Quelle: Sperling, Stapelfeldt und Wasseveld 2007: 337 f.)

## 1.6 Veränderungsprozesse

Projekte zielen in der Regel auf die Veränderung einer bestehenden Situation. Jedoch kann nicht immer unterstellt werden, dass alle Beteiligten sofort mit den zu erwartenden Veränderungen bedingungslos einverstanden sind. Dies gilt ebenso für die Mitglieder eines Projektteams.

Veränderungen begleiten

Veränderungsprozesse sind dynamische Entwicklungen, in denen Bisheriges und Vertrautes an Bedeutung verliert, Annahmen infrage gestellt werden und Neues erschlossen werden muss. Themen und Inhalte werden weiterentwickelt, neue Informationen kommen hinzu und erweitern das vorhandene Wissen. Oft werden auch Meinungen verändert oder Standpunkte gewechselt, (Vor-)Urteile und Einschätzungen variieren, neue Entscheidungen werden getroffen. Auch wenn sie prinzipiell offen für Veränderung sind, sind Menschen nur bedingt bereit und in der Lage, Veränderungen zu verarbeiten und daraus Energie für den Aufbruch in das Neue zu entwickeln. Jeder Mensch geht auf andere Art und Weise mit Veränderungen um. Aus diesem Grund ist es wichtig, sich auch im Projektteam darüber zu verständigen.

Dynamik als Phasenmodell

Auch für die Dynamik in Veränderungsprozessen gibt es ein Phasenmodell, das die Orientierung erleichtern soll. Dieses Modell geht von sechs Phasen aus, die in einem Veränderungsprozess nacheinander ablaufen und die sich ein Team bewusst machen sollte, um produktiv damit umgehen zu können (vgl. Sperling, Stapelfeldt und Wasseveld 2007: 340).

**Abbildung 4: Phasen der Dynamik in Veränderungsprozessen**

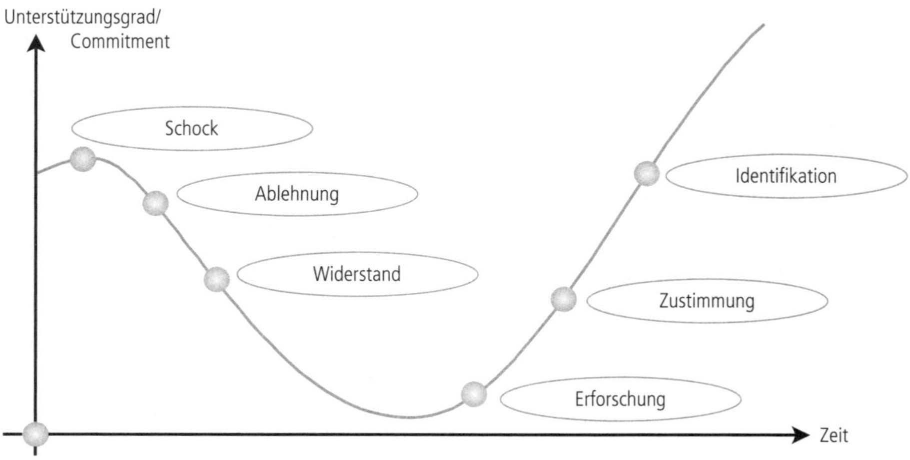


Quelle: Sperling, Stapelfeldt und Wasseveld 2007: 341

Schock

Wenn Menschen von einer Veränderung erfahren, sind sie zunächst überrascht, irritiert oder sogar geschockt. Angst ist der Auslöser dieser Gefühle und möglicher Reaktionen.

Ablehnung

Auf diesen Anfangsschock reagieren Menschen zunächst bewusst oder unbewusst ablehnend. Sie ziehen sich zurück oder drohen damit und versuchen sich weiterhin an der Vergangenheit zu orientieren. Es ist besser, sich daran zu erinnern, was war, als sich auf das einzulassen, was vielleicht kommt. Oft fehlen Informationen, die eine Orientierung geben könnten.

Widerstand

Aus der Ablehnung formiert sich offener oder verdeckter Widerstand gegen das Neue. Daraus können Anschuldigungen gegenüber anderen Menschen entstehen. Aber auch die individuelle psychische Verfassung beginnt zu leiden, besonders dann, wenn der Widerstand nicht offen ausgetragen wird, sondern verdeckt abläuft.

Erforschung

Wenn es gelingt, mit dem Widerstand produktiv umzugehen und seine Energie positiv zum Aufbruch zu nutzen, lösen sich Verwirrung und Anspannung auf, die Ängste weichen. Menschen sind nun bereit, sich auf das Neue einzulassen und es auszuprobieren. Dabei können erste Ideen entstehen, die zunächst noch unkonkret sind und ohne unmittelbaren Bezug zur Aufgabe.

Zustimmung

Wenn diese gerade entwickelten Ideen aufgenommen und mit den anderen Gedanken weiterbearbeitet werden, lässt sich auch bei zunächst wider-

ständigen Menschen eine Zustimmung erreichen oder entwickeln. Das Team einigt sich über Richtung und Ziele, und die gemeinsame Suche nach Lösungs- oder Umsetzungswegen beginnt.

Identifikation

Dieses neu entstandene Wir-Gefühl bestärkt Menschen. Alle sind gemeinsam aktiv, Kooperationen funktionieren und bringen das Projekt voran. Das Team richtet sich auf die gemeinsamen Ziele aus. Dies alles führt nicht nur zu einer hohen Identifikation mit dem Vorhaben, sondern engagierte Menschen denken bereits weiter und suchen für sich nach der nächsten Herausforderung.

Veränderungen brauchen Zeit

Verunsicherungen in Veränderungsprozessen sind ganz normal. Ein Team sollte sich dessen bewusst sein, mit der nötigen Ruhe und Gelassenheit darauf reagieren und die erforderliche Zeit investieren. Die gilt besonders für Menschen, die nur mittelbar beteiligt, möglicherweise aber hochgradig betroffen sind. Dabei kann es helfen, diese Betroffenen zu unmittelbaren Beteiligten zu machen. Die folgenden Empfehlungen sollen helfen, mit Veränderungsprozessen umzugehen (vgl. ebd.: 340 ff.).

!

**Betroffene zu Beteiligten machen –**
**Empfehlungen zur Intervention in Veränderungsprozessen**

In der Ablehnungsphase sollten alle Beteiligten fortlaufend über die geplanten Maßnahmen informiert werden. Dazu gehört auch die Ankündigung, dass mit dem Vorhaben Veränderungen verbunden sind. Auch der Beitrag, der von den Beteiligten erwartet wird, sollte transparent darstellbar sein. Tipps, wie mit den zu erwartenden Veränderungen umgegangen werden kann, erleichtern es ihnen, sich darauf einzulassen. Vor allem ist es wichtig, in dieser Phase allen Beteiligten Zeit zu geben, um die Auswirkungen der möglichen Veränderungen zur Kenntnis zu nehmen, zu verarbeiten und gemeinsam zu diskutieren. Dafür muss bei der Projektplanung ausreichend Platz eingeräumt werden.

In der Widerstandsphase müssen die emotionalen Aspekte verstanden und respektiert werden. Unsicherheiten und Gefühle werden ernst genommen und entsprechend aufgegriffen. Sensibel und zugleich ermutigend wird immer wieder versucht, auf die offenen und verdeckten Widerstände einzugehen. Ängste vor Veränderungen oder andere Unsicherheitsgefühle dürfen nicht weggeredet werden. Vor allem darf von den durch die Veränderungen am meisten Betroffenen nicht erwartet werden, dass sie sich mit einer neuen Situation sofort arrangieren.

In der Erforschungsphase ist es wichtig, sich auf die anstehenden Prioritäten zu konzentrieren. Für alle Beteiligten werden kurzfristig erreichbare Ziele formuliert, damit Erfolgserlebnisse auf dem Weg des Projektes erreicht werden können. Gemeinsame Planungssitzungen zum weiteren Verlauf, die methodisch so konzeptioniert sind, dass alle sich kreativ beteiligen können, vermitteln ein neues Gefühl von Gemeinsamkeiten und Visionen. Diese Phase erfordert unter Umständen viel Zeit; darauf sollte mit der erforderlichen Geduld eingegangen werden.

In der Zustimmungsphase können wieder längerfristige Ziele in Angriff genommen werden. Der größte Widerstand ist überwunden, und gemeinsam werden die Aufgaben angegangen. Im Mittelpunkt steht jetzt der Teamgeist, der durch entsprechende Maßnahmen befördert werden kann. Gemeinsam werden die zentralen Herausforderungen, die sich durch das Projekt ergeben, geplant und vereinbart. Wichtig in dieser Phase sind zudem Bestätigung, Anerkennung und Wertschätzung gegenüber denen, die auf den Wandel reagieren und ihn konstruktiv voranbringen.

In der Identifikationsphase kommt es darauf an, weitere gemeinsame Herausforderungen zu formulieren. Jetzt ist Energie vorhanden, um weitere Schritte zu gehen. Die ehemals »nur« Betroffenen sind zu beteiligten Akteuren geworden und haben sich mit den Zielen identifiziert. Gemeinsam wird nach vorn geschaut. Und vor allem: Die Erfolge müssen miteinander gefeiert werden! (vgl. Sperling, Stapelfeldt und Wasseveld 2007: 342).

## 1.7 Projekte in Netzwerke einbinden

Kommunale Partizipationsstrategie

Projekte sind befristete Vorhaben, die ihren konkreten Beginn und ein vereinbartes Ende haben. Sie sind nicht auf Dauer angelegt und dienen der Erreichung eines bestimmten Zieles. Jedoch stellt sich die Frage, ob eine Vielzahl von einzelnen, unabhängig voneinander entwickelten und umgesetzten Projekten zu einer verbesserten Beteiligungskultur auf kommunaler Ebene führt.

Einzelprojekte bergen oft Gefahren in sich. Ergebnisse eines Beteiligungsprojektes werden kurzfristig von Entscheidungsverantwortlichen oder in der Öffentlichkeit zur Kenntnis genommen, und danach spielt das Thema Kinder- und Jugendbeteiligung möglicherweise wieder eine untergeordnete Rolle. Junge Menschen ziehen sich nach Ende des Projektes aus der Mitwirkung zurück; ihre positiven Erfahrungen müssen in einem späteren, wiederum punktuellen Projekt aktiviert werden. Teams werden in vielen kurz aufeinander folgenden Projekten aufgerieben, wenn ihre Arbeit vor Ort nicht anerkannt und nicht in umfassendere Zusammenhänge eingebunden wird.

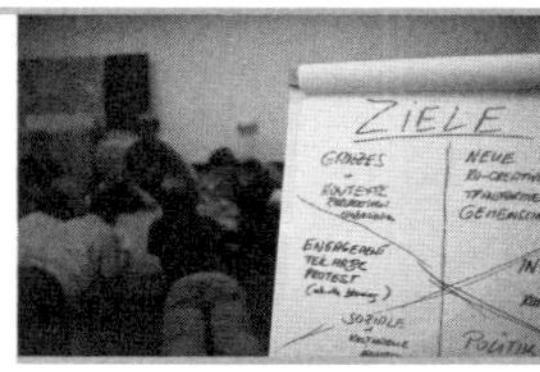


Deswegen ist ein wichtiges Qualitätskriterium die Entwicklung einer kommunalen Gesamtkonzeption.

Strategien brauchen Netzwerke

Umfassende Beteiligungsmöglichkeiten unterstützen und gewährleisten den Ernstcharakter der einzelnen Projekte. Der Ansatz einer solchen Gesamtstrategie erhöht die Qualität von punktuellen Projekten und Vorhaben. Zugleich wird die Effektivität in vielen kommunalen Handlungsfeldern gesteigert und eine ressortübergreifende Zusammenarbeit im Rahmen von Projekten ermöglicht. Partizipation sollte deshalb als Querschnittsaufgabe in kommunaler Politik und Verwaltung verankert sein. Für die Umsetzung einer übergreifenden Strategie sind Netzwerke der relevanten Akteure aus unterschiedlichen Institutionen und Einrichtungen zu etablieren. Sie bilden auf der kommunalen Ebene die Zuständigkeiten und Kooperationen für die einzelnen Projekte ab und sichern deren Erfolg.

Vernetzung als Qualitätsentwicklung

Ein weiterer wichtiger Aspekt der Qualitätsentwicklung in Partizipationsprojekten besteht in der Bildung von Netzwerken zwischen den einzelnen Projekten. Dabei stehen neben der Bündelung von Ideen und Engagement vor allem die knapper werdenden finanziellen (und damit oft auch personellen) Ressourcen im Zentrum der Ausgangsüberlegungen. Zentrale Fragen sind, wie Netzwerke entwickelt werden, wie sie gut funktionieren und wie erreicht werden kann, dass sie mehr sind als reine Projektpartnerschaften.

Gemeinsame Ziele, vereinbarte Aufgaben

Netzwerke entstehen aus unterschiedlichen Anlässen. Zugrunde liegen meistens gemeinsame Ziele und Aufgabenstellungen. Doch ein Zusammenschluss allein macht noch keine erfolgreiche Netzwerkarbeit aus. Deswegen sind eine Zielvereinbarung und eine sich daran orientierende Aufgabenverteilung besonders wichtig.

Im Folgenden werden einige wesentliche Kennzeichen von Beteiligungsnetzwerken dargestellt.

Kooperation

Der grundlegende Aspekt von Netzwerken ist die Kooperation verschiedener, oft auch unterschiedlicher Einzelpersonen oder Vertreter von Organisationen. Kooperation bedeutet zunächst nicht mehr, als der erklärte und vereinbarte Wille eben dieser Akteure zur gemeinsamen Bewältigung von Aufgaben. Das beinhaltet zugleich die Anerkennung der Interessen aller Beteiligten. Kooperationen werden eingegangen, um die gemeinsamen Interessen zu stärken und dadurch ein besseres Ergebnis zu erreichen. Kooperation ist die Basis eines jeden Netzwerkes, aber nicht jede Kooperation ist auch ein Netzwerk. Um wirklich von einem Netzwerk im engeren Sinne sprechen zu können, müssen weitere Kennzeichen hinzukommen.

Selbststeuerung

Netzwerke organisieren und steuern sich weitgehend selbstständig. Alle für den Erfolg der gemeinsamen Arbeit entscheidenden Faktoren werden in einer eigenen inneren Ordnung abgebildet. Wenn es kein von außen vorgegebenes oder beauftragtes Ziel gibt, werden alle für die Umsetzung notwendigen Zielebenen von den Akteuren eigenverantwortlich aufgestellt. In jedem Fall trifft die Selbstorganisation auf die konkreten Handlungsziele und -absichten zu. Ebenso sind wichtige interne Vereinbarungen originäre Angelegenheit der Mitglieder des Netzwerkes. Dazu gehören Regelungen zu den Teilnahmemöglichkeiten und -formen, zur Koordinations- und Steuerungsverantwortung, die Aufstellung und Kontrolle von netzwerkinternen Regeln, die Entwicklung und Umsetzung von Instrumenten zum gemeinsamen Handeln und Absprachen über konkrete Vorgehensweisen.

Vertrauen

Professionelle und formal gut abgesicherte Kooperation allein reicht aber nicht aus. Erfolgreiche und produktive Netzwerke müssen sich an der Beziehungsebene zwischen den beteiligten Akteuren oder Systemen orientieren. Vor allem, wenn Partner mit unterschiedlichem Hintergrund zusammenarbeiten, bedarf es zwingend dieser Dimension. Nicht immer kann bei Netzwerkarbeit von Sympathie als verbindender Grundlage ausgegangen werden. Jedoch bedarf es eines Mindestmaßes an Fähigkeiten zur Kooperation und im konstruktiven Umgang mit Konflikten.

Ein zentraler Aspekt in der Beziehungsorientierung ist Vertrauen – ein maßgebliches Kriterium erfolgreicher Netzwerkarbeit. Bei Kindern und Jugendlichen ist dieser Punkt vor dem Hintergrund ihrer kritischen Haltung gegenüber dem politischen System und dessen Protagonisten besonders wichtig. Eine gute Vertrauensbasis und ihre permanente Entwicklung haben damit absoluten Vorrang.

Vertrauen kann aufgebaut werden, wenn deutlich wird, dass alle beteiligten Seiten einen Vorteil gewinnen oder einen Kooperationsmehrwert erfahren können. Wenn es zudem (gemeinsame) Erfolge in ähnlichen Prozessen in der Vergangenheit gab und diese guten Erfahrungen in die gegenwärtige Kooperation einbezogen werden, entsteht Vertrauen auf allen beteiligten Seiten. Offenheit und Transparenz in allen Prozessen sind weitere entscheidende Kriterien für eine Vertrauensbasis, und nicht zuletzt ist die Frage von Verbindlichkeit und wechselseitigen Verpflichtungen der Akteure von Bedeutung.

Alle diese Faktoren sind keine Garantie, dass eine Kooperation auch wirklich auf Vertrauen basiert – sie sind aber Voraussetzungen, um Vertrauen entwickeln zu können.

Macht und Hierarchie

Wenn Politiker, Verwaltungsmitarbeiter oder Jugendarbeiter und Lehrkräfte mit jungen Menschen zusammenarbeiten, müssen sich die Partner vor allem bewusst sein, dass es einer besonderen Transparenz im Umgang mit Macht und Hierarchien bedarf. Macht lässt sich auf verschiedene Weise

erkennen. Macht hat, wer über die Ressourcen verfügt oder weitgehend ungehinderten Zugang zu ihnen hat. Macht verkörpert auch, wer die Definitionshoheit hat. Machtausübung innerhalb einer Struktur zieht eine vertikale Linie von oben nach unten.

Netzwerke dagegen treten oft mit dem Anspruch an, auf der Basis horizontaler Machtverteilung zu agieren. Sobald aber (politische) Entscheidungsträger eingebunden sind, ist die Annahme, es würden nur horizontale Beziehungen innerhalb der Kooperation bestehen, für den Erfolg des Prozesses schädlich. Anders als im Wort Macht ist die Vertikale im Wort Hierarchie bereits zu erkennen. Und ebenso wenig wie die Macht lässt sich Hierarchie aus Beteiligungsnetzwerken heraushalten. Der Umgang mit Macht und Hierarchie wirkt sich beispielsweise auch aus auf die Gestaltung von Aspekten der inneren Ordnung, wie Geschäftsordnungen von Netzwerken.

Netzwerke stellen dauerhafte oder zumindest mittelfristige soziale Beziehungen zwischen Individuen dar, die als Akteure aus unterschiedlichen Kontexten heraus handeln. Um diese Beziehungen erfolgreich zu gestalten, bedarf es einer zuverlässigen Kultur, zu der neben der Dimension des Vertrauens auch Verbindlichkeit, eine horizontal orientierte Kommunikation und Transparenz nach innen und außen gehören. Eine solche Kultur der Kooperation entsteht nicht von allein, sondern sie wird gemeinsam entwickelt und vereinbart.

Langfristigkeit

Projekte sind zeitlich befristete Vorhaben, die von einer Gruppe von Akteuren gemeinsam umgesetzt werden. Netzwerke sind mehr, denn sie leben von Langfristigkeit. Finden sich unterschiedliche Akteure zusammen, um einen Spielplatz neu zu gestalten, handelt es sich um ein Projekt. Übernimmt diese Gruppe anschließend die Verantwortung für eine langfristige Spielleitplanung in der Kommune, kann von einem Netzwerk gesprochen werden.

Bei der Entwicklung einer kommunalen Beteiligungsstrategie sind mittel- und langfristig bestehende Gruppen fast zwingende Voraussetzung. Werden dabei Einzelaktionen zusammengeführt und unter einem gemeinsamen Zielsystem bearbeitet, kann ein Netzwerk entstehen. Darin sind Projektgruppen vertreten, die sich den Herausforderungen einer langfristigen Verankerung ihres Grundanliegens (und nicht mehr nur ihres Einzelprojektes) innerhalb der Kommune stellen.

Wechselseitigkeit

Die Mitarbeit in einem Netzwerk wird gerade für junge Menschen interessant und bedeutsam, wenn sie spüren und erleben, dass die von ihnen eingebrachten Ideen und Anregungen oder sogar materiellen Leistungen mit einer entsprechenden Gegenleistung honoriert werden. Wechselseitigkeit (Reziprozität) unterscheidet sich vom Tauschhandel dadurch, dass der Wert einer

Gegenleistung nicht äquivalent sein muss, jedoch angemessen ist. In den meisten Fällen der Kooperationen liegen keine vertraglichen Bindungen zwischen den Partnern vor, sondern das Engagement beruht auf informellen und lockeren Absprachen. Diese werden nur dann von allen Beteiligten eingehalten, wenn sie auf der Basis von Vertrauen getroffen worden sind.

!

**Tipps zum Aufbau von Netzwerken**

Am Anfang steht in der Regel die Frage, welche Vorteile Netzwerke dem eigenen Vorhaben konkret bringen können. Die Leistungsfähigkeit von Netzwerken ist vielfältig, und die flexiblen Kooperationsformen ermöglichen den Partnern zum Beispiel,

- die eigenen Ziele mithilfe strategischer Allianzen erfolgreicher zu bewältigen,
- Unterstützung von erfahrenen Partnern für eigene Innovationsprozesse zu erhalten,
- Kompetenzen und Ressourcen zusammenzuführen und dadurch Kosten zu sparen,
- Ideen und Anregungen jenseits der eigenen Projektgrenzen zu bekommen sowie
- Probleme, die keiner der beteiligten Partner aus eigener Kraft lösen könnte, zu überwinden.

**Anforderungen an die Netzwerkarbeit**

Zahlreiche kooperationsspezifische Aspekte müssen berücksichtigt werden, mit denen die Partner bisher vielleicht noch keine Erfahrungen haben:

- geeignete Partner gewinnen
- unterschiedliche Interessen und Erwartungshaltungen zusammenbringen
- geeignete Arbeitsformen entwickeln und spezielle Arbeitsmethoden erlernen
- eine Infrastruktur aufbauen, die das Netzwerk trägt
- gemeinsame Regeln definieren und Kooperationsvereinbarungen treffen
- Vertrauen zwischen den Kooperationspartnern aufbauen und kontinuierlich weiterentwickeln

Auch im Rahmen der Netzwerkarbeit durchlaufen die Mitglieder bestimmte Phasen. Hier gibt es unterschiedliche Schwerpunkte:

**Aufbauphase**

In der Aufbauphase wird das Netzwerk organisatorisch entwickelt. Dazu gehört es, geeignete Netzwerkpartner auszuwählen und wichtige Multiplikatoren zu ge-

winnen. Zwischen den beteiligten Institutionen und Personen ist ein Zielbestimmungsprozess zu initiieren, mit dem die Grundlagen für die Kooperation und deren finanzielle Basis sichergestellt werden.

### Konstituierungsphase

Die Konstituierungsphase dient der Zielklärung und Identitätsbildung. In dieser Phase fallen wichtige Entscheidungen für die weitere Kooperation. Hier werden vor allem die Ziele zwischen den Partnern konkret vereinbart und die organisatorischen Strukturen festgelegt. Damit werden weitere wichtige Grundlagen für eine erfolgreiche Zusammenarbeit geschaffen.

### Arbeitsphase

Hier beginnt die eigentliche Arbeit des Netzwerks, geeignete Arbeitsformen werden entwickelt, erprobt und optimiert. Um eine Zusammenarbeit in Netzwerken zu gewährleisten, benötigen sie organisatorische Strukturen, die einerseits offen sind, um den unterschiedlichen Interessenlagen der Partner gerecht zu werden, und andererseits zugleich so effizient, dass sie ergebnisorientiertes Handeln ermöglichen. Zentrale Aufgabe des Netzwerkmanagements ist es, die Komplexität der Arbeit abzufedern und eine hohe Effektivität sicherzustellen.

Netzwerke für Beteiligung organisieren und steuern

### Evaluations- oder Stabilisierungsphase

Die Evaluation und das Monitoring der Arbeit sind unverzichtbarer Bestandteil eines erfolgreichen Netzwerks. In dieser Phase wird Zwischenbilanz gezogen. Die Netzwerkarbeit wird evaluiert, um eventuelle Unzufriedenheiten in der Netzwerkorganisation bezüglich Themenwahl, Unterstützung etc. korrigieren zu können. Eine solche Reflexion der geleisteten Arbeit erfolgt im Kontext der normalen Arbeit des Netzwerkes in den Gremien der Projektorganisation.

### Abschlussphase oder Fortsetzung des Netzwerks

Die letzte Phase jedes Netzwerks ist die Beendigung. Zu jedem Ziel gehört üblicherweise ein Termin: ein Zeitraum, in dem es erreicht werden kann. Die Netzwerkerfahrungen werden ausgewertet und dokumentiert. Der Übergang von einem zielorientierten, zeitlich befristeten zu einem auf Dauer gestellten Netzwerk vollzieht sich jedoch nicht im Selbstlauf. Hier müssen die Akteure frühzeitig geeignete Strategien entwickeln, um das Netzwerk zu verstetigen. Wichtige Aufgaben sind die Klärung der neuen Ziele, einer möglicherweise veränderten Arbeitsweise und die Finanzierung der weiteren Arbeit (vgl. Becker et al. 2005).

## 2 Qualitätsmanagement und Evaluation

Im Rahmen des Projektmanagements spielen Qualitätskriterien eine besondere Rolle und dienen immer wieder als Gradmesser für die eigene Praxis. Im Folgenden werden deshalb verschiedene für Partizipationsprozesse relevante Aspekte des Qualitätsmanagements beleuchtet.

Unmittelbar mit der Frage der Qualität ist die Evaluation dieser Vorhaben verbunden: ein Instrumentarium zur Überprüfung von Projekten hinsichtlich des Ressourceneinsatzes (Input) im Verhältnis zu direkten Ergebnissen und Aktionen (Output) sowie zu erwartenden oder erreichten Veränderungen bei Individuen (Outcome) bis hin zur gesellschaftlichen Wirkung der Maßnahme (Impact). Evaluationen untersuchen also kurzgefasst, mit welchem Einsatz welche Resultate erzielt werden. Dazu werden verschiedene Ansätze vorgestellt: Fremdevaluation, Selbstevaluation und die partizipative Evaluation. Ebenso wird auf präformative, formative und summative Funktionen von Evaluationsmaßnahmen eingegangen.

Der Schwerpunkt der Ausführungen liegt auf der Selbstevaluation. Dafür hat die Bertelsmann Stiftung Instrumente entwickelt, die die Planung, Steuerung und Bilanzierung von Partizipationsprojekten unterstützen.

### 2.1 Was bedeutet Qualitätsmanagement?

Seitdem das Thema Qualität stärker in den Mittelpunkt der Diskussion gerückt ist, gibt es eine Vielzahl damit verbundener Begriffe und Konzepte. Die anfänglich noch sehr unterschiedlichen Handlungsansätze und teils synonym verwendeten Begriffe werden inzwischen unter dem Oberbegriff Qualitätsmanagement zusammengefasst.

Qualitätsmanagementsysteme, wie sie für Prozesse in der Wirtschaft und die dort meist fest geregelten Abläufe entwickelt wurden, können nicht direkt auf die Partizipationspraxis übertragen werden. Sie können aber Abläufe verdeutlichen und Anhaltspunkte liefern. Zudem dienen sie dazu, die Hintergründe und Effekte des Qualitätsmanagements aufzuzeigen. Diese Systeme werden immer weiter entwickelt, um so flexibler auf die Anforderungen der Praxis reagieren zu können. Auch die Initiative »mitWirkung!« hat sich intensiv den Qualitätsanforderungen für Partizipationsvorhaben gewidmet und entsprechende Kriterien entwickelt.

vgl. Seite 49 ff.

Zum Qualitätsmanagement gehören alle Tätigkeiten, mit denen Ziele und Verantwortungen sowie deren Umsetzung festgelegt werden. Ebenso ge-

hören Qualitätsplanung, -lenkung und -sicherung dazu, die der Optimierung dienen (vgl. Burmeister und Lehnerer 1996: 19).

Leitgedanken

Vor dem Hintergrund dieser und ähnlicher Definitionen wurden auf nationaler und internationaler Ebene Qualitätsmanagementsysteme entwickelt. Dabei wird in der Regel von folgenden Leitgedanken ausgegangen (vgl. ebd.: 19 ff.):

- Qualität ist als strategisches Ziel eines Vorhabens verankert. Qualitätsmanagement hat damit einen langfristigen und dauerhaften Charakter. Qualität und Qualitätsmanagement sind zugleich eine Strategie, um gegenüber der Konkurrenz zu bestehen.
- Qualitätsmanagement bedeutet mehr als reine Kontrolle und Sicherung der Qualität. Alle mit den Anforderungen verbundenen Prozesse, Arbeitsbedingungen und Außenbeziehungen werden integriert.
- Die Verantwortung für das Qualitätsmanagement liegt bei der Projektleitung. Damit einher geht eine Vorbildfunktion der Leitung, was aber nicht bedeutet, dass andere Beteiligte nicht betroffen und beteiligt wären. Qualitätsmanagement integriert alle Akteure aktiv in das Konzept und seine Umsetzung.
- Qualitätsmanagement bezieht auch die Werteebene der in Projekten Handelnden ein. Ein in der Kultur eines Vorhabens integriertes Qualitätsbewusstsein bildet die Grundlage für die erfolgreiche Umsetzung.

Qualitätsmanagement ist Prozessmanagement

Qualitätsmanagement bezieht alle Abläufe, Tätigkeiten und Vorgänge ein, die im Verlauf eines Projektes vorkommen und wechselseitig miteinander zusammenhängen. Das Augenmerk liegt auf dem Ressourceneinsatz, den Ergebnissen und der Wirksamkeit dieser Prozesse. Es werden Ziele aufgestellt und Ablaufprozesse überprüft. Dabei aufgetretene Schwachstellen werden analysiert und die angestrebten Ergebnisse möglichst langfristig abgesichert (vgl. ebd.).

Qualität beginnt im Einzelprojekt

Das eigentliche Qualitätsmanagement mit Planung, Lenkung, Kontrolle und Verbesserung beginnt auf der Ebene einzelner Partizipationsprojekte. Dabei ist es wichtig, die Dimensionen von Qualität in sämtliche Abläufe zu integrieren. Die Fragen nach den Zielen eines Projektes, ihrer Erreichung und Kontrolle sowie dem effektiven und effizienten Mitteleinsatz werden vor und während des Projektes geklärt und führen als Ergebnis zu einer stetigen Weiterentwicklung.

Besonders wichtig ist es, für alle Prozesse und Abläufe zu überlegen, wie diese dokumentiert und überprüft werden, um abschließend eine Bewertung durchführen zu können. Qualitätsmanagement ist somit als ein integraler

Bestandteil des Projektes zu verstehen. Kristallisations- und Orientierungspunkt für alle Überlegungen ist die Entwicklung eines Qualitätsbewusstseins bei allen Beteiligten in Partizipationsprojekten.

Kontext – Personen – Erfahrungen

Qualitätsentwicklung kann demnach in politischen, sozialen und pädagogischen Praxisfeldern als ein vom Kontext (Projektrahmen), von Personen (Projektbeteiligten) und Erfahrungen (Projektverlauf) abhängiger und daran gebundener Vorgang bezeichnet werden. Qualität in der pädagogischen Arbeit mit Kindern und Jugendlichen ist somit faktisch nicht objektiv zu beschreiben oder gar zu definieren, sondern in jedem Falle stark subjektiv geprägt. Deshalb sind Verständigung und Zusammenwirken aller beteiligten Menschen Voraussetzung für eine von allen als gut eingeschätzte Qualität und damit auch der Zufriedenheit mit dem Projektverlauf und den Ergebnissen (vgl. Middendorf 2002: 16).

!

**Zum Qualitätsmanagement in Partizipationsprojekten**

Zu Beginn eines Qualitätsmanagementprozesses sollten die Verantwortlichen eine Reihe von Leitfragen bedenken, die bei der konkreten Umsetzung hilfreich sind:

- Welche Bedarfe und Anforderungen bestehen vonseiten der Zielgruppe, der Moderatoren, des Trägers, der Gesetze oder der Politik?
- Welche Ziele ergeben sich aus diesen spezifischen Anforderungen sowie aus pädagogisch-fachlicher Perspektive?
- In welchen didaktischen oder methodischen Prozessen können diese Ziele im weiteren Projektverlauf umgesetzt werden?
- Welche Strukturen und Ressourcen stehen zur Verfügung oder müssen erschlossen werden (Räume, Zeit, Finanzen, Ausstattung)?
- Was muss für die fachliche Qualifikation und Kompetenz der begleitenden Fachkräfte getan werden?
- Welche Ergebnisse können erreicht und welche Wirkungen erzielt werden? Was wird als Erfolg gelten, und woran kann dieser bewertet und gemessen werden?

(Quelle: Middendorf 2002: 16 ff.)

Qualitätskriterien für Partizipationsprojekte

Die Qualitätsentwicklung in der Partizipationspraxis bedeutet, sich einzelnen Aspekten genauer zu widmen, sie sich persönlich bewusst zu machen und sich mit allen Beteiligten über folgende Fragen zu verständigen:

- Wie wird die bisherige Qualität der Arbeit eingeschätzt (Bestandsaufnahme, Ist-Analyse)?

- Welche Qualität des Angebots soll erreicht werden (Ziele und Standards)?
- Wie kann Qualität im Ergebnis festgestellt und bewertet werden (Merkmale, Indikatoren)?
- Wie kann Qualität auf Dauer gehalten werden (Sicherung)?
- Wie kann Qualität angemessen weiterentwickelt werden (Fortschreibung, Weiterentwicklung)?

**Qualitätsdimensionen für Beteiligungsvorhaben**

Für die Partizipationspraxis wurden im Rahmen der Initiative »mitWirkung!« Qualitätskriterien entwickelt, die die Planung, Umsetzung und Bilanzierung von Beteiligungsvorhaben steuern. Die folgenden Fragen umreißen ein Qualitätsverständnis, von dem ausgehend entsprechende Indikatoren abgeleitet werden können:

- Wurde ein für Jugendliche attraktives Thema gewählt?
- Sind die Ziele für alle Beteiligten klar, hinreichend konkretisiert und auf das Alter, das Geschlecht und den sozialen Hintergrund der ausgewählten Zielgruppe ausgerichtet?
- Ist die Arbeit der Verantwortlichen eingebettet in eine kommunale Gesamtkonzeption? Wird ihre Arbeit durch ein politisches Mandat abgesichert?
- Konnten wichtige Partner gewonnen werden? Stehen ausreichend personelle und finanzielle Ressourcen zur Verfügung?
- Ist der Beteiligungsprozess so niedrigschwellig organisiert, dass Jugendliche leicht Zugang finden? Haben junge Menschen einen garantierten Entscheidungsrahmen?
- Sind die Methoden dem Thema des Vorhabens und dem Entwicklungsstand der Zielgruppe angemessen?
- Werden bei den beteiligten Jugendlichen Lernprozesse ausgelöst und Resultate erzielt?
- Wird das Engagement der jungen Menschen anerkannt?
- Welche Ergebnisse werden erzielt? Erfolgt eine Evaluation? Ist der Transfer gesichert?

## 2.2 Evaluation von Partizipationsprojekten

»Evaluation ist die systematische, datenbasierte Beschreibung und Bewertung spezifizierter Programme, Projekte und Maßnahmen anhand von Kriterien, die explizit auf einen Sachverhalt bezogen sind« (Windau und Meinhold-

Ansätze und Formen

Henschel 2006: 2, unter Bezugnahme auf Kromrey 2001: 105 ff.). Evaluation als ein »Werkzeug der systematischen Informationsgewinnung« und der »Diagnose und Bewertung [...] Planung, Steuerung und Verbesserung von Prozessen« ist dabei Teil eines »ganzheitlichen Qualitätsmanagements« und eine Möglichkeit, »Qualität und Transparenz« des Handelns zu erhöhen: »Durch die Evaluation von Programmen und Projekten wird die Qualität des Handelns überprüft, optimiert und gesichert« (ebd.).

Funktionen

Je nachdem, welche Schwerpunkte im Rahmen einer Evaluation gesetzt werden, haben die entsprechenden Verfahren verschiedene Ausrichtungen. Sie dienen im Allgemeinen (vgl. Morgenstern et al. 2004: 134)

- der Kontrolle, um damit die eigene Arbeit zu bilanzieren,
- zur Aufklärung, um die Wahrnehmung unterschiedlicher Dimensionen der eigenen und der kollektiven Arbeit zu erweitern und sich zugleich auf einer rationalen Ebene damit auseinanderzusetzen,
- der Qualifizierung, um neue Perspektiven der Umstrukturierung im Arbeitsprozess zu entwickeln und die fachliche Kompetenz zur Änderung von Konzepten zu erweitern,
- als Innovation, um erforderlichen Änderungsbedarf zu lokalisieren, neue Handlungsmuster zu entwickeln, zu erproben und umzusetzen.

Vom Input zum Impact

Im Rahmen von Evaluationsprozessen wird untersucht, mit welchem Ressourceneinsatz – beispielsweise von Personal, Geld, Partnern, Material, aber auch Zeit – Aktionen geplant und entwickelt und welche Ergebnisse erreicht werden. Hinzu kommen die angestrebten und beabsichtigten Wirkungen bei den Beteiligten sowie zu erwartende systemische Konsequenzen.

**Abbildung 5: Elemente des Evaluationsprozesses**

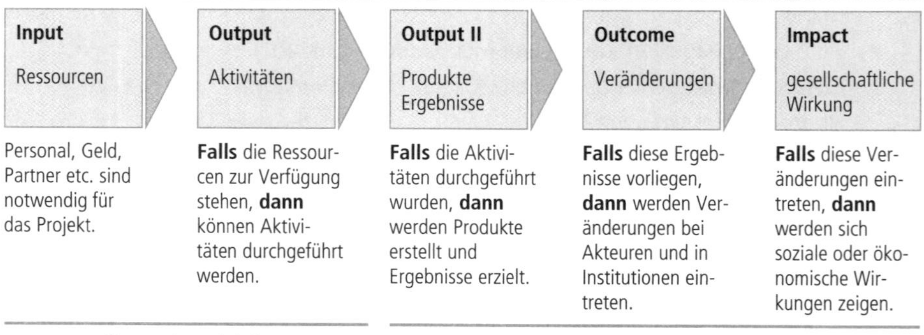


Quelle: Eigene Darstellung

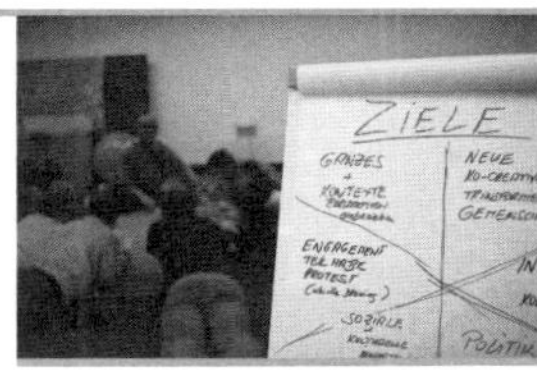


Evaluationen prüfen den Weg vom Input zum Impact unter der Fragestellung der Zielerreichung. Dabei geht es immer darum, ob die gesetzten Ziele in der gewünschten Zeit erreicht wurden und ob der Mitteleinsatz dafür gerechtfertigt ist. Ein zweiter Blickwinkel von Evaluationen richtet sich auf mögliche nicht intendierte Effekte des Projektes. Im Rahmen von Evaluationen lassen sich so auch Aspekte abbilden, die zu Projektbeginn noch nicht eingeplant waren.

## 2.3 Ansätze für die Evaluation

In Wissenschaft und Praxis werden verschiedene Evaluationsansätze diskutiert. Unterschieden wird traditionell zwischen Fremd- und Selbstevaluation. Vor dem Hintergrund demokratiepädagogischer Ansätze in der Bildungsarbeit wurde in jüngerer Zeit das Konzept der partizipativen Evaluation entwickelt.

Fremdevaluation

Fremdevaluation »beinhaltet die systematische Anwendung empirischer Forschungsmethoden zur Bewertung des Konzeptes, des Untersuchungsplanes, der Implementierung und der Wirksamkeit sozialer Interventionsprogramme« (Bortz und Döring 2002: 102).

Als Fremdevaluationen werden die Verfahren und Maßnahmen zur Prüfung und Bewertung eines Gegenstandes bezeichnet, die von Externen durchgeführt werden. Das heißt, Institutionen oder Personen außerhalb des Untersuchungsfeldes führen die Evaluation durch.

Selbstevaluation

Als Selbstevaluation werden solche Verfahren bezeichnet, bei denen in Projekten und anderen Praxisvorhaben Fachkräfte gleichzeitig für die Planung, Umsetzung, Steuerung und Evaluation verantwortlich und zuständig sind.

Ziel dabei ist es, durch eine systematische Sammlung sowie die Aus- und Bewertung von Daten aus der eigenen Praxis eine rationale, fundierte Grundlage für die Planung und Optimierung der Arbeit und ihrer Prozesse zu bekommen. Zudem zielt Selbstevaluation immer auf die fachliche Qualifizierung der Beteiligten. »Selbstevaluationen haben das Ziel, die eigene Arbeit zu optimieren und die fachliche Weiterqualifizierung zu fördern« (von Spiegel 2000: 32).

Es geht hier weniger um den Einsatz aufwendiger empirischer Forschungsmethoden und die Einhaltung von deren Richtlinien, sondern vielmehr um eine Anwendung einfacher Untersuchungsmethoden. Selbstevaluation dient nicht der Kontrolle oder Bewertung von Akteuren, sondern liefert detaillierte

Informationen über Zusammenhänge von Prozessen und Ergebnissen der eigenen Praxis.

Vorteile der Selbstevaluation

Die Selbstevaluation bietet der eigenen Praxis folgende Vorteile (vgl. ebd.: 39):

- Fachkräfte nehmen die Beteiligten genau in den Blick und können deren Bedürfnisse und Interessen besser erkunden.
- Fachkräfte und andere Akteure erhalten schnell Rückmeldung darüber, ob ihr Handeln angemessen ist.
- Die Selbstreflexion der Fachkräfte wird gefördert. So können Beteiligte eine forschende, experimentierende Haltung trainieren, die zur professionellen Distanz beiträgt.

Auf Distanz achten

Ein Nachteil von Selbstevaluation ist allerdings, dass es aufgrund der fehlenden Distanz zum Untersuchungsgegenstand dazu kommen kann, dass kritische Fragen ausgeblendet werden. Eine wissenschaftliche Begleitung bringt an dieser Stelle gerade durch ihre Distanz den kritischen Blick ein, den die Beteiligten nicht haben. Eine umfassendere Fremdevaluation, die in gewissen zeitlichen Abständen wiederholt wird, ist also, neben der Selbstevaluation, unabdingbar (vgl. ebd.: 41).

Evaluationskonzepte

Hinsichtlich der zeitlichen Dimension der Evaluation und der einzelnen Projektphasen werden grundsätzlich zwei Konzepte unterschieden. Der Fokus liegt entweder auf dem Projektverlauf oder bei den erreichten Projektergebnissen. Je nach dem Stadium der Entwicklung eines Projektes werden dabei unterschiedliche Aspekte, Ziele, Methoden und Arbeitsschritte untersucht.

Formative Evaluation

Die formative Evaluation ist eine begleitende Bewertung von Projekten. Sie hat unmittelbare Wirkung auf den Programmverlauf und gestaltet diesen durch die gewonnenen Ergebnisse mit. Auf der Grundlage von Ergebnissen können der Qualitätsentwicklungsprozess optimiert und Maßnahmen korrigiert sowie überarbeitet werden. Das entwickelte Konzept wird erprobt und gleichzeitig bewertet. Das Ziel ist dabei, rechtzeitig Schwachstellen aufzudecken und flexibel den Verlauf zu korrigieren, um so die Arbeit im Prozess zu verbessern.

Wird bereits das Projektkonzept evaluiert, spricht man von einer präformativen Evaluation, die auf reflexiver Basis die Erfolgsaussichten des Vorhabens untersucht und bewertet.

Summative Evaluation

Als summative Evaluation wird die am Ende eines Projektes durchgeführte Überprüfung und Bewertung in Form eines Endgutachtens bezeichnet. In erster Linie werden Fragen zur Wirksamkeit verschiedener Ansätze, Maßnahmen und Methoden gestellt. Dabei geht es um das Auftreten oder Nicht-

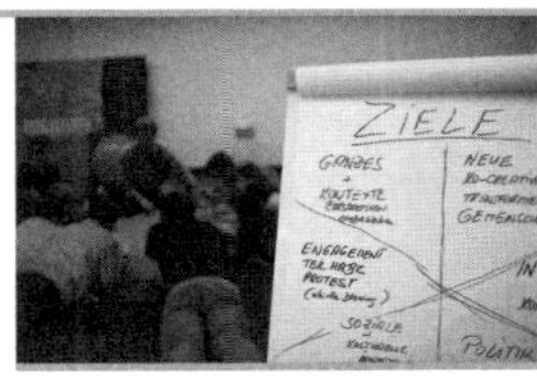


auftreten erwarteter intern entwickelter oder extern festgelegter Ergebnisse. Berücksichtigt werden die Intensität solcher Wirkungen sowie die Zeit, bis die Ergebnisse eines Projektes sichtbar sind.

Konzept der partizipativen Evaluation

Im Zusammenhang mit Bildungsprogrammen zur Demokratie- und Toleranzerziehung und deren umfassender Evaluation wurde das Konzept der partizipativen Evaluation entwickelt (vgl. Ulrich und Wenzel 2003). Basierend auf einem demokratisch und partizipatorisch angelegten Lernprozess und den sich daraus ergebenden Konsequenzen für die Evaluation wird formuliert: »Evaluation muss zu politischer Bildung passen. Dies gilt nicht im Sinne eines Erfüllungsgehilfen, quasi als Erfolgsgarant, sondern im Sinne der Authentizität des Vorgehens. Die vorausgegangenen Bildungsbemühungen sollten nicht durch ein vermeintlich neutrales Vorgehen konterkariert werden, welches in der politischen Bildung selbst keinen Platz hat. Evaluation muss sich als integraler Bestandteil von Projekten politischer Bildung verstehen. Sie bekommt dadurch einen ganz neuen Stellenwert und auch neue Aufgaben zugewiesen, die für alle Beteiligten bereichernd wirken können« (ebd.: 30).

Partizipative Evaluation

Demokratie lernen

In Partizipationsprojekten geht es, wie auch in der politischen Bildung, um den Erwerb von Kenntnissen und Einsichten und das Lernen im Geiste von Demokratie. Durch Teilhabe und Mitwirkung sollen junge Menschen Handlungskompetenzen zur aktiven Mitgestaltung der Gesellschaft entwickeln. Partizipation ist ein Grundpfeiler der Demokratie. Ohne eine umfassende Beteiligung der Menschen an der Gestaltung ihrer Gesellschaft fehlen der Demokratie entscheidende Impulse. Mit einem solchen Verständnis von Partizipation gilt, was auch in der demokratiepädagogisch orientierten politischen Bildung von Bedeutung ist: »Lernen ›für‹ und ›über‹ Demokratie soll mit Lernen ›durch‹ Demokratie verbunden werden. Auf die ›through‹-Perspektive kommt es hier an« (Himmelmann 2005: 26).

Die Räume, in denen Kinder und Jugendliche heranwachsen und gebildet werden, sollen sich zu Möglichkeitsräumen entwickeln, in denen sie konkrete und auf den Alltag bezogene Erfahrungen mit Demokratie machen (vgl. ebd.). Partizipation im kommunalen Umfeld ist dabei als ein wesentlicher Bereich des Demokratie-Lernens zu verstehen. Wo sonst, wenn nicht im Rahmen von Beteiligungsmöglichkeiten, kann die »through«-Perspektive entwickelt werden? Durch eine alltägliche kommunale Partizipationskultur lernen Kinder und Jugendliche etwas über und für die Demokratie.

Verständnis von Evaluation

Evaluation in Partizipationsprojekten sollte grundsätzlich, vor allem aber aufgrund des Verständnisses, Beitrag auch zur politischen Bildung zu sein, demokratisch und partizipativ angelegt sein. Somit wird Evaluation zu einem interaktiven Prozess, der durch das Einbeziehen unterschiedlicher Perspektiven neue Erkenntnisse bringen kann. Dabei reicht es nicht, aus einer einzigen (externen) Perspektive die erforderlichen Daten zu erfassen und zu bewerten. Evaluationsverfahren bieten die Möglichkeit, Perspektiven zu erweitern sowie Bewertungen und Urteile von möglichst allen Beteiligten zu integrieren. Evaluation wird damit zur Chance für erweiterte Partizipation und Pluralität.

Einbeziehung junger Menschen

Partizipative Ansätze zur Evaluation von Beteiligungsprojekten bieten eine Vielzahl an Möglichkeiten, junge Menschen nicht nur unmittelbar an der Planung und Umsetzung ihrer Vorhaben zu beteiligen. Auch in die Bewertung ihrer eigenen Projekte können sie gut einbezogen werden. Mit der vertiefenden Auseinandersetzung können Kinder und Jugendliche weitere Einblicke in die Gestaltungsmöglichkeiten der demokratischen Gesellschaft bekommen.

Erhöhte Akzeptanz

Partizipative Evaluation erhöht außerdem die Akzeptanz der Evaluation, da alle Akteure beteiligt sind. Damit erhöht sich auch die Glaubwürdigkeit der Ergebnisse, und es wird eine größere Bereitschaft entwickelt, die Konsequenzen aus den Ergebnissen gemeinsam umzusetzen. Zudem werden die Selbstreflexion und die Kompetenz der Beteiligten erweitert, da sie gleichzeitig neben der inhaltlichen Arbeit im Projekt eine forschende und experimentierende Haltung einnehmen.

Ressourceneinsatz

Partizipative Evaluation ist als ein eigenständiger sozialer Prozess zu verstehen, der Energie und Ressourcen bindet. Das kann leicht zu einer Überforderung der Beteiligten führen. Deswegen sollte gut abgewogen werden, ob und wie alle Beteiligten in alle Evaluationsprozesse einbezogen werden. Das Konzept bietet einen reichen Fundus an Argumenten für ein demokratisch orientiertes Verständnis von Evaluation und sollte soweit wie möglich bei der Gestaltung von Evaluationsprozessen einbezogen werden.

Die Entscheidung

Vor Beginn sollten Zweck und Grenzen der beabsichtigten Evaluation festgestellt werden. Vor der eigentlichen Evaluationsplanung ist eine grundsätzliche Auseinandersetzung mit der Ausgangslage erforderlich: Es kann, aber es sollte nicht alles evaluiert werden. Evaluation ist dann sinnvoll, wenn es ein konkretes Erkenntnisinteresse und tatsächliche Veränderungsmöglichkeiten gibt.

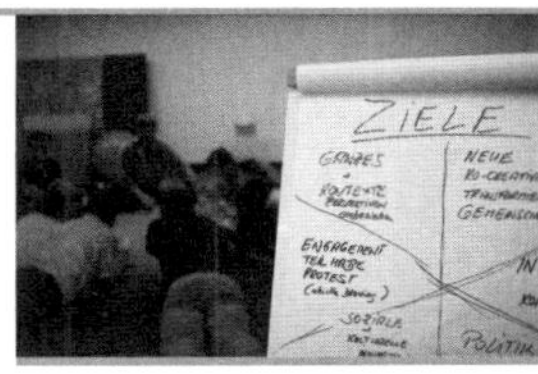


**Tabelle 5: Chancen und Herausforderungen von Evaluationen**

| | Chancen | Herausforderungen |
|---|---|---|
| **Selbstevaluation** | • Fachkompetenz<br>• Kenntnis des Projektes<br>• Zielverständnis<br>• Verfügbarkeit von Informationen<br>• kurze Wege zu Projekt-verantwortlichen<br>• positive Auswirkungen auf die Fehler-/Lernkultur | • fehlende Distanz<br>• Abhängigkeit von Projektergebnissen<br>• Befangenheitsrisiko<br>• Rollenkonflikte |
| **Fremdevaluation** | • Expertenwissen Evaluation<br>• Methodenwissen Datenerhebung und -management<br>• Akzeptanz bei Partnern | • inhaltliche Distanz<br>• Kosten<br>• Geschäftsinteressen<br>• Akzeptanz bei Partnern |

**Vorüberlegungen und Vorentscheidungen:**
**Fremd- oder Selbstevaluation?**

Folgende Grundsatzfragen sind vor der Entscheidung für eine bestimmte Form oder einen Ansatz der Evaluation zu klären (vgl. Windau und Meinhold-Henschel 2006: 4):

- Welchen Zweck verfolgt die Evaluation?
- Was genau soll evaluiert werden?
- Wie intensiv soll evaluiert werden?
- Welche Fragestellungen sollen beantwortet werden?
- Welche Methoden sind geeignet?
- Welche Ressourcen stehen zur Verfügung, welcher Aufwand ist notwendig?
- Welche Produkte sollen im Evaluationsprozess entstehen?
- An wen, wie und wann sollen die Evaluationsergebnisse kommuniziert werden?
- Welche Konsequenzen und Auswirkungen hat die Evaluation für die Beteiligten auf interner und externer Ebene?

## 2.4 Selbstevaluation in Partizipationsprojekten

Die Planung einer Evaluation basiert immer auf den vorher aufgestellten Zielen für das Projekt. Wenn diese klar sind, können die einzelnen Schritte entwickelt und durchgeführt werden. Im Folgenden wird ein Ablaufschema vorgestellt, das grundsätzlich für alle Formen von Evaluationen gilt (vgl. König 2000; Liebald 1998: 77 f.). Die Schritte sind Leitlinien, die für die jeweils eigene Praxis modifiziert oder in ihrer Reihenfolge geändert werden können und auch der Entwicklung eines umfassenden Selbstevaluationskonzeptes dienen.

Wichtig ist dabei, jeden Schritt zu dokumentieren. Diese Arbeitsweise erhöht die Transparenz, macht die Evaluation nachvollziehbar und verbessert ihre Qualität. Außerdem können Konflikte und Unstimmigkeiten innerhalb des Teams durch begleitende Dokumentation und Reflexion minimiert werden.

Diese Schritte sind bei der Entwicklung eines Evaluationskonzeptes zu bedenken:

- Evaluationsgegenstand bestimmen
- Ziele, Zwecke und Fragestellungen festlegen, Bedingungen klären
- Indikatoren auf Grundlage der Kriterien beschreiben
- Informationsquellen aussuchen
- Methoden zur Datenerhebung entwickeln
- Daten erheben und auswerten
- Qualität der Evaluation bewerten
- Ergebnisse verwerten

Evaluationsgegenstand bestimmen

Zunächst werden Gegenstand und Umfang der Evaluation festgelegt. Um das Untersuchungsfeld und den Aufwand überschaubar zu halten, wird ein begrenzter Bereich des Vorhabens untersucht und verbindlich festgelegt.

Ziele, Zweck und Bedingungen klären

Über den Zweck der Evaluation muss eindeutige Klarheit bestehen. Dabei wird nach dem Nutzen gefragt und den Zielen, die erreicht werden sollen. Weitere wichtige Aspekte sind, wem die Evaluation und ihre Ergebnisse wann und warum etwas nützen und wie der Umgang mit Zielkonflikten erfolgt.

Außerdem sind Voraussetzungen zu klären, wie das nötige Evaluationsbudget, die personellen Voraussetzungen und mögliche Unterstützung von außen. Eine externe Beratung kann bei der Auswahl von Erhebungsmethoden, der Datenauswertung oder auch bei der Interpretation und Bewertung der Ergebnisse hilfreich sein.

Indikatoren entwickeln

vgl. Seite 56 ff.

Qualitätskriterien sind Maßstäbe, die eine Bewertung der praktischen Handlungen und der Ergebnisse ermöglichen. Kriterien können aus den Zielen, den Erwartungen der Beteiligten oder aus fachlichen Standards abgeleitet werden. Für Partizipationsprojekte wurden solche Kriterien im Rahmen der Initiative »mitWirkung!« entwickelt. Sie bilden die Grundlage eines jeden Evaluationsprozesses im Rahmen der Kinder- und Jugendpartizipation.

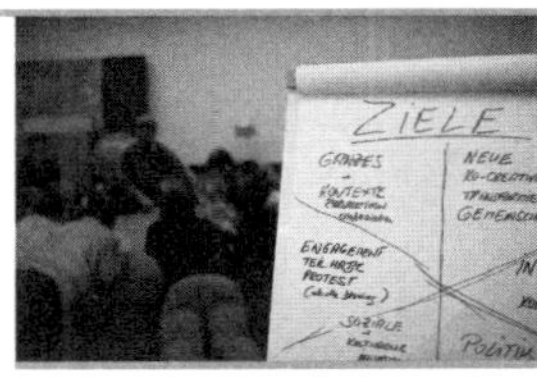


Die Operationalisierung und Indikatorenbildung ist die Voraussetzung für die systematische Sammlung und Auswertung von Informationen. Die Kriterien werden in erfassbare Indikatoren zerlegt, anhand derer man später die Ergebnisse bewertet. Je größer die Zahl der Indikatoren, desto eher ist gewährleistet, dass Ungenauigkeiten, Verzerrungen und andere Messfehler sich nicht negativ auf das Gesamtergebnis auswirken.

Informationsquellen aussuchen

Ein Projekt wird aus verschiedenen Blickwinkeln evaluiert. Je mehr unterschiedliche Sichtweisen eingebracht werden, aus denen auf das Projekt geschaut wird, desto vollständiger ist das spätere Bild. Verzerrungen oder fehlerhafte Informationen können somit minimiert werden. Durch diese Herangehensweise entsteht allerdings auch ein nicht unerheblicher Mehraufwand; es muss geprüft werden, ob eine Stichprobe möglicherweise ausreichend ist.

Methoden zur Datenerhebung entwickeln

Während dieser Phase werden Instrumente entwickelt, die die Informationen zur Beschreibung und Bewertung des Untersuchungsgegenstandes liefern. Die Auswahl der Erhebungsmethode hängt von den Fragen und den Zeitressourcen ab. Zu bevorzugen sind solche Methoden, die sich gut in den Alltag des Partizipationsprojektes integrieren lassen.

Während dieses Teilschrittes werden die Daten anhand der zuvor festgelegten Instrumente gesammelt und anschließend ausgewertet. Wichtig ist, dass es bei der Erhebung, also der Informationssammlung, im Verlauf des Projektes keine unnötigen Störungen gibt. Bei dokumentierenden und protokollierenden Verfahren ist es möglich, die Erhebung von Daten in alltägliche Routinevorgänge zu integrieren.

Formen der Datenerhebung

Im Wesentlichen sind drei Formen der Datenerhebung zu unterscheiden (vgl. Windau und Meinhold-Henschel 2006: 11 ff.):

- Die am häufigsten angewendete Erhebungsmethode ist die *Befragung* von Zielgruppen. Sie kann im direkten persönlichen Kontakt, in Form eines Interviews, als schriftliche Befragung oder als Onlinebefragung durchgeführt werden.
- Bei der *Beobachtung* wird alltägliches Vorgehen systematisch erfasst. Sie nimmt menschliche Handlungen, verbale und nonverbale Äußerungen sowie andere soziale Merkmale in den Blick.
- Die *Inhaltsanalyse* richtet sich auf die Analyse vorhandenen Materials, wie Texte, Bilder oder auch Filme. Es werden inhaltliche und/oder formale Merkmale dieser Quellen untersucht.

## Quantitative und qualitative Methoden der Selbstevaluation

Für alle Methoden können grundsätzlich quantitative und qualitative Verfahren unterschieden werden. Grob differenziert entstehen quantitative Daten im Gegensatz zu qualitativen durch Messen und Zählen.

Beispiele für quantitative Daten sind die Zufriedenheit mit einem Partizipationsangebot, abgefragt mit einer Skala von 1 (= sehr zufrieden) bis 6 (= sehr unzufrieden). Quantitative Daten erlauben auch die Bildung von Rangordnungen. Im Rahmen von Befragungen werden quantitative Daten mittels standardisierter Fragebögen gewonnen.

Methoden der Evaluation

Qualitative Daten sind nichtnumerisch. Sie entstehen in der interpretierenden Analyse der Realität. Die wohl wichtigste Technik zur Erhebung qualitativer Daten ist die Durchführung von leitfadengestützten Interviews, die der Interaktion zwischen Interviewer und Befragten viel Freiraum geben, offene Fragen in den Mittelpunkt stellen und die Eindrücke der Interviewer berücksichtigen.

Beispiele für quantitative und qualitative Anwendung der Datenerhebungsmethoden:

| Methode | quantitativ | qualitativ |
|---|---|---|
| Befragung | schriftliche Befragung mit einem standardisierten Fragebogen | persönliches Interview auf der Basis eines Leitfadens |
| Beobachtung | Zählen von Verhaltensmerkmalen | Analyse des Verhaltens |
| Inhaltsanalyse | Zählen formaler Texteigenschaften | Interpretation zentraler Textbotschaften |

Befragungen

Befragungen sind in der Regel sehr aufwendig. Werden sie als Interview durchgeführt, ist beispielsweise nicht auszuschließen, dass die Interaktion zwischen Interviewenden und Befragten das Antwortverhalten beeinflusst. Die spezifische Schwäche einer Befragung kann die sogenannte »soziale Erwünschtheit« sein, das heißt: Die Befragten antworten im Sinne der vermeintlich von ihnen erwarteten Antwort. Die Qualität der Ergebnisse hängt maßgeblich von der Konstruktion des Fragebogens ab. Ein vorher durchgeführter Test mit Mitgliedern der Zielgruppen gehört unbedingt zum Untersuchungsvorhaben.

Beobachtungen

Beobachtungen bieten den Vorteil, dass sie tatsächliches und nicht bekundetes Verhalten erfassen. Aber auch hinsichtlich der Beobachtung kann es zu Qualitätseinbußen kommen, wenn die Teilnahme der Beobachtenden die Situation verändert oder wenn diese nicht hinreichend geschult sind. Wahrnehmungsverzer-

rungen und Fehlinterpretationen wird hierdurch Vorschub geleistet. Zudem können Beobachtungen enorm zeitaufwendig sein.

Inhaltsanalyse

Mit der Inhaltsanalyse wird bereits vorhandenes Material ausgewertet. Allerdings liegt darin auch eine Beschränkung, da oft nicht alle (unterschiedlichen, aber) relevanten Perspektiven in diesen Quellen abgebildet sind.

Methodenmix

Grundsätzlich ist davon auszugehen, dass Evaluation besonders effektiv und nutzenorientiert ist, wenn mehrere Datenquellen genutzt werden und unterschiedliche Methoden zum Einsatz kommen. Dieses kombinierte Vorgehen ermöglicht es, die Gültigkeit der gewonnenen Daten zu steigern, unterstützt das Finden zusätzlicher Interpretationsmöglichkeiten und steigert die Überzeugungskraft der Evaluation insgesamt. Besondere Bedeutung kommt dabei der Verzahnung von quantitativen und qualitativen Zugängen zu. Durch eine solche Verknüpfung wird es möglich,

- mittels verschiedener Methoden die erzielten Ergebnisse zu überprüfen und so die Aussagekraft abzusichern (Triangulation),
- den Einsatz der gewählten Methoden zu ermöglichen, beispielsweise durch die Entwicklung von Hypothesen für eine quantitative Befragung durch qualitative Interviews (Facilitation),
- Erkenntnishorizonte im Rahmen einer komplementären Untersuchungsstrategie auszudehnen.

Daten auswerten

Zur Auswertung wird das gesamte Material systematisch gesammelt, geordnet, dokumentiert und zusammengefasst. Nach der Datenerhebung werden die gewonnenen Informationen verarbeitet, aufbereitet, interpretiert und bewertet. Erst dann lassen sich Schlüsse für das weitere Vorgehen ziehen. Nach der Auswertung fließen die Ergebnisse auch in die Sachberichte und Projektdokumentationen ein. Einerseits wird den Teilnehmenden und auch den Auftraggebern verdeutlicht, welche Ergebnisse die Evaluation erbracht hat. Andererseits entsteht durch die Veröffentlichung auch eine Selbstverpflichtung zur Umsetzung der Ergebnisse.

Bewerten und kommunizieren

Zum Abschluss eines Evaluationsprozesses stellt sich die Frage zur Qualität der Selbstevaluation und damit der Verwertbarkeit der Ergebnisse. Kriterien zur Beurteilung des Evaluationsverlaufs werden deshalb von Anfang an festgelegt und kontinuierlich überprüft. Es geht hierbei im Grunde um die Evaluation der Evaluation. Die aus dieser Metaevaluation gewonnenen Erkenntnisse dienen als Grundlage für die Verbesserung oder Verstetigung der eigenen Evaluationspraxis.

Hilfsmittel für die Selbstevaluation

Partizipationsprojekte, so eine Erkenntnis der Initiative »mitWirkung!«, sollten mit Verfahren der Selbstevaluation begleitet werden. Für die Umsetzung eines solchen Ansatzes steht ein Instrument zur Verfügung. Auf Grundlage der Qualitätskriterien wurde es als standardisiertes Verfahren für die Bewertung von Partizipationsprojekten entwickelt. Es dient der systematischen Analyse des konzeptionellen Rahmens, aller Projektaktivitäten sowie der Ergebnisse und Wirkungen von Beteiligungsvorhaben. Damit trägt es zur Verbesserung der Planung, Steuerung, Dokumentation und Bilanzierung der Projekte bei und unterstützt deren Qualitätsentwicklung. Da es prozessbegleitend angelegt ist, werden damit die Möglichkeiten einer formativen Selbstevaluation eröffnet.

Als Ergänzung steht ein ebenfalls standardisiertes Instrument für die Befragung von Jugendlichen in Beteiligungsprojekten zur Verfügung.

!

**Leitfragen für die Selbstevaluation von Partizipationsprojekten**

Die folgenden Leitfragen dienen als Basis für Evaluationen von Partizipationsprojekten mit Kindern und Jugendlichen. Sie bilden den Rahmen für die zur Verfügung stehenden Instrumente und sind gleichzeitig die Grundlage für Konzepte weiterer Bausteine im Evaluationsprozess. Dazu können ergänzende und vertiefende Datenerhebungen wie qualitative Befragungen oder Beobachtungen gehören.

**Zielgruppen und Zugangsgerechtigkeit**

- Sind die Angebote der Zielgruppe angemessen?
- Werden auch Angebote für beteiligungsferne Gruppen gemacht?
- Sind die Angebote niedrigschwellig?
- Wird die Zielgruppe tatsächlich erreicht?

**Ziele**

- Sind die Ziele hinreichend transparent, nachvollziehbar und öffentlich anerkannt?
- Wurden Kinder und Jugendliche an der Zielformulierung beteiligt?
- Sind die Ziele in eine übergreifende Strategie eingebunden?

**Themen**

- Ist das Thema für Kinder und Jugendliche relevant?
- Ist es auch für andere Akteure bedeutsam?

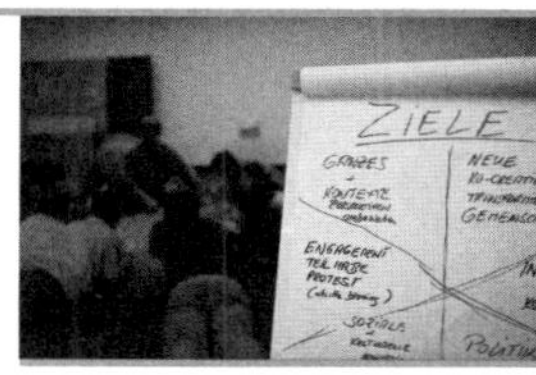


**Methoden der Beteiligung**
- Entsprechen die Methoden dem Thema des Beteiligungsvorhabens?
- Wirken die eingesetzten Methoden aktivierend?
- Werden durch die Projektarbeit Lernprozesse unterstützt?

**Anerkennung**
- Erfährt die Projektarbeit öffentliche Wertschätzung?
- Wird das Engagement der Kinder und Jugendlichen anerkannt?

**Partner**
- Wurden alle relevanten Partner gewonnen?
- Werden diese Partner bei allen Projektschritten hinreichend eingebunden?

**Personelle und finanzielle Ressourcen**
- Stehen dem Vorhaben genügend Ressourcen zur Verfügung?
- Werden die vorhandenen Ressourcen ausreichend einbezogen?

**Prozessgestaltung**
- Bestehen hinreichend Handlungs- und Gestaltungsspielräume?
- Ist der Zeitraum angemessen?
- Gibt es eine bewusste Konfliktkultur?

**Umgang mit Ergebnissen**
- Wurden die angestrebten Ergebnisse erreicht?
- Sind die Beteiligten mit den Ergebnissen zufrieden?
- Werden die Projektansätze in die Regelpraxis integriert?

- Checkliste Selbstevaluation
- Leitfragen für die Selbstevaluation

**Evaluation und Dokumentation**
- Wird das Projekt evaluiert?
- Wird die Projektentwicklung kontinuierlich dokumentiert?
- Werden die (Zwischen-)Ergebnisse öffentlich bekannt gemacht?

Evaluationsinstrument für Projekte

Das oben erwähnte standardisierte Instrument zur Selbstevaluation für Projekte besteht aus zwei Teilen, die die Möglichkeit eröffnen, ein Projekt zu beschreiben, und es auch zu bewerten. Das Instrument kann als Zwischenevaluation wie auch zum Abschluss eines Projektes genutzt werden. Es ist ebenso bereits bei der Konzeptentwicklung und Zielfestlegung für Partizipationsprojekte einsetzbar.

Erfolgsfaktoren

Der erste Teil ermöglicht die Beschreibung wesentlicher Erfolgsfaktoren, dient der Unterstützung in der Planungsphase und der Dokumentation der Ergebnisse. Die Erfahrungen aus der Initiative »mitWirkung!«, besonders der beteiligten Modellkommunen, sind in die Entwicklung des Instrumentes eingeflossen.

Qualitätskriterien

Der zweite Teil umfasst eine Bewertung, inwieweit die Umsetzung wichtiger Schritte und Aktivitäten bereits erfolgt ist, und bietet zugleich eine inhaltliche Orientierung für den weiteren Verlauf des Projektes. Die Ergebnisse ermöglichen auf Grundlage empirischer Daten, Zwischenbilanzierungen zu ziehen. Unterstützung bieten dabei die graphisch aufbereiteten Ergebnisse.

Anregungen zur Selbstreflexion

In Projekten tätige Akteure und Gruppen werden mit den Informationen angeregt, das eigene Vorhaben reflexiv und kritisch zu betrachten. Mit den Ergebnissen können sie einen konstruktiven Dialog zur Qualitätsentwicklung beginnen.

Instrument zur Selbstevaluation

Grundsätzlich ist das Instrument ebenso für eine individuelle Beschreibung bzw. Bewertung von Vorhaben wie auch für die Arbeit in einer Projektgruppe gedacht, um einen Austausch der Beteiligten anzuregen. Im Anschluss an die individuelle Selbstevaluation werden ausführlich die Ergebnisse ausgetauscht und daraus Maßnahmen abgeleitet.

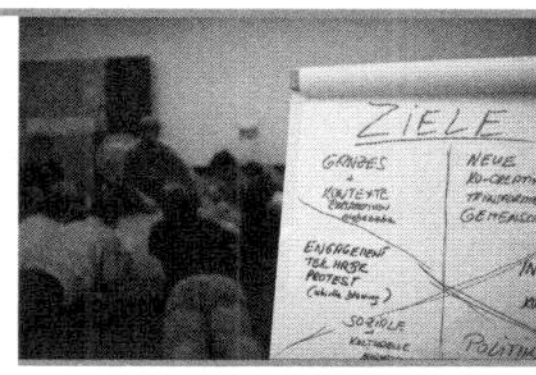


## 3 Konzept- und Zielentwicklung

Partizipationsprojekte werden im Umfeld, in dem sie jeweils verortet sind, geplant und umgesetzt. Sollen sie wirksam sein, müssen sie an die bestehenden lokalen Bedingungen angepasst werden. Diese Einbindung spielt bei der Konzeptentwicklung wie auch bei der Beschreibung und Festlegung von konkreten Projektzielen eine große Rolle. Zu Beginn eines Projektes nimmt man deswegen eine sorgfältige Analyse der Ausgangslage und der Rahmenbedingungen vor. Dieser Blick nach außen ist wichtig, weil das sozialräumliche Umfeld entscheidend ist für die Bestimmung von Zielen, Zielgruppen und Themen. Mit einem solchen Ansatz können zugleich Probleme oder Defizite und Wünsche oder Bedarfe direkter aufgenommen und im Projekt umgesetzt werden.

Im Folgenden werden drei wesentliche Bereiche der Umsetzung von Partizipationsprojekten dargestellt. Dabei geht es um grundsätzliche Hinweise zur Konzeptentwicklung, um Elemente der Sozialraum- und Lebensweltanalyse sowie um die Entwicklung und Formulierung von Projektzielen.

Diese drei Aspekte, die unverzichtbare Bestandteile eines an den Qualitätskriterien orientierten Partizipationsprojektes sind, können nicht getrennt voneinander betrachtet werden. Es ist nicht möglich, Konzepte losgelöst von der Zielentwicklung bzw. der Sozialraum- und Lebensweltanalyse zu bearbeiten, und ebenso hat die Zielbestimmung Folgen für die Konzeptentwicklung.

In den verschiedenen Phasen des Projektmanagements werden diese Elemente unterschiedlich gewichtet. So ist in der Startphase des Projektes zunächst ein Arbeitskonzept zu entwickeln, das zugleich auch der Antrag auf Fördermittel sein kann. Darin enthalten sind in der Regel auch Leitziele eines Vorhabens, jedoch selten bis ins Detail geplante Maßnahmen.

In der Definitionsphase sind vielfältige Methoden einzusetzen, um gemeinsam mit den beteiligten Kindern und Jugendlichen eine Bestandsaufnahme vorzunehmen, also die lokale Umfeldanalyse. Auf deren Basis müssen Zielformulierungen entwickelt werden.

Vor diesem Hintergrund ist es notwendig, diesen Teil der Projektrealisierung sowohl als Gesamtzusammenhang zu sehen als auch die partielle Umsetzung in den einzelnen Phasen im Blick zu haben.

Auf kommunaler Ebene bietet der Ansatz einer sozialräumlich orientierten Konzeptentwicklung gute theoretische und praktische Hilfe. Er geht davon aus, dass sich Begründungen und Orientierungen für Partizipationsprojekte aus dem Zusammenhang ergeben zwischen der Entwicklung von Kindern und Jugendlichen und den Sozialräumen, in denen sie sich bewegen. Im Mittelpunkt steht kein fest definiertes Konzept, sondern eher ein Weg zur Entwicklung von Konzepten, der auf dem Zusammenhang von Aneignung und Raum aufbaut. Dabei liegt ein Schwerpunkt auf den partizipativen Formen sozialräumlicher Konzeptentwicklung (vgl. Deinet 2001).

### 3.1 Grundsätze zur Konzeptentwicklung

Inhalte von Konzepten

Ein Konzept sollte fünf Schwerpunkte beinhalten:
- eine Analyse des Bestands, der Voraussetzungen, des Ist-Zustandes, aber auch des (pädagogischen) Bedarfs
- auf Basis der Analyse entwickelte Zielsetzungen für das pädagogische Handeln
- klar formulierte, operationalisierte und damit überprüfbare Methoden und Teilschritte zur Erreichung der Ziele
- eine Zusammenstellung konkreter Maßnahmen, die der Zielerreichung dienen
- Kontrollmöglichkeiten, um diese Zielerreichung zu überprüfen

Arbeitsschritte

Daraus lassen sich die Arbeitsschritte für die Konzeptentwicklung ableiten (vgl. Mannheim-Runkel und Taplik 1998: 46; Spiegel 2007: 51 f.):
- die Analyse des Bedarfs und der Bedürfnisse, die als Materialsammlung zugrunde gelegt und fortlaufend erweitert wird. Dabei spielen Überlegungen in zwei Richtungen eine besondere Rolle: Welcher gesellschaftliche und/oder institutionelle Bedarf ist festzustellen? Welche Bedürfnisse und Wünsche haben Kinder und Jugendliche?
- die Erarbeitung einer Zielpyramide: Leitziele – Mittlerziele – Handlungsziele. Die Zielformulierungen geben in ihrer Gesamtheit Antworten auf Fragen wie: Was sind die Ziele und Zwecke der geplanten Maßnahmen, und was sollen diese konkret bewirken?
- die Auswahl und Festlegung der Methoden und »Instrumente«, mit denen die Ziele verfolgt und erreicht werden.
- die Analyse der Rahmenbedingungen und der auf das Projekt einwirkenden Faktoren sowie die Folgerungen, die sich daraus für das Handeln ergeben. Dazu gehören auch die Bedingungen, unter denen das Projekt vor Ort umgesetzt wird.
- die Planung der erforderlichen Ressourcen wie Zeit, allgemeine Kosten und Personal: Wer macht was in welcher Zeit? Wer hat welche Verantwortlichkeiten? Wer hat welche Kompetenzen bei der Umsetzung des Projektes?

## 3.2 Gesellschaftlicher Bedarf und individuelle Bedürfnisse

Quantitative Bestandserhebungen

Eine Bestandsanalyse stellt die Erhebung des qualitativen und quantitativen Ist-Zustandes einer Kommune oder eines Stadtgebietes dar. Mit einer Sekundäranalyse statistischer Daten, Dokumentenanalysen und zusätzlicher Befragungen werden die Angebote erfasst. Bestandserhebungen dienen unterschiedlichen Zielen (vgl. ISS 2000: 59):

- Sie unterstützen den Planungsprozess. Vor Beginn der Erhebungen müssen grundlegende Schwerpunkte abgeklärt sein. Spielen ausschließlich quantitative oder auch qualitative Gesichtspunkte eine Rolle? Welche planerischen Zielsetzungen werden durch die Bestandsanalyse erfüllt werden?
- Sie stellen eine Sammlung der Angebote für eine Darstellung nach außen dar. Dabei spielen die qualitativen und individuellen Daten des Materials eine besondere Rolle.
- Sie haben eine Controlling-Funktion, indem Besucherstrukturen, Finanzbedarf und Personalausstattung überprüft werden. Dabei wird sorgfältig überlegt, wem dies dient, welche Absicht damit verbunden ist und welche Folgen die Analyse für die verschiedenen Angebote haben könnte.

Qualitative Bedürfniserermittlung

Wünsche und Probleme von jungen Menschen lassen sich zwar grundsätzlich auch mit quantitativen Verfahren ermitteln, jedoch sind qualitativ gewonnene Daten wesentlich näher an der Zielgruppe und damit an ihrer Lebenswelt. Individuelle Sichtweisen werden öffentlich gemacht und Bedarfe konkret erkennbar. Gerade im Rahmen partizipativ angelegter Vorhaben sind qualitative Verfahren weit verbreitet.

Zwei Blickwinkel

Ein Konzept, das beide Aspekte der Bestandserhebung berücksichtigt, ist die Sozialraum- und Lebensweltanalyse. Hier werden, unter dem Gesichtspunkt der partizipativen Datenerhebung, Methoden der empirischen Sozialforschung mit sogenannten »ethnographischen Verfahren« zusammengeführt. Dieses Vorgehen hat sich in der Partizipationspraxis als erfolgreich und äußerst effizient erwiesen. Es stellt zugleich einen Methodenpool zur Verfügung, mit dem Kinder und Jugendliche bereits in einer frühen Phase der Projektentwicklung zu unmittelbar Beteiligten werden können.

Dabei gibt es immer zwei grundsätzlich verschiedene Blickwinkel. Der Sozialraum kann als Struktur sozialökologischer Lebensverhältnisse betrachtet werden – messbar durch die Ermittlung von quantitativen Strukturdaten. Diese objektiven Daten (zu Demographie, Bildung, Einkommen, Arbeitslosigkeit) sind wirksam und real – unabhängig von der Wahrnehmung der im Sozialraum lebenden Individuen.

Der zweite Blick bezieht die sozialkulturellen Lebenswelten der Menschen ein. Damit sind solche Aspekte gemeint, die sich nicht linear aus sozialstrukturellen Daten ergeben, sondern die die subjektive Wirklichkeit abbilden.

Sozialräumliche Begrenzung

Das einzelne Projekt zielt meist nicht auf die Entwicklung von Gesamtkonzeptionen für Partizipationsstrukturen einer ganzen Stadt oder eines Kreises ab, sondern auf einen einzelnen Sozialraum. Damit ist der Blick auf die gemeindliche bzw. stadtteilbezogene sozialräumliche Ebene gerichtet.

Kleinräumige Analyse

Merkmal von Sozialraum- und Lebensweltanalysen ist immer die örtliche Eingrenzung, beispielsweise auf einen einzelnen Stadtteil, ein Stadtviertel oder ein Dorf. Es geht um kleinräumige, stadtteilbezogene Situationsanalysen, um den öffentlichen kommunalen Sozialraum außerhalb der pädagogischen Einrichtungen, Schulen oder Jugendzentren. Im Fokus stehen die Lebensbedingungen und das Verhalten der Kinder und Jugendlichen in diesen Sozialräumen. Sozialraum und Lebenswelt werden dabei als Quelle und Bezugspunkt betrachtet für die Bestimmung von Zielen, Zielgruppen, Themen und Modellen der Partizipation und Basis von Hypothesenbildungen zu Problemlagen.

Die Lebensverhältnisse von Kindern, Jugendlichen, jungen Erwachsenen und ihren Familien in einer Gemeinde sind geprägt durch die räumliche Beschaffenheit sowie durch die objektive und subjektive Struktur der sozialen Situation. Will man begründete Aussagen über die Qualität einer Gemeinde im Hinblick auf die Lebensbedingungen treffen, müssen beide Aspekte berücksichtigt werden. Der Begriff Sozialraum, eine Verknüpfung von »sozial« und »Raum«, drückt die Wechselwirkung zwischen sozialer Situation und räumlicher Beschaffenheit aus.

Ziele und Interessen

Eine Sozialraum- und Lebensweltanalyse ermöglicht

- ein zukunftsorientiertes Programm und Angebot zu entwickeln
- eine längerfristige Gesamtkonzeption für eine Einrichtung zu entwickeln und zu planen
- Hintergrundinformationen für einzelne Maßnahmen zu erwerben
- die Bewohner des Stadtteils zu aktivieren und zu mobilisieren
- Öffentlichkeitsarbeit und Werbung für die eigene Arbeit
- die Angebote pädagogischer Aktionen für Kinder und Jugendliche zu erweitern

Breites Themenspektrum

Die Sozialraum- und Lebensweltanalyse bringt Erkenntnisse über die relevanten Zielgruppen, ihre Interessen, Bedürfnisse und Probleme sowie Informationen zu den lebensweltlichen Themen dieser Gruppen. Dazu zählen die materiell-objektiven Bedingungen wie Verkehr, Wohnen, Sicherheit oder Woh-

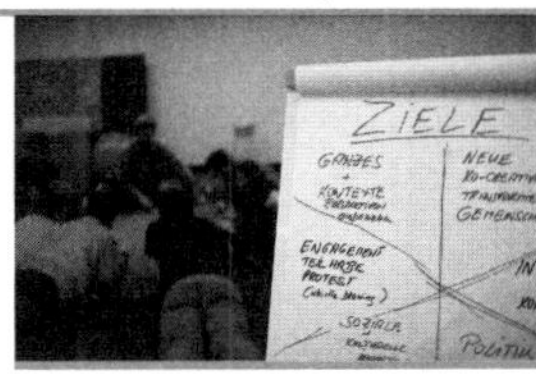


nungsbau. Weiterhin wird der Bestand an Infrastruktur für Kinder und Jugendliche, wie Einrichtungen, Programme, Maßnahmen, Projekte und deren Zugänglichkeit erhoben. Es geht einerseits um eine Gesamtaufnahme der Defizite, Probleme und Schwächen dieses Sozialraumes, andererseits um die Stärken, Potenziale, Ressourcen, Wünsche und Bedürfnisse.

Raum und Soziales

Der Raum prägt das Soziale: Die Lebensbedingungen von Menschen sind räumlich beeinflusst, wie beispielsweise durch die Qualität von Wohnquartieren, die Infrastruktur der Versorgung oder die Einzugsbereiche von Einrichtungen und Angeboten für Kinder. Die Bedeutung des Raumes ist vor allem für die Lebensqualität der Kinder sehr groß, da sie aufgrund ihrer geringeren Mobilität auf den näheren Sozialraum und das unmittelbare Wohnumfeld angewiesen sind.

Das Soziale prägt den Raum: Soziale Merkmale wie Altersaufbau, Einkommensverhältnisse, Familiengröße und -zusammensetzung, Nationalität, Bildungsgrad oder Religion bestimmen das Milieu und somit auch die Lebensqualität des Umfeldes. Je stärker ein Raum von Prozessen sozialer Auswahl und Schichtung geprägt wird, desto bestimmender ist die Prägung des Raumes durch soziale Probleme.

Die jeweilige soziale Beschaffenheit von Räumen prägt die typischen sozialen Problemlagen von jungen Menschen, da sie sich ihre Umwelt immer raumbezogen aneignen.

Aber auch geographische, kulturelle, politische und administrative Einflüsse lassen komplexe soziale Systeme entstehen. Es gibt keinen Raum an sich, sondern jeder Raum hat eine bestimmte soziale Bedeutung und soziale Folgen. Deshalb werden immer die Wechselwirkungen von räumlich-physischen Variablen und sozialen Faktoren berücksichtigt.

**Die Umsetzung der Sozialraum- und Lebensweltanalyse**

Für die Entwicklung von Partizipationsprojekten werden Informationen aus mehreren Bereichen benötigt:

- objektive Fakten zur Lebensqualität: Daten zu Demographie, Bildung, Einkommen, Arbeitslosigkeit, Bevölkerungsstruktur usw.
- Informationen aus Befragungen, die quantitative und qualitative Aussagen zu Interessen, Bedürfnissen und Problemen enthalten
- Fakten zur infrastrukturellen Situation der im Sozialraum lebenden Menschen, wie bauliche, verkehrliche, ökologische, visuelle und andere Aspekte
- Informationen zum Bestand an Einrichtungen, Programmen und Maßnahmen

**Orientierungsphase**

- Explorationen zur Orientierung und erster Hypothesenbildung durch Begehungen, Gespräche mit lokalen Hauptakteuren oder Experteninterviews
- qualitative Gebietstypisierung durch Felderkundungen wie strukturierte Begehungen mit Erwachsenen, Jugendlichen oder Kindern

**Sekundäranalyse von Daten**

- quantitative Gebietstypisierung durch eine Sozialstrukturanalyse aus demographischen Daten, allgemeiner Sozialstatistik oder Daten der Jugendhilfeplanung
- Bestandserhebung zur Infrastruktur, zu Institutionen, Organisationen, Angeboten, Programmen usw.

**Hauptuntersuchung**

- Leitfaden-Interviews mit Schlüsselpersonen im Sozialraum
- weitere qualitative Verfahren wie Gruppeninterviews und Gruppendiskussionen, Interviews mit Kindern und Jugendlichen
- Befragungen durch quantitative Verfahren

**Transfer**

- Auswertung und Aufbereitung der Ergebnisse durch Dokumentation: Sozialatlas, Kinderstadtplan oder Freizeitplan für Jugendliche
- Präsentation der Ergebnisse

Sozialstrukturanalyse

Informationen, die geeignet sind, einen Sozialraum statistisch zu beschreiben, müssen verlässlich und aktuell sein. Zudem sollten sie auf Problembereiche hinweisen. Mithilfe solcher Informationen kann man später im Projekt erfolgreich und effektiv handeln. Der Begriff Sozialstrukturanalyse steht für das gezielte Ermitteln dieser Daten, bezogen auf den konkreten Stadtteil oder die Gemeinde.

Regelmäßige Fortschreibung

Eine Sozialstrukturanalyse wird regelmäßig fortgeschrieben. Die wiederholte Erhebung lässt Veränderungen und Entwicklungen erkennen. Gerade die sich wandelnden Lebensumstände von Kindern und deren Familien können mit dem Instrument regelmäßiger Sozialstrukturanalysen erfasst werden. Sie enthalten wertvolle Hinweise, auf die sich Aktivitäten und Ressourcen konzentrieren sollten. Als Quelle für sozial relevante Daten kommen infrage: Jugendämter, Sozialämter, Gemeindeverwaltungen, Polizei, die Agentur für Arbeit sowie das Landesamt für Statistik.

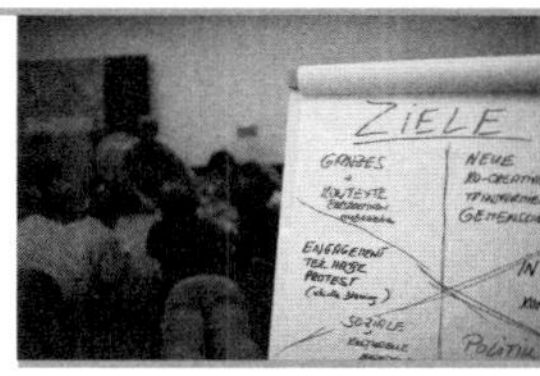


Für alle Kommunen Deutschlands mit mehr als 5.000 Einwohnern beinhaltet der »Wegweiser Kommune« Daten, Bevölkerungsprognosen und konkrete Handlungskonzepte für die kommunale Praxis. Im Einzelnen enthält der Wegweiser folgende Komponenten:

- kommunale Daten der Politikfelder demographischer Wandel, Wirtschaft und Arbeit, Wohnen, soziale Lage und Integration
- eine Bevölkerungsprognose bis 2020 auf Gemeinde- und Kreisebene
- kommunenspezifische Demographieberichte mit mehr als 90 Daten
- interaktive Werkzeuge zur anschaulichen Darstellung unterschiedlicher Themen

Die Informationsplattform ist über das Internet frei zugänglich (www.wegweiser-kommune.de) und richtet sich an kommunale Entscheider in der Politik und im Management sowie an kommunale Akteure.

- Sozialstrukturanalyse
- Daten zur Sozialstatistik
- Informationen zum Stadtteil

Die Sozialstrukturanalyse verfolgt folgende Zielstellungen. Sie

- dient als Grundlage für Diskussionen in Politik, Verwaltung, bei freien Trägern und in der Öffentlichkeit
- stellt Daten als Grundlage zur Verfügung und dient damit der Entwicklung und Ausgestaltung von präventiven Projekten
- verdeutlicht verschiedene Handlungsbedarfe für Entscheidungsverantwortliche aus Politik und Verwaltung
- zeigt durch die regelmäßige Fortschreibung Veränderungen auf
- unterstützt die Identifikation von sozialen Brennpunkten und anderen Problemlagen innerhalb einer Kommune oder Region.

Grenzen der Erfassung

Die verfügbaren statistischen Daten können jedoch nicht alle Problemlagen und -gruppen identifizieren. Ein Beispiel hierfür ist die Aussiedlerproblematik. Aussiedler besitzen einen deutschen Pass und sind daher in der allgemeinen Bevölkerungsstatistik kaum ersichtlich. Diese Kinder und Jugendlichen werden jedoch häufig als eine Gruppe identifiziert, die besonderen Benachteiligungen ausgesetzt ist. Informationen darüber, wie groß sie ist und welche Problemlagen charakteristisch für sie sind, können oft nur mit dem Einsatz qualitativer Methoden erfasst werden. Diese Problematik gilt im Übrigen zunehmend auch für andere Gruppen mit Migrationshintergrund, die aufgrund des geänderten Einbürgerungsrechts oft einen deutschen Pass besitzen, ohne damit jedoch ihre besonderen Problemlagen abgelegt zu haben.

Quantitative Befragungen

Das wohl am häufigsten eingesetzte Instrument der Datenerhebung sind Fragebögen, weil damit gut auszuwertende Daten ermittelt werden. Quantitative Daten ermöglichen eine gute Vergleichbarkeit. Die Entwicklung eines Fragebogens erfordert aber eine oft unterschätzte Vorbereitungszeit und setzt eine sorgfältige Planung voraus. Ist die Fragenreihe erstellt und erweist sie sich als stimmig, können mit relativ geringem Aufwand viele Personen erreicht werden. Für die Auswertung standardisierter Fragebögen empfiehlt es sich, auf ein EDV-gestütztes Statistikprogramm zurückzugreifen.

Qualitative Methoden

Qualitative Untersuchungsmethoden dienen dazu, subjektive Lebenswelten der Bewohner eines Sozialraums abzubilden. Es geht dabei nicht um die Erfassung statistischen Datenmaterials, sondern um die ganzheitliche Betrachtung der sozialen Felder und der in ihnen enthaltenen Beziehungen und Subjektivitäten. Die Menschen werden direkt zu ihren individuellen Befindlichkeiten und Sichtweisen, ihrem Lebensgefühl, zu den Erfahrungen und Möglichkeiten in ihrem Sozialraum befragt. Voraussetzung ist ein unvoreingenommener, nicht suggestiver Zugang. Die Ergebnisse einer qualitativen Bedürfnis- und Bedarfsermittlung sind besonders wertvoll als Grundlage zur Entwicklung von Konzepten.

!

**Hinweise zur Auswahl von Methoden in der Sozialraum- und Lebensweltanalyse**

Bei der Entscheidung, ob man für eine Analyse des Sozialraums und der Lebenswelt quantitative oder qualitative Methoden einsetzt, sind einige Aspekte zu beachten. Sie beziehen sich vor allem auf den Ressourceneinsatz:

- Qualitative Methoden erfordern eine oft sehr arbeitsintensive Vor- und Nachbereitung.
- Die Dauer und der Ertrag der Durchführung qualitativer Untersuchungen sind insgesamt sehr viel schlechter einzuschätzen als bei standardisierten Fragebögen.
- Es besteht die Gefahr sogenannter »missingdata«, weswegen bei der Vorbereitung Checklisten benutzt werden sollten, da sonst wichtige Aspekte übersehen werden könnten.
- Bei einer qualitativen Befragung kann der Auswahlprozess der befragten Personen zu gesteuert und damit willkürlich ausfallen.
- Bei der Festlegung der Untersuchungsbasis gilt: Je komplexer das Thema, desto größer die Zahl der Befragten. Das führt aber gleichzeitig zu einer drohenden Unübersichtlichkeit. Hier sollte man sich lieber inhaltlich auf ein Teilthema beschränken.

Die Mitwirkung von Kindern und Jugendlichen in der Sozialraum- und Lebensweltanalyse ist aus vielen Gründen sinnvoll. Die Planung wird durch die Beteiligung zielgenauer und effektiver. Bei dieser Art Analyse lassen sich damit die Bedürfnisse junger Menschen exakter erfassen. Wer sonst soll über ihre Lebenswelt Auskunft geben und Bescheid wissen, wenn nicht die Betroffenen selbst? Sie sind Experten in eigener Sache.

Partizipation in der Bestandsanalyse

Zudem können durch eine partizipativ angelegte Lebenswelterkundung Kinder und Jugendliche ermutigt und motiviert werden, sich für ihre eigenen Interessen und Bedürfnisse zu engagieren und von sich aus Prozesse der Mitwirkung anzustoßen.

In der Praxis werden dazu zwei Formen unterschieden: die direkte Beteiligung, bei der die Betroffenen unmittelbar während des Prozesses zu Wort kommen, und die indirekte Beteiligung, bei der ihre Meinungen und Interessen über Mittler, Repräsentanten und andere in den Planungsprozess eingebracht werden.

Direkte und indirekte Beteiligung

Die Sozialraum- und Lebensweltanalyse ermöglicht die Entwicklung stimmiger Partizipationsstrukturen, -modelle und -projekte und unterstützt deren Implementierung. Sie ist zugleich eine große Ressource für Praktiker, denn die Zielgruppen und die allgemeine Öffentlichkeit werden motiviert, Partizipationsprojekte anzustoßen oder zu unterstützen.

Chancen und Grenzen

Nicht unproblematisch hingegen ist der oft unprofessionelle Umgang mit der anspruchsvollen Methodik. Vor allem der Zeitaufwand und die nicht unerhebliche Vorbereitung und Organisation werden meist unterschätzt.

Für den Sozialraum unpassende Untersuchungsstrategien und eine ungeschickte Methodenauswahl führen darüber hinaus zu Überforderungen und nicht-validen Ergebnissen.

## 3.3 Entwicklung und Formulierung der Ziele

Bevor konzeptionelle Aussagen zum tatsächlichen Bedarf getroffen werden können, ist es erforderlich, Ziele zu formulieren. Mit der Zielentwicklung wird geklärt, was vor dem Hintergrund des bisher angesammelten Wissens erreicht werden soll.

Ziele als gemeinsame Vereinbarung

Das Erarbeiten und Ausformulieren von Zielen ist ein entscheidender Bestandteil der Konzeptentwicklung. An den Zielen orientieren sich alle weiteren Schritte. Daher müssen Ziele so formuliert werden, dass sie realistisch, aussagekräftig und nachprüfbar sind. Hier werden individuelle Einstellungen, Haltungen und Motivationen der Beteiligten berührt, was bei der Aufstellung einer Zielpyramide zu berücksichtigen ist, zumal die Werte und Normen von Kindern, Jugendlichen und Erwachsenen an vielen Stellen auseinanderliegen können. Durch eine gemeinsame Vereinbarung der Ziele kann sichergestellt werden, dass unterschiedlichen Interessen Rechnung getragen wird.

Gerade in Partizipationsprojekten ist es nicht vertretbar, die Ziele einseitig aus der subjektiven Sicht der Erwachsenen oder lediglich mit einem Bezug zu den kommunalen Vorgaben vorzugeben. Ziele werden immer in einem dialogischen Diskussionsprozess mit allen Beteiligten, speziell mit den Kindern und Jugendlichen, ausgehandelt. Wenn das nicht unmittelbar möglich ist, sollten zumindest Anstrengungen unternommen werden, die Perspektive junger Menschen in die Diskussionen einzubeziehen (vgl. Spiegel 2007: 58).

Ziele

Eine Unterscheidung zwischen den eigentlichen Projektzielen, die konkret auf die jeweilige Situation zugeschnitten sind, und den Werten und Normen, die der Handlung zugrunde liegen, ist bei der Zielentwicklung sehr wichtig. Ein Ziel wird verstanden als zukünftiger, erstrebenswerter Zustand, der durch Handlungen erreicht werden soll (vgl. Graf und Spengler 2000: 40).

Werte

Werte dagegen sind Vorstellungen über Eigenschaften, Ideen, Ereignisse, Beziehungen und anderes, die für die Einstellung und die Motivation von Einzelnen, sozialen Gruppen oder für die Gesellschaft von Bedeutung sind bzw. ihrem Handeln als Orientierung dienen. Beispiele sind Geld, Erfolg und Anerkennung, Zufriedenheit der Klienten, Beteiligung der Mitarbeiter, aber auch Selbstbestimmung, Gerechtigkeit und Nächstenliebe. Solche Werte können zu Zielen umformuliert werden oder, wenn es sich um abstraktere Ideale handelt, zu Zielen konkretisiert und operationalisiert werden.

Normen

»Normen sind Erwartungen an das Verhalten und damit die Umsetzung von Werten auf eine konkrete Handlungsebene« (Graf 2002: 41). Darunter können Normen mit hoher Allgemeinheit wie Verhaltensgrundsätze und Prinzipien verstanden werden, aber auch eher informelle Gepflogenheiten in Gruppierungen, Einrichtungen und Organisationen. Daraus folgt, dass im Rahmen von Zielbestimmungen einerseits ein Zusammenhang zwischen den Werten und Normen und den zu entwickelnden Zielen besteht, die Ziele aber einen konkreteren Bezug zum Planungszusammenhang aufweisen. Normen und Werte bestehen jedoch über die Zielerreichung hinaus.

Projektphilosophie

In den Zielen spiegeln sich immer Werte und Normen, die angestrebt bzw. abgelehnt werden. Eine explizite Auseinandersetzung damit ist hilfreich, allerdings nicht in jedem Fall notwendig, weil sie sich im Alltagshandeln und im Rahmen der Ziel- bzw. Schwerpunktbildung schon widerspiegeln.

Ziele setzen den Rahmen, in dem Handlung erfolgen soll. Dies gilt auch für Kommunen. Dort sind Normen und Werte meistens politisch oder per Gesetz vorgegeben. Eine Auseinandersetzung mit sämtlichen geltenden Wertvorstellungen würde den Rahmen der Konzeptentwicklung sprengen. Dagegen ist es wichtig, sich intern klar zu sein, welche Werte und Normen allen einzelnen Beteiligten wichtig sind und welche im Rahmen des pädagogischen Handelns eine Rolle spielen. In der Leitbildentwicklung oder im Projektkonzept ist es deshalb unerlässlich, sich mit Grundwerten und Leitideen auseinanderzusetzen, die sozusagen die Philosophie bilden, die dem Konzept zugrunde liegt (vgl. Graf und Spengler 2000: 40 ff.).

Trotzdem können auch im Rahmen von Zielformulierungen beispielsweise Aussagen getroffen werden zum gewünschten Umgang miteinander, dem Verhalten gegenüber dem Umfeld oder zu Art und Umfang anderer zukünftiger Leistungen.

Ziele auf Basis der Situationsanalyse

Nach der bereits erfolgten Einschätzung und Bewertung der Ist-Situation werden eventuelle Anforderungen und Aufgaben klar, die mit möglichen Maßnahmen und Projekten verbunden sind. Dafür werden nun Ziele erarbeitet. Dies geschieht im Rahmen eines kooperativen Entscheidungsprozesses von allen am Projekt Beteiligten.

Dabei wird auch der in der vorangegangenen Phase entstandene Katalog von Bedürfnissen und Erwartungen mit der Bestandsanalyse abgeglichen.

Zielarten

Bisher war allgemein von Zielen die Rede. Bei der Konkretisierung geht es darum, die Ziele nach ihrer Reichweite und Gültigkeit sowie ihrem zeitlichen Geltungsbereich zu unterscheiden, und zwar in drei Abstufungen. Der Zweck eines solchen dreigegliederten Zielsystems liegt vor allem darin, von den noch allgemeinen, übergeordneten und weitreichenden Zielen Verbindungen zu spezifischen, konkreten und kurzfristigeren Zielen zu schaffen. Es wird unterschieden nach Leit-, Mittler- und Handlungszielen (vgl. Beywl und Schepp-Winter 1999: 42).

Ziele lassen sich sowohl von der übergeordneten Ebene, also der abstraktesten Stufe, als auch von der konkretesten Ebene aus entwickeln. Die Zielpyramide ist in beide Richtungen denkbar. Die zu beantwortende Frage bei der Zielformulierung lautet dabei immer: »Was soll in der Zukunft erreicht werden?«. Dabei können mehrere Mittler- und Handlungsziele dazu dienen, das jeweils höhere zu erreichen (vgl. ebd.: 45).

Zielhierarchie

Leitziele setzen den Rahmen für die Arbeit. Sie geben dem Projekt seine Grundausrichtung. Aus ihnen werden die Mittlerziele abgeleitet. Diese sind vom Leitziel aus der nächstfolgende Schritt der Konkretisierung und stellen vom Handlungsziel aus die Vermittlung zum Leitziel sicher. Mittlerziele sind

**Abbildung 6: Zielpyramide**

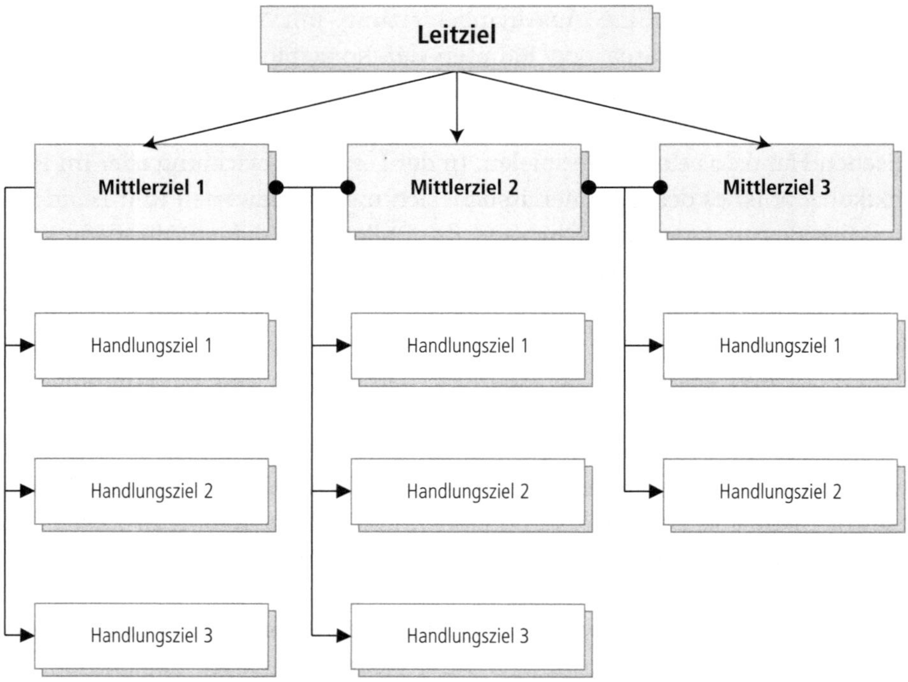


Quelle: Eigene Darstellung nach Beywl und Schepp-Winter 1999: 42

oft noch zu abstrakt, um überprüfbar und evaluationsfähig zu sein. Daher werden sie zu Handlungszielen konkretisiert. Diese geben genau an, was zu welchem Zeitpunkt erreicht werden soll und was bis dahin getan werden muss. In der Regel sind jedem Leitziel mehrere Mittlerziele und diesen wiederum mehrere Handlungsziele zugeordnet. Sie dienen der unmittelbaren Orientierung für die Praxis, sind den einzelnen zu realisierenden Maßnahmen zugeordnet und setzen konkretes Handeln frei (vgl. ebd.: 42).

Ein solches Zielsystem ist eine Hilfe, um

- die Leitziele im Blick zu behalten und sie bis ins konkrete Handeln hinein verfolgen zu können;
- die alltäglichen Handlungsziele auf einen jeweils übergeordneten Zweck zu beziehen und damit eine durchgängige Klarheit vom Zweck des Projektes bis zur einzelnen Maßnahme zu schaffen; umgekehrt kann von einem einzelnen Handlungsziel ausgehend zu einem nächst übergeordneten Mittlerziel bis zum Leitziel hin Klarheit für alle Beteiligten geschaffen werden;

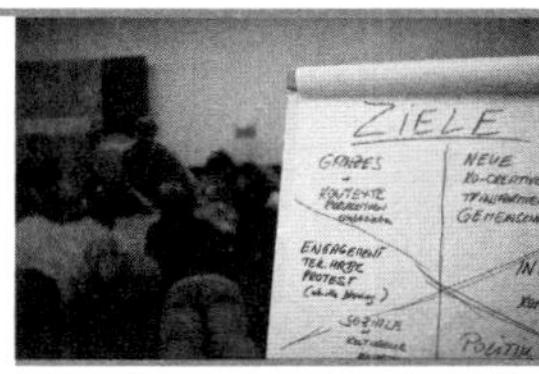


- auf den verschiedenen Zielebenen den Blick für Wahlmöglichkeiten in der Maßnahmeplanung zu eröffnen oder zu erweitern.

Verbindungen herstellen, Wahlmöglichkeiten eröffnen

Das dreigegliederte Zielsystem soll dabei unterstützen, den übergeordneten Zweck eines Projekts (Leitziele) über Stufen (Mittlerziele) mit dem konkreten Alltagshandeln (Handlungsziele) zu verbinden. Indem für ein Projekt diese drei Zielebenen immer wieder konsequent durchdacht werden, wird der Blick der Beteiligten für die Wahlmöglichkeiten erweitert:

- Mit welchen anderen Mittlerzielen kann das Leitziel des Projektes umgesetzt werden?
- Mit welchen anderen Handlungszielen kann das jeweilige Mittlerziel auch umgesetzt werden?

Bisher erfolgte die Denkrichtung der Zielpyramide vom Leitziel aus nach unten. Ein solches Vorgehen kann im Idealfall angemessen sein. In der Praxis klappt das jedoch nicht immer. Es gibt Situationen, in denen nur das nächstliegende Ziel bekannt und klar ist, das unmittelbar vor Augen steht oder in der nächstfolgenden Maßnahme intendiert ist. Hier kann gefragt werden:

- Welches Mittlerziel könnte dem unmittelbaren Praxis(Handlungs-)ziel übergeordnet sein?
- Welches grundsätzliche Leitziel lässt sich dahinter benennen?

Wenn diese Denkrichtung gewählt wird, steht die Zielpyramide zunächst auf dem Kopf. Es verhilft jedoch gleichermaßen, um zu einem von beiden Seiten durchdachten Zielsystem zu kommen (vgl. ebd. 45 f.).

Leitziel – Leitbild – Strategie

Leitziele sind oft wichtiger Bestandteil eines Leitbildes. Sie bestimmen den Zweck eines Vorhabens nach innen und außen und bieten damit zugleich eine Orientierung. Leitbilder geben an, woher eine Organisation kommt (Tradition), wohin sie sich entwickeln möchte (Visionen, Leitziele) und mit welchen Handlungsprinzipien sie dies erreichen will. Zugleich beschreiben sie auch Werthaltungen, ethische Prinzipien sowie das vorherrschende Grundverständnis des Zusammenwirkens innerhalb einer Organisation und mit anderen Partnern.

Leitbilder werden meist von Entscheidungsträgern initiiert und in einem längeren Prozess unter Beteiligung anderer Verantwortlicher oder Akteure erarbeitet. Leitziele sind Bestandteile von Leitbildern und dadurch gekennzeichnet, dass sie erstrebte Zustände in einer noch weit entfernt liegenden Zukunft beschreiben. Eine Vision dagegen deutet eine langfristige, vor allem werte- und emotionengetragene Perspektive an, die durch aktives Handeln eine veränderte Gesellschaft anvisiert (vgl. ebd. 50).

Leitziele für die Kinder- und Jugendbeteiligung sollten sich in kommunalen Leitbildern oder Partizipationsstrategien wiederfinden. Auf der Ebene der Mittler- und Handlungsziele werden solche Leitbilder und -ziele mit Leben erfüllt und durch konkrete Maßnahmen (Projekte) umgesetzt. Zu einer nachhaltigen Beteiligungskultur in Kommunen gehört es, dass die Verantwortlichen die Voraussetzungen schaffen, damit innovative Projekte erfolgreiche Mitwirkungsmöglichkeiten anbieten.

!

**Ziele richtig formulieren**

An die Formulierung von guten Zielen sind auf inhaltlicher wie auch auf sprachlicher Ebene bestimmte Kriterien anzulegen (vgl. Schulz-Wimmer 2007: 130 ff.). Inhaltlich gilt für Ziele, dass sie

- den Zweck und Nutzen eines Vorhabens erklären und dessen Notwendigkeit begründen,
- die Verantwortung konkreten Personen zuschreiben und damit die Aufgabenzuordnung klären,
- nach Möglichkeit frei von Lösungsvorschlägen sind, um die Kreativität bei der Lösungssuche nicht einzuschränken,
- zugleich anspruchsvoll wie realistisch sind und keine Unter- oder Überforderung für die Beteiligten zur Folge haben,
- vollständig sind hinsichtlich Ergebnis, Qualität und Ressourcen.

Zu den formalen Anforderungen auf sprachlicher Ebene gehört, dass Ziele

- schriftlich festgehalten und dokumentiert werden, um eine Orientierung für alle Beteiligten zu geben,
- möglichst personengebunden, vor allem im Blick auf die Zielgruppe, das Vorhaben beschreiben,
- einfach, eindeutig und möglichst in maximal zwei kurzen Sätzen formuliert sind,
- in der Gegenwartsform formuliert sind, eine konkrete Aktivität beschreiben und für positive Motivation sorgen.

Realistisch und konkret

Ziele sind realistisch, aussagekräftig und nachprüfbar zu beschreiben. Auf der Ebene der Handlungsziele werden Aussagen hinsichtlich Quantitäten und Qualitäten so konkretisiert, dass Zielgruppen, Termine und Aktionen exakt zu überprüfen sind.

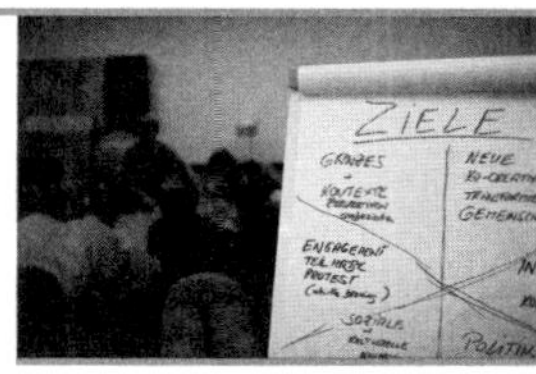


Ziele werden so konkret wie möglich formuliert und wo möglich operationalisiert. Das bedeutet, dass sie durch Maßstäbe und Kriterien überprüfbar gemacht werden. Als Hilfe kann dabei die »Dreidimensionalität« der Ziele dienen: Zielinhalt, Zielausmaß und zeitlicher Bezug.

Intentionen beachten

Ob und inwieweit die Ziele bereits bei ihrer Formulierung operationalisiert werden, hängt vor allem von den beabsichtigten Intentionen ab. Je konkreter die Ziele formuliert sind, umso leichter lassen sie sich überprüfen und werden auch von Dritten besser verstanden. Wird eine externe Evaluation angestrebt, setzt dies eine starke Operationalisierung voraus. Zu Beginn eines ergebnisoffenen Projektes, wie bei Partizipationsprojekten häufig der Fall, ist es jedoch schwierig, die endgültigen Wirkungen und Handlungen festzuschreiben.

Zielzustand vorstellen

Im Idealfall fällt es leicht, Ziele zu entwickeln und sich den Zustand vorzustellen, nachdem das Ziel erreicht ist. Wenn Menschen entsprechende Zustandsbeschreibungen lesen, hören oder niederschreiben, entwickeln sie ganz konkrete Vorstellungen des zukünftigen Geschehens.

Der Zielzustand ist positiv formuliert. Er versetzt die formulierende Person in die Zukunft, und sie hält aus dieser Perspektive fest, wie es dann sein soll. Sie tut so, als sei der erwünschte Zustand schon eingetreten und Wirklichkeit geworden. Auf diese Weise wird die Vorstellungskraft angeregt, und das Ziel erhält eine höhere Anziehungskraft.

Leistungen – Wirkungen – Veränderungen

Hinsichtlich der Ergebnisse, die mit Zielen erreicht werden sollen, lassen sich wiederum verschiedene Ebenen unterscheiden. Wenn Konzepte entwickelt oder Projekte geplant werden, sind drei Zielebenen immer klar auseinanderzuhalten. Die Akteure wissen immer, wo sie sich gerade befinden: auf der Ebene der Leistungen oder der Wirkungen von Leistungen. Viele Projektgruppen konzentrieren sich auf die Entwicklung und Durchführung eines Angebots und meinen sehr erfolgreich zu sein, ohne die Wirkung dieser Leistung bei den Zielgruppen ausreichend zu untersuchen. Schließlich müssen auch die mit einem Projekt beabsichtigen gesellschaftlichen Wirkungen im Auge behalten werden.

Output-Ziele

So kann eine bestimme Programmaktivität zum Mittelpunkt des Zielsatzes gemacht werden. Solche Maßnahmenziele sind in Projekten wichtig und angemessen. Sie lenken den Blick auf die Leistungen des Projektes, auf das Produkt. Sie werden Output-Ziele genannt und können konkrete Aktivitäten oder Maßnahmen, Interaktionen und bestimmte Reaktionen der Zielgruppe beschreiben. Beispiel: Bis zum Jahresende finden in der Kommune mindestens drei Jugendforen statt.

Outcome-Ziele

Ziele, die festlegen, welche Wirkungen ein bestimmtes Angebot bei der Zielgruppe haben soll, werden Outcome-Ziele genannt. Sie beschreiben die

Veränderungen, die bei der Zielgruppe eingetreten sind, wenn der erwünschte Zustand erreicht ist. Dabei können zu erwartendes Wissen, Einstellungen, Werte oder Fertigkeiten bei der Zielgruppe ebenso beschrieben werden wie Handlungs- oder Verhaltensänderungen. Nicht zuletzt zählen auch Aspekte der Lebenslage oder der Statusveränderung von Kindern und Jugendlichen zu den Outcome-Zielen. Beispiel: Bis zum Jahresende haben mindestens 20 Prozent der Jugendlichen aus dem Stadtteil ein Jugendforum persönlich erlebt und positiv bewertet.

Impact-Ziele

Die Ebene der Impact-Ziele bezeichnet schließlich die gesellschaftlichen Wirkungen, also konkrete positive, soziale oder ökonomische Veränderungen auf die Region oder die Gesellschaft, die mit einer Maßnahme angestrebt werden. Beispiel: Partizipation von Kindern und Jugendlichen wird von der Mehrheit der Bevölkerung zunehmend als wichtiger Beitrag zur Bürgergesellschaft und zur Beteiligungskultur betrachtet.

!

**Zielformulierungen – Schritt für Schritt**

Die Entwicklung von guten Zielformulierungen ist eine große Herausforderung, denn von der Qualität der Ziele hängen alle weiteren Aktivitäten im Projekt ab.

Zielhierarchie

Das geeignete Vorgehen, um Ziele zu identifizieren und zu strukturieren, ist die Erstellung einer Zielhierarchie. Diese hat sich bei der Planung von Projekten bewährt. Es handelt sich dabei um die hierarchische Strukturierung eines Zielkatalogs vom Groben zum Detail bzw. die schrittweise und systematische Gliederung von abstrakten Gesamtzielen in detaillierte und konkretere Einzelziele.

Mittlerziele

Mittlerziele schränken das Leitziel inhaltlich ein und charakterisieren es genauer. Deshalb hat ein Leitziel immer mehrere Mittlerziele. Sie beschreiben Ergebnisse oder Wirkungen, die am Ende des Projektes erreicht sein sollen, präziser.

Leitfragen für die Mittlerziele können sein: Was soll mit dem Projekt erreicht werden? Welche Wirkungen soll das Projekt haben? Welche Leistungen und Ergebnisse wollen wir mit dem Projekt erbringen?

Handlungsziele

Jedes Mittlerziel hat wiederum mehrere Handlungsziele. Diese beschreiben Teilaspekte der Rahmenziele und genaue Merkmale, durch die konkret erkennbar ist, wie die Mittlerziele erreicht werden können. Handlungsziele machen die Mittlerziele (und damit das Leitziel) »greifbar«. Die Leitfrage dazu lautet: Woran erkennen wir, dass die Ziele erreicht werden?

Vorteile der Zielhierarchie

Die Dreistufigkeit eines Zielsystems hat verschiedene Vorteile. So gibt sie Spielräume, um von groben Zielen ausgehend immer konkreter zu werden. Nicht alle beabsichtigten Ergebnisse müssen zu einem Ziel formuliert werden; damit

wären Projekte und die Beteiligten überfordert. Zudem interessieren sich Auftraggeber oft vor allem für die Leitziele, gegebenenfalls noch für die Mittlerziele, die zur Umsetzung des Leitziels beitragen.

Zielsystem

Die Gesamtheit von Leitziel, Mittler- und Handlungszielen bildet das Zielsystem. Die Differenzierung innerhalb eines Zielsystems ist notwendig, da erst durch die konkrete Formulierung der Handlungsziele die notwendige Überprüfung des Projektstandes und dadurch eine Transparenz und Orientierung erreicht wird, die es den Projektbeteiligten ermöglicht, sich mit ihren Projektaufgaben an den Zielen zu orientieren.

Dabei wird schrittweise vorgegangen. Das Leitziel steht meistens schon fest, beispielsweise ist es durch die kommunale Steuerungsgruppe vorgegeben.

Eventuell ist es auch ratsam, zwischen selbst- und fremdgesetzten Zielen zu differenzieren. Dies dürfte vor allem in Bereichen sinnvoll sein, in denen zum Beispiel gesetzliche oder förderpolitische Vorgaben relevant sind.

Leitziel abgleichen

Das Leitziel muss mit den realen Rahmenbedingungen abgeglichen werden. Zu berücksichtigende Einflussgrößen sind: Kompetenz der Mitarbeiter, Erwartungen der Zielgruppe, Ressourcen und politische Anforderungen. Wenn das Leitziel klar ist, kann die Arbeit auf der Ebene der Mittlerziele beginnen.

Zielideen sammeln

Im ersten Schritt werden in einem Brainstorming Zielideen gesammelt. Dabei ist es wichtig, möglichst viele Ideen zu haben. Die Leitfragen sind hier:

- Was sind mögliche Ziele unseres Projektes?
- Was soll erreicht werden?

Zur Abgrenzung für die später tatsächlich aufzunehmenden Zielformulierungen kann ein weiteres Brainstorming durchgeführt werden. Dabei spielen folgende Fragen eine Rolle:

- Was soll nicht erreicht werden?
- Was soll möglichst vermieden werden?

Zielformulierungen können sich auch aus dem bereits vorhandenen Material aus der Phase der Situationsanalyse ergeben.

Oberbegriffe bilden

Die gesammelten Zielideen werden gruppiert und mit Oberbegriffen versehen. Dies bringt ein Ordnungssystem in die Vielfalt. Keine der bisher eingebrachten Ideen geht verloren, zugleich werden sie aber strukturiert.

Die Oberbegriffe werden möglichst in einen Satz umformuliert. Das Ergebnis gibt Antwort auf die Frage: Was muss eintreten oder welches Ergebnis muss vorliegen, damit wir von einem Erfolg des Projektes sprechen können?

Die Arbeit an einem solchen konkret formulierten Ziel kann viel Zeit in Anspruch nehmen. Sie sollte erst dann abgeschlossen werden, wenn alle Beteiligten darin übereinstimmen, dass die Ergebnisse angestrebt werden. Auch wenn es mühsam ist: Die Zeit lohnt sich.

Ziele priorisieren und prüfen

In der Praxis kommt es oft vor, dass ein Projekt mit sehr vielen Zielen versehen wird. Dabei ist oft schon im Vorfeld klar, dass diese nicht alle gleichzeitig und vor allem in gleicher Qualität erreicht werden können. Insbesondere bei größeren Projekten kann das leicht passieren. Deswegen ist es sinnvoll, im nächsten Schritt eine Priorisierung der Mittlerziele vorzunehmen. Dabei kann unterschieden werden zwischen Muss-, Soll- und Kann-Zielen.

Muss-Ziele sind diejenigen, die unbedingt erreicht werden müssen. Wenn eines dieser Ziele nicht erreicht wird, kann das Projekt als gescheitert betrachtet werden. Es gibt in der Bewertung der Muss-Ziele nur die Unterscheidung »erreicht« oder »nicht erreicht«. Bei der Entscheidung, ob ein Ziel ein Muss-Ziel ist, sollte mit Bedacht vorgegangen werden, um spätere Enttäuschungen zu vermeiden.

Soll-Ziele sind solche, die erreicht werden müssen, wenn es für die Akteure leistbar ist. Das bedeutet, wenn eines dieser Ziele nicht erreicht ist, gilt nicht das ganze Projekt als gescheitert. Jedoch sollten diese Ziele soweit wie möglich erreicht werden. Es ist sinnvoll, innerhalb dieser Kategorie eine Gewichtung vorzunehmen, um herauszufinden, wo und welche Abstriche gemacht bzw. nicht gemacht werden können.

Kann-Ziele sind sogenannte Wunsch-Ziele, von denen nicht der Gesamterfolg des Projektes abhängt. Sie sollten nicht zu viele Ressourcen binden und ergeben sich teilweise eher zufällig. Sie können dem Projekt mehr Erfolg verschaffen, auf den aber nicht zwingend hingearbeitet werden muss.

Für die Qualität der Zielformulierungen ist es wichtig, diese nach inhaltlichen und sprachlich-formalen Kriterien zu überprüfen. Dies ist für eine effektive und effiziente Gestaltung des weiteren Vorgehens äußerst relevant (vgl. Schulz-Wimmer 2007: 135 ff.)

Handlungsziele entwickeln

Nachdem die Mittlerzielebene nach dem bisher beschriebenen Verfahren bearbeitet worden ist, kann die Arbeit an den Zielen, die der Umsetzung der Mittlerziele dienen, beginnen. Was auf der Ebene dieser Handlungsziele gestaltet wird, geht meist schon in konkrete Maßnahmepläne über.

SMART

Ein Hilfsmittel, um konkrete und eindeutige Handlungsziele entwickeln zu können, ist SMART, ein »Grundprinzip bei der Formulierung von Projektzielen« (Motzel 2006: 206).

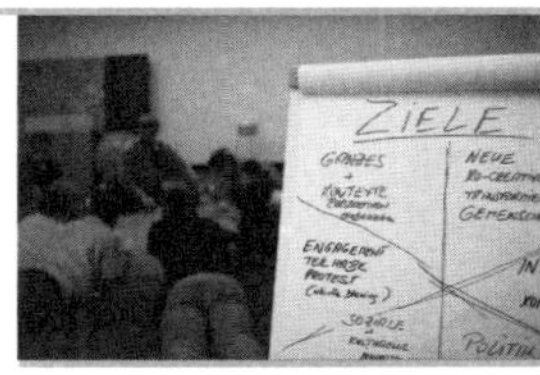


SMART-Prinzip

S: Die Zielformulierungen sollen *spezifisch*, das heißt auf die jeweiligen Arbeitsbedingungen des Projektes und der Projektbeteiligten zugeschnitten sein.

M: Die Handlungsziele sollen *messbar* sein, das heißt sich beobachten, berechnen oder ermitteln lassen.

A: Die Projektziele sollen *akzeptabel* sein. Die Projektbeteiligten sollen darin übereinstimmen, die Projektziele erreichen zu wollen.

R: Ziele sollen eine *realistische* Herausforderung darstellen. Sie beschreiben weder einen Zustand, der sich sowieso einstellt, noch eine Vision, die unter den gegebenen Rahmenbedingungen nicht verwirklicht werden kann.

T: Die Projektziele sollen *terminiert* sein, das heißt, es wird ein vorher bestimmter Zeitpunkt zur Erreichung des Ziels angegeben. Diese Festlegung schafft eine Verbindlichkeit für die Arbeit und erschwert es, die Planung beliebig zu verändern.

Das methodische Verfahren läuft identisch zu der Ebene der Mittlerziele. Auch alle Handlungsziele werden im Kreis der Beteiligten umfassend und ausführlich diskutiert und erst dann in das Zielsystem aufgenommen, wenn alle im Prinzip zugestimmt haben. Dieses »Im-Prinzip-Zustimmen« bedeutet, dass nicht alle Beteiligten für alle Handlungsziele im Blick auf die Erreichung gleichermaßen verantwortlich sein werden. Im Kern aber müssen alle einverstanden sein, dass dieses konkrete Ziel Bestandteil des Projektes ist. Besonders müssen aber diejenigen aus dem Projektteam einverstanden sein, die die Umsetzung eines Handlungsziels letztlich als Arbeitsauftrag übernehmen.

Stolpersteine

Bei der Formulierung von Zielen kommt es immer wieder zu Hindernissen. Folgende Gefahren bestehen:

- Es werden zu viele Ziele vereinbart.
- Die Wünsche oder Bedürfnisse der Zielgruppen werden nicht ausreichend berücksichtigt.
- Die Beteiligten bringen keine eigenen Ideen und Wünsche in den Zielfindungsprozess ein.
- Es gibt kein oder zu wenig Feedback auf bereits entwickelte Ziele.
- Die Ziele werden ausschließlich vorgegeben und nicht vereinbart.
- Anstelle von Zielen werden Aufgaben oder Maßnahmen beschrieben.

## 3.4 Angebote und Maßnahmen

Konzepte mit Leben füllen

Wenn Bedarfe festgestellt und Ziele formuliert sind, geht es bei der Konzepterstellung darum, diese mit Leben zu füllen. Es werden daraus nun geeignete Angebote und Maßnahmen entwickelt, um die Ziele zu erreichen. Die Maßnahmenplanung sollte vor allem vier Kernelemente enthalten (vgl. Simon 2003: 71):

- die Beschreibung von Art, Funktion und Aufwand der durchzuführenden Maßnahmen
- eine Kostenrechnung und die Bereitstellung der erforderlichen finanziellen Mittel
- konkrete zeitliche Vorschläge und Vorstellungen hinsichtlich der Realisierung
- die politische und fachliche Begründung für die Prioritätenbildung

!

**Inhalte eines Konzeptes für sozialräumlich orientierte Partizipationsprojekte**

Die Gliederung eines kommunalen sozialräumlich orientierten Konzeptes kann wie folgt aussehen (vgl. Mannheim-Runkel und Taplik 1998: 131 f.):

**Einführung**

- Kontextinformationen
- Verpflichtungen der Kommune
- gesetzliche Rahmenbedingungen
- Bezug zur gesellschaftlichen Debatte um Partizipation von Kindern und Jugendlichen

**Beschreibung der Lebenssituation von Kindern und Jugendlichen in der Kommune**

- Daten aus der Sozialstrukturanalyse und anderen Bestandserhebungen

**Analyse der Lebenssituation und -bedingungen der Kinder und Jugendlichen**

- fachliche Schlussfolgerungen aus der Sozialraum- und Lebensweltanalyse sowie begründete Defizite und Problemlagen

**Zielbeschreibung**

- die festgelegte Zielpyramide aus Leitziel, Mittler- und Handlungszielen

**Feststellung der Rahmenbedingungen und des Bedarfs**
- Überblick über die aktuellen kommunalen Rahmenbedingungen wie finanzielle und personelle Ressourcen
- Begründung des Bedarfs für das Projekt

**Handlungsformen und methodisches Vorgehen**
- Darstellung der zur Zielerreichung beschlossenen Methoden und Vorgehensweisen

**Vernetzung, Evaluation und Fortschreibung**
- öffentliche und fachliche Verankerung
- Evaluationsmöglichkeiten
- zeitlicher Rahmen für die Zielerreichung
- geplante Fortschreibung des Konzepts

Gliederung eines Konzepts

## 4 Informations- und Öffentlichkeitsarbeit

vgl. Seite 117 ff.

Erfolgreiche Beteiligungsmöglichkeiten für Kinder und Jugendliche lassen sich nur auf der Grundlage guter Informations- und Öffentlichkeitsarbeit entwickeln. Das hat nicht nur die Jugendpartizipationsstudie der Bertelsmann Stiftung ergeben, sondern spiegelt sich auch in der Alltagspraxis von Partizipationsvorhaben wider. Im Folgenden werden daher Grundlagen der PR-Arbeit dargestellt und konkrete Handlungsanregungen für eine erfolgreiche, zielgruppenorientierte Öffentlichkeitsarbeit gegeben. Diese sollen sich als begleitende Maßnahmen am Ablauf des Projektmanagements orientieren.

Public Relations

Der Begriff Public Relations wurde bereits 1882 in den USA geprägt, seine deutsche Entsprechung Öffentlichkeitsarbeit erst im Jahr 1917. Public Relations (abgekürzt PR) sollen durch

- das gesprochene oder gedruckte Wort,
- Bilder oder Filmbeiträge sowie
- konkrete Handlungen oder Aktionen

für das eigene Unternehmen sowie seine Produkte oder Dienstleistungen eine günstige und in sich geschlossene öffentliche Meinung schaffen (vgl. Koszyk und Pruys 1981: 262 ff.)

PR für Partizipationsvorhaben

Im Zusammenhang mit Partizipationsprojekten kann auch von deren Image als Summe aller Meinungen und Anschauungen gesprochen werden, die von der Öffentlichkeit damit in Verbindung gebracht werden. Durch die langfristig positive »Aufladung« dieses Images sollen der gedachte oder gefühlte »Wert« des Projektes gesteigert, aber auch, bei Konflikten, eine glaubwürdige Gegenargumentation sichergestellt werden.

Abgrenzungen

Public Relations grenzen sich begrifflich zum einen von Propaganda und Werbung, zum anderen vom Journalismus ab. Im Grunde handelt es sich um eine Mischform aus diesen Begriffen. Zielen Propaganda und Werbung vorrangig auf eine »Verführung« der Zielgruppe über meist emotionale Argumente, so definiert sich Journalismus über seine Faktizität oder »Beweiskraft« anhand rationaler, auf Wahrheit geprüfter Argumente. Gute PR-Arbeit setzt genau auf diese Kriterien und vereint sie zu einer umfassenden Kommunikationsstrategie, die für den Erfolg von Projekten aller Art wichtig ist.

Aufgabenfelder

Die Deutsche Gesellschaft für Public Relations (DPRG) unterscheidet zehn Aufgabenfelder der PR. Für die Praxis von Beteiligungsvorhaben sind die folgenden drei Aufgabenfelder oder Ziele besonders relevant (DPRG 2005: 10):

- Media Relations (Pressearbeit) wenden sich an Vertreter journalistischer Massenmedien als potenzielle Multiplikatoren öffentlicher Informationsverbreitung.

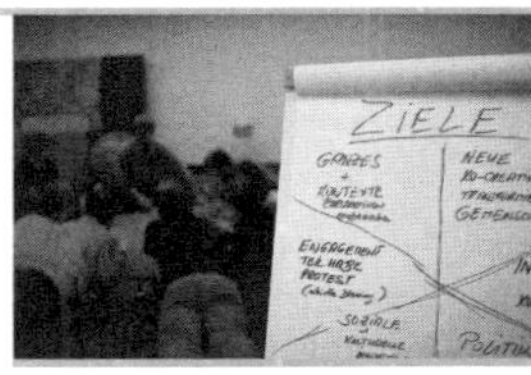


- Public Affairs (Veranstaltungen) konzentrieren sich auf Mandats- und Entscheidungsträger in Politik und öffentlicher Verwaltung.
- Human Relations (Interne Kommunikation) richten sich an die Beteiligten innerhalb eines Projektes, aber durchaus auch an deren Angehörige sowie frühere oder potenzielle Akteure oder Partner.

## 4.1 Anforderungen an erfolgreiche Information und Kommunikation

Systematisch planen

Öffentlichkeitsarbeit bedeutet mehr als das Darstellen herausragender Projekterfolge oder das Verteilen schöner Materialien. Innerhalb der PR können auch Kommunikationsprobleme mit Bezugsgruppen aus dem Projektumfeld zur Sprache kommen. Allein die aufsehenerregende Darstellung von Höhepunkten reicht nicht aus. Wenn PR-Aktionen von Anbeginn der Projektarbeit systematisch geplant und mit der Projektumsetzung verzahnt werden, können sie wirkungsvoll im Sinne der Projektziele eingesetzt werden.

Aktiv betreiben

PR lässt sich nicht vermeiden, die Frage ist jedoch, ob sie aktiv aus einem Projekt heraus oder passiv als ein Reagieren auf Dritte betrieben wird. Wo es keinen Austausch von Informationen gibt, haben Gerüchte und Mutmaßungen Raum, sich zu entfalten. Das gilt auch für Partizipationsvorhaben, die gerade im kommunalen Kontext nicht nur Befürworter haben, sondern an verschiedenen Stellen ebenso Kritiker auf den Plan rufen. Hin und wieder kann auch Reagieren aus dem Projektkontext heraus sinnvoll sein, zum Beispiel um unwahre Behauptungen zu korrigieren. Jedoch sollte die Projekt-PR-Arbeit grundsätzlich aktiv gestaltet werden, damit keine falschen Informationen oder Einschätzungen entstehen und Vorurteile über die Projekthintergründe und -ziele gebildet werden.

Tipps für attraktive Texte

Verständlich bleiben

Nur wenn andere die Argumente für ein Partizipationsvorhaben verstehen, kann sich Kommunikation darüber entwickeln. Nicht nur die Worte, sondern vor allem die Bedeutung, die die Projektinhalte für die Beteiligten haben, müssen vermittelt werden. Mit einem solchen Vorgehen in der Kommunikation lassen sich die Akzeptanz in der Öffentlichkeit erhöhen und weitere Partner gewinnen.

Sachlich richtig und glaubwürdig

Grundlage einer guten PR-Arbeit sind Daten und Fakten. Diese müssen in jedem Fall sachlich korrekt und überprüfbar für Dritte sein. Solche belegbaren Daten reichen aber nicht aus. Gerade für Partizipationsprojekte muss auch um Vertrauen, Glaubwürdigkeit und Sympathie geworben werden. Diese Faktoren, die für den Erfolg eines Projektes wichtig sind, werden vor allem gefühlsmäßig gesteuert. Dem muss die PR-Arbeit gerecht werden und nicht nur sachliche Informationen transportieren, sondern auch Geschichten, Erfahrungen und Eindrücke vermitteln.

Problemorientiert und offen berichten

PR sind keine »Schönfärberei«. Sie sollen den Austausch zwischen Beteiligten und Außenstehenden bewirken. Oft muss die Kommunikation über ein Beteiligungsprojekt auch kritisch geführt werden. Mit den kritischen Gegenargumenten sollte die Projekt-PR sachkundig und kritisch-konstruktiv umgehen. Ein Dialog über die Projekte entsteht nur dann, wenn Informationen zwischen den Beteiligten offen weitergegeben werden. Wer nicht ehrlich und offen kommunizieren will, sollte lieber gar keine PR betreiben.

Inhaltlich abstimmen

Alle Projektbeteiligten, mindestens jedoch die Verantwortlichen, müssen in der Lage sein, auf Fragen übereinstimmende Antworten zu geben. Das bedeutet, zwischen den Akteuren einen fortlaufenden Kommunikationsfluss herzustellen und projektrelevante Informationen auszutauschen.

Rechtzeitig und kontinuierlich informieren

Werden Informationen zu spät weitergegeben, kann dies nachteilig für die Kommunikation über das Vorhaben und die Darstellung in der und Bewertung durch die Öffentlichkeit sein. Besonders wenn im Verlauf eines Projektes Schwierigkeiten aufgetreten sind, kann es wichtig sein, Informationen nach außen zu geben und das Interesse der Beteiligten oder der Öffentlichkeit zu befriedigen. Zugleich sollte die Kommunikation mit den Bezugsgruppen dauerhaft angelegt sein und nicht nur aus einmaligen Aktionen bestehen. Regelmäßige und kontinuierliche Informationsweitergabe ist von großer Bedeutung.

Langfristig planen

PR sollte auf lange Sicht erfolgen und sich nicht in kurzfristigen Aktionen erschöpfen. Ein Vertrauen zu außenstehenden Personen in der Öffentlichkeit entsteht nicht von heute auf morgen, sondern muss erarbeitet werden. Dem muss die Öffentlichkeitsarbeit eines Partizipationsprojektes Rechnung tragen. Eine Vorstellung und damit eine öffentliche Meinung über ein Vorhaben entstehen und festigen sich nicht über Nacht. Stattdessen muss Vertrauen erweckt und immer wieder bestätigt werden. Wird PR nur als »Feuerwehr« in schwierigen Situationen oder bei Höhepunkten eingesetzt, entsteht kein vertrauensvoller Austausch mit den Beteiligten oder der allgemeinen Öffentlichkeit.

Vertrauen schaffen

Nur wenn alle diese Kriterien gleichermaßen berücksichtigt werden, kann ein glaubwürdiges Bild über ein Beteiligungsprojekt entstehen. Wird auch nur eines der Kriterien missachtet, kann das entwickelte Vertrauen sehr schnell wieder zerstört sein. Journalisten werden den Kontakt zu einem Projekt nur so lange halten, wie sie das Gefühl haben, fair behandelt sowie umfassend, rechtzeitig und glaubwürdig mit Informationen versorgt zu werden. Interessierte Bürgerinnen und Bürger aus der Kommune werden sich enttäuscht

zurückziehen, wenn sie vom Projektteam nicht ernsthaft über das Vorhaben informiert werden (vgl. Herbst 1997: 13 f.).

**Instrumente der Kommunikation**

Zur Umsetzung der Ziele von Public Relations steht eine Vielzahl von Instrumenten zur Verfügung:

- Bei der *Pressearbeit* geht es um das Schreiben und Verbreiten von Pressemitteilungen, Themenbeiträgen, Anwenderberichten, Reden, Biografien, Gesprächsrunden und Interviews, um Internetbetreuung sowie die Bereitstellung von Foto- oder Filmmaterial.
- Unter *Veranstaltungsorganisation* versteht man die Planung und Durchführung von Pressekonferenzen und -gesprächen, Konferenzen, Seminaren, Festen, Messen und sonstigen Events.
- Die *interne Kommunikation* bezieht sich auf die Erarbeitung von Mitarbeiterinformationen, die Planung und Durchführung von Mitarbeiter-Veranstaltungen, -Schulungen, Intranetbetreuung und anderes.

Was PR kann

In Wissenschaft und Praxis wird intensiv über die Möglichkeiten von PR diskutiert. Eine Seite sagt, PR kann die notwendige Aufmerksamkeit herstellen und Vertrauen bilden; die andere Seite geht so weit zu sagen, dass PR sogar Verhalten verändern kann. Einigkeit besteht in zwei Punkten: Mit PR können Informationen bekannt gemacht und weitergegeben werden, und über ein Vorhaben oder Projekt können Vorstellungsbilder aufgebaut werden.

Nicht mehr kann Information und Kommunikation – aber auch nicht weniger. Dass umfassende Kommunikation auch ein bestimmtes Verhalten von Menschen auslösen oder beeinflussen kann, wird zwar behauptet, lässt sich aber wissenschaftlich nicht eindeutig belegen (vgl. ebd.: 15).

Informationen bekannt geben

PR-Arbeit bedeutet das Planen und Steuern von Kommunikation. Über ein Projekt werden Informationen verbreitet, die die Beteiligten selbst für wichtig erachten. Zugleich werden solche Informationen kommuniziert, die für die Öffentlichkeit eine Bedeutung haben, die von den Menschen im Projektumfeld erwartet und gebraucht werden. Ein Projekt zur Umgestaltung eines Freizeittreffs für Jugendliche informiert Medien und Öffentlichkeit über den geplanten Bau einer Skatinganlage im Außengelände, organisiert aber auch die Diskussionsveranstaltung mit Bürgern aus der Nachbarschaft. Dadurch entsteht ein Austausch von Informationen. Beide Seiten sind in den Prozess einbezogen und können ihn gleichermaßen steuern.

Und sie können eingreifen, falls die Kommunikation entgegen den Erwartungen verläuft.

Images aufbauen

PR plant und steuert nicht nur den Austausch von Informationen, zugleich werden damit auch Inhalte über ein Projekt vermittelt, beispielsweise zu den Zielen und konkreten Maßnahmen. Lediglich bekannt zu machen, dass etwas stattfindet, reicht also nicht aus, sondern es muss auch klar sein, warum etwas bekannt gemacht wird. PR kann somit Bilder und Vorstellungen von Personen (den Projektakteuren) oder Objekten und Maßnahmen in den Köpfen der Öffentlichkeit aufbauen und festigen. Solche Bilder können auch als Image bezeichnet werden.

Eigenschaften von Images

Je mehr Informationen bekannt sind, desto breiter und zuverlässiger kann ein Image entwickelt werden. Wenn nur wenige Informationen über ein Projekt vorliegen, bildet sich ein schlichtes und manchmal stark vereinfachtes Bild ab. Umfassende und vielfältige Informationen lassen dagegen ein vielgestaltiges Bild über das Vorhaben mit einer Vielzahl an Facetten entstehen.

Images entstehen schnell. Zu Beginn eines Projektes reicht eine einmalige Information, damit sich die Vorstellung aufbauen, konkretisieren oder auch verändern kann. Sind die meisten Anwohner im Umfeld der geplanten Skatinganlage zunächst skeptisch, kann die Information darüber, dass die Anlage von Jugendlichen geplant und mitgebaut wird und dass die Regelungen für die Nutzungszeiten gemeinsam mit den Anwohnern geplant werden, ausreichen, um ein positiveres Bild von dem Vorhaben zu erzeugen.

Images verfestigen sich langsam. Sie sind in der Sozialpsychologie den Grund- und Werthaltungen zugeordnet und gehören somit zu den Einstellungen von Menschen. Auch wenn sie lange brauchen, um stabil zu sein, sind sie nie starr. Wenn über einen Verein, der jahrelang als vertrauenswürdig galt, ein negatives Gerücht in Umlauf kommt, kann sich dadurch das positive Bild schlagartig ändern.

Images wirken selektiv. Wenn es ein Partizipationsprojekt erreicht, die positiven Eigenschaften der beteiligten Kinder und Jugendlichen wirkungsvoll zu profilieren und darzustellen, treten zugleich weniger günstige Aspekte in den Hintergrund. Ist es für Jugendliche wichtig, dass ein Freizeittreff spannende Angebote macht und soziale Kontakte ermöglicht, nehmen sie ein möglicherweise konservatives Image des Trägers in Kauf. Zudem kann das positive Engagement junger Menschen auch an anderen Stellen auf Kinder und Jugendliche projiziert werden (vgl. ebd.: 16 f.).

Scheinbare Gegenargumente

Kommunikation mit der Öffentlichkeit wird zwar von vielen als sehr wichtig eingestuft, jedoch werden die Chancen der PR meist viel zu wenig genutzt. Dafür wird immer wieder der gleiche Grund angeführt: keine ausreichenden

finanziellen Mittel. PR zu betreiben ist jedoch nicht zwangsläufig an einen großen Etat gebunden. Es gibt eine Vielzahl an Möglichkeiten, gute und effektive Öffentlichkeitsarbeit zu machen.

»Uns fehlt einfach die Zeit«, ist eine ebenso häufige Begründung für fehlende PR. Das bedeutet aber, dass die gute Kommunikation mit der Öffentlichkeit auf der Strecke bleibt. Deswegen sind alle Schritte der PR von Anfang an integraler Bestandteil eines Projektkonzepts. Gerade wenn Kinder und Jugendliche ihren Möglichkeiten entsprechend an den PR-Maßnahmen beteiligt werden, lassen sich Aufgaben und Verantwortung teilen. Das spart im Endeffekt auch Zeit für die Projektverantwortlichen.

Besonderheiten und Vorteile

Public Relations eignen sich zur Ansprache und Information breiter oder selektierbarer, spezifischer Zielgruppen. Da die Informationen vorwiegend über journalistische Medien wie Zeitung, Radio oder Fernsehen publiziert werden, wird bei der Gestaltung und Auswahl von Texten, Bildern oder Filmen darauf Rücksicht genommen.

Wichtig ist dabei zunächst, einen guten Kontakt zu den verantwortlichen Redaktionen oder Redakteuren aufzubauen. Zudem sollten die Informationen so aufbereitet sein, dass sie überhaupt zur Nachricht im betreffenden Medium werden können. Die Relevanz resultiert dabei vorwiegend aus dem Inhalt und der Aktualität der Botschaft. Besonderen Einfluss darauf nehmen folgende Aspekte (Noelle-Neumann, Schulz und Wilke 2004: 357):

Nachrichtenfaktoren

- Frequenz: Der zeitliche Ablauf eines Ereignisses sollte der Erscheinungsweise der Medien entsprechen.
- Intensität: Es gibt einen bestimmten Schwellenwert der Auffälligkeit, den ein Ereignis überschreiten muss, damit es registriert wird.
- Eindeutigkeit: Die Überschaubarkeit und Eindeutigkeit eines Ereignisses sind entscheidend dafür, ob es überhaupt zur Nachricht wird.
- Bedeutsamkeit, Betroffenheit, Relevanz: Je größer die Tragweite des Ereignisses, je mehr es persönliche Betroffenheit auslöst, desto eher wird aus einem Ereignis eine Nachricht.
- Erwartung, Wünschbarkeit: Eigene Vorstellungen und Erwartungen sollten mit den Inhalten eines Ereignisses übereinstimmen.
- Überraschungseffekt: Unvorhergesehenes, Seltenes hat die größte Chance, zur Nachricht zu werden – allerdings nur, wenn es im Rahmen der Erwartungen tatsächlich überraschend ist.
- Personalisierung: Je stärker ein Ereignis sich als Handeln oder Schicksal von Personen darstellt, desto eher wird es zur Nachricht.

## 4.2 Grundlagen der Öffentlichkeitsarbeit in Partizipationsprojekten

Public Relations werden hinsichtlich ihrer Planung meist in vier Schritte unterteilt. Grundsätzlich sichern diese eine langfristige Planung und beschreiben zugleich ein sich wiederholendes zyklisches Verfahren, das entsprechend den sich verändernden Bedingungen für PR-Arbeit stetig weiterentwickelt werden muss. Erfolgreiche Öffentlichkeitsarbeit passt sich den jeweils neuen Situationen immer wieder an und sorgt dabei selbst für Veränderungen der Ausgangslagen.

Die folgenden Schritte der PR-Arbeit können parallel zu den Phasen des Projektmanagements bearbeitet werden. An vielen Stellen greifen sie in der Realisierung auch ineinander. Das bedeutet, dass alle Informationen, Erfahrungen und Ergebnisse aus dem Projektmanagementprozess im Rahmen der PR-Arbeit verwendet werden können. Für die Umsetzung in eine erfolgreiche interne und externe Kommunikation müssen diese jedoch an einigen Stellen noch PR-spezifisch bearbeitet werden.

Situationsanalyse

Im ersten Schritt wird das Thema beschrieben, zu dem PR-Maßnahmen entwickelt werden sollen. Um ein Projektthema erfolgreich kommunizieren zu können, sind drei Schritte erforderlich: Das Sammeln, die Aufbereitung und die Bewertung von Informationen. Grundlage einer guten Kommunikationsplanung sind zuverlässige, aussagekräftige und möglichst breite Informationen. Dazu müssen alle projektrelevanten Daten gesammelt werden (vgl. Herbst 1997: 29). Zugleich werden in einer solchen Analyse auch Kommunikationsprobleme mit den Bezugsgruppen aufgedeckt (Herbst 2007: 48 ff.). Informationen werden gesammelt und bewertet, und anschließend wird ein Handlungsbedarf für die Maßnahmenplanung abgeleitet.

In der Situationsanalyse findet die handelnde Organisation heraus, mit wem sie in Beziehung steht, wie diese Beziehungen aussehen und welche Faktoren für die Beziehungen verantwortlich sind. Berücksichtigt werden dabei die interne Kommunikation in der Binnenstruktur des Projektes wie auch die Weitergabe von Informationen an die Öffentlichkeit.

Die gesammelten Informationen werden nach gegenwärtigen Stärken und Schwächen sowie künftigen Chancen und Risiken bewertet. Dabei können folgende Fragen leitend sein: Wo sind wir gut? Was muss besser werden? Was kommt auf uns zu, was müssen wir berücksichtigen?

Das Ergebnis wird nach dem Beitrag der Bezugsgruppen für das Projekt gewichtet. So stellt man sicher, dass keine Ressourcen in unwichtige Bezugsgruppen investiert werden.

Konzeptplanung

Ebenso wie im Management des Projektes selbst, sind auch für die Umsetzung der PR-Maßnahmen Ziele zu formulieren: Was und wer soll mit welchem PR-Einsatz erreicht werden? (vgl. Herbst 1997: 33) Dies dient dem

- Koordinieren aller Aktivitäten, die auf das Ziel ausgerichtet sind: die Ressourcenplanung und die konkreten Maßnahmen für die Öffentlichkeitsarbeit.
- Kontrollieren des angestrebten Zustandes an den möglichst präzise formulierten Zielen: Durch kleinschrittige Zielsetzungen für die PR kann erreicht werden, dass nicht zu viele Aktionen gleichzeitig geplant und später umgesetzt werden müssen.
- Motivieren der Beteiligten, um die gemeinsam festgelegten Ziele zu erreichen: Die Übertragung von einzelnen Aufgaben an die Beteiligten im Projekt kann ihr Engagement erhöhen. Zudem kann das Erreichen von Zwischenzielen in der Kommunikation auch als Grund für Anerkennung und Wertschätzung genutzt werden, was wiederum die Motivation verstärkt.

- Kommunikationsplanung
- Medien für die PR-Arbeit

Die Bündelung der Absprachen über das gemeinsame und koordinierte Vorgehen ist das Kommunikationskonzept. Anhand dieses Planungspapiers wird die gesamte PR umgesetzt.

Umsetzung der Maßnahmen

Umgesetzt wird das Konzept über verschiedene Handlungsmuster. Gängig sind vier Formen:

- Die persönliche Ansprache erfolgt zum Beispiel an Informationsständen, bei Hintergrundgesprächen oder bei der direkten Kommunikation mit Medienvertretern.
- Präsenzveranstaltungen sind selbst inszenierte Events, wie etwa Diskussionsveranstaltungen und Fragerunden sowie Sonderaktionen und Tage der offenen Tür.
- Eine direkte mediale Ansprache geschieht beispielsweise über Faltblätter oder Broschüren. In diese Rubrik fallen auch Mailings oder Aussendungen an einen größeren Adressatenkreis.
- Indirekte Ansprache via Massenmedien ist die am wenigsten kontrollierbare Maßnahme, weil die Selektionsbarrieren dieser Medien überwunden werden müssen und die Zielgruppe oft sehr heterogen ist.

Wie transportiere ich eine Nachricht?

Ergebniskontrolle

Die Ergebniskontrolle umfasst zwei Bereiche. Zum einen wird die Strategie immer wieder auf ihre Wirkung kontrolliert. Zum anderen geht es um die direkten operativen Maßnahmen, wobei die Evaluation im Zuge des zyklischen PR-Prozesses direkt in die Situationsanalyse übergeht und so eine stete Adaption der PR an die aktuellen Anforderungen bewirkt.

Je nach Budget kann auf die Methoden der empirischen Sozialforschung zurückgegriffen werden, wie Inhaltsanalyse, Umfragen oder strategische Beobachtung. Auch die Analyse der Medienresonanz ist eine Möglichkeit der Ergebniskontrolle.

Zudem ist eine kontinuierliche Rückkoppelung zwischen der Wirkung durchgeführter Maßnahmen und einer Anpassung an gegebenenfalls veränderte Grundbedingungen wichtig. Dies ist eine Grundvoraussetzung für erfolgreiche Public Relations.

### 4.3 Kommunikationsmaßnahmen im Projektmanagement

Phasen-Modell

Basis für ein PR-Konzept in Partizipationsprojekten ist ein Phasen-Modell. Es unterteilt sich in Start-, Planungs-, Umsetzungs- und Abschlussphase. Der Maßnahmeneinsatz der Public Relations im Rahmen eines Projektes passt sich den Handlungsschritten in den jeweiligen Phasen an.

Startphase

Bevor Informationen vermittelt werden, machen sich die Projektbeteiligten bewusst, wie die aktuelle Situation ist, welche Idee hinter dem Projekt steckt und wie letztlich das Resultat der Arbeit aussehen soll. Geregelt werden in dieser Phase auch die Rahmenbedingungen, wie etwa das vorhandene Budget, die grobe Zeitplanung sowie die Kompetenzen und Aufgabenfelder der Beteiligten. Für den Bereich der PR beinhaltet dies beispielsweise die Fragen, wer das Projekt leiten wird, wer bis zu welchem Zeitpunkt welche Informationen sammelt, wer die Endverantwortung für die Maßnahmen hat, welche Materialien schon existieren und welche weiteren Arbeiten und eventuellen Dienstleister noch organisiert werden müssen.

Ansprechpartner bestimmen

Zudem sollten Ansprechpartner für die Medienvertreter bestimmt werden. Dieser Punkt ist wichtig und erhält eine noch größere Bedeutung, wenn an dem Projekt ein öffentlicher oder industrieller Träger beteiligt ist, der seine eigenen Interessen auch öffentlichkeitswirksam gewahrt sehen will.

In dieser Phase schon aktiv an die Öffentlichkeit zu treten, ist wenig sinnvoll, da es noch zu viele offene Fragen gibt und bestimmte Entwicklungen nur schwer abzuschätzen sind.

Planungsphase

Sobald es einen Überblick über das Projekt gibt, beginnt die konkrete Arbeit. In der Planungsphase wird bestimmt, welche Effekte mit der PR-Arbeit ausgelöst werden sollen und welche ausdrücklich unerwünscht sind. Eine solch unerwünschte Konsequenz könnten Begehrlichkeiten an das Projekt sein, die es letztlich nicht halten kann, oder auch Bedenken hinsichtlich juristisch zweideutiger Verordnungen, etwa zum Baurecht.

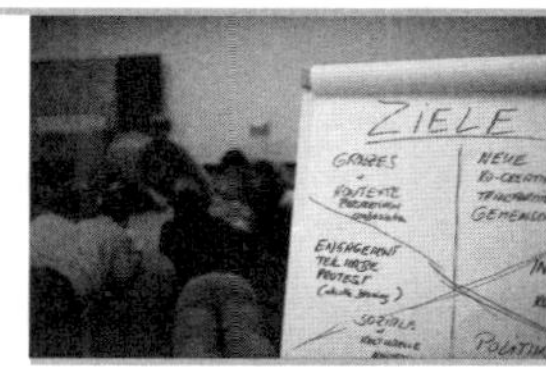


Botschaften definieren

In der Planungsphase werden die Struktur und der Ablauf der Projektarbeit ausgearbeitet, das heißt, dass die Zielgruppen und die zu vermittelnden Botschaften definiert und die Maßnahmen, die zu dieser Vermittlung führen, bestimmt und geplant werden. Wichtig ist dabei, dass die Umsetzungsformen so gewählt werden, dass sie die gewünschten Personengruppen erreichen und möglichst wenige Streuverluste haben. Beispielsweise wird in dieser Phase beschlossen, ob Pressemitteilungen eingesetzt oder ob Pressegespräche organisiert werden. Dies ist zum einen vom Budget abhängig, aber auch vom Nachrichtenwert und der Komplexität einer Botschaft. Je höher der Nachrichtenwert, desto höher ist die Wahrscheinlichkeit, dass eine Pressemitteilung aufgegriffen wird. Niedrigere Nachrichtenwerte und komplexe Inhalte können in einem direkten Gespräch besser vermittelt werden.

Instrumente der Medienarbeit

Medienwirksame Aktionen

Wenn in dieser Projektphase schon medienwirksame Aktionen stattfinden, wie etwa ein Tag, an dem Kinder gezielt ihre Lebenswelt erforschen, um den genauen Bedarf für das geplante Projektergebnis festzustellen, kann dies als Auftaktveranstaltung für die Journalisten und andere Beteiligte wie die Anwohner genutzt werden. Den Eingeladenen wird ein Überblick über das Projekt gegeben, wobei zwar die positiven Seiten herausgehoben, aber auch die absehbaren Schwierigkeiten oder die Risiken nicht verschwiegen werden. Hier ist es besser, dass die Projektleitung etwaige Brisanzen im Rahmen einer offenen Kommunikation steuern kann, als dass jemand diese negativen Aspekte »aufdeckt« und ein Erklärungs- und Legitimationsdruck entsteht. Wichtig ist auch immer, ein mögliches Fotomotiv vorzubereiten, etwa die Kinder bei wirkungsvollen Aktionen.

Integration von Betroffenen

Die Integration der Anwohnerinnen und Anwohner kann vorbeugend Unstimmigkeiten und Disharmonie verhindern und vermittelt selbst bei gegensätzlichen Meinungen die Kompromissbereitschaft. Sollte es dennoch Störungen aus dem Umfeld geben, ist es ratsam, im Zuge einer Krisenkommunikation die Anwohner – eventuell wiederum gemeinsam mit den Medien – zu einer Gesprächs- und Diskussionsrunde zu bitten. Öffentliches Verständnis für die Bedürfnisse sollte der Tenor der Ausführungen sein, die eine konstruktive gemeinsame Lösung zum Ziel haben. Vermittelt wird zudem, dass sich das geplante Projekt niemals gegen Erwachsene richtet, sondern allein für Jugendliche gedacht ist.

Findet in der Planungsphase keine Sonderaktion statt, kann die Auftaktveranstaltung auch in der folgenden Phase durchgeführt werden. Häufig werden Journalisten nicht zu mehreren Ortsterminen bei einem Projekt erscheinen.

Umsetzungsphase

Wenn sich alle Projektbeteiligten über die Maßnahmenplanung geeinigt haben, beginnt die Realisierung der PR-Arbeit. Informationsmaterialien werden erarbeitet und zusammengestellt und über die vorher ausgewählten Kommunikationswege – indirekte wie Pressemeldungen oder direkte wie die persönliche Interaktion – an die Medien übermittelt. Da die meisten Partizipationsprojekte nur lokale Bedeutung haben, ist die Zahl der Medienvertreter überschaubar, sodass es sich anbietet, diese telefonisch direkt anzusprechen und ihnen erst danach die Informationsmaterialien zukommen zu lassen. Hilfreich für die Journalistinnen und Journalisten sind mitgelieferte Fotos oder Skizzen zur Veranschaulichung der Projektidee, der Ziele und des gewünschten Resultates. Die Materialien sollten aber nicht zu umfangreich sein, sondern sich auf die Fakten beschränken.

- Pressemitteilung
- Pressekonferenz
- Fachartikel
- Reportage
- Presseinterview
- Telefonischer Pressekontakt

Unabdingbar ist in dieser Phase die regelmäßige Kommunikation zwischen den Projektbeteiligten, um eine stete Ziel-Ergebnis-Kontrolle und die regelmäßige Projektdokumentation zu gewährleisten. Wurde etwa die Wirkung einer Aktion oder Pressemitteilung falsch eingeschätzt, kann noch immer das Gespräch gesucht werden. Regelmäßig sollten die Medien auch mit zusammengefassten Neuigkeiten versorgt werden, zum Beispiel überwundene Hindernisse, aktuelle Spendengelder, neue Ideen, Einigungen mit den Anwohnern u.Ä. Allerdings ist zu beachten, dass die Pressemeldungen auch tatsächlich etwas Neues und einen gewissen Nachrichtenwert enthalten. Zu viele Meldungen ohne greifbaren und nachvollziehbaren Inhalt kosten viel Geld und bewirken eine Abwehrhaltung bei den Presseleuten.

Regelmäßige Kommunikation

Attraktive Aktionen planen

Die Aktionen der Umsetzungsphase sollten an einem Tag gebündelt werden, zu dem die Medien eingeladen werden. Da diese nicht für jede Aktion zum Auswärtstermin kommen, sollte man die Möglichkeit prüfen, auch einen populären Lokal- oder Stadtprominenten, beispielsweise einen Politiker, dazu einzuladen. Dies weckt zumindest das Interesse von Fotografen und sorgt für zusätzliche Sympathie und positiven Imagetransfer für das Projekt.

Hilfreich ist außerdem, zu festen Zeiten eine Anwohnerfragestunde anzubieten. Dort können neue Entwicklungen besprochen werden, Sorgen und Risiken beseitigt und dem Umfeld deutlich gemacht werden, dass seine Meinung wichtig ist.

Abschlussphase

Die Abschlussphase beinhaltet die Evaluation der durchgeführten Maßnahmen. Das Projekt wird zu einem Ende gebracht und bewertet, inwieweit die angestrebten Ziele erreicht wurden. Sollte dies nicht in gewünschtem Umfang erfolgt sein, ist zu klären, warum die Maßnahmen gescheitert sind und welche Faktoren dies nachhaltig beeinflusst haben. Ergebnis der Ab-

schlussphase kann durchaus sein, dass ein neues Projekt vonnöten ist, in das die gesammelten Erfahrungen eingearbeitet werden.

Tu Gutes und rede darüber

Nach dem klassischen PR-Motto »Tu Gutes und rede darüber« wird der erfolgreiche Projektabschluss kommuniziert. Wenn es sich anbietet und Interesse besteht, auch noch mal mit einem Vor-Ort-Termin. Ist das Projekt nicht gut gelaufen, wird das neue Projekt in den Vordergrund der Informationsmaßnahmen gerückt. Das gilt auch hinsichtlich der Zahlen, die beispielsweise den Erfolg einer Wohnumfelderneuerung verdeutlichen. Nur wenn diese auch fachfremden Menschen nachvollziehbaren Erfolg vermitteln, empfiehlt sich eine Veröffentlichung.

# II Management von Partizipationsprojekten

Partizipationsprojekte mit Kindern und Jugendlichen leben vor allem von thematischer Vielfalt und dem kreativen Engagement aller Beteiligten. Viele leiden jedoch in der Praxis an mangelnder Planung und Koordination. Aktionismus und überschwänglicher Eifer können zwar hier und da auch zu Erfolgen führen, allerdings besteht die Gefahr eines unkontrollierten Projektverlaufs. Die nachhaltige Beteiligung lässt sich nur erreichen, wenn Vorhaben gemeinsam mit jungen Menschen professionell geplant und durchgeführt werden.

Ein gutes Projektmanagement wirkt motivierend, weil Zwischenschritte klar erkennbar und Teilerfolge erreichbar sind. Projekte werden damit überschaubarer, was gerade für junge Menschen und ihr Beteiligungsengagement sehr wichtig ist. Vor allem, wenn Projekte eine längere Laufzeit haben, sind solche Zwischenerfolge notwendige Schritte einer guten Planung.

Begrenzte Zeiträume planen

Das Projektmanagement umfasst Aufgaben der Planung, Steuerung und Überwachung. Sie werden in begrenzten Zeiträumen – den Projektphasen – geplant und durchgeführt. Die Zeitspanne zwischen Projektbeginn und -ende ist der Projektlebenszyklus. Verschiedene Aufgaben treten in jeder Phase des Projektes mehr oder weniger intensiv auf. Jeder Projektphase werden Meilensteine zugeordnet, die Zwischenziele oder den Schlusspunkt einer Phase darstellen.

In der Praxis des Projektmanagements hat sich ein Modell aus vier Phasen als Standard durchgesetzt, das auch für die Durchführung von Partizipationsprojekten genutzt werden sollte. Innerhalb dieser vier Phasen – Startphase, Definitionsphase, Planungsphase, Umsetzungsphase – gibt es verschiedene Arbeitsschritte, die für die Planung und Umsetzung wichtig sind.

Verknüpfung von Inhalt und Form

Die große Herausforderung in der Praxis von Beteiligungsprojekten besteht darin, die Inhalte eines Vorhabens mit dem Projektmanagement zu verbinden.

Ohne eine gute, zielgruppenadäquate inhaltliche Ausrichtung oder ohne ansprechende methodische Umsetzungsschritte ist auch ein professionell organisiertes Projektmanagement nichts wert und nur eine inhaltslose Hülle. Aber auch umgekehrt gilt: Genau platzierte Themen und spannende Methoden führen ohne professionelle Steuerung selten zu einem umfassenden Projekterfolg.

Projektmanagement in der Partizipationspraxis bedeutet im Kern, dass Kinder und Jugendliche in allen Phasen eingebunden sein können oder sogar sein müssen. Je nach Alter der Zielgruppen ist auch eine Abgabe von Verantwortung für einzelne Arbeitsschritte möglich.

Projektmanagement als Gerüst

Im Folgenden werden die vier Phasen des Projektmanagements für die Partizipationspraxis dargestellt. Alle wichtigen Arbeitsschritte werden so erläutert, dass Projekte selbstständig entwickelt, geplant und umgesetzt werden können. Nicht berührt sind dabei konkrete inhaltliche Aspekte, die von Projekt zu Projekt unterschiedlich sein werden.

## 1 Das Projektphasenmodell

Die Phaseneinteilung ist eine Art Wegweiser durch ein Projekt. Solche zeitlich aufeinanderfolgenden Schritte entsprechen dem gewohnten Verhalten beim Lösen von Aufgaben. Die anstehenden Aufgaben werden somit für alle Projektbeteiligten deutlich. Diese Form der Strukturierung bietet zudem einen Ansatzpunkt für Zwischenentscheidungen. Sie trägt zur Überprüfung der Folgen einzelner Handlungsschritte für die weitere Projektdurchführung bei.

Innerhalb der Projektphasen, vor allem aber vor dem Übergang in eine nächste Phase, sollen sogenannte Meilensteine erreicht sein. Ein Meilenstein ist ein inhaltlich und terminlich definiertes Phasenergebnis oder -ereignis, das eine Beurteilung des Projektstandes erlaubt.

Das Phasenmodell ermöglicht Teilerfolge bei der Projektabwicklung, da mit jedem Meilenstein der bisher erreichte Anteil am Ganzen und der Abstand zum Projektabschluss erkennbar werden. Zudem mindern leichter erreichbare Teilziele das Risiko des Scheiterns. Das Projekt wird dadurch in Etappen bearbeitet. So wird eine wirkungsvollere Projektsteuerung möglich.

- Phasenschema zum Projektmanagement
- Leitfaden zum Projektmanagement

### Projektphasen, Arbeitsschritte und Meilensteine

| Phase | Arbeitsschritte | Meilensteine |
|---|---|---|
| Startphase | Projektinitiative | Die Ausgangslage und der Bedarf für das Projekt sind geklärt. |
| | Projektstart | Die Projektinitiative ist ergriffen und das Projektthema ausgewählt. |
| | | Eine Konzeptskizze für das Projekt ist entwickelt, die eine grobe Finanzplanung, erste Zielbeschreibungen und eine inhaltliche Grobstrukturierung enthält. |
| | | Die Realisierungschancen für das Projekt sind im Hinblick auf vorhandene und noch zu erschließende Ressourcen geprüft. |
| | | Der Projektantrag wurde gestellt und genehmigt, ein entsprechender Kontrakt ist abgeschlossen. |
| | | Der Projektstart ist erfolgt und die Projektgruppe gebildet. |
| | | Wichtige Kooperationspartner sind gefunden. |
| | | Die Projektorganisation (Lenkungsstrukturen, Koordination, Arbeitsweise, Arbeitsorganisation usw.) ist festgelegt |
| | | Ein Kick-off-Meeting ist durchgeführt. |
| Definitionsphase | Situationsanalyse | Alle projektrelevanten Informationen sind gesichtet und in Bezug auf das geplante Vorhaben ausgewertet. |
| | Zielgruppenanalyse | Eine Situationsanalyse mit Bestandserhebung und -bewertung sowie der Bedarfsfeststellung liegt vor. |
| | Stakeholderanalyse | Die Zielgruppen sind bestimmt. |

| Phase | Arbeitsschritte | Meilensteine |
|---|---|---|
| Definitionsphase (Fortsetzung) | Rahmenplanung<br>Kommunikations-konzept<br>Zielentwicklung | Eine Projektumfeld- und Stakeholderanalyse ist abgeschlossen.<br>Die genaue Zielformulierung auf verschiedenen Ebenen (Leit-, Mittler-, Handlungsziele) ist erfolgt.<br>Die Rückbindung an die kommunale Gesamtstrategie für die Kinder- und Jugendpartizipation ist geklärt.<br>Eine exakte Beschreibung einzelner Maßnahmen ist erfolgt.<br>Das Projekt wurde in der Öffentlichkeit bekannt gemacht. |
| Planungsphase | Konzeptentwicklung<br>Strukturplanung<br>Aufgabenverteilung<br>Ablaufplanung<br>Ressourcenplanung<br>Qualitätssicherung | Ein Projektstrukturplan ist aufgestellt und die Beschreibung von Arbeitspaketen erfolgt.<br>Der Zeitbedarf ist ermittelt und eine detaillierte Ablaufplanung vorgenommen.<br>Eine genaue Kosten- und Finanzierungsplanung mit einer Zuordnung von Budgets zu einzelnen Arbeitspaketen ist erfolgt.<br>Qualitätssicherung, Controllings und Evaluation wurden geplant. |
| Umsetzungsphase | Maßnahmen-umsetzung<br>Projektsteuerung<br>Evaluation<br>Auswertung<br>Dokumentation<br>Projektabschluss | Weitere Realisierungsschritte des Projektes sind umgesetzt.<br>Ein Projektcontrolling ist eingerichtet.<br>Mögliche Risiken und unvorhergesehene Ereignisse im Projekt-verlauf wurden erkannt, Interventionen und vorbeugende Maß-nahmen realisiert.<br>Die Bedingungen für optimale Kommunikation und Kooperation im Projekt sind hergestellt.<br>Die Öffentlichkeitsarbeit für das Projekt wird intensiviert.<br>Begleitende Maßnahmen zur Teamentwicklung werden umgesetzt.<br>Fremd- oder Selbstevaluation des Projektes sind abgeschlossen.<br>Eine Gesamtbewertung der Wirkungen und Ergebnisse wurde vorgenommen.<br>Die Projektdokumentation und eine Projektpräsentation sind fertig.<br>Der inoffizielle und der offizielle Projektabschluss sind erfolgt. |

## 2 Projektbeginn: Startphase

Projekte werden so früh wie möglich systematisch geplant und durchgeführt. Ein unklarer oder diffuser Beginn führt in der Folge auch zu unscharfen Ergebnissen. Zudem kann sich aus einer ungeklärten Startsituation auch Widerstand entwickeln, der den weiteren Projektfortschritt behindert.

Umsetzung von Vorgaben

Die Ausgangslage für das Entstehen von Partizipationsprojekten wird sehr unterschiedlich sein. So kann es politische oder fachliche Vorgaben wie Ratsbeschlüsse, vorliegende Gesamtkonzeptionen oder Leitbilder geben, an denen sich die Projekte orientieren. In solchen Fällen sind meist auch Themen oder zumindest Ideen für Themenstellungen vorgegeben, und es wird im Auftrag Dritter ein Projekt begleitet und moderiert. Eine Kommune kann mit dem Vorhaben auf die Ergebnisse wissenschaftlicher Untersuchungen zu Partizipationsdefiziten und -potenzialen von Jugendlichen reagieren.

Als Grundlage kann es auch lediglich eine Idee oder einen groben Rahmen geben. Dann wird das Projektthema auf Grundlage geprüfter Bedarfe erst noch gefunden.

Problemlagen fordern heraus

Defizite, spezifische Problemlagen oder Bedürfnisse und Interessen von Zielgruppen kennzeichnen die Ausgangslage. Ein gesellschaftlicher und sozialer Bedarf wird damit sichtbar. Projektthemen können auch im Rahmen der örtlichen Jugendhilfeplanung entstehen, wenn vor dem Hintergrund von Untersuchungen zum Sozialraum und zur Lebenswelt in den Stadtteilen ein entsprechender Bedarf erkennbar wird.

Rahmen von oben – Initiative von unten

Wenn Projekte gestartet werden, ist im Allgemeinen durch einen fachlich fundierten und demokratisch legitimierten Prozess eine Themenpalette vorgegeben. Sie beruht auf politisch festgestelltem Bedarf – nicht allein auf Bedürfnissen – und ist wissenschaftlich sowie fachlich fokussiert. Solche fachlichen und politischen Vorgaben geben allerdings in der Regel nur einen Rahmen vor, innerhalb dessen sich Projektinitiativen »von unten« einbringen können. Das geschieht durch Akteure aus dem Stadtteil, aus Politik, Vereinen, den pädagogischen und sozialarbeiterischen Einrichtungen und hat somit auch auf dieser Ebene eine partizipatorische Komponente. Es besteht einerseits eine klare Auftragssituation »von oben«, andererseits aber die Möglichkeit, innerhalb von definierten fachlichen und politischen Rahmenvorgaben eigene Vorstellungen »von unten« einzubringen.

Erfahrungen aus Politik, Wissenschaft und Verwaltungspraxis zeigen, dass es einer Verzahnung von Top-down- und Bottom-up-Prozessen bedarf. Größere Vorhaben mit einer Vielzahl an Teilprojekten, wie die Entwicklung von Partizipationsstrukturen für einen ganzen Stadtteil, können ohne die

Unterstützung von Entscheidungsträgern aus Politik und Verwaltung nur scheitern: nicht allein aufgrund der erforderlichen finanziellen, verwaltungsmäßigen, personellen Ressourcen, sondern auch wegen des notwendigen öffentlichen Rückhaltes. Nur ein starkes Eingangsmandat von dieser Seite kann den Erfolg von Projekten mittel- und langfristig sicherstellen.

Widersprüche

Das Management von Partizipationsvorhaben stößt in der Praxis auf Widersprüche. Demokratieansprüche stehen in einem Spannungsverhältnis zur Fachlichkeit, Effizienz und der Verwaltung begrenzter Mittel. Einseitige Fokussierungen führen zu Problemen in der Projektumsetzung. Ein anderer Widerspruch besteht darin, dass auf der Ebene des Rates zwar demokratische Entscheidungen getroffen werden, sich im Stadtteil aber Einzelne oder Gruppen in diesen Beschlüssen oft nicht wiederfinden.

Startsituation von Partizipationsprojekten

Ausgangslage klären

Bevor ein Projekt auf den Weg gebracht wird, ist die Ausgangssituation zu überprüfen. Danach lässt sich entscheiden, ob für die Umsetzung einer Idee oder aufgrund eines vorhandenen Rahmens ein Vorhaben wirklich als Projekt organisiert wird.

**Meilensteine in der Startphase**

- Die Ausgangslage und der Bedarf für das Projekt sind geklärt.
- Die Projektinitiative ist ergriffen und das Projektthema ausgewählt.
- Eine Konzeptskizze für das Projekt ist entwickelt, die eine grobe Finanzplanung, erste Zielbeschreibungen und eine inhaltliche Grobstrukturierung enthält.
- Die Realisierungschancen für das Projekt sind im Hinblick auf vorhandene und noch zu erschließende Ressourcen geprüft.
- Der Projektantrag wurde gestellt und genehmigt, ein entsprechender Kontrakt ist abgeschlossen.
- Der Projektstart ist erfolgt und die Projektgruppe gebildet.
- Wichtige Kooperationspartner sind gefunden.
- Die Projektorganisation mit Lenkungsstrukturen, Koordination, Arbeitsweise, Arbeitsorganisation ist festgelegt.
- Ein Kick-off-Meeting ist durchgeführt.

## 2.1 Die Projektinitiative

Initiative starten, Thema auswählen

Vor dem Hintergrund der Ausgangslage entwickeln eine Gruppe oder Einzelpersonen eine Idee. Diese kann auch Reaktion auf eine Ausschreibung sein; dabei wird innerhalb eines Rahmenthemas ein eigenes Vorhaben vorgeschlagen. Denkbar ist weiterhin, dass der kommunale Auftraggeber selbst bei Gruppen, Institutionen, Verbänden im Stadtteil anfragt oder dass für die eigenen kommunalen Einrichtungen, wie im Rahmen der Jugendhilfeplanung, bereits ein konkreter Auftrag vorliegt.

Damit ist die Initiative für ein Vorhaben gestartet, zu der jedoch oft noch das konkrete Thema fehlt. Ausgangspunkt für ein Partizipationsprojekt ist damit häufig eine noch diffuse inhaltliche Beschreibung eines Zustandes oder eines Vorhabens. Daraus lassen sich konkrete Projektideen ableiten.

SIL-Methode

**Ideen für ein Projektthema entwickeln**

Ein Verfahren, mit dem in einer Projektplanungsgruppe kreativ Ideen gefunden werden können, ist die SIL-Methode: die systematische Integration von Lösungselementen (vgl. Schlicksupp 2004: 124 ff.). Sie ermöglicht es Gruppen, Synergien aus dem Ideenreichtum und der Kreativität der einzelnen Mitglieder zusammenzuführen. Besonders bei komplexeren Vorhaben ist sie ein gutes Handwerkszeug, da viele Einzelgedanken in die Gestaltung eines künftigen Projektthemas einfließen. Zugleich kann das Verfahren eingesetzt werden, wenn zu einer Rahmenvorgabe nur eine begrenzte Zahl von Einzelprojekten durchgeführt werden können und deswegen der Qualität jeder Einzellösung eine besondere Bedeutung zukommt.

**Vorgehen**

Einzel- und Gruppenarbeit wechseln sich hierbei ab. Besonders günstig ist es, wenn die Projektgruppe aus mindestens sechs und maximal acht Personen besteht.

Zunächst erarbeiten alle Mitglieder der Gruppe individuelle Ideen. Die erste dieser Einzelideen wird in der Gruppe vorgetragen und das Essenzielle daraus stichpunktartig für alle festgehalten. Es folgt die Vorstellung und Fokussierung der zweiten Einzelidee. Aus den wesentlichen Stichworten der ersten beiden Ideen wird eine gemeinsame integrierte Lösung erarbeitet. Erst wenn Einigkeit in der Gruppe über diesen Ansatz besteht, wird die dritte Einzelidee präsentiert, diskutiert, fokussiert und in den vorhandenen Themenansatz integriert. Nach diesem Muster wird mit allen weiteren Einzelideen verfahren, bis am Ende ein Substrat aller Ideen der Gruppenmitglieder zusammengetragen wurde.

Als Ergebnis dieses Prozesses liegt ein erster, möglicherweise noch nicht endgültiger, aber für die nächsten Schritte im Projektmanagement durchaus nutzbringender Themenentwurf vor.

**Erstinformationen sammeln**

Von dieser grundsätzlichen Themenfindung aus wird zu Projektbeginn die Ausgangssituation geklärt. Dazu werden alle für eine erste grobe Bewertung der Projektidee notwendigen Informationen gesammelt. Quellen dafür können Betroffene und andere Akteure oder Erfahrungsberichte aus ähnlichen Vorhaben in der Vergangenheit sein.

Oft ist die Zeit für einen geordneten Projektstart knapp bemessen. Jedoch sollte an dieser Stelle sorgfältig gearbeitet werden, um nicht im späteren Projektverlauf von Anfangsfehlern eingeholt zu werden. Das bedeutet aber nicht, dass alle ins Detail gehenden Fragen an dieser Stelle geklärt werden müssen. Es geht um einen grobe Struktur, die für das künftige Projekt zu entwickeln ist.

**Rahmenkonzept entwickeln**

Sofern mit dem Auftrag an eine kommunale Einrichtung schon eine Genehmigung zur Durchführung des Projektes samt Finanzierung verbunden ist, können die nächsten Schritte, bis auf die Realisierungsprüfung, übersprungen werden. Der Regelfall wird jedoch sein, dass – unabhängig von der generellen Möglichkeit, das Projekt zu machen – noch zusätzlich Finanzquellen erschlossen werden müssen.

Die Projektentwicklungsgruppe erarbeitet ein erstes Konzept für das Vorhaben. Meist handelt es sich dabei um einen Rahmen für die später ausführlicher zu beschreibenden Elemente des Projektes.

**Rahmenbedingungen prüfen**

Der Abschluss einer Rahmenkonzeptentwicklung ist immer die Überlegung, ob die Rahmenbedingungen, besonders Finanzen, Personal und Zeit die Chancen der Realisierung fördern oder begrenzen.

**Realisierungsprüfung**

Diese internen und externen Rahmenbedingungen des Projekts sind nun genauer zu prüfen: Wie beeinflussen die erkennbaren zeitlichen, finanziellen, personellen, räumlichen, technischen und sonstigen Bedingungen die Realisierung? Ist das Projekt unter den gegebenen Aspekten machbar und sinnvoll? Müssen zusätzliche Finanzquellen erschlossen werden?

Viele externe Organisationen, Träger, Gruppen und Einzelpersonen stellen meist einen formellen Antrag auf Finanzmittel für die Projektumsetzung. Anträge dienen dazu, zusätzliche Genehmigungen für das Projekt einzuholen. Es können zudem weitere Finanzierungsanträge an Geldgeber notwendig werden.

**Inhalte eines Projektantrages**

- Daten zum Antragsteller
- Projektbegründung
- Einbindung in die kommunale Gesamtstrategie zur Kinder- und Jugendpartizipation auf der Ebene des Leitziels des Projektes
- grobe Beschreibung der vorläufigen Mittlerziele des Projektes jedoch noch keine Handlungsziele bzw. noch exemplarisch und unvollständig
- Beschreibung der geplanten Zielgruppen des Projektes
- Beschreibung der zu entwickelnden Programmelemente bzw. der Einzelmaßnahmen des Projektes, mit denen die Ziele erreicht werden sollen
- erste grobe Abgrenzung und Eingrenzung des Projektes
- Beschreibung der Projektorganisation: Lenkungsstrukturen, Koordination, Arbeitsweise, Arbeitsorganisation usw.
- Beschreibung der erforderlichen Ressourcen
- Ablauf- und Zeitplanung
- Angaben zur Evaluation des Projektes

Checkliste Projektantrag

## 2.2 Der Projektstart

Auftrag erteilen, Projektteam bilden

Die Auftragserteilung oder die Zuweisung von Fördermitteln entspricht einem inoffiziellen Start des Projektes. Der Auftrag wird auf Basis des Antrags präzisiert mit einer genauen Abgrenzung der Aufgaben und Leistungen des Auftragnehmers sowie einer Vereinbarung zu den Zielen und Grenzen des Projektes. Dazu sollte ein Kontrakt zwischen Auftrag- oder Fördermittelgeber und dem Projektträger abgeschlossen werden.

Zu Beginn des Projektes werden alle Personalfragen geklärt, das endgültige Team wird zusammengestellt, die Projektleitung ernannt. Die ursprüngliche Projektentwicklungsgruppe kann mit der nun entstandenen Realisierungsgruppe ganz oder in Teilen identisch sein. Es ist sinnvoll, das Projektteam jetzt punktuell zu erweitern.

Kooperationsstrukturen aufbauen

Projekte entstehen nicht im luftleeren Raum. Sie sind Teil von sozialen Netzwerken im Stadtteil oder der Kommune und benötigen vor allem in der Umsetzungsphase Kooperationspartner, die in ihren Einrichtungen und Organisationen das Projekt unterstützen. Diese Kooperationen sind frühzeitig verbindlich zu vereinbaren.

Erfolgreiche Projektarbeit braucht neben starken Partnern auch klare Strukturen. Die Zusammenarbeit unterschiedlicher Gremien, die Projekte steuern, koordinieren und weiterentwickeln, ist dabei unerlässlich. Ein wesentlicher Aspekt in diesem Zusammenhang sind die strukturellen Voraussetzungen, um junge Menschen unmittelbar an der Projektweiterentwickelung zu beteiligen.

Kommune – freie Träger – Schulen

Einen zentralen Stellenwert für funktionierende Strukturen einer Kommune hat die Zusammenarbeit zwischen kommunaler Politik und Verwaltung, den vor Ort tätigen freien Trägern und den Schulen. Letzteren kommt bei der Einbindung in ein Netzwerk eine besondere Bedeutung zu. Sie verfügen auf der einen Seite über ideale Zugangs- und Ansprachemöglichkeiten gegenüber Kindern und Jugendlichen und erreichen damit mehr junge Menschen als die freien Träger. Auf der anderen Seite sind Schulen aufgefordert, sich immer mehr auch zu Lernräumen für Demokratie zu entwickeln. Verschiedene thematische Initiativen, Programme und Schulentwicklungskonzeptionen weisen deutlich in diese Richtung. Es wäre im Rahmen der Entwicklung kommunaler Partizipationsprojekte schwer nachvollziehbar, wenn diese Ressourcen nicht genutzt würden.

Steuerungsgruppe und Koordination

Innerhalb einer Kommune sollte eine regionale Steuerungsgruppe für die Entwicklung einer nachhaltigen Beteiligungsstrategie eingerichtet werden: Vertreter unterschiedlichster Institutionen und Einrichtungen kommen mit Vertretern aus Politik und Verwaltung zusammen. Aufgabe der Steuerungsgruppe ist es, gute Ausgangs- und Rahmenbedingungen für Projekte zu schaffen, Personal entsprechend zu qualifizieren und die Netzwerkbildung anzuregen. Die Steuerungsgruppe richtet eine Koordination für die Beteiligungsstrategien als Stabsstelle auf der Entscheidungsebene oder eine zugeordnete Stelle ein. Dieser obliegt die operative Steuerung der Prozesse, zu denen auch Einzelprojekte gehören.

Die Berücksichtigung solcher strukturellen Voraussetzungen bringt für die Projekte mehr Planungssicherheit, sie führt zu höherer Qualität in der Umsetzung und in der Konsequenz zu einer höheren Partizipationszufriedenheit bei Kindern und Jugendlichen.

Festlegung einer Projektorganisation

Die Arbeits-, Steuerungs- und Lenkungsstrukturen inner- und außerhalb der Projekte müssen rechtzeitig geregelt werden. Dazu gehören eine Reihe übergeordneter Fragen, die auch für das Einzelvorhaben von Bedeutung sind:

- Welchen Stellenwert haben beispielsweise Entscheidungsträger in Politik und Verwaltung für das Projekt?
- Welche Grundsatzentscheidungen der kommunalen Steuerungsgruppe sind für den Projektverlauf relevant?

- Wie wirkt sich die Koordinierung des kommunalen Projektbüros für die Kinder- und Jugendpartizipation auf das Einzelprojekt aus?
- Welche thematischen Arbeitsgruppen existieren in der Kommune, und wie müssen diese eingebunden werden?
- Wie wird das Projekt in die kommunale Strategie zur Kinder- und Jugendpartizipation eingebunden, und welche Projektleitziele ergeben sich aus diesem Gesamtvorhaben für das Projekt?
- Wie können Kinder und Jugendliche verantwortlich in die Projektsteuerung einbezogen werden, damit deren Perspektiven von Anbeginn der Projektarbeit vertreten sind?
- Welche Entscheidungsbefugnisse hat die Projektleitung?
- Wer ist für die kontinuierliche Prozessbegleitung verantwortlich?
- Welche Elemente der Arbeitsorganisation im Projekt sind festzulegen?

Kick-off-Meeting

Es empfiehlt sich, alle am Projekt Beteiligten zum Projektstart zu versammeln, um über Projektinhalte und -phasen, Ziel- und Meilensteinplanungen zu informieren und diese zu diskutieren. Ein Kick-off-Meeting sollte gemeinsam mit der Steuerungsgruppe und anderen entscheidenden Akteuren durchgeführt werden. Es geht dabei um

- die Vorstellung und Diskussion der Inhaltsskizze des Projektes
- die konkreten Ansätze zur Umsetzung des Projektes, den Stellenwert von externer und interner Moderation und Prozessbegleitung
- das grobe Arbeitsprogramm und die nächsten Schritte
- Motivierung und Aufbruchstimmung

**Das Kick-off-Meeting**

Ein Kick-off-Meeting kann als erstes offizielles Treffen der Projektbeteiligten verstanden werden. Es dient dem persönlichen Kennenlernen sowie der ersten inhaltlichen Auseinandersetzung mit dem Projekt. Dieses Treffen ist auf die jeweilige Situation zugeschnitten, denn die Voraussetzungen und Vorkenntnisse der Beteiligten sind meist sehr unterschiedlich.

Dieser offizielle Projektbeginn motiviert alle Beteiligten: Die gemeinsame Aufbruchstimmung hat positive Aufwirkungen auf die Teamentwicklung. Nach dem offiziellen Start vergeht manchmal noch viel Zeit, bis die Arbeit tatsächlich begonnen wird. Dieser Zustand kann das Projektteam und die anderen Beteiligten demotivieren. Deswegen sollte das Kick-off-Meeting sobald wie möglich, aber auch erst so früh wie nötig stattfinden.

- Durchführung eines Kick-off-Meetings
- Themenliste für ein Kick-off-Meeting
- Leitfragen für die Startphase

Typische Themen für ein Kick-off-Meeting:
- Projektmitarbeiter kennenlernen und sich über die Modalitäten der Zusammenarbeit des Teams einigen
- die einzelnen Beteiligten vorstellen
- Regeln oder Arbeitsweisen für das Team und die Beteiligten festlegen
- Informationen über das Projekt weitergeben
- eine gemeinsame Durchführungsstrategie entwickeln
- über die Finanz- und Terminplanung informieren

Ein solches Treffen wird nicht durchgeführt, um alle Anliegen, Probleme und Fragen bezüglich des Projektes zu klären. Ein solcher Anspruch wäre zu hoch. Es kann aber dazu dienen, Unklarheiten aufzudecken, die im weiteren Projektverlauf bearbeitet werden müssen. Ein Kick-off-Meeting wird deswegen inhaltlich nicht überfrachtet, da sonst die Gefahr besteht, dass die Motivation der Projektbeteiligten sinkt (vgl. Winkelhofer 1997: 471 ff.; Kessler und Winkelhofer 1997: 105).

## 3 Analyse auf verschiedenen Ebenen: Definitionsphase

»Wer kein Ziel hat, für den ist jeder Weg der richtige. Diese oft im Zusammenhang mit dem Selbstmanagement geäußerte Weisheit gilt auch für das Projektmanagement« (Schulz-Wimmer 2007: 83). In den entscheidenden Schritt der Zielklärung wird in der Regel jedoch zu wenig investiert. Viele Vorhaben beginnen mit einer Aktivität – in der Annahme, die grundsätzliche Ausrichtung könne dann im weiteren Verlauf noch erfolgen. Erfahrungen der Projektarbeit zeigen darüber hinaus, dass Zielbeschreibungen oft inhaltlich nicht vollständig und im Blick auf die zeitlichen Ressourcen zu knapp geplant sind. Der Aufwand für die Umsetzungsprozesse wird häufig unterschätzt.

Grundsteine legen

Deswegen ist die Definitionsphase von großer Bedeutung. Hier werden die Grundsteine für eine erfolgreiche Projektarbeit gelegt. »Der Einfluss auf das Projektergebnis sinkt im Zeitverlauf drastisch. Der Grund ist simpel: Mit jedem Projektschritt werden Fakten geschaffen, die nur unter erheblichem Aufwand [...] zu korrigieren sind« (ebd.).

**Meilensteine in der Definitionsphase**

- Alle projektrelevanten Informationen sind gesichtet und in Bezug auf das geplante Vorhaben ausgewertet.
- Eine Situationsanalyse mit Bestandserhebung und -bewertung sowie der Bedarfsfeststellung liegt vor.
- Die Zielgruppen sind bestimmt.
- Eine Projektumfeld- und Stakeholderanalyse ist abgeschlossen.
- Eine genaue Zielformulierung in einer Zielhierarchie ist erfolgt.
- Eine exakte Beschreibung einzelner Maßnahmen ist erfolgt.
- Das Projekt wurde in der Öffentlichkeit bekannt gemacht.

### 3.1 Die Situationsanalyse

Informationen sammeln und auswerten

In der Definitionsphase werden zunächst alle projektrelevanten Informationen gesammelt. Es ist sinnvoll, diese Sammlung fortlaufend um die Ergebnisse des Projektmanagements zu erweitern. Folgende Informationen werden ausgewertet und den Projektbeteiligten zur Verfügung gestellt:

- Informationen des Auftraggebers, die für das Projekt von Bedeutung sind

vgl. Seite 41 ff.

- Gesetze und Verordnungen, die das Projekt mittel- und unmittelbar betreffen
- Ergebnisse einer Projektumfeldanalyse, die den Rahmen vorgeben
- Ergebnisse aus der Startphase wie Personalplanung und Verteilung der Verantwortlichkeiten
- Protokolle und Termine des Projektteams
- Kontaktdaten des Projektteams

Bestand erheben und Bedarf ermitteln

Im Rahmen einer Situationsanalyse werden unter anderen die folgenden grundlegenden Fragen für die Umsetzung des Projektes geklärt (vgl. Schulz-Wimmer 2006: 89 f.):

- Worum geht es im Projekt, und wie ist die genaue Aufgabenstellung?
- Welche Chancen bietet das Projekt, welche Hindernisse stehen im Weg?
- Wie stellt sich die Ist-Situation dar, und wo liegen Ursachen der Probleme?
- Welche weiteren Einflussgrößen oder Faktoren sind zu berücksichtigen?
- Welche Rahmenbedingungen oder Vorgaben sind bei der Umsetzung zu berücksichtigen?
- Wo gibt es Schnittstellen zu anderen Projekten, und worin bestehen diese?
- Was sind Risiken, wo lauern besondere Gefahren?
- Was sind Erfolgsfaktoren des Projektes?

SWOT-Analyse

In dieser Phase geht es darum, die vorhandene Situation umfassend zu erkennen und für alle Beteiligten nachvollziehbar darzustellen. Methodisch kann mit einer Stärken-Schwächen-Analyse gearbeitet werden. Auf deren Basis können später sinnvolle und erreichbare Ziele formuliert werden. Alle Projektbeteiligten haben nach dieser Analyse ein gemeinsames Verständnis der Situation.

**Arbeitsschritte für die Situationsanalyse**

Im Folgenden werden eine Reihe von Arbeitsschritten vorgestellt, die Projektteams auf dem Weg durch die recht aufwendige Situationsanalyse begleiten und unterstützen. Neben den Methoden der Sozialraum- und Lebensweltanalyse bieten die folgenden Verfahren die Möglichkeit, das Management und die Inhalte des Projektes stärker aufeinander abzustimmen.

In der Projektarbeit im sozialen Umfeld ist es oft noch nicht üblich, Projekte so schrittweise und detailliert anzugehen. Das verursacht häufig Frustrationen und kann zum vorzeitigen Projektende führen. Wird den Ursachen für das Scheitern nachgegangen, liegen sie oft genau in dieser Phase des Projektmanagements.

Die folgenden Schritte lassen sich am besten in einem Workshop bearbeiten. Daran sollten alle Beteiligten teilnehmen, um über ein breites Spektrum an Erfahrungen, Sichtweisen und Ideen zu verfügen.

### Chancen- und Problemlandkarte erarbeiten

Das Zusammentragen von projektrelevanten Informationen und Daten beginnt mit der Erarbeitung einer Chancen- und Problemlandkarte (vgl. Schulz-Wimmer 2006: 92 f.). Sie stellt eine Antwort auf die zentralen Fragen dar:

- Welche Chancen bietet das geplante Vorhaben?
- Mit welchen Hindernissen muss gerechnet werden?
- Welche Probleme sind zu bewältigen?

Wichtig ist dabei, dass der Fokus auf den Chancen und Problemen gleichermaßen liegt. Sehr oft neigen Projektteams dazu, nur die Probleme zu benennen und die positiven Aspekte aus dem Blick zu verlieren. Gerade die Chancen guter Projekte können aber Impulse geben und Anknüpfungspunkte für das Engagement der Beteiligten. Sie tragen zur Motivation bei und sind zugleich auch die Grundlage für eine gute PR-Arbeit.

### Problemursachen definieren

In Projekten, die ein identifiziertes Problem beantworten sollen, ist es wichtig, sich mit den Ursachen dieses Problems auseinanderzusetzen. Dabei sind die folgenden Fragen hilfreich (vgl. ebd.: 94 f.):

- Was genau ist das Problem? Was genau passiert? Was genau funktioniert nicht?
- Wo genau tritt das Problem auf? An welchem Ort? An welcher Stelle?
- Wann tritt das Problem auf? Wann trat es zum ersten Mal auf? Wann verschwindet es?
- Welche und wie viele Bereiche sind betroffen? Wie stark tritt das Problem auf?
- Wer ist davon betroffen? Wer nicht?

### Analyse der Einflussgrößen

Ein Projekt kann nur dann gut funktionieren, wenn die externen Einflussfaktoren und ihre Stärke sowie die organisationsinternen Einflüsse auf das Projekt berücksichtigt werden. Dieser Aspekt wird als Projektumfeldanalyse bezeichnet. Dabei werden fördernde und störende Rahmenbedingungen erhoben (vgl. Mayrshofer und Kröger 1999: 189).

- Methoden für die Situationsanalyse
- Analyse der Einflussgrößen
- Schnittstellenmatrix
- Risikoanalyse

Neben der Erarbeitung der möglichen Problemursachen sind eine Reihe weiterer politischer, sozialer oder ressourcenbedingter Einflussgrößen gegebenenfalls wichtig für die Situationsanalyse. Es geht dabei um Faktoren, die die gegenwärtige Situation und künftige Entwicklungen beeinflussen.

**Schnittstellen zu anderen Projekten erkennen**

Im nächsten Schritt geht es darum, die Schnittstellen zu anderen Projekten oder Vorhaben zu erkennen und deren Auswirkungen auf das geplante Projekt festzustellen. »Schnittstellen sind ›Übergabepunkte‹ zwischen zwei Prozessen, zwei organisatorischen Einheiten oder zwischen Gruppen bzw. Personen. Typisch für eine Schnittstelle ist, dass sich hier Verantwortungsbereiche bzw. personelle Zuständigkeiten berühren. [...] Es gilt vor allem zu klären, welche anderen Projekte von dem in Angriff zu nehmenden beeinflusst werden könnten bzw. welche das eigene Projekt beeinflussen könnten« (ebd.: 98).

Im Zusammenhang mit Kinder- und Jugendpartizipation hat eine solche Schnittstellenanalyse eine besondere Bedeutung. In der Praxis kommt es noch häufig vor, dass mehrere Projekte nebeneinander oder sogar gleichzeitig laufen, ohne dass Berührungspunkte identifiziert werden. Besonders im Blick auf die Entwicklung einer lokalen Gesamtstrategie für Beteiligungsvorhaben von jungen Menschen ist es unabdingbar, dass Einzelprojekte stärker miteinander vernetzt und in die kommunale Gesamtstrategie eingebunden werden.

**Risiken benennen und analysieren**

Der letzte Schritt setzt sich mit den vorhandenen oder noch zu erwartenden Risiken für ein Projekt auseinander. In der Schnittstellenanalyse sind möglicherweise bereits einige dieser risikobehafteten Aspekte deutlich geworden, jedoch gibt es meist noch weitere verdeckte Gefahren.

## 3.2 Die Zielgruppenanalyse

Bestandsaufnahme durchführen und Bedarf feststellen

Auch die Bestandsaufnahme der Infrastruktur und der vorhandenen Ressourcen sowie die Bedarfsfeststellung erfolgen in Bezug auf das einzelne Projektthema. An dieser Stelle geht es darum, das Projekt planerisch zu optimieren. Alles, was über die Zielgruppe bekannt ist, hilft in der späteren Planungsphase, das Konzept zielgruppenorientiert anzupassen, also auf die Bedürfnisse und Fähigkeiten der Adressaten zu beziehen. Auch in der Umsetzungs-

phase sind Kenntnisse über die Zielgruppe einer der wichtigsten Erfolgsfaktoren.

Zielgruppenanalyse durchführen

Eine Besonderheit im Management von Projekten zur Kinder- und Jugendpartizipation ist die ausführliche Beschäftigung mit der Zielgruppe. Alle Maßnahmen, Vorhaben und Projekte müssen die Anliegen und Perspektiven junger Menschen berücksichtigen. Das kann nur gelingen, wenn es in den Projektteams ausreichend differenzierte Kenntnisse über die Situation von jungen Menschen gibt wie auch über deren Interessen- und Bedürfnislage.

Als Zielgruppe wird eine Gruppe von Kindern oder Jugendlichen bezeichnet, die für die Mitwirkung in einem Vorhaben gewonnen werden sollen oder für die ein Projekt entwickelt wird. Diese Gruppe kennzeichnen bestimmte Gemeinsamkeiten, wie das Alter, die Schulzugehörigkeit, die soziale Schicht, Freizeitinteressen, ähnliche Vorstellungen vom Leben, eine bestimmte Lebenssituation. Auf solche Vorstellungen und Erwartungen der Zielgruppe müssen Projekte abgestimmt sein.

Zielgruppenanalyse

Mithilfe einer Zielgruppenanalyse werden Informationen über die Lebenssituation, das Lebensgefühl und die damit verbundenen Interessen, Werte und Wünsche einer bestimmten Zielgruppe ermittelt. Diese Analyse hilft, das Projekt so zu entwickeln, dass die betreffenden jungen Menschen sich davon auch angesprochen fühlen. Es ist unmöglich, mit einem Angebot alle Kinder oder Jugendlichen gleichermaßen zu erreichen. Um überhaupt Erfolg zu haben, muss sich ein Projekt deshalb auf einige ausgewählte Zielgruppen konzentrieren.

## 3.3 Die Stakeholderanalyse

Anspruchsgruppen identifizieren

Neben der unmittelbaren Zielgruppe der Kinder und Jugendlichen gibt es eine Reihe von weiteren unmittelbar oder mittelbar am Projekt Beteiligten. Häufig wird anstelle des Begriffs Projektbeteiligte der englische Begriff Stakeholder verwendet, besonders auch in Abgrenzung zum Begriff Shareholder (Aktienbesitzer).

Partizipationsprojekte orientieren sich auch an anderen Betroffenen als nur der unmittelbaren Zielgruppe. Stakeholder solcher Projekte sind Personen oder Institutionen, die sich entweder aktiv an einem Projekt beteiligen oder die durch den Verlauf oder die Ergebnisse beeinflusst werden. Auch Personen, die Einfluss auf den Projektverlauf nehmen (können), gehören dazu. Nicht zuletzt sind Personen oder Institutionen, die Vorbehalte anmelden, zu berücksichtigen. Unterschieden wird dabei zwischen den internen und den externen Stakeholdern (vgl. Kolhoff 2004: 26 f.). Synonym wird auch der Ausdruck »Anspruchsgruppen« verwendet (vgl. Schulz-Wimmer 2007: 107).

Die internen Beteiligten, zu denen insbesondere auch Kinder und Jugendliche zählen, sollten in den bisherigen Schritten des Projektmanagements bereits hinreichend eingebunden worden sein.

Innerhalb der vorangegangenen Schritte der Situationsanalyse können bereits Aspekte zutage getreten sein, die spätestens jetzt einer genaueren Analyse unterzogen werden sollten. Ein Projekt, das die Interessen und Erwartungen der Anspruchsgruppen nicht berücksichtigt, wird scheitern. Deshalb wird in der Stakeholderanalyse versucht, die Interessen und Erwartungen der Anspruchsgruppen zu ermitteln. Sie verschafft einen Überblick über alle Personen, Gruppen, Institutionen und Organisationen, die mit dem Projekt in Beziehung stehen und ermittelt deren Interessen und Erwartungen (vgl. ebd.: 27).

Stakeholder informieren

Die Stakeholder werden frühzeitig über die wichtigsten Aspekte des Projektes unterrichtet. Je nach Person, Gruppe oder Organisation sind spezifische Informationen wichtig. Kinder und Jugendliche interessieren andere Dinge aus dem Projektverlauf als Entscheidungsträger aus Politik oder Verwaltung. In jedem Falle aber gilt, dass die Informationen nachvollziehbar und glaubwürdig sein müssen.

Mit der Stakeholderanalyse werden Grundlagen für die Öffentlichkeitsarbeit gelegt. Die Kommunikation mit den Stakeholdern ist wichtig, um Widerstände gegen das Projekt zu minimieren und Unterstützung zu gewinnen.

Grundlage weiterer Planungen

Die Informationen aus einer umfassenden Stakeholderanalyse können die Zielformulierung und die weitere Projektplanung beeinflussen. Viele dieser zum Teil auch neuen Erkenntnisse werden die in der Situationsanalyse erfahrenen Rahmenbedingungen und Einflüsse ergänzen oder präzisieren (vgl. Schulz-Wimmer 2007: 109).

!

**Eine Stakeholderanalyse durchführen**

In einem ersten Schritt werden möglichst alle potenziellen Stakeholder gesammelt. Wer auch immer auf irgendeine Weise mit dem Projekt in Kontakt kommt, wird hier genannt. Um alle möglichen Stakeholder zu erfassen, sind folgende Fragen hilfreich (vgl. Schulz-Wimmer 2007: 111):

- Für wen ändert sich etwas, wenn die Ergebnisse des Projektes vorliegen?
- Wer wird von der Arbeit im Projekt betroffen sein?

- Wer könnte die Arbeit des Projektes behindern?
- Von wessen Zustimmung ist der Projektverlauf abhängig?
- Wer hat Wissen oder Informationen, die für das Projekt wichtig sind?

Bei diesen Überlegungen werden auch alle bisher in der Situationsanalyse zusammengestellten Informationen hinzugezogen. Allein aus der Schnittstellenanalyse ergeben sich eine Reihe von Stakeholdern. Es ist wichtig, dass bei diesem Schritt niemand vergessen wird, auch wenn der Einfluss oder die Nähe zum Projekt zunächst gering erscheinen.

Im zweiten Schritt geht man die Liste der Stakeholder gemeinsam durch und gibt Einschätzungen dazu ab, welche konkreten Erwartungen die einzelnen Stakeholder an das Projekt und seine Ergebnisse haben könnten. Diese vermuteten Erwartungen werden als positiv, neutral oder eher ablehnend bewertet. Anschließend wird der Grad des Einflusses auf einer Bewertungsskala oder mit Kategorien wie niedrig – mittel – hoch beschrieben.

Zuletzt werden die Erkenntnisse aus den vorgehenden Schritten zu einer Kraftfeldanalyse verdichtet. Man erstellt eine Gesamtübersicht der verschiedenen Stakeholder und bestimmt deren Einstellung in Bezug auf Einfluss und Haltung zum Projekt (vgl. ebd.: 115).

- Stakeholderanalyse
- Kraftfeldanalyse

Mit diesem Schritt ist die Situationsanalyse des Projektes abgeschlossen. Das Team verfügt nun für alle folgenden Schritte und Phasen im Projektmanagement über eine reiche Informationsbasis, die die weitere Arbeit unterstützen wird.

## 3.4 Entwicklung und Formulierung der Ziele

Projektziele beschreiben

Die Ergebnisse der verschiedenen Analyseschritte ermöglichen eine Grobskizze des Projektes. Die Beteiligten wissen nun, wie die Konturen des Projektes aussehen. Im folgenden Schritt wird der weitere Weg detaillierter geplant. Dazu ist es notwendig, das Ziel zu beschreiben und eine projektspezifische Zielhierarchie zu entwickeln.

Ziele sind präzise, objektiv überprüfbare Maßstäbe, an denen erkennbar wird, ob und wann das Ergebnis erreicht ist. Das Projektteam und alle Beteiligten wissen nach einer Zielbeschreibung genau, was im Rahmen des Projektes geschehen soll.

vgl. Seite 177 ff.

Orientierung und Grundlage

Ein Projektthema ist meist noch zu unpräzise, um eine klare Orientierung zu geben, auf dessen Basis mit der Arbeit begonnen werden kann. Deshalb ist die Festlegung von klaren und eindeutigen Zielen Voraussetzung und richtungweisender Schritt für jede Projektplanung. Projektziele sind die gedankliche Vorwegnahme erstrebenswerter zukünftiger Zustände, die durch Handlungen im Sinne des Projektmanagements bis zum Ende des Projektes erreicht werden sollen.

Projektziele sind zugleich die Vorgaben, aus denen später die Maßnahmen abgeleitet werden. Häufig wird der Schritt der Zielfestlegung vernachlässigt und unterbewertet. Dabei werden gerade durch die Fixierung von Projektzielen die entscheidenden Weichen gestellt. Fehler, die hier begangen werden, sind kaum zu korrigieren und haben kritische Auswirkungen, da für das Vorhaben möglicherweise die richtigen Projektaufgaben nicht definierbar sind.

!

**Hilfen zur Zielfindung**

Die Formulierung von Projektzielen bringt eine Reihe von Vorteilen, die sich in sechs Funktionen festhalten lassen (vgl. Schulz-Wimmer 2007: 126):

- *Entscheidungen unterstützen:* Ziele sind während des Projektverlaufs Kriterien für die Einschätzung und Bewertung von alternativen Vorgehensweisen. Sie ermöglichen objektive Entscheidungen und bilden zugleich die Voraussetzung, um Prioritäten während des Projektverlaufs zu setzen.
- *Koordination erleichtern:* Ziele helfen dabei, Handlungsschritte und Maßnahmen auf das Projektergebnis auszurichten. Die Aufmerksamkeit, die Bündelung der Ressourcen und die Kooperation werden gefördert. Viele Unklarheiten bei den Beteiligten lassen sich vermeiden, wenn offene oder strittige Fragen in Beziehung zum Projektziel gesetzt werden.
- *Motivation aufbauen:* Ziele, die von den Beteiligten akzeptiert werden, stellen einen konkreten Anreiz dar, der zur Freisetzung von Energie und Willenskraft führt. Dadurch werden Handlungen aufgenommen, Energie moblisiert und die Ausdauer der Beteiligten erhöht.
- *Information weitergeben:* Ziele informieren Betroffene, Beteiligte und andere außenstehende Interessenten über künftige Maßnahmen. Damit werden der Sinn des Projektes vermittelt und Orientierungshilfen gegeben.
- *Kontrolle ermöglichen:* Ziele schaffen die Voraussetzung, um den Soll- mit dem Ist-Stand im Projektverlauf vergleichen zu können. Ohne klare und erreichbare Ziele ist eine Kontrolle nicht möglich, da es keine objektiven Vergleichs-

größen gibt. Kontrollen, die sich nicht an Zielen orientieren können, werden beliebig bzw. haben keinen wirklichen Nutzen. Klar formulierte Ziele hingegen zeigen die Notwendigkeiten von Korrekturen im Projekt auf und regen die Beteiligten zu Lernprozessen an.

- *Legitimation erreichen:* Präzise Ziele dienen auch der Begründung gegenüber Außenstehenden über Inhalte und Maßnahmen des Projektes. Sie rechtfertigen es auf eine objektive Weise und stellen vor allem in Konfliktsituationen gute und überzeugende Argumente dar, die für die Projekteammitglieder hilfreich in der Diskussion sein können.

Ziele sind in verschiedene Richtungen notwendig und von Bedeutung. Zunächst bringen sie einem Auftraggeber Klarheit über die zu erwartenden Ergebnisse eines Projektes. Damit gibt es Grundlagen, auf denen Entscheidungen auch außerhalb des unmittelbaren Projektteams getroffen werden können. Innerhalb des Projektteams verstehen alle Beteiligten, worum es in dem gemeinsamen Vorhaben überhaupt geht. Das führt gleichzeitig dazu, dass die geplanten folgenden Schritte allgemein akzeptiert werden. Wenn der Zielbestimmungsprozess transparent für alle Beteiligten verläuft, wächst die Zustimmung zu den vereinbarten Zielen reibungsloser.

Zielsystem entwickeln

Nicht zuletzt werden Ziele formuliert, weil etwas verändert werden soll. Dieser Wille basiert auf einer Bewertung der gegenwärtigen Situation. Alle Informationen, die im Rahmen der Situations-, Zielgruppen- und Stakeholderanalyse zusammengetragen worden sind, werden von den Akteuren und Projektbeteiligten unterschiedlich gewertet. Das wird sich in der Zieldiskussion widerspiegeln. Die Herausforderung besteht nun darin, diese unterschiedlichen Sichtweisen im Rahmen der Zielbestimmungsprozesse zu einer gemeinsam Zielformulierung zusammenzuführen (vgl. Schulz-Wimmer 2007: 128).

Nachdem die drei Ebenen der Zielhierarchie bearbeitet sind, werden alle Ziele in einem Zielkatalog oder -system zusammengeführt. Dies ist die Grundlage für die nächsten Phasen des Projektmanagements.

## 3.5 Die Rahmenplanung

Rahmenkonzept erarbeiten

Nachdem mit der Zielformulierung ein zweiter wichtiger Schritt der Definitionsphase bewältigt ist, wird der tatsächliche Projektumfang auf der Basis der Ziele definiert. Nach der Öffnung in die Zukunft, die mit der Formulierung von Zielen immer verbunden ist, muss das Projekt nun eingegrenzt werden, um niemanden zu überfordern. Hilfreich ist auch eine Auseinandersetzung mit der Frage, was das Projekt nicht leisten soll. Daraus lassen sich weitere wichtige Erkenntnisse ableiten.

Im Anschluss kann das Projekt genau beschrieben werden, indem die Zuordnung der spezifischen Programmelemente zu den Handlungszielen erfolgt. Es muss dabei deutlich werden, was mit den Maßnahmen des Projektes jeweils erreicht werden soll. Die Zielsetzungen dieses Schrittes (vgl. Schulz-Wimmer 2007: 148):

- die Machbarkeit des Projektes vor dem Hintergrund der entwickelten Ziele überprüfen
- Meilensteine für das gesamte Projekt planen
- die nächste Phase des Projektmanagements im Detail planen

Die Rahmenplanung ist vor allem eine Planung der vorgesehenen Meilensteine im Projekt. Als Meilenstein werden im Projektverlauf Ereignisse von besonderer Bedeutung bezeichnet, die an einen konkreten Termin gebunden sind. Feststehende Meilensteine sind der jeweilige Abschluss einer Projektphase. Darüber hinaus ist es sinnvoll, weitere Meilensteine zur Strukturierung festzulegen:

- zum Abschluss von Teilprojekten
- bei Teilergebnissen
- bei wichtigen Entscheidungen

Meilensteine sind Zwischenstationen auf dem Weg zum Ziel. Sie dienen der Motivation der Beteiligten, vor allem dann, wenn das Ziel noch weit entfernt liegt (vgl. ebd.: 151).

## 3.6 Das Kommunikationskonzept

vgl. Seite 198 ff.

Spätestens in dieser Phase des Projektes sollte auch damit begonnen werden, das Projekt in der Öffentlichkeit bekannt zu machen. Im Verlauf der Definitionsphase bieten sich viele Anlässe und Gelegenheiten, entweder öffentlich-

keitswirksame Aktionen durchzuführen oder über Ergebnisse der Projektarbeit zu berichten.

Das Projekt öffentlich bekannt machen

Mit einer guten Öffentlichkeitsarbeit kann viel erreicht werden: Das Projekt wird bekannt, neue Kooperationspartner können erschlossen werden, Kritiker werden umfassend informiert, und die Beteiligten erleben, dass ihr Engagement wertgeschätzt wird.

Anlegen eines Sammelordners

Um während der ganzen Zeit eine wirksame Kommunikation nach außen leisten zu können, ist es sinnvoll, so früh wie möglich mit der Sammlung aller projektrelevanten Informationen und Daten, Ergebnisse und Produkte zu beginnen. Dafür bietet sich das Anlegen eines Sammelordners an. Dieser kann auch in der letzten Phase des Projektes als Grundlage für die Erarbeitung einer Dokumentation oder des Abschlussberichtes genutzt werden.

Kommunikationsprozess entwickeln

Um PR-Arbeit erfolgreich durchzuführen, wird dieser Aufgabenbereich als ein speziell zu planender Projektbestandteil behandelt. Viele Teilergebnisse und Erfahrungen aus den Phasen der Projektentwicklung und -umsetzung werden darin einfließen.

- Kommunikationsmatrix
- Checkliste PR-Arbeit
- Leitfragen für die Definitionsphase

Die Basis für ein gutes Kommunikationskonzept sind das Rahmenkonzept, die Ergebnisse der Situations-, Zielgruppen- und Stakeholderanalyse sowie die Ziele des Vorhabens. Darauf aufbauend, erfolgt die Planung der Kommunikationsstrategie in sechs Schritten:

- Zunächst wird die Aufgabenstellung für die Projektkommunikation geklärt. Die Beteiligten verschaffen sich Klarheit darüber, warum sie PR-Arbeit für das Vorhaben machen wollen. Je konkreter beschrieben werden kann, welche Ergebnisse oder Wirkungen die Öffentlichkeitsarbeit haben soll, umso einfacher werden die folgenden Schritte fallen.
- Es werden konkrete Zielgruppen für die PR-Maßnahmen festgelegt. Die Frage, wer mit der Öffentlichkeitsarbeit erreicht werden soll, bestimmt das weitere Vorgehen bei der Entwicklung des Kommunikationskonzeptes und der konkreten Instrumente. Es gibt unterschiedliche Herangehensweisen, je nachdem ob die lokale (politische) Öffentlichkeit oder die Nutzer eines Jugendzentrums erreicht werden sollen.
- Die Zielgruppe entscheidet über die Auswahl der Kommunikationskanäle. Hier spielen die Nutzergewohnheiten der Zielgruppe eine besondere Rolle. Wichtig ist, sich nicht zu frühzeitig auf einen Informationskanal festzulegen. Das führt zu einer Verengung der Handlungsmöglichkeiten für die PR-Maßnahmen.
- Innerhalb eines Projektes gibt es verschiedene Anlässe, bei denen es besonders wichtig ist, die Öffentlichkeit zu informieren. Das können er-

reichte Meilensteine oder herausragende Aktionen und Maßnahmen sein. Gute PR-Arbeit zeichnet sich durch die Wahl der richtigen Anlässe aus. Dabei gilt der Grundsatz: Lieber sparsam gute Anlässe wählen als permanent Banales aus dem Projekt berichten.

- Nach der Klärung dieser grundsätzlichen Aspekte kann nun ein Kommunikationsplan aufgestellt werden. Dieser wird in der Regel Parallelen zum Projektstrukturplan haben und an vielen Stellen mit ihm verzahnt sein. Gute PR-Arbeit lebt aber von einer eigenständigen Planung. Das wird in vielen Projekten noch vergessen. Die Folge ist ein Desinteresse der Medien.
- Um erste Schritte in der Projektkommunikation gehen zu können, werden bald nach der Aufstellung des Kommunikationsplans Sofortmaßnahmen geplant und umgesetzt. Das erhöht die Motivation für weitere PR-Aktionen, weckt die Neugier bei den Medienvertretern und wertschätzt nach innen das Engagement der Beteiligten.

## 4 Organisation und Aufgabenverteilung: Planungsphase

Aufgaben planen und verteilen

Die Planungsphase baut direkt auf den vorangegangenen Phasen auf. Innerhalb dieses Abschnitts steht die organisatorische Strukturierung des Projektes im Vordergrund. Es geht vor allem darum, den genauen Umfang zu identifizieren, die benötigten Ressourcen abzuschätzen und Verantwortungen zu vereinbaren.

Der Blickwinkel geht vom »Was« zum »Wie«; die Auswahl der wirksamsten Lösungswege und effizientesten Maßnahmen zum Erreichen der gesteckten Ziele rückt in den Mittelpunkt. Für alle Beteiligten steht jetzt im Vordergrund, das Projekt in seiner Komplexität zu durchschauen und ein Verständnis sowie einen Überblick über die zu lösenden Aufgaben zu gewinnen.

»Planen heißt, den Zufall durch den Irrtum zu ersetzen. Dieser Spruch wird oft spöttisch benutzt. Er trifft aber ins Schwarze. Präzisieren wir ihn einfach durch Bezug auf den kategorischen Imperativ des Projektmanagements, dann lautet er: Planen ersetzt den Zufall durch den bewusst akzeptierten Irrtum« (Schulz-Wimmer 2007: 165).

Arbeitsaufwand planen

Mit zunehmender Klarheit über das Thema und die Ziele wird deutlich, dass die praktische Umsetzung des Vorhabens oft erheblich mehr Aufwand erfordert, als zu Beginn vermutet wurde.

In der Planungsphase wird versucht, diesem Zustand entgegenzuwirken. Das Projektthema mit seinen Zielen wird vom bloßen Zukunftsvorhaben in klare Verbindlichkeiten und Handlungsaufträge transformiert und konkretisiert. Die wichtigste Aufgabe des Projektmanagements in dieser Phase ist die genaue Ausgestaltung und Aufgabengestaltung sowie die Planung der organisatorischen Umsetzung der Ziele. Für diese Aufgabe bilden die vorangegangenen Phasen eine unverzichtbare, gute Grundlage.

**Meilensteine in der Planungsphase**

- Eine Aufgabensammlung ist zusammengestellt.
- Ein Projektstrukturplan ist aufgestellt und die Beschreibung von Arbeitspaketen erfolgt.
- Der Zeitbedarf ist ermittelt und eine detaillierte Ablaufplanung vorgenommen.
- Eine genaue Kosten- und Finanzierungsplanung mit einer Zuordnung von Budgets zu einzelnen Arbeitspaketen ist erfolgt.
- Qualitätssicherung, Controlling und Evaluation wurden geplant.

## 4.1 Die Strukturplanung

Projektstrukturplan erarbeiten

Die tendenzielle Einmaligkeit der Vorhaben kann im Projektmanagement dazu führen, dass nicht immer auf direkt verwertbare Erfahrungen zurückgegriffen werden kann. Aus diesem Grund bekommen Projekte manchmal Probleme, wenn den Beteiligten ein roter Faden und die vollständige Übersicht über die zu erledigenden Aktivitäten fehlen.

Fehler und Versäumnisse in der Erfassung und Darstellung von Projektaktivitäten und -aufgaben wirken sich negativ auf den gesamten Ablauf des Projektes aus. Selbst wenn spätere Korrekturen möglich sind, werden sie doch erheblich aufwendiger als in der ursprünglichen Planung und verursachen zusätzliche Kosten und Zeitverzögerungen.

Auch die Komplexität und der Umfang von Projekten sprechen für eine anspruchsvolle thematische Strukturierung, Gliederung und Organisation. Eine solche überschaubare Gliederung kann im Projektmanagement durch den Strukturplan realisiert werden. Darunter ist die grafische oder tabellarische Übersicht aller Aktivitäten zu verstehen, die auch Vorgänge bzw. Arbeitspakete genannt werden. Die Arbeitspakete sind darin hierarchisch angeordnet.

Das Ziel des Projektstrukturplans ist es, das Gesamtprojekt systematisch und hierarchisch in Arbeitspakete zu gliedern. Er ist somit ein einfaches und wirkungsvolles Hilfsmittel, mit dem das gesamte Projekt in kleine abgestimmte und überschaubare Einzelaufgaben zerlegt wird, die besser plan- und steuerbar sind.

Der Strukturplan wird auch als »Plan der Pläne« betitelt, da er das Fundament für die gesamte Realisierung eines Projektes bildet. Er bündelt das Projektthema und seine Ziele und macht sie transparent. Er ist das maßgebliche Planungsdokument für die folgende Umsetzungsphase. Er enthält die Ablauf-, Zeit- und Kostenplanungen und sichert die ungestörte Abwicklung des Projektes.

Der Projektstrukturplan setzt sich zusammen aus den Elementen Hauptaufgaben, Teilaufgaben und Arbeitspakete. Die Summe aller Arbeitspakete stellt den Gesamtaufgabenumfang eines Projektes dar.

**Bedeutung und Vorteile eines Projektstrukturplans**

Ein Projektstrukturplan

- ist die Grundlage für die Projektdurchführung und die Projektsteuerung
- stellt sicher, dass eine Gesamtübersicht aller notwendigen Aktivitäten erfasst wird
- trägt dazu bei, die Komplexität von Projekten zu dezimieren, indem Aktivitäten in Teilschritte zerlegt werden
- bildet die Grundlage für die Einschätzung des Arbeitsaufwands
- ermöglicht durch die Zerlegung des Projektes in Arbeitspakete eine sinnvolle und zweckmäßige Arbeitsteilung
- bringt als hilfreiches Kommunikationsmittel alle Beteiligten auf den gleichen Informationsstand
- ermöglicht einen Abgleich mit den Qualifikationen des Projektteams im Hinblick auf Fachlichkeit und Kapazitäten
- verschafft allen Beteiligten eine bessere Beurteilungsgrundlage über besondere Risiken und die Notwendigkeit, projektexterne Spezialisten einzubeziehen
- schafft Klarheit bezüglich der finanziellen Aufwendungen
- ist Bestandteil des Projektkonzeptes
- ist eine Grundlage für die spätere Projektdokumentation, da er alle Vorgänge abbildet, die realisiert werden sollen

- Tabellarischer Projektstrukturplan
- Visueller Projektstrukturplan

## 4.2 Die Aufgabenverteilung

Arbeitspakete definieren

Nach der Erstellung eines Projektstrukturplans ist allen Beteiligten deutlich, welche Aktivitäten bearbeitet werden müssen. Soweit es sich um umfangreiche Aufgaben handelt, werden diese so sorgfältig wie möglich beschrieben, denn der bloße Titel eines Arbeitspakets sagt noch nichts über seine Inhalte aus.

Die Arbeitspakete werden unter den Beteiligten aufgeteilt. Im nächsten Schritt werden die bisher nur mit einer Überschrift versehenen Pakete weiter bearbeitet.

Arbeitspakete-beschreibung

## 4.3 Die Ablaufplanung

Zeitplan vereinbaren

Mit der Erarbeitung eines Zeitplans wird unter Berücksichtigung der Abhängigkeitsbeziehungen die bestmögliche Abfolge von Arbeitspaketen und Projektaufgaben festgelegt. Der Zeitplan stellt somit die sachlichen und zeitlichen Zusammenhänge der bereits definierten Arbeitspakete anschaulich dar.

Der Zeitplan erfasst den gesamten Ablauf der Arbeitspakete vom Projektstart bis zum Projektende und vernetzt die Arbeitspakete. Mit dem chronologischen Ablauf verfügen alle Beteiligten über eine gemeinsame Ablauffolge und Terminplanung. Er ist eine wichtige Planungs- und Kommunikationsgrundlage. Neben dem Projektstrukturplan stellt er das zweite wichtige ordnende Element für die folgenden Phasen dar.

!

Die einfachste Möglichkeit, einen Zeitplan zu erarbeiten, ist die Nutzung einer Matrix mit den Überschriften:

- Was? – Titel des Arbeitspaketes
- Warum? – Ziele des Projektes, die sich auf dieses Arbeitspaket beziehen
- Wer? – Beteiligte, die an diesem Arbeitspaket arbeiten werden
- Mit wem? – mögliche weitere Akteure als Partner
- Womit? – vorhandene bzw. zusätzliche Ressourcen
- Wann? – konkrete Zeiträume der Bearbeitung dieses Arbeitspaketes

- Aktionsplan
- Zeitschiene

Eine weitere Möglichkeit ist die Aufstellung eines Aktionsplans. Eine etwas aufwendigere, aber im Ergebnis sehr übersichtliche Variante ist die Erarbeitung einer Zeitschiene.

### 4.4 Die Ressourcenplanung

Kosten und Personal planen

Das Abschätzen des konkreten Bedarfs an Ressourcen wie Sachmitteln, Materialien, Personal und die Zuordnung der Ressourcen zu den Aufgaben und Arbeitspaketen ist ein weiterer zentraler Schritt in der Planungsphase.

Die Ressourcen und die Vorgangskosten werden detailliert festgelegt. Es geht hier um die Erweiterung des ursprünglich noch groben Kosten- und Finanzierungsplans durch die Zuordnung von verbindlichen Budgets zu den einzelnen Arbeitspaketen. Die grundsätzliche Finanzierung ist bereits zum Start des Projektes geklärt worden, jetzt geht es ins Detail.

Gleichzeitig werden spätestens an dieser Stelle aber auch Überlegungen angestellt, wie zusätzliche Ressourcen erschlossen werden können, um das Projekt zum Erfolg zu führen. Dieser Vorgang ist erst nach der Definition der Arbeitspakete möglich.

## 4.5 Die Qualitätssicherung

Qualitätssicherung überprüfen

Nach diesen zentralen Arbeitsschritten werden zum Abschluss der Planungsphase auch Überlegungen zur Qualitätssicherung angestellt und Qualitätsnormen festgelegt, um die Projektanforderungen zu erfüllen. Für das projektbegleitende Qualitätsmanagement ist es wichtig, fortlaufend die Erreichung der erforderlichen Qualität zu erkennen. Außerdem werden mögliche Risiken und unvorhergesehene Ereignisse im weiteren Projektverlauf eingeschätzt und vorbeugende Maßnahmen vereinbart.

vgl. Seite 160 ff.

Ebenso ist die Kooperation im Projektteam zu sichern. Dazu gehört die Förderung der Teamentwicklung durch den Aufbau einer Team- und Kooperationskultur sowie die Vereinbarung von Team- und Konsensregeln. Das schafft vor allem ein kreatives Arbeitsklima. Die Effektivität eines Projektes steht und fällt mit dem organisatorischen Niveau des Informationsaustauschs und der Transparenz aller Vorgänge.

Der Abschluss der Planungsphase kann genutzt werden, um eine Projektpräsentation durchzuführen. Dazu werden Auftraggeber, ggf. der Beirat, die lokale Steuerungsgruppe, Entscheidungsverantwortliche aus Politik und Verwaltung oder andere Partner eingeladen.

Leitfragen für die Planungsphase

## 5 Projektpraxis und Steuerung: Umsetzungsphase

Zeit der kreativen Praxis

Bis hierher ist bereits viel Arbeit geleistet worden. Jetzt wird unmittelbar an der Zielumsetzung gearbeitet. In dieser Phase wird sich zeigen, wie ernst das Projektmanagement genommen worden ist und wie gründlich die einzelnen Phasen durchlaufen wurden. Kleinere Fehler können noch gut korrigiert werden, größere führen zu erheblichen Veränderungen und Verunsicherungen unter den Beteiligten.

Partizipationsprojekte unterscheiden sich von anderen Projekten vor allem darin, dass bereits in den vorherigen Phasen wesentliche Schritte, die im Rahmen der Kinder- und Jugendbeteiligung unverzichtbar sind, gegangen wurden. Die Umsetzungsphase hat insgesamt einen spezifischeren Charakter als in anderen Projekten. Ein Partizipationsprojekt hat bereits mit der Startphase die Umsetzung seiner Inhalte und Zielsetzungen begonnen. Dennoch hat auch hier die Umsetzungsphase eine besondere Bedeutung. Jetzt werden die Veränderungen konkret in Angriff genommen, die bisher geplant und vorbereitet wurden. Keinen Unterschied machen Beteiligungsprojekte aber im Hinblick auf die Steuerungsfunktionen im Projektmanagement.

Augen auf für die Steuerung

Bei aller Kreativität, die Partizipationsprojekte so spannend macht, darf der Blick auf die Projektsteuerung nicht vernachlässigt werden. Auch in der Umsetzungsphase ist es wichtig, die Kontrolle über den Verlauf des Projektes zu behalten und Zeiträume einzuplanen, in denen Aspekte des Projektcontrollings und der -steuerung bearbeitet werden.

Mit der Zielgruppe arbeiten

Die Arbeit mit der Zielgruppe – den Kindern und Jugendlichen – steht nun im Vordergrund. Wenn es nicht bisher schon erfolgt ist, werden sie spätestens jetzt ernsthaft und verbindlich eingebunden. Es mag von Projekt zu Projekt Unterschiede geben, ab wann junge Menschen konkret einzubeziehen sind. Der höhere Grad der Qualität der Partizipation ist aber dann erreicht, wenn auch in den vorherigen Phasen des Projektmanagements Kinder und Jugendliche zu aktiven Gestaltern ihrer eigenen Anliegen werden. Es wird immer wieder Ausnahmen geben, in denen mit guten Gründen die strukturellen Vorleistungen von Erwachsenen gemacht werden, etwa bei Projekten mit jüngeren Kindern. Dennoch muss immer wieder und vor jeder entscheidenden Stelle nachgefragt werden: Geht dieser Schritt noch ohne die primäre Zielgruppe?

Projektfortschritt überwachen

In der Umsetzungsphase erfolgt systematisch die Realisierung des Programms mit Veranstaltungen, Maßnahmen und sonstigen Aktivitäten. Planung und tatsächlicher Verlauf weichen in der Praxis häufig voneinander ab. Die Projektplanung ist immer nur auf eine hypothetische Zukunft gerichtet, die der Wirklichkeit nicht zwingend entsprechen muss.

Abweichungen gehören dazu

Ein Projekt kann als gescheitert angesehen werden, wenn die vereinbarten oder vorgegebenen wesentlichsten Ziele nicht erreicht werden. Ab wann sich eine Abweichung zur Projektkrise entwickelt, hängt von der Abweichung selbst und den Projektzielen ab.

Abweichungen und Nachsteuerungen in der Umsetzungsphase sind in Projekten prinzipiell nicht zu vermeiden. Deshalb erfolgen im Interesse eines erfolgreichen Abschlusses in dieser Phase permanent Rückkoppelungen mit den Ergebnissen der Planungsphase. Alle Aktivitäten und der jeweils erreichte Projektstand werden immer wieder auf potenzielle Abweichungen hin überprüft. Es gibt Abweichungen, die für ein Projekt relativ gefährlich sein können, aber auch solche, die es nicht unbedingt fehlschlagen lassen. Sie sollten aber nicht als Argument gegen Projektplanung, sondern als Plädoyer für Projektcontrolling verstanden werden. Die Rückkoppelung und das Controlling sind die wichtigsten Elemente in der Umsetzungsphase.

**Meilensteine in der Umsetzungsphase**

- Weitere Realisierungsschritte des Projektes sind umgesetzt.
- Ein Projektcontrolling ist eingerichtet.
- Mögliche Risiken und unvorhergesehene Ereignisse im Projektverlauf wurden erkannt, Interventionen und vorbeugende Maßnahmen realisiert.
- Die Bedingungen für eine optimale Kommunikation im Projekt sind hergestellt.
- Öffentlichkeitsarbeit für das Projekt wird fortgesetzt.
- Begleitende Maßnahmen zur Teamentwicklung werden umgesetzt.
- Fremd- oder Selbstevaluation des Projektes sind abgeschlossen.
- Eine Gesamtbewertung der Wirkungen und Ergebnisse wurde vorgenommen.
- Die Projektdokumentation und eine Projektpräsentation sind fertig.
- Der inoffizielle und der offizielle Projektabschluss sind erfolgt.

## 5.1 Die Maßnahmenumsetzung

Realisierungsschritte umsetzen

In dieser Phase werden konkrete Veränderungen bearbeitet. Ausgehend von den Daten aus der Situationsanalyse, dem daraus entwickelten Zielsystem und den darauf aufbauenden Maßnahmen werden jetzt Handlungen zur Veränderung der Situation durchgeführt. Dies sieht in der Projektpraxis von Thema zu Thema unterschiedlich aus.

An dieser Stelle gibt es keine weiteren Anregungen für Inhalte und Themen der verschiedensten Partizipationsprojekte. Die Auswahl von Methoden und Maßnahmen ist themenspezifisch zugeschnitten und lässt keine verallgemeinernden Aussagen zu.

## 5.2 Die Projektsteuerung

Grundsätzlich gilt für die Umsetzungsphase, dass es hier keine sinnvolle zeitliche Reihenfolge der Schritte gibt. Das wesentliche Element des Projektmanagements in diesem Teil ist die Steuerung. Wann und an welchen Stellen dieses Hilfsmittel herangezogen wird, entscheidet der konkrete Verlauf des Vorhabens.

Projektcontrolling einrichten

Controlling bedeutet Überwachung, aber auch Steuerung und Regelung. Es beinhaltet das frühzeitige Erkennen von Problemen, die sich hinderlich auf den Projektverlauf auswirken. Auf Basis einer fundierten Analyse sind Maßnahmen zu erarbeiten, die wirkungsvoll und effizient eine Korrektur einleiten, ohne neue gravierende Probleme zu verursachen.

Die Projektsteuerung umfasst Maßnahmen, die das Projekt an den Zielen ausrichten oder bei Abweichungen wieder dahin zurückbringen. Nur durch aktive und wirkungsvolle Steuerung können die Abweichungen zwischen Projektplan und realem Projektverlauf ausgeglichen werden.

Wenn Abweichungen im Projekt frühzeitig erkannt werden, können Probleme meist gut gelöst und Krisen verhindert werden, da der zusätzliche Arbeitsaufwand zu diesem Zeitpunkt noch relativ gering ist. Projektcontrolling ist deshalb möglichst früh vorzunehmen, um einen Dominoeffekt zu vermeiden, bei dem eine Abweichung die nächste verursacht. Projektcontrolling ist als die konsequente Fortführung der Projektplanung zu verstehen.

!

**Gründe für Abweichungen im Projekt**

Im Rahmen der Projekttätigkeiten:

- Der Umfang wurde unterschätzt, und die Aktivitäten bzw. Aufgaben können nicht wie geplant umgesetzt werden.
- Das Projekt wurde unzureichend geplant, eine Struktur- und Zeitplanung fehlen.
- Die Projektziele wurden unklar definiert und erschweren die Umsetzung der Maßnahmen.

- Es wurden einzelne wichtige Projektaktivitäten in der Planung vergessen, der Maßnahmenkatalog erweist sich als lückenhaft.
- Es fehlen detaillierte Aufwandsschätzungen, oder die geplanten Aufwendungen sind finanziell nicht gedeckt.
- Projektrisiken und mögliche Einwirkungen des Umfeldes wurden nicht ausreichend berücksichtigt; deren Auswirkungen behindern das Projekt.
- Einzelne Projektziele erweisen sich im Verlauf als ungeeignet, und eine Korrektur der Zielbestimmung ist erforderlich.
- Arbeitsrückstände treten auf, da Projektbeteiligte innerhalb der verabredeten Zeit nicht in der Lage sind, die Maßnahmen umzusetzen.

Bezogen auf die Projektbeteiligten:
- Der Personaleinsatz wurde unter- oder überschätzt.
- Die Aktivitäten und Aufgaben wurden nicht in allen Fällen entsprechend den Kompetenzen der Akteure im Projektteam verteilt.
- Die Beteiligten haben zu wenige Informationen über das Projekt.
- Es fehlen notwendige Kompetenzen oder Fachleute.
- Die Projektbeteiligten haben unterschiedliche Vorstellungen von der Zusammenarbeit.
- Widerstände bei den Projektbeteiligten entwickeln sich zu Konflikten.
- Es mangelt an umfassender Kommunikations- und Kooperationsbereitschaft.

Checkliste Projekt-abweichungen

Ein wirkungsvolles Controlling beinhaltet ein systematisches Vorgehen. Da es sich um eine kontinuierliche Aufgabe handelt, kann Controlling als Kreislauf verstanden werden, dessen Aufgaben während des Projektes mehrfach durchlaufen werden. In diesem Kreislauf wird die Planung mit der Realität verglichen.

Die Umsetzung der Controllinginstrumente hängt ab von geeigneten Verfahren. Die in den vorangegangen Phasen erarbeiteten Materialien wie Arbeitspakete, Meilensteine, der Projektstruktur- und Zeitplan bilden die Basis für ein erfolgsorientiertes Controlling.

!

**Projektcontrolling: Schritt für Schritt**

**1. Schritt: Projektanalyse**
Ausgangspunkt des Controllings ist eine Analyse der Ist-Situation. Präventiv wirkt Controlling nur, wenn Maßnahmen nicht erst bei Abweichungen ergriffen werden. Zukunftsbezogene Daten aus der Situationsanalyse werden genutzt, und es wird versucht, Projektabweichungen durch Risikoanalysen zu antizipieren. Wenn das gelingt, kann man schon im Vorfeld Korrekturen einleiten. Die Ergebnisse der Ist-Stand-Analyse werden mit den Zielen und den Planungen verglichen, und mögliche Abweichungen werden festgestellt.
Leitfragen:
- Wie lässt sich der Ist-Zustand des Projektes beschreiben?
- Was beeinträchtigt möglicherweise das Projekt?

**2. Schritt: Diagnose der Abweichungen**
Nach Feststellung der Abweichungen ist ihr Ausmaß zu diagnostizieren. Es wird ermittelt, wie stark sich die Ergebnisse der derzeitigen Ist-Situation auf den weiteren Projektverlauf auswirken könnten. Sind die Abweichungen zwischen den Soll- und Ist-Werten klein, kann sich das Projektteam entscheiden, nichts zu unternehmen. Sind sie signifikant, müssen die Beteiligten handeln, da die Abweichungen zu Krisen und im Extremfall zum Scheitern des Projektes führen können.
Leitfragen:
- Treten die Abweichungen an entscheidenden Stellen des Projektes auf?
- Sind sie so erheblich, dass darauf eingegangen werden muss?

**3. Schritt: Analyse der Ursachen**
In der anschließenden Analyse und Interpretation werden die Ursachen der Abweichungen aufgespürt. Dies ist die Voraussetzung dafür, geeignete Steuerungsmaßnahmen zu entwickeln, die auf die Abweichungen positiv einwirken.
Leitfragen:
- Warum bestehen die Abweichungen?
- Worin begründen sie sich?

**4. Schritt: Einleitung von Gegenmaßnahmen ...**
Jetzt werden entsprechende Gegenmaßnahmen eingeleitet. Dabei sind die Lösungsstrategien von der Komplexität des Problems und von den Kompetenzen der Projektbeteiligten abhängig. Dafür sind zweckmäßige Steuerungs- und Lösungsmöglichkeiten auszuwählen.

Leitfragen:
- Welche Lösungen sind überhaupt möglich?
- Wie werden die ausgewählten Maßnahmen umgesetzt?

**... und ihre Umsetzung**
Da jedes Projekt spezifisch ist, kann es keine allgemeingültigen Lösungsmöglichkeiten geben. Jedoch gibt es einige generalisierbare Typen von Maßnahmen, die immer wieder im Projektmanagement eingesetzt werden.

**... wenn die Projektaufgaben sich nicht ergänzen:**
- Die Zielbestimmung wird modifiziert.
- Die bisherigen Projektziele werden reduziert und die Beschreibungen der Arbeitspakete gleichzeitig korrigiert.
- Der Projektstrukturplan wird neu geordnet.

**... wenn die Zeit knapp wird:**
- Der Zeit- oder Aktionsplan wird überarbeitet.
- Die Meilensteine des Projektes werden terminlich verschoben.
- Die Aufgaben werden umverteilt.
- Eine externe Unterstützung von Fachleuten wird angefordert.
- Die gesamte Projektlaufzeit wird verlängert.
- Einige Projektaktivitäten werden weniger intensiv ausgeführt.
- Die personellen Ressourcen werden aufgestockt.

**... wenn die Finanzmittel nicht ausreichen:**
- Die möglichen Kostentreiber werden ermittelt.
- Für ausgewählte Aktivitäten wird weniger Geld ausgegeben.
- Nachträglich werden neue Finanzquellen erschlossen (vgl. Schulz-Wimmer 2007: 248 ff.).

Leitfaden Projekt-controlling

Kommunikation und Kooperation

In der Projektumsetzung werden unter Umständen viele Einzelmaßnahmen nebeneinander stattfinden. Um das Vorhaben als Gesamtprojekt im Blick zu behalten und den Kontakt zwischen den Gruppen nicht abbrechen zu lassen, ist besonderer Wert auf die interne Projektkommunikation zu legen. Regelmäßige Treffen der Gesamtprojektgruppe oder zumindest Abstimmungsprozesse sind einzuplanen. Damit können Störungen im Verlauf und Abweichungen von den Zielvorgaben vermieden werden. Zudem steigert ein regel-

**Abbildung 7: Kreislauf des Projektcontrollings**

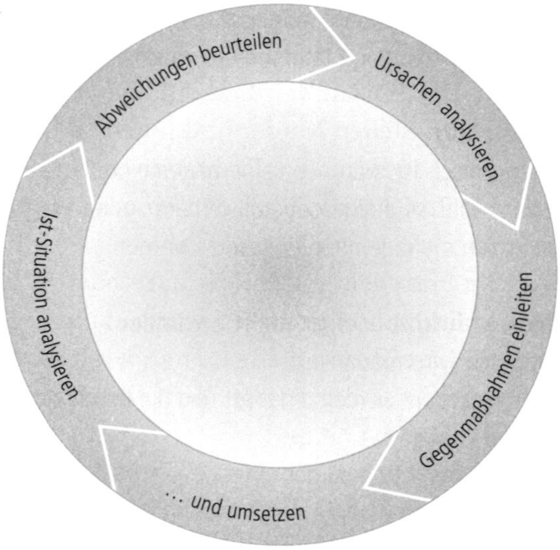


Quelle: Eigene Darstellung

mäßiger Austausch die Bereitschaft, gemeinsam an einem Vorhaben zu arbeiten und dafür Verantwortung zu übernehmen.

Begleitende Maßnahmen

vgl. Seite 143 ff.

Neben den inhaltlichen Aufgaben während der Umsetzung ist ein Augenmerk auf die Entwicklung des Projektteams zu legen. Die Phasen der Teamentwicklung verlaufen nicht analog zu den Projektphasen. Teams entwickeln immer ein Eigenleben und können projektfördernd oder auch -störend wirken. Mindestens die Projektleitung, aber auch alle anderen Akteure in einem Team tragen Verantwortung dafür, dass der interne Gruppenprozess im Kernteam bzw. in der ganzen Projektgruppe nicht aus dem Blick gerät.

Parallel zu den Aufgaben im unmittelbaren Projektverlauf sind deswegen immer wieder auch Maßnahmen einzuplanen und durchzuführen, die das Miteinander im Team fördern. Besonders in Projekten mit Kindern und Jugendlichen darf nicht nur die thematische Arbeit vorangetrieben werden. Spielerische Übungen oder Aktionen, die außerhalb des Kernthemas stattfinden, haben ihren Platz im Projektverlauf.

Im Prinzip gilt der Grundsatz: Die Energie, die in die Teamentwicklung investiert wird, zahlt sich in der thematischen Projektarbeit aus.

## 5.3 Die Evaluation

Elemente der formativen Evaluation

Wenn nicht bereits in früheren Phasen des Projektes formative Methoden der Evaluation eingesetzt wurden, so sollte man spätestens in der Umsetzungsphase damit beginnen. Der Einsatz von Evaluationsinstrumenten wird davon abhängig sein, an welchen Stellen Kinder und Jugendliche intensiv in die Arbeit einbezogen werden. Die formative Evaluation dient vor allem der Selbstvergewisserung für das Projektteam über den eingeschlagenen Weg und die konkreten Maßnahmen.

vgl. Seite 160 ff.

Summative Fremd- oder Selbstevaluation

Je nachdem, welche Entscheidung in der Start- oder Definitionsphase für die Durchführung der Evaluation getroffen wurde, sind die früher begonnenen Prozesse in dieser Phase abzuschließen. Fremdevaluationen haben oft den Nachteil, dass ihre Ergebnisse erst einige Zeit nach Ende des eigentlichen Projektes vorliegen.

Auch aus diesem Grund wurde für die Partizipationspraxis ein begleitendes Selbstevaluationsinstrument entwickelt, das in allen Phasen der Projektabwicklung genutzt werden kann. Es vereint formative und summative Aspekte und kann zugleich als wirksames Instrument der Steuerung und des Controlling eingesetzt werden.

Lediglich ein Grundsatz ist zu beachten, wenn es nutzbringend im Projektverlauf eingesetzt werden soll: Es muss regelmäßig bearbeitet und aktualisiert werden. Nicht zuletzt steht es dann auch als wichtige Informationssammlung für eine Projektdokumentation oder einen Abschlussbericht zur Verfügung.

Gesamtbewertung der Wirkungen und Ergebnisse

Mit den Daten aus den verschiedenen Evaluationsschritten kann das Projektteam zu einer Gesamtbewertung des Projektes kommen. Das ist wichtig, um sich Klarheit darüber zu verschaffen, ob die angestrebten Ziele erreicht und entsprechende Wirkungen erzielt wurden. Wirkungen und Ergebnisse lassen sich dabei auf mehreren Ebenen beschreiben. Diese stehen in Beziehung zu den Zielen.

**Leitfragen für die Projektbewertung**

Individuelle Ebene der Beteiligten (Output- und Outcome-Ziele)

- Haben die Maßnahmen wie geplant stattgefunden?
- Wurden die richtigen Zielgruppen erreicht?
- Welche Reaktionen haben die Maßnahmen bei Kindern und Jugendlichen ausgelöst?

- Fragebogen für Projekte und Vorhaben
- Fragebogen für Foren
- Leitfragen zur Bewertung des Projektverlaufs

- Hat das Projekt bei den beteiligten Kindern und Jugendlichen etwas bewirkt?
- Was haben junge Menschen im Projekt gelernt?
- Welche Fähigkeiten haben junge Menschen erworben?
- Welche Handlungen und Aktivitäten von Kindern und/oder Jugendlichen stehen im Zusammenhang mit dem Projekt?
- Hat das Projekt bei den beteiligten Erwachsenen etwas bewirkt?
- Hat sich die Meinung Erwachsener über Kinder und/oder Jugendliche verändert?
- Welche Rolle spielen die Wünsche und Bedürfnisse junger Menschen bei Erwachsenen nach dem Projekt?

Gesellschaftliche oder regionale Ebene (Impact-Ziele)

- Hat das Vorhaben eine zu Projektbeginn festgestellte Situation verändert?
- Welche konkreten Ergebnisse wurden erreicht?
- An welchen Stellen hat sich die Situation verändert?

### 5.4 Die Dokumentation

Projektdokumentation anlegen

- Dokumentation
- Fotodokumentation

Ein Projekt wird auch durch die Sammlung und Auswertung aller relevanten Informationen zum Abschluss gebracht. In eine Dokumentation gehört alles, was den Projektverlauf nacherlebbar macht. Grundsätzlich stellt der chronologische Verlauf auch den Leitfaden für die Erstellung der Dokumentation dar. Jede Phase des Projektes ist als eigenständiger Teil in der Dokumentation enthalten. An dieser Stelle zeichnet sich aus, wenn bereits frühzeitig im Verlauf mit der kontinuierlichen Dokumentation begonnen wurde. Neben Texten gehören visuelle Elemente wie Fotos, Filme und Projektergebnisse ebenso dazu. Aus einer umfangreichen und möglichst vollständigen Dokumentation lässt sich gut eine Abschlussdarstellung erarbeiten.

Abschlussbericht erarbeiten

Zum Projektabschluss gehört auch eine Darstellung, die den Verlauf und die Ergebnisse des Projektes beschreibt. Sie dient der Informationsvermittlung, aber auch als Dokumentationshilfe bei der Planung neuer Projekte.

Die Abschlussdarstellung kann unterschiedlich aussehen. Meist wird sie aus Kostengründen eher mit eigenen Kräften gestaltet. Sie ist somit unkompliziert herzustellen, einfach zu versenden und kann allen Interessierten zugänglich gemacht werden.

Ganz gleich, mit welchen Medien eine Abschlussdarstellung gestaltet wird: Bezüglich der Inhalte ist stets die Adressatengruppe zu berücksichtigen.

Für die inhaltliche Strukturierung gibt es einige formelle Grundsätze, die eingehalten werden sollten: so kurz wie möglich und so lang wie nötig, visuell unterstützt durch Bilder, Grafiken und Statistiken.

**Die Inhalte einer Abschlussdarstellung**

Projektauftrag und Projektziel

- Darstellung des Projektverlaufs: Ausgangslage, Vorgehen.
- Mit welchen Maßnahmen wurden das Projekt und seine Ziele umgesetzt?

**Projektanfang und -ende**

- Wann wurde das Projekt begonnen, wann endete es?

**Projektbeteiligte**

- Wer war an dem Projekt beteiligt?

**Zwischen- und Endergebnisse**

- Welche Ergebnisse wurden erreicht?
- Pro und Contra der Projektergebnisse

Abschlussdarstellung

**Gesamtbeurteilung des Projektablaufs**

- Wie ist das Projekt in seinen Schwerpunkten verlaufen?

**Widerstände und Schwierigkeiten**

- Darstellung besonderer Ereignisse:
  Problemstellung und Lösungen im Projektverlauf
- Welche Widerstände und Schwierigkeiten mussten überwunden werden?
- Welche Probleme gab es hinsichtlich der Vorgehensweise?
- Warum traten die Probleme auf?

**Abschließendes Resümee**

- Wie wird das Projekt beurteilt?
- Wie geht es nach dem Projekt weiter?

**Vorschläge und Forderungen**

- Welche Vorschläge und Forderungen ergeben sich aus dem Projekt?

**Für Abschlusspräsentationen oder -berichte bieten die folgenden Leitfragen eine Orientierung:**

- Wem sollen Erfahrungen in welcher Art weitergegeben werden?
- Welche Projektinformationen sind für wen wichtig?
- Was soll mit der Abschlussdarstellung erreicht werden?
- Welche Erwartungen haben die Adressaten?
- Welche Erwartungen haben die Projektbeteiligten?
- In welcher Form soll die Abschlussdarstellung gestaltet werden?
- Welche Medien sollen die Projektergebnisse publizieren?
- Welche Form entspricht den Adressaten und Zielgruppen?
- Welche Form entspricht den Projektbeteiligten?
- Wer soll die Abschlussdarstellung erarbeiten?
- Können die Projektbeteiligten sie selbst erstellen oder sollen externe Institutionen diese Aufgabe übernehmen?
- Sollen die Ergebnisse noch anders weiterverarbeitet werden?

## 5.5 Der Abschluss

Projekt beenden

Projekte sind zeitlich befristet. Zum Ende der Umsetzungsphase wird das Projekt endgültig beendet und ein formeller Abschluss herbeigeführt. Im Mittelpunkt stehen die Fragen: Welche Merkmale kennzeichnen einen guten Projektabschluss, und welche Arbeiten müssen zum Abschluss vorgenommen werden?

Jedes Projektteam wünscht sich, dass das Projekt mit Erfolg und guten Ergebnissen zu Ende geht. Mögliche Kriterien für den erfolgreichen Abschluss:

- Die festgesetzte Projektlaufzeit ist beendet, der Projektlebenszyklus hat sich erfüllt.
- Die Ziele des Projektes sind erreicht und die beabsichtigten Wirkungen erzielt.
- Alle Projektphasen sind vollständig bearbeitet worden.
- Alle Aktivitäten und Arbeitspakete sind erfüllt.

Die abschließenden Tätigkeiten konzentrieren sich nun ausschließlich auf die Vervollständigung und Beendigung der Aktivitäten.

Abschlusssitzung durchführen

Dem Abschluss von Projekten wird meist zu wenig Beachtung geschenkt. Jedoch beinhaltet diese letzte Phase eine Reihe von Arbeiten, denen ein ho-

her Stellenwert beigemessen werden sollte. Oft werden diese Arbeiten zu weit hinausgeschoben. Dies sollte nach Möglichkeit vermieden werden. Schon kurze Zeit nach der Auflösung des Projektteams sind die relevanten Personen und ihre Erfahrungen nicht mehr unmittelbar zu aktivieren und abzurufen.

Das Team und die weiteren Beteiligten werden deswegen zu einer letzten gemeinsamen Zusammenkunft einberufen, um auch den geordneten Ausgang des Projektes zu organisieren.

Offene Aufgaben verteilen

Es bleiben stets typische (und oft unattraktive) Aufgaben übrig wie die Erstellung und Verschickung der Projektabschlussdarstellung, das Aufräumen des Projektbüros oder die Planung der Abschlussveranstaltung. Diese Aufgaben müssen benannt und verteilt werden, ansonsten werden sie gar nicht oder eher oberflächlich erledigt.

Offene Punkte

Wenn ein Projekt mehrere Wochen oder Monate gedauert hat, sind ein angemessener Abschluss und eine Anerkennung der Beteiligten von großer Bedeutung.

Abschlussveranstaltung durchführen

Die Projektabschlussveranstaltung ist ein guter Anlass, nicht nur den Projektverlauf noch einmal Revue passieren zu lassen, sondern bietet vor allem auch die Möglichkeit, allen Beteiligten Wertschätzung für die geleistete Arbeit zu zeigen. Auf jeden Fall sollte den Projektbeteiligten als Lohn und künftige Motivation etwas geboten werden, das ihnen Spaß macht.

Folgeaktivitäten planen

Ein Projekt hat immer Ergebnisse, die verbreitet und für andere nutzbar gemacht werden sollten. Andere Kommunen, Organisationen und Einrichtungen können davon lernen und erfolgreiche Ansätze übernehmen. Das Projekt kann aber auch unmittelbar ein Folgeprojekt nach sich ziehen. Deswegen werden zum Abschluss eines Projektes auch Ideen für Folgeaktivitäten gesammelt.

Leitfragen für die Umsetzungsphase

Die Anleitungen und Techniken des Projektmanagements sind eine Einladung zum aktiven und strukturierten Handeln in der Kinder- und Jugendpartizipation. Sie unterstützen die einzelnen Projekte in ihren Bemühungen um eine verbesserte Qualität. Ein konsequentes Projektmanagement ist jedoch auch immer mit dem Einsatz erheblicher Ressourcen verbunden. Es kommt darauf an, je nach spezifischer Situation zu entscheiden, an welchen Stellen wie viele Ressourcen für die Analyse, Planung und Steuerung eines Projektes investiert werden. Aufwand und Ertrag sollten in einem sinnvollen Verhältnis zueinander stehen.

# III Moderieren – Visualisieren – Präsentieren

Moderieren, Visualisieren und Präsentieren sind wichtige Aufgaben im Rahmen von Partizipationsprojekten. Im Alltag werden diese Herausforderungen jedoch noch nicht immer ernst genug genommen. Den Begriff Moderation gebrauchen viele im Alltag sehr oberflächlich und fast inflationär. Vor allem bekannte Fernsehmoderatoren erzeugen eine bestimmte Sichtweise von Moderation, während zugleich jede Gesprächsleitung auch als Moderation bezeichnet wird. Dazwischen liegt die Herausforderung, Projekte professionell und erfolgreich zu moderieren.

Wechselbeziehung

Die drei Aufgaben hängen eng miteinander zusammen: Eine lebendige Moderation lebt von guter Visualisierung, ebenso wie eine überzeugende Präsentation auf professionelle visuelle Unterstützung angewiesen ist. Die beste Visualisierung bringt keinen Erfolg, wenn eine Veranstaltung schlecht moderiert oder eine Präsentation langatmig vorgetragen wird.

Diese Wechselbeziehung wird im Folgenden aufgenommen und spiegelt sich in der Darstellung der Inhalte wider. Zu allen drei Themen gibt es grundlegende Einführungen. Darauf aufbauend, werden die spezifischen Schwerpunkte unter dem jeweiligen Blickwinkel dargestellt. Diese sind auch für die anderen Felder gültig, nämlich dann, wenn eine Moderation visuell aufgelockert oder eine Präsentation bereichert werden soll.

Verständlichkeit

Mithilfe der Moderation, der Visualisierung und der Präsentation wird der Gefahr einer Sprachlastigkeit von Partizipationsprojekten entgegengewirkt. Ob das wirklich gelingt, hängt vor allem von den Erwachsenen in solchen Projekten ab: von ihrer Bereitschaft, die Chancen, die sich aus einer verständlichen Weitergabe von Informationen ergeben, zu nutzen (vgl. Seifert 2001: 5).

## 1 Die Moderation

Für die Moderation in Gruppen und die Präsentation von Projekten gibt es viele umfassende und praxisorientierte Materialien und Handbücher. Diese unterstützen Moderationsprozesse sehr gut.

Für die Moderation gilt im Allgemeinen, dass Prozesskompetenz von ihr erwartet wird und nicht die fachliche Seite im Vordergrund steht. Dies sieht für Partizipationsprojekte etwas anders aus, da die begleitenden Erwachsenen hier an vielen Stellen auch ihre fachlichen Kompetenzen einbringen sollen und müssen. Das führt zu einer besonderen Betrachtung der Moderationsanforderungen aus einem spezifischen Blickwinkel.

Nicht nur in der pädagogischen Praxis hat sich in den vergangenen Jahren ein Begriff etabliert, der den grundsätzlichen Ansatz einer prozessorientierten Moderation abbildet: die Moderationsmethode. Sie wird heute an den unterschiedlichsten Stellen eingesetzt, sei es in Organisations- oder Qualitätsentwicklungsvorhaben, in Lern- und Zukunftswerkstätten, aber auch in Workshops, Seminaren, Projektgruppen oder Besprechungen. Selbst in Schulen finden sich immer häufiger Moderationskarten und Pinnwände.

Moderationsprozesse verlaufen unterschiedlich. Von längerfristigen Prozessen bis zur kurzen Veranstaltung – die Moderationsmethode findet überall Anwendung. Im Zentrum steht die Orientierung an den Teilnehmenden und die Visualisierung. Die wichtigsten Hilfsmittel sind Pinnwände und/oder Flipcharts, Moderationskarten und Stifte. Damit kann man fast jede Moderation gestalten.

Moderationen sollten gut vorbereitet und durchdacht sein, um die Teilnehmenden einzubeziehen und an ihren Erwartungen entlangarbeiten zu können. Gleichzeitig bleibt immer die Orientierung auf das Ergebnis im Blick.

Für die Moderationspraxis in Partizipationsprozessen mit Kindern und Jugendlichen gibt es im Folgenden eine Reihe von Anregungen für die Vorbereitung und Durchführung: von Anleitungen zum Erstellen eines Moderationsplanes über Fragetechniken bis hin zu Tipps für die Entwicklung von Konsensentscheidungen in Gruppen. Abschließend werden Hinweise für den Umgang mit schwierigen Situationen gegeben.

## 1.1 Grundlagen

Moderation ist heute ein alltagsgeläufiger Begriff, der an vielen Orten verwendet wird. Fernsehen, Rundfunk, Seminare, Tagungen, Veranstaltungen und nicht zuletzt auch Projekte – ohne Moderation ist unser Leben kaum noch vorstellbar. Doch wird Moderation auf sehr unterschiedliche Weise eingesetzt. Den Fernseh- oder Rundfunkmoderator unterscheidet Grundsätzliches von einer Moderatorin von Arbeits-, Lern- und Gruppenprozessen in Projekten. So herrscht im Alltag auch ein eher diffuses Bild davon, was mit Moderieren konkret gemeint ist.

Gesprächsleitung

Moderation ist mehr als nur die Leitung eines Gespräches. Gesprächsleitung bedeutet, Personen, die miteinander in einen Austausch von Ideen und Erfahrungen treten oder gemeinsame Überlegungen anstellen und Entscheidungen vorbereiten, ordnend durch diese Prozesse zu leiten. Eine Gesprächsleitung achtet auf Disziplin, die Reihenfolge der Beiträge und behält die Zeit im Blick: Informationsveranstaltungen, Teambesprechungen, Diskussionsrunden nach Präsentationen sind Gelegenheiten, die von einer Gesprächsleitung strukturiert werden. In vielen Fällen übernehmen Entscheidungsverantwortliche oder hierarchisch höhergestellte Personen die Leitung von Gesprächen.

Mehr als Leitung

Das Moderieren von Gruppen geht weit über das Leiten eines Gespräches hinaus. Moderation beinhaltet die Gestaltung und Steuerung von Prozessen zur Lösung von Problemen oder der Entscheidungsfindung. Die Moderation verfügt auf der einen Seite über methodisches Handwerkszeug, um solche Prozesse interessant, abwechslungsreich und kreativ zu gestalten. Auf der anderen Seite hat die Moderation die Verantwortung für die Ergebnisse der Diskussion wie auch für den Gruppenprozess. Die moderierende Person hat diese Aufgabe nicht wegen ihrer hierarchischen Stellung zugewiesen bekommen, sondern aufgrund ihrer Kompetenz (vgl. Sperling, Stapelfeldt und Wasseveld 2007: 11 f.).

Grundhaltung – Methodik – Kompetenz

Im ursprünglichen Sinne bedeutet das Wort Moderation Mäßigung und zeichnet sich aus durch (vgl. Seifert 2001: 87)

- eine spezifische Grundhaltung in der Gruppenmoderation,
- die Arbeit mit und nach einer bestimmten Methodik sowie
- den Einsatz spezifischer Hilfsmittel und Materialien.

Moderation ist darauf gerichtet, die Kreativität der Teilnehmenden zu fördern, ihre Ideen in der jeweiligen Gruppe offen für alle zugänglich zu machen und gemeinsam zu Entscheidungen oder Ergebnissen zu kommen. Wichtig ist dabei, die Teilnehmenden zu beteiligen, ihnen Raum für ihre Meinungen,

Ideen und Erfahrungen, aber auch für ihre Bedenken oder Vorbehalte zu geben sowie unterschiedliche Perspektiven miteinander abzugleichen. Dies erfordert eine spezifische Grundhaltung in der Moderation von Gruppenprozessen, die sowohl methodische als auch soziale Kompetenzen erfordert.

Alle Moderationsmethoden basieren auf dieser Grundhaltung. Für die Ergebnisse und den Verlauf der Prozesse sind die diskutierten Inhalte bedeutsam, für das Gelingen sind die Atmosphäre, die Rollen in der Gruppe, die Offenheit und der Umgang mit abweichenden Meinungen entscheidend. Die Moderation trägt für beides die Verantwortung.

Moderation begünstigt Lernen

Menschen lernen am besten aus ihrer eigenen Erfahrung. Lesen und Gespräche sind für den Wissenserwerb wichtig, jedoch für das Tätigsein, für die Kooperationen, für das Engagement wird die Lektüre eines Buches nur von begrenztem Nutzen sein. Impulse zum Nachdenken werden durchaus vermittelt, aber am besten lernt man aus den Erfahrungen beim unmittelbaren Ausprobieren. Menschen merken sich 10 Prozent von dem, was sie lesen, 20 Prozent von dem, was sie hören, 30 Prozent von dem, was sie sehen, 50 Prozent von dem, was sie hören und sehen, 70 Prozent von dem, was sie selbst sagen und 90 Prozent von dem, was sie selbst tun (vgl. ebd.: 26).

Ein gut moderierter Prozess, in dem die Beteiligten aufgefordert und angeregt werden, sich selbst einzubringen, unterstützt also in hohem Maße das Einprägen von Informationen und das gemeinsame Lernen.

## 1.2 Moderation in Partizipationsprojekten – Besonderheiten

Klassischerweise verbindet sich mit der Rolle der Moderation vor allem das Expertentum für die Methodik und nicht für den Inhalt. Das bedeutet, dass die Moderation, auch wenn sie inhaltliche Kompetenzen hat, keine eigene Meinung zum Thema vertritt. Bewusstes Zurückhalten und Eröffnung von Freiräumen für die Teilnehmenden sind die Grundpfeiler professioneller Moderation. In Partizipationsprojekten gestaltet sich die Situation jedoch etwas anders. Der Moderator bzw. die Moderatorin hat auch eine große Verantwortung für die thematische Arbeit, sodass inhaltliche Impulse ebenfalls von der Moderation ausgehen sollten.

Fachliches Wissen und Können sowie gute Fähigkeiten, Gruppen- und Entscheidungsprozesse zu steuern, sind die beiden Grundpfeiler, auf denen die erfolgreiche Moderation von Partizipationsprojekten aufbaut.

Fachkompetenz

Fachliche Kompetenzen beziehen sich auf die inhaltlichen Aspekte der Kinder- und Jugendpartizipation insgesamt und spezifische Kenntnisse zum

jeweiligen Projektthema. Auch wenn Moderatoren oft keine ausgewiesenen Experten sind, sollten diejenigen, die Beteiligungsprojekte moderieren, grundsätzliche Kenntnis vom Themengebiet haben. Fehlendes Wissen lässt sich durch Einbindung von Fachleuten ausgleichen.

Prozesskompetenz

Für die Prozesssteuerung ist die Moderation verantwortlich, je nach Projektsituation allein oder im Team mit anderen. In unterschiedlichem Maß wird Prozesskompetenz auch in der Gruppe vorhanden sein. An der Moderation liegt es, diese zu fördern und für den Arbeitsprozess nutzbar zu machen.

Zur Prozesskompetenz zählen methodische Fähigkeiten, um gemeinsam mit allen Beteiligten Ziele zu vereinbaren, systematisch im Projekt vorzugehen, Zeitplanungen zu machen und einzuhalten, Veränderungen und Konflikte zu managen und kreative Methoden und Techniken zu beherrschen. Zugleich erfordert die Moderation soziale Kompetenzen wie die Fähigkeiten, zuhören zu können, mit Kritik konstruktiv umzugehen, sich für Menschen zu interessieren, teamfähig zu sein, Toleranz gegenüber anderen Meinungen zu zeigen und selbst konfliktfähig zu sein (vgl. Sperling, Stapelfeldt und Wasseveld 2007: 23).

Aus der Summe der methodischen und sozialen Kompetenzen ergibt sich die erforderliche Prozesskompetenz. In Partizipationsprojekten kommen noch weitere Fähigkeiten hinzu, wie etwa eine partizipatorisch orientierte Grundhaltung gegenüber Kindern und Jugendlichen.

Moderation ist nicht alles

Da nicht nur Prozesse zu moderieren sind, sondern gelegentlich auch Kenntnisse vermittelt oder verschiedene Aktionen durchgeführt werden, erfordern Projekte manchmal den zusätzlichen Einsatz anderer Methoden.

Für die Wissensvermittlung können Medien sinnvoll sein, wie Filme, Folien oder PowerPoint-Präsentationen. Führungsentscheidungen, die sehr schnell erfolgen müssen, lassen gelegentlich keine Zeit oder keine formelle Möglichkeit für Moderationsprozesse.

Ob eine Situation oder eine Gruppe für eine Problemlösung mit Moderation geeignet ist, hängt unter anderem auch von der Kooperationsbereitschaft der Beteiligten ab, von ihrer Konflikt- und Aggressionsneigung und ihrer Handlungsenergie. Moderation ist zweckmäßig, wenn Personen ehrlich miteinander ins Gespräch kommen wollen, um ihre gemeinsamen Interessen bei Problemlösungen wahrzunehmen.

Nicht geeignet ist Moderation, wenn eine rein pragmatische Ergebnisfindung das Ziel einer Verhandlung ist und die dazugehörige Taktik den Inhalten der Moderation entgegensteht. Moderation eignet sich auch nicht in Abhängigkeitsverhältnissen, in denen Beteiligte keinen eigenen Handlungsspielraum haben (vgl. Klebert, Schrader und Straub 1991: 259 f.).

## 1.3 Vorbereitung

Persönliche Vorbereitung

Die Grundvoraussetzung für eine gute Moderation ist Klarheit über die eigenen Stärken und Schwächen. Hilfreiche Leitfragen für die eigene Standortbestimmung (vgl. ebd.: 168):

- Wie will ich in der Moderation arbeiten?
- Worauf will ich in der Veranstaltung besonders achten?
- Was kann ich besonders gut, wo liegen meine Stärken?
- Wo könnten in dieser Moderation meine Grenzen liegen, wo liegen meine Schwächen?
- Was brauche ich, um diese Moderation gut durchzuführen?

Zielsetzung klären

Im Vorfeld einer Moderation werden das Thema und die Gesamtzielsetzung der Veranstaltung geklärt. Sollen zunächst Ideen gesammelt werden, sollen sie weiterbearbeitet oder konkrete Maßnahmen entwickelt werden, oder sollen bereits Entscheidungen fallen? Diese Klärung findet nach Möglichkeit vor Beginn der Veranstaltung statt, damit sie schon bei der Vorbereitung einbezogen werden kann. Spätestens zu Beginn der Veranstaltung wird die Zielsetzung aber endgültig geklärt, damit alle Teilnehmenden darüber informiert werden können.

Auf die Teilnehmenden vorbereiten

Die größte Bedeutung in Moderationsprozessen haben die Teilnehmenden. Sie treffen sich, um gemeinsam ein Thema zu bearbeiten, Probleme zu klären oder Entscheidungen vorzubereiten oder zu treffen. Die Teilnehmenden prägen wesentlich den Verlauf der Veranstaltung. Deshalb ist es bei der Vorbereitung wichtig, sich mit ihnen zu beschäftigen.

Folgende Fragen sollten im Vorfeld einer Moderation beantwortet werden:

Analyse der Teilnehmenden

- Wie viele und welche Personen werden teilnehmen?
- Welche Stellung, Position und Entscheidungskompetenz haben sie?
- Wie sind die Beziehungen der Teilnehmenden untereinander?
- Wer vertritt welche Interessen?
- Welche Erwartungen können eine Rolle spielen?
- Welche Vorkenntnisse oder -erfahrungen haben sie zum Thema?
- Welche Schwierigkeiten oder Konflikte könnten auftreten?
- Welche Einstellungen haben sie zum Thema?

Es ist hilfreich, auf Basis der Antworten die Methoden auszuwählen, um die Teilnehmenden schnell in einen gemeinsamen Gruppen- und Arbeitsprozess zu führen. Das kann bedeuten, etwa für den Einstieg mehr Zeit einzuplanen

oder frühzeitig in der Veranstaltung gemeinsame Gruppen- oder Gesprächsregeln zu vereinbaren.

Moderationsplan erarbeiten

Anschließend kann die inhaltliche Vorbereitung beginnen. Dazu wird ein Veranstaltungs- oder Moderationsplan entwickelt, der den Ablauf, die Inhalte, die geplante Zeit und die benötigten Materialien enthält.

Erarbeitung eines Moderationsplans

Für die Moderation müssen eine ganze Reihe von wichtigen Fragen geklärt werden, die die Grundlage einer sorgfältigen inhaltlichen Vorbereitung bilden. Dazu gehören Aspekte wie die Begrüßung der Teilnehmenden, die Einführung in das Thema und Verdeutlichung der Veranstaltungsziele. Ebenso sind die geeignete Auswahl von Methoden für die einzelnen Schritte und die geplanten Arbeitsformen zu berücksichtigen. Nicht zuletzt sollten auch die Ergebnissicherung und der Ausstieg für die Teilnehmenden bedacht werden.

**Tipps zum Aufstellen eines Moderationsplans**

Für einen Moderationsplan gibt es kein allgemeingültiges Muster. Jedoch haben sich einige Aspekte als hilfreich erwiesen.

**Zeitraster**

Die Zeit ist eine wichtige Ausgangsgröße für die weitere Planung. Um eine klare Struktur der zur Verfügung stehenden Zeit zu bekommen, empfiehlt es sich, alle Dinge, die in der Veranstaltung mit zeitlichem Aufwand verbunden sind, in das Zeitraster aufzunehmen, also auch Pausen und viele kleine Details, die bei der Planung hin und wieder übersehen werden. Je genauer der Plan, desto leichter kann mit Abweichungen umgegangen werden. Partizipationsprojekte werden trotz der Ausrichtung auf möglichst konkrete Ergebnisse nicht nur lösungsorientiert gestaltet, sondern in Rücksichtnahme auf die Wirkungen bei den Teilnehmenden auch prozessorientiert. Diese Entscheidung hat Folgen für die Erarbeitung des Zeitrasters – prozessorientierte Methoden brauchen deutlich mehr Zeit als klare Orientierungen auf Ergebnisse.

**Methodische Schritte und Arbeitsform**

Einem solchen Zeitraster werden die einzelnen methodischen Schritte zugeordnet. Dabei kann es sinnvoll sein, das jeweilige Ziel der Methoden als Stichpunkt in den Moderationsplan zu schreiben, damit sie auch während der Veranstaltung immer präsent sind. Im Zusammenhang mit den Methoden wird auch die Arbeitsform festgelegt, in der die Teilnehmenden die Methode umsetzen. Es wird Phasen geben, in denen die ganze Gruppe im Plenum arbeitet. Jedoch sollte es auch ausreichend Sequenzen geben, in denen vor allem große Gruppen aufgeteilt werden, um intensivere Prozesse der Auseinandersetzung mit einem Thema oder Auftrag zu ermöglichen. Hin und wieder sollte es zudem Möglichkeit geben, dass Teilnehmende sich etwas allein erarbeiten und es dann in der Gruppe präsentieren.

**Material und Ausstattung**

Als sehr nützlich hat sich in der Praxis erwiesen, in den Moderationsplan auch die benötigte Ausstattung und den Materialbedarf für die einzelnen Methoden aufzunehmen. Diese einzelnen Auflistungen summieren sich zu einer Gesamtübersicht über das notwendige Moderationsmaterial.

**Verantwortung**

Wenn mehrere Personen eine Gruppe moderieren, sollte im Moderationsplan festgelegt werden, wer die Verantwortung für die einzelnen Schritte und/oder Methoden hat. Das bedeutet nicht, dass die anderen Beteiligten sich in den Phasen, in denen sie diese Verantwortung nicht haben, zurücklehnen können. Gute Teamarbeit lebt auch von einem harmonischen Zusammenspiel in der Durchführung der Moderation. So kann man beispielsweise am Ende der Einführung einer Methode die Frage an die Co-Moderation stellen, ob es Ergänzungen gibt. Damit wird zugleich der teamorientierte Arbeitsstil für die Teilnehmenden transparent.

Rahmenbedingungen klären

Zu den wichtigen Rahmenbedingungen zählen die Raumgröße und -anzahl (für die Kleingruppenarbeit), die technische Ausstattung, die Arbeitsmittel und der zeitliche Rahmen mit Beginn und Ende sowie festen Pausenzeiten.

Vorbereitung einer Moderation

Direkt vor Beginn der Veranstaltung wird der Raum vorbereitet. Das Material liegt bereit, die technischen Geräte sind betriebsbereit, und die Sitzordnung ist hergestellt. Es herrscht eine angenehme Atmosphäre, sodass die Teilnehmenden sich von Beginn an wohlfühlen.

### 1.4 Durchführung

Einstieg

Der Beginn einer moderierten Veranstaltung ist entscheidend für den weiteren Verlauf und den Erfolg. Hier werden Weichen gestellt für alle folgenden Schritte. In dieser Phase klärt sich, ob die Teilnehmenden untereinander

und zur Moderation Vertrauen haben, wie sie sich auf den Verlauf der Veranstaltung konzentrieren können und wie sich die Atmosphäre in der Gruppe entwickelt. Je erfolgreicher der Einstieg verläuft, desto leichter werden die folgenden Schritte sein. Es geht in der Einstiegsphase darum, die Teilnehmenden so einzustimmen, dass sie motiviert werden, sich mit dem Thema zu beschäftigen (vgl. Sperling, Stapelfeldt und Wasseveld 2007: 203).

**Der Einstieg in einer Veranstaltung dient dazu, dass**

- sich die Teilnehmenden kennenlernen,
- eine Arbeitsatmosphäre geschaffen wird, in der offen kommuniziert und effektiv gearbeitet werden kann,
- die Teilnehmenden über die Ziele sowie Sinn und Zweck der Veranstaltung informiert werden,
- die Teilnehmenden einen Überblick über Inhalte und Zeitplanung erhalten,
- eine Einstimmung auf die gemeinsame Arbeit und den Umgang miteinander erfolgt,
- die Beteiligten mit dem Thema vertraut gemacht werden,
- die Erwartungen und Befürchtungen der Teilnehmenden abgefragt werden,
- Spiel- und Gesprächsregeln miteinander vereinbart werden,
- Unklarheiten beseitigt werden, damit sich alle auf das Thema und die gemeinsame Arbeit konzentrieren können.

(Quelle: Sperling, Stapelfeldt und Wasseveld 2007: 203)

Gesprächsregeln vereinbaren

Jedes Gespräch und jeder Prozess braucht bestimmte Regeln. Diese haben eine doppelte Funktion. Sie verhelfen einer Gruppe dazu, leichter und reibungsloser zusammenzuarbeiten, sich schrittweise weiterzuentwickeln und zu verbessern. Sie bieten der Moderation aber auch die Möglichkeit, den Prozess zu steuern, ohne autoritär einzugreifen. Der Verweis auf die gemeinsam vereinbarten Regeln erlaubt es, die Interventionen mit diesen Regeln zu begründen und die Gruppe nicht »von außen« zu bedrängen. Einige grundlegende und in der Praxis erprobte Regeln sind zum Beispiel:

- Reden darf nur, wer an der Reihe ist, sich zu Wort gemeldet hat oder aufgefordert wurde, etwas zu sagen.
- Wer redet, soll ausreden können und wird nicht unterbrochen.
- Störungen haben Vorrang: Wenn Konflikte in der Gruppe auftauchen, wird die Sachdiskussion unterbrochen, und die aufgetretenen Spannungen werden besprochen.

Diese Regeln lassen sich je nach Gruppe oder Inhalt der Veranstaltung erweitern. So könnten Verantwortungen über das Zeitmanagement oder die Dokumentation von Arbeitsergebnissen auch an Teilnehmende abgegeben werden.

Entscheidungen treffen

Ein weiterer wichtiger Aspekt, über den sich eine Gruppe verständigen könnte, ist das Verfahren, mit dem Entscheidungen zustande kommen: Gilt hier das Mehrheitsprinzip oder wird zunächst versucht, alle Entscheidungen im Konsens zu treffen? Gerade dieser Punkt hat bei Partizipationsprojekten nicht nur formale Funktion, sondern auch eine inhaltliche Dimension. Zumindest in längerfristigen Projekten ist die Konsensbildung hilfreicher als Mehrheitsentscheidungen. Der Konsens bietet den Vorteil, dass sich die Beteiligten stärker mit den Ergebnissen und Entscheidungen identifizieren, sie mittragen und vorantreiben.

!

**Schritte zur Konsensbildung in Gruppen:**

- die Meinungen in der Gruppe zum Thema einholen und visualisieren
- Verständnisfragen klären, die gesammelten Meinungen von Teilnehmenden zusammenfassen und wiederholen lassen
- mögliche Gemeinsamkeiten in den Aussagen feststellen und herausstreichen
- ein Meinungsbild erstellen, um den Bedarf einschätzen zu können, wie weit die Gruppe vom Konsens entfernt ist
- unterschiedliche Meinungen, Darstellungen und Auffassungen benennen und verdeutlichen
- die Aussagen auf Kombinationen und die Möglichkeit der Zusammenführung hin überprüfen
- Kriterien für eine Auswahl benennen und/oder die Aussagen werten, gewichten und prüfen
- die Vorschläge auf ihre Dienlichkeit im Hinblick auf die Ziele überprüfen
- zwischendurch immer wieder ein neues Meinungsbild erstellen
- abweichende Meinungen identifizieren und anhören, Begründungen einfordern und diese ernst nehmen
- Akzeptanz abfragen, erkunden und sich in die Beteiligten einfühlen
- einen möglichen Konsens formulieren und visualisieren
- wenn nötig, die Formulierung im sogenannten Ein-Text-Verfahren ergänzen oder verändern
- Konsens und Dissens visualisiert festhalten
- Zwischenrückblenden einlegen

(Quelle: Sperling, Stapelfeldt und Wasseveld 2007: 134)

## Das Ein-Text-Verfahren

Konsens ist auch dann besonders gefragt, wenn die Gruppe einen Text erarbeiten soll. Das kann die Antwort auf eine im Projekt relevante Fragestellung sein oder der Brief einer Gruppe junger Menschen an Entscheider aus Politik oder Verwaltung. In beiden Fällen kommt es auf gute und genaue Formulierungen an, denen möglichst alle Beteiligten zustimmen. In solchen Situationen kann es schwierig werden, einen Konsens zu erreichen, vor allem wenn einzelne Teilnehmende besondere persönliche Affinitäten zum Thema haben. Hier bietet sich das sogenannte Ein-Text-Verfahren an, das für die Mediation entwickelt wurde.

- Die Moderation fasst an einem Punkt der sich vielleicht schon im Kreis drehenden Diskussion über Formulierungen das bisher Gesagte zusammen. Dabei kommt es nicht auf sprachliche Eleganz an; wichtig ist aber, dass alle Begriffe, Meinungen oder Standpunkte einbezogen werden.
- Diese Zusammenfassung wird mit großen Zwischenräumen auf ein Flipchart oder eine Moderationswand geschrieben. Die Lücken zwischen den Wörtern und Zeilen ermöglichen Ergänzungen und Veränderungen.
- Die Spielregel für das Verfahren lautet: Wer mit Einzelheiten des Textes nicht einverstanden ist, kann ohne jegliche Begründung oder Diskussion Änderungsvorschläge machen.
- Die Teilnehmenden bringen ihre Änderungen vor, die die Moderation kommentarlos im Lückentext einfügt.
- Nachdem die Änderung oder Ergänzung vorgenommen wurde, wird der neue Text vorgelesen. Danach wird der nächste Änderungsvorschlag bearbeitet. Die Teilnehmenden dürfen nur ändern oder ergänzen, in keinem Fall aber argumentieren.
- Dieses Verfahren wird so lange fortgesetzt, bis es keine Vorschläge für weitere Änderungen gibt und alle mit dem Text leben können.

Das Ein-Text-Verfahren

Auch wenn es hin und wieder an einem einzigen Begriff viele Veränderungen geben wird, spart das Verfahren dennoch Zeit und ist sehr zielführend, da lange und ermüdende, manchmal auch sinnlose Diskussionen entfallen (vgl. ebd.: 134 f.).

Fragen stellen

»Wer fragt, führt.« Auch wenn es in Partizipationsprojekten nicht um Führung im engeren Sinne geht, obliegt der Moderation durchaus eine gewisse Führungsrolle im Prozess. Fragen sind daher für die Moderation ein wichtiges Hilfsmittel, um die Gruppe voranzubringen. Eine fragende Grundhaltung ist wesentliches Kennzeichen einer prozessorientierten Moderation. Fragen dienen dazu:

- alle Teilnehmenden aktiv in den Prozess einzubeziehen
- das Wissen der einzelnen Teilnehmenden präsent und für alle anderen nutzbar zu machen
- weiterführende Informationen zu einem Thema zu bekommen
- konkrete Erfahrungen der Teilnehmenden öffentlich zu machen
- Konsens herzustellen und Dissens deutlich zu machen
- Stimmungen in der Gruppe zu ermitteln und aufzunehmen
- das weitere Vorgehen in der Moderation mit den Beteiligten abzuklären und einzelne Phasen im Prozess gemeinsam abzuschließen

!

**Fragetechniken**
Für die Moderation ist es unverzichtbar, die wichtigsten Frageformen zu kennen und zu beherrschen, um diese situativ gekonnt einzusetzen. Grundvoraussetzung dafür ist aber, selbst gut Fragen stellen zu können und mit Fragen aus der Gruppe so umzugehen, dass diese für die Weiterarbeit genutzt werden können. Fragen bestehen immer aus zwei Teilen: einem inhaltlichen Aspekt und einer entsprechenden Fragetechnik.

**Offene Fragen**
Offene Fragen lassen verschiedene Antworten zu, die die Teilnehmenden frei formulieren können. Sie werden auch als W-Fragen bezeichnet, weil sie mit den Fragewörtern (was, wer, wie, welche, wo ...) beginnen. Offene Fragen sind die wichtigste Frageform in der Moderation. Sie geben Denkanstöße und helfen, Meinungen unter den Teilnehmenden zu erkunden. Damit kann man Gespräche über ein Thema gut beginnen und im Weiteren vertiefen. Offene Fragen helfen dabei, Diskussionen lebendig zu machen und in Gang zu halten.

**Geschlossene Fragen**
Geschlossene Fragen können nur mit einem Ja oder Nein beantwortet werden. Für die inhaltliche Arbeit wird diese Form weniger verwendet, da eine vielstimmige Bejahung oder Verneinung den Prozess nicht voranbringt. Ihren Wert haben sie im Zusammenhang mit Entscheidungen, die getroffen werden müssen. Zur Strukturierung der Arbeitsprozesse sind sie sehr hilfreich. Sie grenzen Themen und Meinungen ein oder lassen Fokussierungen zu. Auch zum Abschluss einer Gesprächssequenz sind sie gut einzusetzen. Geschlossene Fragen bieten den Vorteil, Meinungsbilder oder klare Antworten zu erhalten.

Eine Sonderform der geschlossenen Fragen ist das sogenannte Spiegeln: Die Moderation fasst das Gehörte zusammen und versichert sich, ob sie die Teilnehmenden richtig verstanden hat. Es handelt sich bei solchen Paraphrasierungen um ein wichtiges Kommunikationsmittel in der Moderation, das dazu dient, das eigene Verständnis mit dem der Teilnehmenden abzugleichen, ein gemeinsames Verständnis in der Gruppe zu entwickeln und den Teilnehmenden gegenüber Aufmerksamkeit zu zeigen.

### Weitere Fragetechniken

Offene und geschlossene Fragen gehören als wichtigste Typen zum Repertoire der Moderation. In der Praxis gibt es viele weitere Fragetechniken. Manche wurden im Laufe der Zeit umbenannt, und es gibt auch immer wieder neue Fragearten. Hier eine Auswahl wichtiger Fragetechniken, deren Einsatz jeweils gut überlegt werden sollte (vgl. Seifert 2001: 106 ff.):

- Alternativfragen verdeutlichen eine Wahlmöglichkeit für die Teilnehmenden: »Sollen wir dieses Thema jetzt noch weiter bearbeiten oder zum nächsten Punkt übergehen?« Der Einsatz von Alternativfragen ist gut abzuwägen, da die Gefahr besteht, dass die Gruppe in zwei Lager gespaltet wird.
- Rhetorische Fragen unterbinden eine Gegenmeinung: »Wollen wir uns denn noch lange mit diesem Thema befassen?« Eine gute Moderation sollte jedoch auf provozierende rhetorische Fragen verzichten, da sie die Offenheit in der Gruppe untergraben können.
- Suggestivfragen dienen dazu, die Gefragten zur Zustimmung zu bewegen: »Es sind doch sicher alle mit mir einer Meinung, dass wir jetzt lange genug über dieses Thema diskutiert haben?« Der Moderation wird der Einsatz oft verübelt, da sich Teilnehmende unter Umständen nicht ernst genommen fühlen.
- Gegenfragen ermöglichen die Zusammenfassung des Gehörten: »Habe ich dich richtig verstanden, dass ...?« Häufige Gegenfragen können von Teilnehmenden aber auch als Provokation empfunden werden.
- Zurückgegebene Fragen sind eine spezifische Art, mit Fragen der Teilnehmenden umzugehen: »Sehen das alle in der Gruppe so?« In der Moderation spielt diese Art eine große Rolle, da sie die Teilnehmenden in die Verantwortung für die inhaltlichen Ergebnisse einer Diskussion aktiv einbezieht.

Aus der Organisationsberatung können diese Frageformen weiterhelfen (vgl. Sperling, Stapelfeldt und Wasseveld 2007: 104 ff.):

- Klärungsfragen können ein beschriebenes Problem vertiefen: Was genau läuft nicht so gut? Klärungsfragen können dabei helfen herauszufinden, was Teilnehmende konkret mit einer Problembeschreibung meinen.
- Paradoxe Fragen können eine vollkommen neue Denkrichtung in der Diskussion eröffnen: Was müssten wir tun, um an der gegenwärtigen Situation nichts zu verändern? Dadurch wird die Fähigkeit zum Querdenken gefördert, um nicht einfach nach gewohnten Mustern zu reagieren und zu entscheiden.
- Skalierungsfragen bieten den Teilnehmenden eine Bewertungsskala an: Wo würdet ihr euch auf einer Skala von eins bis zehn einordnen zu der Frage, wie euch dieser Workshop gefallen hat? Dadurch werden individuelle Differenzierungen ermöglicht.
- Visualisierte Fragen können genutzt werden, um eine besonders wichtige Frage für alle Teilnehmenden präsent zu halten. Damit können Ideenfindungsprozesse eingeleitet oder Abfragen unter allen Teilnehmenden strukturiert werden.

Arbeitsformen

Im Moderationsplan sind Vorentscheidungen für bestimmte Arbeitsformen während der Veranstaltung gefallen. Dazu gehören Grundformen wie Arbeit im Plenum, in Kleingruppen und Einzelarbeit. Jede hat ihre Vorteile, unter Umständen aber auch Grenzen.

Im Plenum können alle Teilnehmenden die Meinungen von allen hören. Das trägt zur größtmöglichen Transparenz bei. Jedoch haben große Gruppen, besonders mit jüngeren Teilnehmenden, ihre Grenzen im Hinblick auf die Konzentrationsfähigkeit der Beteiligten. Diskussionen in großen Gruppen müssen methodisch abwechslungsreich gestaltet werden und die Kreativität fördern.

In Kleingruppen können wesentlich intensivere Diskussionen stattfinden, und auch Zwischenergebnisse lassen sich in einer kleineren Gruppe effektiver erarbeiten. Die Grenzen dieser Form liegen darin, dass es sich um Gespräche in kleiner Runde handelt und der Verlauf sowie die Meinungen der Teilnehmenden auch nur dieser Gruppe bekannt sind. Die Gesamtgruppe hat damit einen unterschiedlichen Wissens- und Erfahrungsstand, was in der weiteren Arbeit berücksichtigt werden muss. Nach Kleingruppenphasen werden die Ergebnisse immer wieder der ganzen Gruppe präsentiert.

**Tipps für die Präsentation von Kleingruppenergebnissen**

Für die möglichst anschauliche Präsentation der Ergebnisse und Informationen gibt es einige grundlegende Regeln. Sie stellen sicher, dass die Präsentation für alle verständlich ist und einen roten Faden hat. In der Arbeit mit Kindern und Jugendlichen ist es wichtig, diese Regeln in der Gruppe einzuführen und die Teilnehmenden zu ermutigen, sie auch zu berücksichtigen.

- Während der Präsentation sollte immer Blickkontakt zur Gruppe gehalten werden, damit die anderen Teilnehmenden sich direkt angesprochen fühlen.
- Die präsentierende Person steht möglichst immer frontal zur Gruppe, wenn sie spricht.
- Sie sollte darauf achten, dass sie nichts verdeckt, sich also neben und nicht vor die Moderationswand, Flipchart oder Tafel stellt.
- Wenn auf einem Poster etwas erklärt wird, am besten mit der Hand über das Poster führen, damit die Gruppe folgen kann.
- Werden visualisierte Ergebnisse präsentiert, wird alles vorgelesen und nur sparsam kommentiert, um nicht von den wesentlichen Informationen abzulenken.
- Langsam, laut und deutlich sprechen und der Gruppe durch kurze Pausen Zeit zum Mitdenken geben.

Tipps für die Moderation

Abschluss

Fast ebenso wichtig wie der gute Beginn einer Moderation ist auch der geordnete Abschluss. Wie diese Phase gestaltet wird, hat entscheidenden Einfluss auf die Zeit bis zu einer folgenden Veranstaltung. Deswegen wird dem Abschluss in der Vorbereitung der Moderation ein ebenso hoher Stellenwert eingeräumt wie den anderen Phasen.

In der Abschlussphase geht es darum, die Ergebnisse so zu sichern, dass in der Zukunft damit weitergearbeitet werden kann. Zudem muss der Gruppenprozess abgerundet und abgeschlossen werden. Das sollte in einer Abschlussrunde erfolgen, in der alle Teilnehmenden noch einmal die Möglichkeit haben, zu Wort zu kommen.

**Mögliche Fragen für eine Abschlussrunde**

- Wie war die Veranstaltung für die Teilnehmenden?
- Sind alle mit den Ergebnissen und den dahin führenden Prozessen zufrieden?
- Wurde etwas geschafft, worauf jetzt alle stolz sind?

- War die gemeinsame Arbeit ein Erfolgserlebnis, das auch die Teilnehmenden näher zusammengebracht hat und auf dem sie aufbauend arbeiten wollen?
- Gehen die Teilnehmenden motiviert aus der Veranstaltung?
- Was waren nicht so gute Ergebnisse und/oder Erfahrungen?
- Was wünschen sich die Teilnehmenden beim nächsten Mal anders?
- Was sollte unbedingt beibehalten werden?
- Was war die schönste Erfahrung der Teilnehmenden?

### 1.5 Moderation in schwierigen Situationen

Schwierige Situationen wird es in Moderationen immer wieder geben. Ein positiver und konstruktiver Umgang damit zeugt nicht nur von Professionalität, sondern wird alle Beteiligten voranbringen. Je besser eine Moderation inhaltlich und organisatorisch vorbereitet ist, umso leichter wird es ihr fallen, schwierige Situationen zu meistern, und desto souveräner kann sie auch auf Unvorhergesehenes reagieren.

Die Gruppe streikt

Am häufigsten passiert, dass Gruppen nicht mehr mitmachen, Teilnehmende keine thematischen Beiträge mehr liefern und/oder destruktives Verhalten zeigen. Wenn solche Situationen auftreten, muss die Moderation die inhaltliche Ebene verlassen und auf der Prozessebene eine Störung anmelden. Sie spricht die konkrete Situation an, fragt nach möglichen Ursachen und sucht gemeinsam mit den Teilnehmenden nach einer Möglichkeit für die Weiterarbeit. Sinnvollerweise bieten sich hier Methodenwechsel oder eine körperliche Aktivität an.

Die Gruppe lehnt eine Methode ab

Wenn die Gruppe eine Vorgehensweise oder Methode ablehnt, muss die Moderation das zunächst akzeptieren. Sie wird nach Begründungen für die Verweigerung suchen. Manchmal kommen aus der Gruppe andere und für die Teilnehmenden besser geeignete Vorschläge zum weiteren Vorgehen. Diese greift die Moderation auf. Es kommt darauf an, eine Methodik zu finden, die der Gruppe in der derzeitigen Situation die Weiterarbeit ermöglicht. Methodenkompetenz der Moderation bedeutet in diesem Zusammenhang, über eine Vielfalt an Arbeitsformen zu verfügen, um den Teilnehmenden auch eigene alternative Vorschläge unterbreiten zu können.

Methode funktioniert nicht

Immer wieder passiert es in Veranstaltungen, dass eine passend erscheinende Methode in der Gruppe ganz anders verläuft als gedacht. Wenn aus Sicht der Moderation eine Situation eingetreten ist, in der sich eine Gruppe

innerhalb der Methode nicht mehr nach vorn, sondern im Kreis bewegt, wird sie dies offensiv ansprechen. Gemeinsam mit den Teilnehmenden wird sie nach Alternativen suchen. Meist ist es am sinnvollsten, einen Schnitt zu machen und mit einer anderen Methode weiterzuarbeiten.

Zeitdruck

Trotz guter Planung wird es auch immer wieder zu Situationen kommen, in denen die Gruppe oder der Arbeitsprozess unter Zeitdruck gerät. Die Moderation weist frühzeitig darauf hin, dass Zeitnot entstehen kann, damit die Teilnehmenden mitentscheiden können, wie mit der Ressource Zeit umgegangen wird. Auf jeden Fall müssen unklare Abschlussphasen vermieden werden. Am Ende einer Veranstaltung muss immer so viel Zeit sein, dass gemeinsam mit der Gruppe klare Vereinbarungen über den Umgang mit unfertigen Prozessen getroffen werden können.

Kommunikative Schwierigkeiten

Es gibt zudem eine Reihe von Schwierigkeiten, die vor allem auf der kommunikativen Ebene zwischen Teilnehmenden, aber auch zwischen Gruppe und Moderation auftreten können. Hierzu zählen Nebenunterhaltungen, die zwar zum Thema gehören können, wodurch Teilnehmende aber abgelenkt werden, oder Zwischenrufe, die nicht zum Thema gehören. Besonders in der Arbeit mit Kindern und Jugendlichen kann es schnell unkonzentrierte Teilnehmende geben, was sich manchmal durch Gelächter oder andere Störungen äußert. Problematisch kann es auch werden, wenn vermeintlich unlösbare Probleme aufgeworfen oder persönliche Beleidigungen gegen An- oder Abwesende vorgetragen werden.

Tipps für schwierige Situationen

## 2 Die Visualisierung

Visualisieren ist eines der wichtigsten Hilfsmittel für die professionelle Moderation und Präsentation von Projekten. Neben der Kompetenz, verschiedene Methoden einsetzen zu können, ist die Fähigkeit, Inhalte der Veranstaltung optisch gut festhalten zu können, der zweite Grundpfeiler der Moderation.

Ein Bild sagt mehr als tausend Worte. Auch wenn sich in neueren Untersuchungen herausgestellt hat, dass jeder Mensch einen bevorzugten Wahrnehmungskanal hat, so bleibt insgesamt unbestritten, dass wir »Augentiere« sind. Die meisten Menschen sind visuelle Typen, auch wenn sie Wahrnehmungen ebenfalls sehr stark über andere Sinnesorgane erleben (vgl. Seifert 2001: 11).

Unbestritten ist außerdem, dass eine gute visuelle Darstellung eines Sachverhaltes manchmal mehr zum Ausdruck bringt als eine lange Rede. Die Fähigkeit, eindrucksvolle und klar strukturierte und vor allem gut lesbare Visualisierungen entwickeln und herstellen zu können, ist eine ausgezeichnete Basis für erfolgreiche Präsentationen. Ohne Visualisierung gerät die Projektpräsentation zum bloßen Vortrag.

Den Schwerpunkt der folgenden Ausführungen bilden neben einigen grundlegenden Aspekten zur Visualisierung konkrete Anregungen für die Arbeit mit Plakaten und Moderationskarten. In der Praxis der Kinder- und Jugendbeteiligung sind dies noch immer die am häufigsten eingesetzten Visualisierungsmedien in Moderationen.

### 2.1 Grundlagen

Optische Sprache

Visualisierung bedeutet, einen Sachverhalt bildhaft zu übersetzen. Damit entsteht eine Art »optische Sprache in der Gruppenarbeit« (Schnelle 1982: 7). Äußerungen und Beiträge der Moderation und von Teilnehmenden werden für alle sichtbar gemacht, indem sie optisch festgehalten werden.

Visualisierungen dienen dazu (vgl. Sperling, Stapelfeldt und Wasseveld 2007: 91):

- den Teilnehmenden Orientierungen im Prozess zu geben
- die Teilnehmenden stärker in den Prozess einzubeziehen
- Gesagtes und Vereinbarungen für alle verbindlich zu machen
- Widersprüche und Unklarheiten zu verdeutlichen
- Struktur und Inhalte transparent zu machen

- die Aufmerksamkeit und Konzentration der Teilnehmenden zu fördern
- das Verständnis komplizierter Sachverhalte zu erleichtern
- den Teilnehmenden zu zeigen, dass ihre Beiträge und Meinungen ernst genommen werden

Verbindlichkeit schaffen

Die Visualisierung ist in der Moderation das wichtigste und wirksamste Mittel, um Diskussionen verbindlich zu machen. Fragen, Unklarheiten, Erläuterungen, Fortschritte und Ergebnisse können damit für alle Teilnehmenden sichtbar gemacht und festgehalten werden, damit nichts verloren geht.

Gerade wenn verschiedene Meinungen im Raum stehen oder Diskussionen nicht vorankommen, kann eine Visualisierung der Argumente hilfreich sein, um sich auf die wesentlichen Inhalte zu konzentrieren und die Dynamik des Gesprächsprozesses wieder zu aktivieren. Gemeinsamkeiten und Unterschiede der Meinungen sind für alle sichtbar gemacht und bieten die Möglichkeit, das Gespräch fortzuführen.

Mehr als tausend Worte

Visualisieren ist mehr als nur Schreiben. Zeichnen, Skizzieren, Symbole und anderes gehören auch dazu. Wenn es um das Verstehen schwieriger Sachverhalte geht, unterstützen solche visuellen Elemente den Diskussionsprozess und ersparen lange Erklärungen; Missverständnissen wird zugleich vorgebeugt. Skizzen können Teilnehmende auch selbst anfertigen, das lockert den Arbeitsprozess auf und erfüllt zudem ein wichtiges Kriterium von partizipatorischem Projektmanagement: die Übernahme von Eigenverantwortung.

Alle Techniken der Visualisierung tragen dazu bei, die Teilnehmenden stärker einzubinden. Die menschliche Wahrnehmung der Umwelt erfolgt über die fünf Sinne Sehen, Hören, Riechen, Schmecken und Fühlen.

Bei den meisten Menschen ist der visuelle Sinn am stärksten ausgebildet. In Gesprächen wird jedoch üblicherweise nur der auditive Sinn angesprochen und gefordert. Durch das Visualisieren wird neben dem Ohr auch das Auge aktiviert. Dadurch kann man etwas leichter verstehen und nachvollziehen, worum es geht. Eine gute Visualisierung unterstützt das gesprochene Wort (vgl. ebd.: 93).

Vorteile für den Gruppenprozess

Visualisierte Aussagen erleichtern den Teilnehmenden zudem, eine gemeinsame Interpretation zu entwickeln und sich auf einen Punkt hin zu konzentrieren. Das erhöht die Chance, konkreter über Themen und Probleme zu diskutieren. Die Visualisierung zwingt zu einer Trennung zwischen wesentlichen und unwesentlichen Informationen, sodass die Aufnahmekapazität der Teilnehmenden nicht überfordert wird. Durch die Visualisierung können verbal schwierig zu erklärende Sachverhalte leichter vermittelt werden. Ergebnisse und Aussagen können für alle sofort sichtbar dargestellt und festgehalten werden, zusätzliche Anforderungen durch nachträgliches Zusammenfassen, Dokumentieren und Interpretieren entfallen weitgehend.

Nicht zuletzt trägt die Visualisierung dazu bei, dass sich die Teilnehmenden mit den Ergebnissen stärker identifizieren, da alle ihren individuellen Beitrag im gemeinsamen Gruppenergebnis sehen und die Entstehung der Ergebnisse nachvollziehen können. Später hinzukommende Beteiligte können leicht den bisherigen Diskussions- oder Entscheidungsverlauf nachvollziehen, auf den gleichen Informationsstand wie die Gruppe gebracht werden und schnell an den aktuellen Gesprächsstand anknüpfen (vgl. Neuland 1995: 159).

## 2.2 Vorteile

Alle kommen zu Wort

Gut visualisierte Moderationsprozesse erhöhen die Chancen der Teilnehmenden, sich aktiv einzubringen. Nicht allen Menschen liegt es, sich in Diskussionen sofort zu beteiligen; zugleich gibt es immer wieder auch Teilnehmende, die ganz schnell eine eigene Meinung vertreten können. Durch die Arbeit mit Moderationskarten zum Beispiel werden die Wortbeiträge besser verteilt. Weil Wortbeiträge prägnant und kurz sein müssen, werden Vielredner etwas gemäßigt, und Stilleren eröffnen sich mehr Räume zum Mitmachen.

Keine Rechtfertigungen

Da die Beiträge auf den Karten anonym sind, gerät niemand unter Druck, sich für eine persönliche Äußerung rechtfertigen zu müssen. Dennoch werden Meinungsverschiedenheiten sichtbar. Diese bleiben auch stehen und können zu einem späteren Zeitpunkt behandelt werden. Insgesamt verringert sich zudem die Gefahr von Missverständnissen.

Nichts geht verloren

Visualisierte Wortmeldungen und Beiträge gehen nicht verloren, da sie als Stichpunkte festgehalten werden. Damit liegt sofort und unverfälscht ein visuelles Protokoll vor. Zu jedem Zeitpunkt der Veranstaltung haben die Teilnehmenden freien Zugriff auf die Ergebnisse der Arbeit und der Diskussion. Alle sind somit auf dem gleichen Stand der Information, aufwendige Wiederholungen sind nicht nötig. Die Gedanken der Teilnehmenden und die Inhalte der Diskussionen sind jederzeit abrufbar.

Roter Faden

Visualisierung knüpft den roten Faden durch den Gesprächsverlauf, macht ihn sichtbar und hält ihn während der Veranstaltung den Teilnehmenden ständig vor Augen. Die Struktur der Diskussion sowie der Umfang und die Lücken von Gedankensammlungen werden allen deutlich, da auch Nebengedanken festgehalten werden. In diese Struktur kann auch die eigene Meinung eingeordnet werden. Der Behaltensgrad von dem, was in einer Veran-

staltung diskutiert und erarbeitet wurde, wird durch die Visualisierung gesteigert. Zugleich entlastet die Visualisierung die Einzelnen, was dazu führt, dass die Aufnahmebereitschaft längere Zeit erhalten bleibt.

Neue Assoziationen

Visualisierungen lösen auf ungewohnten Wegen neue Assoziationen aus durch die visualisierten Gedanken anderer Teilnehmenden. Das fördert deutlich die Ergebnisqualität und -quantität einer Veranstaltung. Daneben sind visualisierte Moderationen anregend und bringen den Teilnehmenden Spaß (vgl. Schnelle 1982).

- Material für Visualisierungen
- Checkliste Moderationsausstattung

## 2.3 Hilfsmittel

Für die Moderation gibt es eine Standardausrüstung, zu der Moderationswände, Moderationskarten in verschiedenen Formen und Größen, Papier, Stifte und weitere Hilfsmittel gehören.

Moderationswände

Moderations- oder Pinnwände gibt es in unterschiedlichen Ausführungen. Hartschaum- oder Filzwände mit Metallrahmen sind meist zusammenklappbar und leicht, aber auch recht teuer. Eine weitaus günstigere Alternative sind Stellwände aus Pappe, die nach der Benutzung wieder auseinandergebaut werden können und gut zu transportieren sind.

Papierbögen

Moderationsposter bestehen aus festem, meist hellbraunem Recyclingpapier. Der Vorteil gegenüber weißem Papier ist, dass es weniger Licht reflektiert und damit für das Auge angenehmer ist. Die Papierbögen sind auf die Moderationswände zugeschnitten. Einige Firmen vertreiben linierte Versionen, die bei der Erstellung von Präsentationspostern eine gute Orientierung bieten.

Moderationskarten

Moderationskarten gibt es in unterschiedlichen Farben und Formen. Gängig und ausreichend sind die Farben gelb, grün, weiß und orange. Es empfiehlt sich, Pastelltöne zu verwenden, da diese einen guten Kontrast zum Moderationsposter bilden und bei der Fotodokumentation die Schrift gut erkennen lassen.

Verschiedene Farben ermöglichen es, jeweils eine Farbe für einen bestimmten Typ von Aussagen zu verwenden. Daneben können unterschiedliche Formen für jeweils eine bestimmte Funktion eingesetzt werden (Rechtecke, Streifen, Ovale, kleine, mittlere und große Kreise, Wolken ...). Der Übersicht halber gilt der Grundsatz: Weniger ist mehr.

Stifte

Alle Stifte sollten eine keilförmige Spitze für eine gut lesbare Schrift haben. Die sogenannten Moderationsmarker mit einer Strichbreite von 2 bis 6 Millimeter werden für Beiträge von Teilnehmenden benutzt. Die dickeren Trainermarker mit einer Strichbreite von etwa 10 Millimeter sind für Überschriften, Fragen oder zum Beschriften von Moderationskarten geeignet.

Sonstiges

Es ist sinnvoll, spezielle Moderationsnadeln zu benutzen; sie sind kürzer und stabiler als Stecknadeln, jedoch dünner als Reißzwecken oder dickere Pinnwandstecker, die die Tafeln beschädigen können.

Weitere Hilfsmittel sind abhängig vom Stil und den persönlichen Vorlieben der Moderatorin oder des Moderators bzw. stehen oft in engem Zusammenhang mit dem Thema einer Veranstaltung.

!

**Tipps zur Gestaltung von Visualisierungen**

- Pro Darstellung werden möglichst nicht mehr als drei Farben verwendet.
- Die Zusammenfassungen von Sinneinheiten werden räumlich nah beieinander als Blöcke abgebildet.
- Für zusammengehörende Sachverhalte wird immer die gleiche Farbe und Form verwendet.
- Mit der Farbe rot oder durch Umrahmungen und Unterstreichungen kann Wichtiges hervorgehoben werden.
- Freiflächen können als Gestaltungsraum genutzt werden – auf einem Plakat sollte ausreichend freier Platz sein.
- Auf Abkürzungen wird verzichtet, und es wird immer alles ausgeschrieben.
- Grafiken haben stimulierende Wirkung: Ein frei gemaltes Bildchen oder ein Symbol lockern das Poster auf.
- Poster und Plakate dürfen nicht zu perfekt wirken. »Glatte« Bilder wirken kühl und schaffen Distanz. Visualisierungen leben im wahrsten Sinne des Wortes auch durch eine individuelle Handschrift.
- Visualisierungen werden hinsichtlich ihrer Wirkung am besten mit Unbeteiligten im Vorfeld getestet.
- Grundsätzlich gilt: Nur die nötigsten Informationen werden dargestellt. Die Kunst der Visualisierung liegt nicht darin, die Fülle der Informationen abzubilden, sondern eher im Gegenteil: im Reduzieren und Weglassen. Es wird nur so viel wie nötig und so wenig wie möglich dargestellt. Nicht die Menge der Informationen beeindruckt, sondern ihre Aussagekraft und die Qualität der Darstellung.

(Quelle: Seifert 2001: 46)

## 2.4 Praktische Anleitungen

Spontan oder vorbereitet

Sinnvollerweise werden die meisten Visualisierungen spontan während der Moderation angefertigt. Im Prozessverlauf wird der aktuelle Stand der Diskussionen in der Gruppe festgehalten:

- offene Fragen oder Aspekte
- vereinbarte Regeln
- Definitionen wichtiger Begriffe
- unterschiedliche Meinungen von Teilnehmenden
- Ideensammlungen
- Zwischen- oder Endergebnisse
- vereinbarte nächste Schritte
- Maßnahmenkataloge

Plakate, die thematische Informationen oder feststehende Planungselemente enthalten, können vorbereitet werden:

- ein Begrüßungsplakat
- Erwartungen der Moderation an die Teilnehmenden
- Veranstaltungsablauf und Zeitplan
- Informationen zu den Zielstellungen der Veranstaltung
- sachliche Informationen zum thematischen Hintergrund
- Fragestellungen für die Teilnehmenden
- Raster für Zeitpläne und Maßnahmenkataloge

**Tipps für das Anfertigen von Moderationsplakaten**

Moderationsplakate erfüllen grundsätzlich die folgenden Kriterien. Sie sind

- verständlich formuliert
- übersichtlich gestaltet
- von allen Teilnehmenden gut zu sehen bzw. zu lesen
- gut strukturiert
- ansprechend gestaltet

Hinweise zur Visualisierung

Gerade für Moderationsanfänger ist es sinnvoll, möglichst viele Plakate im Vorfeld anzufertigen, doch wirkt es lebendiger, wenn ein Plakat während des Diskussionsprozesses entsteht. Es ist auch möglich, die Struktur für spontan angefertigte Plakate vorzubereiten und die aktuellen Inhalte und Impulse während der Moderation festzuhalten. So können zum Beispiel Plakate mit Überschriften für einzelne thematische Abschnitte mitgebracht werden. Aber Vorsicht vor zu perfekten Plakaten. Wenn man im Vorfeld viel Mühe für die Gestaltung eines Plakates investiert hat, lässt es wenig spontane Ergänzungen oder gar Korrekturen zu. Moderation lebt vom aktuellen Geschehen und dem Arbeiten im Hier und Jetzt (vgl. Seifert 2001: 93 ff.).

**Tipps für das Schreiben an Flipchart oder Pinnwand**

- Es wird so groß geschrieben, dass die Teilnehmenden den Text gut lesen können. Jedoch nicht größer als nötig schreiben, damit die Übersichtlichkeit erhalten bleibt. Die Schriftgröße muss zur Bedeutung und zur Menge des Textes passen.
- Nach Möglichkeit Groß- und Kleinbuchstaben verwenden (keine Versalien) und einen engen Buchstabenabstand wählen. Die Unter- und Oberlängen von Buchstaben werden möglichst kurz gehalten. Das erleichtert das Lesen und die Orientierung auf dem Plakat.

**Tipps für das Beschriften von Moderationskarten**

- Jeweils nur einen Aspekt auf eine Karte schreiben, um die Karten später thematisch ordnen zu können.
- Möglichst in Halbsätzen formulieren, da einzelne Stichworte oft zu unklar und ganze Sätze zu ausführlich sind. Als Faustregel gilt: maximal sieben Wörter auf eine Karte.
- Jede Karte wird höchstens mit drei Zeilen beschrieben, die Karten sind aus etwa acht Metern Entfernung noch gut lesbar.
- Es werden Druckbuchstaben verwendet, da Schreibschriften sehr individuell und schlechter zu lesen sind.
- Groß- und Kleinbuchstaben verwenden, da das Auge so die Wortbilder erfassen kann und nicht jeder einzelne Buchstabe gelesen werden muss.
- Die breite Seite der Stifte benutzen, damit die Schrift gut lesbar ist.

## 3 Die Präsentation

Zu einem erfolgreichen Projekt gehört eine gute Präsentation. Sie ist eines der Aushängeschilder des Vorhabens. Mit einer Präsentation werden nicht nur die wesentlichen Inhalte eines Projektes transportiert, sondern es wird auch in der Öffentlichkeit dargestellt. Oft steht und fällt mit der Qualität der Präsentation auch die öffentliche Meinung über ein Projekt und seine Inhalte.

Präsentationen sind unter verschiedenen Blickwinkeln zu betrachten. Grundsätzlich gilt, dass mit ihrer Hilfe informiert, überzeugt oder motiviert werden soll. In der Praxis haben sich zwei Formen durchgesetzt: die Informations- und die Überzeugungspräsentation. Beide bauen auf einem ähnlichen Grundkonzept auf, unterscheiden sich aber in der konkreten Umsetzung.

Da Präsentationen von der konkreten Situation leben, in der sie durchgeführt werden, gibt es keine allgemeingültigen und Erfolg garantierenden Regeln. Trotzdem gilt, dass mit einem gut überlegten Konzept, einer ansprechenden Visualisierung und einem professionellen Präsentationsverhalten eine erfolgreiche Präsentation absolviert werden kann.

Präsentationen sind in der Regel nur so gut wie ihre Vorbereitung. Und diese kann gezielt und strukturiert angegangen werden.

Gute und wirkungsvolle Präsentationen folgen einem logischen Verlauf. Die Vorbereitung reicht von der Materialsammlung über die Auswahl und Gewichtung der inhaltlichen Bausteine bis hin zur geeigneten Strukturierung. Spezielle Hinweise gibt es für die Gliederung des Manuskripts und die Dramaturgie von Präsentationen.

Eine Präsentation kann in vier Teile untergliedert werden: Eröffnung, Hauptteil, Abschluss und Diskussion. Für jeden Teil werden auf den folgenden Seiten Tipps und Hinweise gegeben. Schließlich sind auch eine Reihe von rhetorischen Aspekten zu berücksichtigen, die zu mehr Sicherheit und gekonntem Einsatz der Sprache führen.

### 3.1 Grundlagen

Eine Präsentation ist nicht mit einem Vortrag, einem Referat oder einer Rede gleichzusetzen. Sie geht darüber hinaus und umfasst mehr. In einem klassischen Vortrag wird eine Rede gehalten, die die Grundzüge eines Themas darstellt. In einer Präsentation haben die vorgetragenen Informationen und Argumente einen Bezug zum Publikum. Zudem wird eine Präsentation meistens durch spezielle Visualisierungen aufgewertet.

Grundsätzlich werden zwei Formen von Präsentationen unterschieden: die Informations- und die Überzeugungspräsentation.

Informations-präsentation

Am Ende einer Informationspräsentation haben die Teilnehmenden etwas verstanden: eine Idee, ein Thema, ein Ereignis, eine neue Entwicklung oder einen bestimmten Zusammenhang. Bei diesen Präsentationen geht es um Aspekte wie Kennenlernen, Verstehen, Weiterdenken, Verdeutlichen und Diskutieren.

Überzeugungs-präsentation

Bei einer Überzeugungspräsentation folgen die Teilnehmenden einer bestimmten Argumentation und entscheiden sich für eine von mehreren Alternativen. Die Präsentation informiert zunächst, erreicht aber außerdem, dass das Publikum in einer bestimmten Weise selbst aktiv wird. In Überzeugungs-Präsentationen geht es um Aspekte wie Entscheidungen treffen, mögliche Unterstützungen erbitten, Auswahlmöglichkeiten schaffen und Engagement fördern.

Visualisierung

Visualisierungen sind ein zentrales Merkmal von Präsentationen. Die bildhaft dargestellten Argumente, Sachaussagen und Ideen werden in einer Präsentation zur Vermittlung der Inhalte eingesetzt und ergänzen das gesprochene Wort. Visualisierungen erhöhen die Aufmerksamkeit und Konzentration des Publikums, da sie an den menschlichen Wahrnehmungsgewohnheiten anknüpfen. Zugleich beziehen sie die Teilnehmenden aktiver in das Geschehen während der Präsentation ein. Sie verkürzen den Redeaufwand, machen Informationen leichter erfassbar und geben Orientierungshilfen. Sie heben Wesentliches hervor und erweitern bzw. ergänzen das gesprochene Wort. Vor allem unterstützen Visualisierungen das Merken der wichtigen Sachinformationen und aktivieren zudem eigene Ressourcen des Publikums (vgl. Seifert 2001: 12).

## 3.2 Vorbereitung

Die Anlässe für Präsentationen können sehr unterschiedlich sein und haben Einfluss auf ihre Vorbereitung und Durchführung. Folgende Fragen sind bei der Vorbereitung einer Präsentation genau zu bedenken:

- Welches Themengebiet soll in welchem Umfang dargestellt werden?
- Welche Ziele sollen mit der Präsentation erreicht werden?
- Welche persönlichen Ziele und welche Aspekte der Selbstdarstellung spielen dabei eine Rolle?
- Welchen Bedarf haben die Teilnehmenden in Bezug auf das Thema der Präsentation?

- Welche Medien sollen zur Visualisierung eingesetzt werden, und passen diese zum Thema und zur Zielgruppe?

Publikumsanalyse

Die Fakten und Aussagen, die eine Präsentation ausmachen, knüpfen vor allem an den Bedürfnissen und Interessen der Adressaten an. Deshalb ist eine Publikumsanalyse unverzichtbar. Selbst wenn über den Zuhörerkreis vorab wenig bekannt ist – diese drei Fragen zumindest sollten gestellt werden:
- Von welchem Wissensstand kann ausgegangen werden?
- Welche Informationen sind nötig (und welche nicht), um die Bedeutung des Themas zu verdeutlichen?
- Warum können die Ausführungen gerade für dieses Publikum wichtig und interessant sein?

!

**Tipps zur Vorbereitung auf eine Präsentation**

**Vorwissen der Teilnehmenden**
An den vorhandenen Wissensstand wird angeknüpft. Dem Publikum soll nicht zu wenig Neues geboten und nicht zu viel Neues zugemutet werden. Fachleuten sollen keine altbekannten Informationen vorgetragen, Laien sollen nicht überfordert werden.

**Zielgruppenadäquate Sprache**
Für jedes Publikum bedarf es einer passenden Sprache. In manchen Gruppen besteht die Gefahr, ohne Fachausdrücke und Abkürzungen bzw. Fachjargon nicht ernst genommen zu werden. Die meisten Zuhörerkreise bedürfen jedoch einer allgemein verständlichen Sprache, sinnvoller Metaphern und Vergleiche, damit sie folgen können und sich angesprochen fühlen.

**Gruppengewohnheiten**
Die üblichen Gewohnheiten einer Gruppe werden berücksichtigt. Natürlich ist es möglich und sinnvoll, Bildmedien auch bei solchen Gruppen einzusetzen, die bisher nur rein verbale Vorträge gewohnt sind. Vorinformationen zu den diesbezüglichen Gewohnheiten werden helfen, den richtigen Medienmix zusammenzustellen. Ein weiterer Aspekt ist die Sitzordnung. So ist genau abzuwägen, ob Teilnehmende, die bisher nur das Sitzen an Tischen kennen, in einen Stuhlkreis gebeten werden.

**Tabus der Zielgruppe**

Voreingenommenheit, heikle Themen und bestimmte Tabus werden möglichst nicht bedient. Jede Voreingenommenheit wird zunächst einmal wahr- und auch ernst genommen. Dabei ist es egal, ob sie sich auf bestimmte Themen, Institutionen, Personen oder auch Methoden und Medien bezieht. Inhaltlich betrachtet mögen die Vorurteile auf noch so dünnem Eis stehen. Aber sie sind in manchen Gruppen Realität und in den Ausführungen unbedingt zu berücksichtigen.

Medieneinsatz

Die Entscheidung darüber, welche Medien die Präsentation unterstützen können, hängt wesentlich von der Aufbereitung der Inhalte ab. Die Hilfsmittel in Präsentationen sind Träger visualisierter Botschaften. Weil der optische Sinn bei der menschlichen Wahrnehmung herausragt, werden in erster Linie visuelle Medien eingesetzt. Bei der Auswahl der Medien sind eine Reihe von Einflussfaktoren zu berücksichtigen:

Vor- und Nachteile verschiedener Medien

- Korrespondiert das Medium mit den zu erwartenden Teilnehmenden? Passt es auch zur erwarteten Gruppengröße?
- Ist das Medium wirklich geeignet, die ausgewählten inhaltlichen Bausteine zu transportieren und die Präsentation zu unterstützen?
- Trägt das Medium zum Erreichen der gesetzten Ziele bei?
- Kann das Medium in den verfügbaren Räumen eingesetzt werden?
- Ergibt das Medium zusammen mit den anderen geplanten Medien eine reizvolle methodische Mischung?

**Tipps zum Umgang mit Visualisierungen in Präsentationen**

In erster Linie vermittelt eine Präsentation Informationen. Die eingesetzten Medien unterstützen diesen Prozess und sprechen den optischen Sinn des Publikums an. Die Zuschauer erwarten, dass sie knapp und gekonnt durch die Inhalte geführt werden. Die gesprochenen Worte gehen dabei immer ein wenig über das Gezeigte hinaus. Beim Präsentieren visualisierter Inhalte bieten sich fünf Schritte an (vgl. Nitor, Wierwille und Ziehr 2000):

- Die Inhalte der folgenden Sequenz werden kurz angekündigt.
- Die Darstellung wird gezeigt, und durch eine Sprechpause gibt es Zeit zum Verstehen und Wirken.
- Die Darstellung wird inhaltlich erklärt.
- Die Inhalte der Darstellung werden kurz kommentiert.
- Immer sollte gezeigt werden, an welcher Stelle gerade der Fokus liegt.

Sammeln – Komprimieren – Visualisieren

Eine Präsentation enthält in erster Linie Sachaussagen, Argumente und Fakten. Welcher Anlass auch zugrunde liegt, welche Ziele mit der Präsentation verfolgt werden und wie der Zuhörerkreis auch strukturiert ist – die Inhalte werden in jedem Fall angemessen aufbereitet.

Hinweise zur Strukturierung

Es empfiehlt sich, zunächst eine möglichst umfangreiche Sammlung von Informationen anzulegen. Aus diesem Material werden die für die Präsentation wichtigsten Inhalte entnommen und aufbereitet. Bereits jetzt wird die zur Verfügung stehende Zeit im Blick behalten. Die meisten Präsentationen dauern rund 20 Prozent länger als im Zuge der Vorbereitung veranschlagt. Mindestens 15 Prozent der verfügbaren Zeit wird für die Zuhörer-Nachfragen eingeplant (vgl. Hierhold 1990: 62 ff.).

Die zum Erreichen der Ziele festgelegten inhaltlichen Bausteine werden nach ihrer Bedeutung gewichtet, und zwar in Kernaussagen, die unverzichtbare Informationen enthalten, sowie Hintergrundinformationen. Diese tragen zur Erhöhung der Verständlichkeit, zur Transparenz und zur Illustration der Kernaussagen bei.

Im letzten Schritt der Vorbereitung werden die einzelnen inhaltlichen Teile in eine sinnvolle Gliederung eingebettet.

## 3.3 Konzeption

Das Manuskript

Im Normalfall ist für die Präsentation ein schriftliches Manuskript unverzichtbar. Dies bedeutet jedoch nicht, dass ein Vortrag Satz für Satz ausformuliert und dann vorgelesen wird. Dieses Vorgehen erfordert zu viel Konzentration auf den Text. Präsentieren bedeutet auch, bei guter Vorbereitung frei, möglichst ungezwungen und anschaulich zu referieren.

Hilfreich ist dabei ein Stichwort-Manuskript. Es kann bei Unsicherheiten jederzeit zurück zum roten Faden führen. Zu empfehlen ist jedoch, die Einstiegspassage sowie den Schluss nicht nur stichwortartig, sondern ausformuliert zu notieren, bestenfalls sogar weitgehend auswendig parat zu haben.

**Zur Gestaltung von Visualisierungen**

- Das Auge wandert fast immer von links nach rechts und gleichzeitig von oben nach unten. Natürliche Brennpunkte sind die beiden oberen Ecken, das Zentrum sowie die Ecke rechts unten.

- Gestaltung
- Organisation
- Konzeption

- Verwendet werden Symbole wie Pfeile, Plus- und Minus-Zeichen, Herzen und Ähnliches.
- Visualisierte Zeitabläufe werden von links nach rechts oder von oben nach unten dargestellt, niemals umgekehrt.
- Die Wichtigkeit wird sofort durch eine entsprechende Reihenfolge signalisiert.
- Größere oder dickere Schrift und Farbe, vor allem rote Schrift, signalisieren besondere Wichtigkeit.
- Für das Anordnen der einzelnen Elemente auf einem Plakat oder einer Präsentations-Folie gibt es einige Grundmuster: Reihung, Symmetrie, Rhythmus, Dynamik.
- Die Gestaltung aller Elemente einer Präsentation folgt einem gleichbleibenden Muster. Das betrifft Farben, Formen und zusätzliche Elemente.

## 3.4 Durchführung

Die Durchführung einer Präsentation kann in vier Abschnitte unterteilt werden: Eröffnung und Einleitung, Hauptteil, Abschluss und Diskussion mit dem Publikum. Dabei nimmt der Hauptteil den breitesten Raum ein.

Einleitung

Die ersten Minuten der Präsentation sind besonders wichtig. Es gilt, gleich zu Beginn eine Brücke zum Publikum zu bauen und das Interesse für die Präsentation zu gewinnen. Der erste Eindruck ist für das Gelingen der Präsentation meist entscheidend. Mit der Eröffnung werden die Zuhörenden auf das Thema eingestimmt, indem ihnen ein Überblick über die wichtigsten Aspekte der Präsentation vermittelt wird. Hier entscheidet das Publikum auch, ob es den Vortragenden für kompetent hält und er oder sie einen sympathischen Eindruck macht. Ein umständlicher, unsicherer Beginn und eine lange Vorrede machen sich nicht gut. Die einleitenden Worte enthalten eine kurze, freundliche Begrüßung, die Vorstellung der eigenen Person, Thema, Anlass und Ziel der Präsentation sowie eine Übersicht.

Hauptteil

Der Hauptteil umfasst mindestens zwei Drittel der gesamten Zeit. Dabei werden die wesentlichen Inhalte der Präsentation vermittelt, die durch entsprechende Visualisierungen unterstützt und veranschaulicht werden. Von Zeit zu Zeit gibt es kleine Zusammenfassungen. Der Vortrag kann auch durch Fragen gegliedert werden, die sofort selbst beantwortet werden.

Abschluss

Der Schlussteil besteht aus einer überblicksartigen Zusammenfassung der präsentierten Inhalte und einer Folgerung oder Aufforderung zu bestimm-

ten Handlungen oder Konsequenzen. Allerdings sollte man umständliche Plädoyers vermeiden und sich lieber kurz fassen. Das Publikum ist dem oder der Vortragenden über eine lange Zeit gefolgt und bringt in der Schlussphase selten noch die Konzentration für längere Gedankengänge auf. Am Schluss steht die Überleitung zur Diskussion.

Diskussion

Die Frage- oder Diskussionsstunde nach einem Vortrag ist die Abrundung der Präsentation. Zunächst wird eine eigene Einschätzung vorgenommen, was in der Fragerunde wahrscheinlich thematisiert wird. Hierzu eignen sich Leitfragen:

- Was würde die meisten Menschen jetzt interessieren?
- Welche Fragen hätte ich selbst als Zuhörer der Präsentation?
- Ist es sinnvoll, bestimmte Fragen vorwegzunehmen?

## 3.5 Rhetorische Aspekte

Auftreten

Gerade zu Beginn einer Präsentation sind Nervosität und Lampenfieber nicht ungewöhnlich. Das kann zu völliger Verkrampfung oder einer übersteigerten Motorik führen. Aus dieser Verfassung heraus werden häufig Fehler gemacht, die relativ einfach zu vermeiden wären.

Umgang mit Nervosität und Lampenfieber

Lampenfieber ist abhängig vom Typ, der Tagesform und den Präsentationserfahrungen. Es kann sich durch ein Kribbeln im Magen und etwas Unruhe, aber auch durch stärkere Symptome wie Kopfschmerzen, Schweißausbrüche, Schwindelgefühle und Fieber äußern. Sich klar zu machen, warum Lampenfieber auftritt, ist schon der erste Schritt, es kontrollieren und minimieren zu können. Daraus lassen sich dann auch Verhaltensstrategien entwickeln, die zu einem sicheren und freien Auftreten führen.

Sprechtechnik

Im Alltag macht sich kaum jemand große Gedanken über Sprechtechniken. Dass alle Menschen kleine Schwächen haben, sei es in der Aussprache, in der Lautstärke oder im Sprechtempo, fällt in der Alltagskommunikation nicht weiter ins Gewicht. Unter vier Augen oder in kleinen Gruppen sind sie leicht zu kompensieren. Für Präsentationen dagegen lohnt es, sich selbst einmal kritisch zu beobachten, die individuellen Stärken und Schwachpunkte festzustellen und Letztere durch gezieltes Üben zu verbessern.

Formulierungen

Das geschriebene unterscheidet sich deutlich vom gesprochenen Wort. Es kommt darauf an, wo, in welchem Umfeld und aus welchem Anlass zu jemandem gesprochen wird. Die konkrete Situation einer Präsentation verlangt, die Sätze so verständlich wie möglich zu formulieren.

Sprechtechnik

**Hinweise für gute Formulierungen**
Ausführungen werden lebendiger und verständlicher, wenn beim Formulieren und freien Sprechen einige Hinweise beachtet werden:

- Hauptsätze transportieren die wichtigsten Informationen. Zusatzinformationen können durch Nebensätze angeschlossen werden.
- Haupt- und Nebensätze sollen nicht mit Wörtern überfrachtet werden. Im Zweifel die Information besser auf mehrere kürzere Sätze aufteilen – als Faustregel gilt: Nicht mehr als 15 Worte (oder etwa 25 Silben) in einem Satz.
- So oft wie möglich sollten Ausführungen mit bildhaften Tätigkeitswörtern angereichert werden.
- In einem Satz sollten nicht zu viele Hauptwörter verwendet werden, und man sollte auf unnötige Eigenschaftswörter verzichten.
- Füllwörter sind bereits im Manuskript zu entfernen.
- Aktiv formulierte Sätze wirken prägnanter als passiv formulierte.
  Aussagen sollten immer so konkret wie möglich formuliert werden.
- Auf doppelte Verneinungen sollte man verzichten.

Talent oder Übung

Sicher gibt es Menschen, die ein besonderes Talent dafür haben, in der Projektumsetzung schnell hochprofessionell zu sein. Begabung ist jedoch nicht alles. Erfolgreiche Moderationen, gekonnte Visualisierungen und überzeugende Präsentationen kann jeder und jede lernen.

Der sicherste Weg ist: einfach anfangen. Die vorangegangenen Informationen sind nicht alles, was es zu diesen Themen an wichtigen Hinweisen und guten Tipps gibt. Hier wurde lediglich eine Auswahl wesentlicher Aspekte und Anregungen zusammengestellt. Besonders für die Moderation, Visualisierung und Präsentation gibt es sehr gute Fachliteratur, die die Thematik vertieft.

Wann immer Projekte für Kinder und Jugendliche begonnen werden, sollte sich das Projektteam von Beginn an auch Gedanken darüber machen, wie diese Projekte ansprechend und anregend, vielfältig und kreativ umgesetzt werden können.

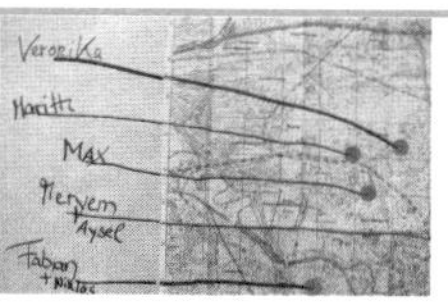

Methoden für Projekte
zur Kinder- und Jugendpartizipation

Methoden sind die Grundlagen für ein planmäßiges Verfahren, Vorgehen, Forschen oder Handeln. In ihnen wird die Art und Weise der Durchführung von Lern- oder Arbeitsschritten unter anderem auch in Projekten beschrieben.

Kinder- und Jugendpartizipationsprojekte leben vor allem von erfahrungsorientiertem Lernen für die beteiligten jungen Menschen. Das erfordert methodische Vielfalt und Kreativität.

In diesem Teil sind Methoden zusammengestellt, die sich in der Praxis der Kinder- und Jugendbeteiligung bewährt haben. Sie stellen eine Auswahl aus einem reichhaltigen Fundus verschiedenster Ansätze dar. Für die pädagogische Arbeit mit Partizipationsprojekten gibt es viele weitere Methoden und Szenarien für spezifische Veranstaltungsformate.

Methodendatenbank des Deutschen Kinderhilfswerkes:
www. kinderpolitik.de

Brunsemann, Claudia, Waldemar Stange und Dieter Tiemann: *mitreden – mitplanen – mitmachen. Kinder und Jugendliche in der Kommune*. Hrsg. Deutsches Kinderhilfswerk und Ministerium für Frauen, Jugend, Wohnungs- und Städtebau des Landes Schleswig-Holstein. Berlin und Kiel 1997.

Grundlagen zur Moderation

Um Projekte erfolgreich für alle Beteiligten umsetzen zu können, müssen vor allem erwachsene Beteiligte über Kenntnisse und Erfahrungen in der Arbeit mit Gruppen und über ein grundlegendes Methodenrepertoire zur Moderation verfügen. Dafür steht eine Vielzahl an Handbüchern zur Verfügung, die einen breiten Überblick über die wichtigsten Hintergründe und Methoden zur Gruppenarbeit geben.

Auf die folgenden Methodenhandbücher soll hier besonders verwiesen werden:

Seifert, Josef W.: *Visualisieren – Präsentieren – Moderieren*. 23. erweiterte Auflage. Offenbach 2007a.

Seifert, Josef W.: *Moderation & Kommunikation. Gruppendynamik und Konfliktmanagement in moderierten Gruppen*. 6. Auflage. Offenbach 2007b.

Sperling, Jan Bodo, Ursel Stapelfeldt und Jacqueline Wasseveld. *Moderation. Teams professionell führen mit den besten Methoden und Instrumenten*. Planegg 2007.

Moderationsmethode

Für Partizipationsprojekte eignen sich methodische Ansätze wie die Moderationsmethode, ursprünglich auch als Metaplan-Methode bekannt geworden. Die in diesem Verfahren beschriebene und an vielen Stellen im Rahmen der

Jugend- und der Bildungsarbeit bereits eingesetzte Methodik bietet auch für die Gestaltung von Partizipationsprojekten eine ideale Grundlage.

Klebert, Karin, Einhard Schrader und Walter Straub: *ModerationsMethode. Gestaltung der Meinungs- und Willensbildung in Gruppen, die miteinander lernen und leben, arbeiten und spielen.* Hamburg 1991.

Schnelle, Eberhard (Hrsg.): *Metaplan Gesprächstechnik. Kommunikationswerkzeug für die Gruppenarbeit. Metaplan-Reihe Heft 2.* Quickborn 1982.

**Zukunftswerkstatt**

Seit das Konzept der Zukunftswerkstatt in den 70er Jahren entwickelt wurde, hat sich dieses Format als eine eigenständige Methode in den verschiedensten Bereichen der pädagogischen Arbeit wie der Organisationsentwicklung durchgesetzt. Auch wenn er in der Zwischenzeit fast wieder in Vergessenheit geraten ist, stellt dieser methodische Ansatz für die Kinder- und Jugendpartizipation eine nahezu ideale Form für die Umsetzung von Projekten dar.

Im Zusammenhang mit der vor etwa 20 Jahren aufgelegten Kampagne »Schleswig-Holstein – Land für Kinder« wurde das ursprüngliche Konzept der Zukunftswerkstatt weiterentwickelt und zur sogenannten Beteiligungsspirale ausgebaut (Stange 1996). In dieser Kampagne sind wertvolle Erfahrungen mit der Methode gesammelt worden, die sie bis heute zu einem zentralen Baustein der Kinder- und Jugendpartizipation gemacht haben. Vor diesem Hintergrund wird diese Form hier im Vergleich zu den anderen Methoden ausführlicher dargestellt.

Neben einer grundsätzlichen Einführung zur Methodik werden Leitfäden für die drei Phasen der Zukunftswerkstatt angeboten. Diese geben einen methodischen Rahmen für die Gestaltung von Partizipationsprojekten. Innerhalb der Werkstatt können auch weitere Methoden aus den folgenden Kapiteln eingebunden werden.

Jungk, Robert, und Norbert R. Müllert: *Zukunftswerkstätten. Mit Phantasie gegen Routine und Resignation.* Hamburg 1981.

Stange, Waldemar: *Planen mit Phantasie. Zukunftswerkstatt und Planungszirkel für Kinder und Jugendliche.* Kiel und Berlin 1996.

**Lebenswelterkundung**

Die Analyse des Sozialraums von Kindern und Jugendlichen und ihrer individuellen Lebenswelten gilt als ein Herzstück der Partizipationsprojekte. Im Unterschied zu vielen anderen, durchaus auch partizipatorisch angelegten Ansätzen der Jugend(-bildungs-)arbeit zeichnen sich Partizipationsprojekte aus durch eine Beteiligung von Anfang an. Bereits die Bestandserhebung ist ein originärer Bestandteil der Arbeit mit Kindern und Jugendlichen.

In diesem Kapitel werden eine Auswahl an kreativen und erfahrungsorientierten Methoden, aber auch eher kognitive Verfahren vorgestellt. Sie dienen unterschiedlichen Zielgruppen und verschiedenen Handlungsabsichten in den Projekten.

Deinet, Ulrich (Hrsg.): *Sozialräumliche Jugendarbeit. Grundlagen, Methoden und Praxiskonzepte.* Wiesbaden 2005.

Deinet, Ulrich, und Richard Krisch: *Der sozialräumliche Blick der Jugendarbeit. Methoden und Bausteine zur Konzeptentwicklung und Qualifizierung.* Wiesbaden 2005.

Kessl, Fabian, Christian Reutlinger, Susanne Maurer und Oliver Frey (Hrsg.): *Handbuch Sozialraum.* Wiesbaden 2005.

Riege, Marlo, und Herbert Schubert (Hrsg.): *Sozialraumanalyse. Grundlagen – Methoden – Praxis.* Wiesbaden 2005.

**Ideen- und Entscheidungsfindung**

Wenn mit den Ergebnissen aus der Lebenswelterkundung weitergearbeitet wird, müssen Ideen entwickelt und Entscheidungen getroffen werden. Die hier vorgestellten Methoden leben nicht nur von einer größtmöglichen Beteiligung junger Menschen an der Umsetzung ihrer eigenen Ideen. Sie stellen zugleich ein Spektrum an Möglichkeiten zur Verfügung, in einem demokratischen Miteinander Ideen zu entwickeln und Entscheidungen zu finden. Damit soll jungen Menschen das unmittelbare Erfahren von Alltagsdemokratie nahegebracht und sie sollen zu eigenem gesellschaftlichem Engagement motiviert werden.

Ergänzend sei auf ein gemeinwesenorientiertes Planungsverfahren zur Förderung einer nachhaltigen Entwicklung (»planning for real«) hingewiesen, das in den letzten Jahren auch in der Kinder- und Jugendpartizipation immer größere Verbreitung gefunden hat.

Klein, Zymyat M.: *Kreative Seminarmethoden. 100 kreative Methoden für erfolgreiche Seminare.* Offenbach 2003.

Schlicksupp, Helmut: *Innovation, Kreativität und Ideenfindung.* 6. Auflage. Würzburg 2004.

Ein gemeinwesenorientiertes Planungsverfahren: www.planning-for-real.de

**Projektmanagement**

Neben den Inhalten spielt bei Partizipationsprojekten auch das Projektmanagement eine große Rolle. Ein Vorhaben zur Kinder- und Jugendbeteiligung, das junge Menschen nur auf der inhaltlichen Ebene beteiligt, wäre sicherlich ein spannendes Projekt für sie. Es erfüllt jedoch nicht den umfassenden Anspruch an ein Partizipationsprojekt. Beteiligung muss auch im Rahmen der Projektabwicklung gewährleistet sein. Damit kommt auf die erwachsenen Moderatorinnen und Moderatoren solcher Projekte und Prozesse eine zusätzliche Herausforderung zu, der ebenfalls mit einem reichen und kreativen methodischen Herangehen begegnet werden kann.

Dafür sind einige Methoden aus dem klassischen Projektmanagement für die Arbeit mit Kindern und Jugendlichen weiter-, andere speziell für solche Projekte entwickelt worden. Bei den hier vorgestellten Methoden handelt es sich wiederum um eine begrenzte Auswahl. Viele der sonst vorhandenen oder bekannten Methoden aus dem Projektmanagement lassen sich mit etwas Kreativität modifizieren und für die Arbeit in Partizipationsprojekten nutzen.

Schulz-Wimmer, Heinz: *Projekte managen. Werkzeuge für effizientes Organisieren, Durchführen und Nachhalten von Projekten.* Planegg 2007.

# I Die Zukunftswerkstatt – zentraler Baustein von Partizipationsprojekten

Zukunftswerkstätten sind eine besonders lernintensive und praktikable Methode zur Partizipation von Kindern und Jugendlichen. Sie regen die Phantasie an, sind ergebnisorientiert und motivieren die Beteiligten. In besonderer Weise sind sie geeignet, nicht nur zu zeigen, dass die Welt von morgen kritische, kompetente und kreative Menschen braucht, sondern auch, wie diese zu fördern sind. Die Zukunftswerkstatt als Instrument der Beteiligung von Kindern und Jugendlichen an der Gestaltung ihrer Lebenswelt hilft jungen Menschen, Demokratie einzuüben und zu lernen, ihre Interessen zu vertreten und Verantwortung zu übernehmen. Sie sind dabei nicht mehr nur Objekte von Planungen und Entscheidungen, sondern werden als Subjekte ernstgenommen. Und es wird der Versuch unternommen, einen echten Dialog zwischen den Generationen herzustellen.

Die Zukunftswerkstatt, die den Kindern und Jugendlichen als alternative Lernerfahrung meistens auch Spaß bereitet, hat in der Regel einen stark motivierenden Effekt. Meistens wird sie in Projekten eingesetzt und hat aufgrund ihrer ergebnisorientierten Ausrichtung eine Schlüsselstellung im Gesamtablauf. Zukunftswerkstätten sind in vielfältigen Kontexten wie Schulen, Vereinen, Einrichtungen oder Jugendgruppen einsetzbar.

Ziele

Mit Zukunftswerkstätten im Rahmen von Beteiligungsprojekten lassen sich vielfältige Ziele auf ganz unterschiedlichen Ebenen sowohl bei den Beteiligten selbst als auch in der Öffentlichkeit erreichen.

- Mit den Ergebnissen wird verdeutlicht, dass junge Menschen aus einer anfänglichen Idee oder Vision eine Wirklichkeit mit hohem Verbindlichkeitsgrad entwickeln können. Diese Realität gründet sich in der Einbeziehung der lebensweltlichen Alltagszusammenhänge von Kindern und Jugendlichen.

- Bei den Beteiligten können soziale und politische Phantasie freigesetzt werden. Mit kreativen Ansätzen kann bei Kindern und Jugendlichen Lust auf Politik geweckt und vermittelt werden, dass Beteiligung auch Spaß macht.
- Durch die Anwendung von kind- und jugendgerechten Aktionsformen wird die unmittelbare Lebenswelt von jungen Menschen positiv entwickelt.
- Mit der Methode der Zukunftswerkstatt bietet sich eine Möglichkeit, Städte und Gemeinden durch Beteiligung kinder- und jugendfreundlicher zu gestalten.
- In der Zukunftswerkstatt kommen gleichermaßen methodisch strukturierte, zielorientierte wie auch offene Verfahren zur Anwendung, die an der konkreten Betroffenheit und der Lebenswelt von Kindern und Jugendlichen anknüpfen.

## 1 Grundlagen: Was sind Zukunftswerkstätten?

### 1.1 Forum der Phantasie und Netzwerk der Demokratie

Lange Tradition

Als Erfinder der Zukunftswerkstätten gilt Robert Jungk, der bereits Ende der 60er Jahre mit der Methode experimentiert hat. Heute werden Zukunftswerkstätten innerhalb und außerhalb von Organisationen mit lokaler oder globaler Zielsetzung praktiziert. Sie werden als Instrument der innovativen und demokratischen Gestaltung der Gesellschaft verwendet. Zukunftswerkstätten bieten den sonst nicht oder nur selten gefragten Bürgern oder Mitgliedern von Organisationen die Möglichkeit, sie betreffende Probleme und Entwicklungen zu erkennen, aufzuzeigen und vor allem auch eigene Lösungsvorschläge, kreative Vorstellungen und Alternativen für ihr Leben, ihre Umwelt, ihre Arbeit oder ihre Kommunen zu erarbeiten.

Kreativität entwickeln

Zukunftswerkstätten verstehen sich ursprünglich als Ideenschmieden, Denkwerkstätten, Phantasiefabriken. Sie wollen soziale und politische Kreativität freisetzen und Mut machen zu einer aktiven Zukunftsplanung und -gestaltung. Zukunftswerkstätten sind also ein Modell der Problemlösung, Ideenfindung, Planung, Beteiligung sowie der Selbsthilfe von Betroffenen. Ihnen kommt gerade dann große Bedeutung zu, wenn soziale Systeme in einer Krise stecken oder sich durch verstärkten Außendruck neu orientieren müssen. Dann werden völlig neue Lösungen, andere Konzepte als bisher, also echte Alternativen zum Bestehenden, erforderlich: Zukunftswerkstätten verstehen sich als Kraftwerke der sozialen und politischen Innovation.

Chancen eröffnen

Zum Anspruch der Zukunftswerkstätten gehörte es von Anfang an, den Bürgerinnen und Bürgern die Möglichkeit zu geben,

- angstfrei und ohne Einschränkung der Phantasie über ihre Probleme, Potenziale, Grenzen und Möglichkeiten nachzudenken,
- neue Ideen für Veränderungen und Alternativen zum Bestehenden zu entwickeln,
- die in jedem Menschen schlummernden kreativen Potenziale freizusetzen und sie für neue Vorschläge und Forderungen zu nutzen sowie
- ihre Ohnmachtgefühle gegenüber angeblichen Sachzwängen zu überwinden.

## 1.2 Die Phasen der Zukunftswerkstatt

Kritik und Beschwerdephase

Zunächst werden zum jeweiligen Thema (Problem, Defizit) unzensiert Stichworte der Kritik, der Beschwerde, Vorbehalte, Ängste, Unmut auf Moderationskarten oder Wandzeitungen gesammelt. Daran können sich alle gleichermaßen beteiligen. Fragen zur Systematisierung können sein:

- Was passt mir nicht?
- Was gefällt mir nicht?
- Was sollte unbedingt geändert werden?

Die Stichpunkte werden geordnet und kurz diskutiert, damit alle Teilnehmenden das gleiche Verständnis davon haben. Dann werden die für die jeweilige Gruppe wichtigsten Kritikpunkte für die Weiterarbeit ausgewählt.

Phantasie- und Utopiephase

Die Kritikschwerpunkte werden durch die Entwicklung von Lösungen, Alternativen und Auswegen beantwortet. In Kleingruppen entstehen kreative Ideensammlungen oder utopische Entwürfe, Phantasien, Träume, Visionen. In dieser Phase geht es um das von allen Sachzwängen, Vorschriften und sonstigen Einschränkungen befreite Sammeln großer Mengen neuartiger Vorschläge.

- Wie würden wir (wenn wir alle Macht und alle materiellen Ressourcen hätten) die kritisierten Zustände aus der Welt schaffen?
- Was wünschen wir uns?
- Wie erträumen und erhoffen wir uns einen besseren Zustand?
- Welche Ideen gibt es für Lösungen?
- Wie sieht unsere Vision aus?

Umsetzungsphase

Der letzte der Schritte führt zurück zu den realen Bedingungen. Die Vorschläge werden gesichtet und bewertet, die interessantesten ausgewählt.

- Welche unserer Ideen oder Visionen wollen wir verwirklichen?
- Was ist vom Wünschenswerten auch realisierbar?
- Wie können wir unsere Vorschläge und Ideen umsetzen und in die weitere Gestaltung unserer Arbeit einbringen?
- Was sind die ersten Schritte? Wie und wo fangen wir an?

## 1.3 Unterschiedliche Typen

Im Laufe der Jahre haben sich aus einer ursprünglichen Standardversion unterschiedliche Typen von Zukunftswerkstätten entwickelt. Ihren spezifischen Wert haben diese Formen im Rahmen einer jeweils besonderen Ziel-

setzung oder Praxissituation. Im grundsätzlichen Ablauf unterscheiden sich diese Formen nicht, haben aber unterschiedliche Funktionen für die Beteiligten wie auch für die Öffentlichkeit.

Projektwerkstatt

Der wichtigste und am meisten verbreitete Typ von Zukunftswerkstätten befasst sich in der Regel mit relativ überschaubaren Themen und Problemlagen. Diese Form wird für lokale Projekte, Initiativen, konkrete Problemlösungen vor Ort oder auch zur Konzeptentwicklung einer Einrichtung eingesetzt. Ausgangspunkt ist eine zurzeit existierende Situation, die Orientierung erfolgt auf die nähere, erlebbare Zukunft hin.

Lernwerkstatt

Innerhalb der politischen Bildung wird anhand von komplexen Themen der Aspekt des Lernens für die Zukunft in den Vordergrund gestellt. Dabei geht es unter anderem um die Entwicklung von antizipatorischem Bewusstsein, die Relativierung von eindimensionalen Zukunftsbildern und -einstellungen sowie den Aufbau von Handlungsfähigkeit in Bezug auf zukünftige gesellschaftliche Probleme. Zugleich findet ein kollektiver Erwerb von Wissen über mögliche alternative Zukunftstrends statt. Bei diesem Konzept steht eher der Prozess im Mittelpunkt und weniger das Produkt. Im Allgemeinen werden Erkenntnisse vor allem auf einer persönlichen Ebene weiter wirksam und nicht direkt in externe Vorhaben und Projekte überführt.

Strategiewerkstatt

Zur Organisationsentwicklung wird eine Variante der Zukunftswerkstatt verwendet, die der mittel- und langfristigen Zielfindung von Einrichtungen, Vereinen, Kommunen oder sonstigen gesellschaftlichen Einheiten und der Entwicklung von Wegen und Methoden zu ihrer Erreichung dient. Im Unterschied zu vielen anderen komplexen Verfahren handelt es sich um ein überschaubares Instrument. Es wird dabei versucht, mit einer vereinfachten Szenariotechnik zu Prognosen über die zukünftige Entwicklung eines gesellschaftlichen Teilbereiches zu kommen. Dabei werden Bündel von Trends und Szenarien entwickelt. Diese Zukunftsbilder dienen dazu, frühzeitig Probleme und Fehlentwicklungen zu erkennen, daraus Konzepte abzuleiten, besser und flexibler planen zu können und rechtzeitig zu handeln.

Kommunikationswerkstatt

Wenn Gruppen mit unterschiedlicher Interessenlage, Grundeinstellung usw. sich treffen, um ihre jeweiligen Vorstellungen über die Zukunft auszutauschen und in einen Dialog darüber einzutreten, wird gelegentlich von einer Kommunikationswerkstatt gesprochen. Dabei handelt es sich im Regelfall aber nicht um eine Zukunftswerkstatt, in der konkrete umzusetzende Ergebnisse erarbeitet werden. Der Aspekt der Kommunikation und die gemeinsamen Prozesse stehen im Mittelpunkt.

## 2 Kernelement der Beteiligungsspirale

Motivationselement

Zukunftswerkstätten kommen mit ihrer starken Betonung kreativer Elemente den Bedürfnissen und Verhaltensweisen von Kindern und Jugendlichen besonders entgegen. Handlungsorientierung, Produktorientierung, spielerische Elemente, die Betonung sozialer Phantasie, eine große Erfahrungs- und Erlebnisdichte haben einen sehr hohen Motivierungs- und Aktivierungsgrad. Der Anregungsgehalt und der große Varianten- und Abwechslungsreichtum sprechen junge Menschen an, erleichtern die Konzentration und fördern die konsequente Arbeit an einem konkreten Projekt oder Thema.

Weiterarbeit mit den Ergebnissen

Jedoch ist die Zukunftswerkstatt kein Wundermittel. Sie kann nicht alles leisten, die Methode hat auch ihre Grenzen. Deshalb ist das ursprüngliche Modell an verschiedenen Punkten optimiert und weiterentwickelt worden.

Ein Ausgangspunkt war dabei die eindeutige Schwäche vieler Zukunftswerkstätten, dass nach einem enormen Ideenfluss die Umsetzungsphase, die zu konkreten Projekten und Konzepten führen soll, oft recht unvollkommen realisiert wird. Der Grund liegt im Allgemeinen darin, dass nach der facettenreichen Arbeit in der Kritikphase und der kreativen Phantasiephase häufig die Energie für weitere Aktionen fehlt. Zudem hat sich in der Praxis gezeigt, dass nach der Durchführung einer Zukunftswerkstatt die Verantwortung der Erwachsenen für die Beteiligung von Kindern und Jugendlichen nicht konsequent weitergeführt wird.

Wenn jedoch nach der Entwicklung von Zukunftsszenarien und ersten Handlungsschritten die Motivation der Beteiligten nicht in die nächsten Planungsschritte überführt wird, kann das Vorhaben schnell den Eindruck einer Alibi-Veranstaltung bekommen und das Engagement versanden.

Beteiligungsspirale

Deshalb wurde, vor allem nach den Erfahrungen in der Demokratiekampagne »Schleswig-Holstein – Land für Kinder«, das Gesamtkonzept der Beteiligungsspirale entwickelt (Stange 1996). Das Kernelement Zukunftswerkstatt wird um das Instrument des Planungszirkels ergänzt, das wiederum Anregungen aus dem Modell der Planungszelle (Dienel 1992) entnommen hat.

Die aufwendigen Elemente der Planung, Konzeptionierung, Umsetzung und Realisierung sind aus der eigentlichen Zukunftswerkstatt als eigenständige Arbeitsschritte herausgelöst. In der Werkstatt selbst werden erste grobe Umsetzungsschritte für die Ideen gesammelt, die dann später weiterbearbeitet werden. Ein entscheidendes Kriterium für die Planungszirkel ist, dass spätestens an dieser Stelle im Gesamtprozess Entscheidungsverantwortliche aus Politik und Verwaltung mit den Kindern und Jugendlichen gemeinsam an der Realisierung der Ideen aus der Zukunftswerkstatt arbeiten.

**Abbildung 1: Die Bausteine der Beteiligungsspirale**

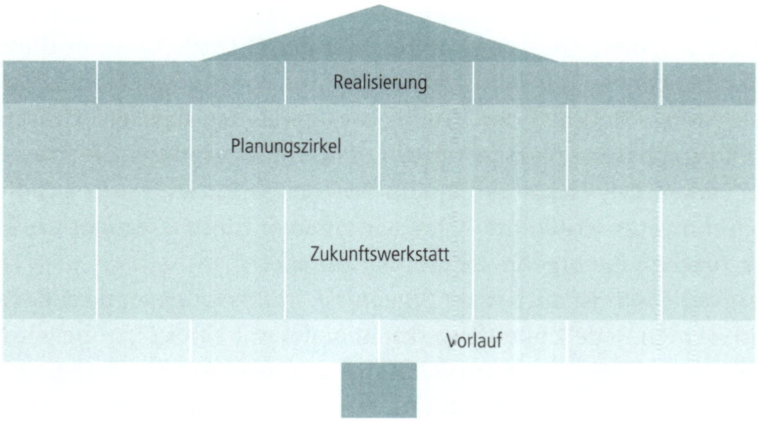


Quelle: Stange 1996: 19

Zugleich sind die beiden Kernelemente der Beteiligungsspirale entlastet von unnötigen Anforderungen, die ihrem jeweiligen Prozesstyp nicht entsprechen. Beide Instrumente verfügen über einen besonderen Rhythmus, über jeweils spezifische Prozesse, Stimmung und Methoden. Beide verfolgen eigene Zielsetzungen und leisten Unterschiedliches.

Pädagogik der Partizipation

Die Beteiligungsspirale bietet besondere Chancen für die pädagogische Dimension von Partizipation. Pädagogik hat eine völlig andere Zeitstruktur als Politik, als kurzfristige Aktion oder einfache und punktuelle aktuelle Information. Entwicklung und Wachstum erfordern Zeit und erfolgen immer in umfassenden und ganzheitlichen Zusammenhängen.

Ein solches Konzept unterscheidet sich von anderen Partizipationsformen gerade dadurch, dass es nicht punktuell, einmalig ist. Beteiligungsspirale heißt niemals kurzfristiges und sporadisches Arbeiten, sondern immer langfristige, sich permanent entwickelnde oder wiederholende Prozesse.

Themenfokus

Die Beteiligungsspirale unterscheidet sich von anderen Formen der Beteiligung auch dadurch, dass in der Regel nur an einem einzigen Problem oder Thema gearbeitet wird. Dieses wird aber sehr umfassend und ganzheitlich über einen längeren Zeitraum begleitet. Der Ansatz lässt sich in die projektorientierten Partizipationsformen einordnen.

Spirale als Entwicklung

Die Metapher der Spirale soll verdeutlichen, dass Beteiligung von Kindern und Jugendlichen nicht ein einmaliger Akt ist, sondern gerade in dieser projektorientierten Form sich auf allen Ebenen des Prozesses immer wieder, kreisförmig und auf immer höherem Niveau wiederholt: im Vorlauf, in der Zukunftswerkstatt, im Planungszirkel, aber auch bei der Durchsetzung der Ergebnisse in Politik und Verwaltung oder der Öffentlichkeit, und nicht zuletzt auch bei der eigentlichen Realisierung.

Präsentation der Ergebnisse

Ein weiteres Merkmal der Beteiligungsspirale ist, dass die Umsetzungs- und Planungsphase ergänzt ist um eine Präsentationsphase. Die innere Logik und der innere Rhythmus der Zukunftswerkstatt führen in diesem Konzept also nicht nur über Kritik und Phantasie zu einer Ideenskizze für das Projekt, sondern machen die Ergebnisse greifbar für alle.

Charakteristisch ist auch, dass Ergebnisse immer in eine präsentable Form gebracht werden. Jede Zukunftswerkstatt endet mit einer öffentlichen Aktion, in der Politiker, Presse, Eltern, Pädagogen, andere Kinder und Jugendliche mit den erarbeiteten Vorschlägen und Ideen konfrontiert werden.

Die öffentliche Präsentation hat erhebliche emotionale und kommunikative Wirkungen. Alle Gruppierungen und Personen, die zu einer Präsentation erscheinen, sind in der Regel beeindruckt von den Ergebnissen der Kinder und Jugendlichen und von ihrer intensiven, lebendigen und aufwendigen Art zu arbeiten. Das schafft für die Zukunft bei der Umsetzung des Projektes eine viel größere Bereitschaft bei den entsprechenden Stellen, den Kindern und Jugendlichen zu helfen.

Ressourcen

Anders als bei vielen anderen Formen der Partizipation erfordert die Beteiligungsspirale einen erheblichen Aufwand an Zeit, Engagement und Konzentration. Sie ist daher auch auf langfristig motivierende Arbeitsformen angewiesen.

Chancen und Gefahren

Die größte Ressource der Zukunftswerkstatt zur Entfaltung sozialer und politischer Phantasie ist ihr stark motivierender Charakter für die Zielgruppen. Sie bietet die Chance, aus einer Vielzahl von Ideen auszuwählen und zu realisierbaren Einzelprojekten und konkreten Umsetzungen zu kommen.

Die größte Gefahr besteht in einem unprofessionellen Umgang mit dieser anspruchsvollen Methodik. Insbesondere kann unterschätzt werden, dass gleichzeitig offene und spontane Partizipationsprozesse organisiert, aber auch konkrete Ergebnisse entwickelt werden müssen. Um dieser Gefahr zu begegnen, muss darauf geachtet werden, dass in einer Euphorie nicht überzogene Hoffungen geweckt werden. Durch qualifizierte Steuerung in der Umsetzungsphase ist eine Verzahnung mit der Realität bei gleichzeitiger Aufrecherhaltung der Motivation herzustellen.

## 3 Der Verlauf einer Zukunftswerkstatt

Im Folgenden wird der typische Verlauf einer Zukunftswerkstatt dargestellt. Dieser enthält die folgenden Elemente.

- Vorlauf- und Einstiegsphase:
  Vorbereitung – Ankommen der Teilnehmenden – Vorstellen und Kennenlernen – Programme, Ziele, Arbeitsweise vorstellen
- Kritikphase:
  Kritik sammeln
- Phantasiephase:
  Phantasie lockern – Lösungsvorschläge produzieren – Modell bauen
- Umsetzungs- und Abschlussphase:
  Ideen- und Projektkonferenz – Umsetzungsschritte – öffentliche Präsentation – Auswertung – symbolischer Abschluss

### 3.1 Vorlauf- und Einstiegsphase

Vorbereitungen

Die Ausgangslage für eine Zukunftswerkstatt kann sehr unterschiedlich sein. Es können zunächst kleine und überschaubare Probleme oder Themen sein, wie zum Beispiel die unmittelbare Umfeldgestaltung eines Jugendzentrums mit relativ wenigen Akteuren. Dies kann sich aber schnell in größere Zusammenhänge ausweiten, etwa wenn das Jugendzentrum eine wichtige Stadtteilfunktion erfüllt.

In Vorbereitung der Zukunftswerkstatt sind eine ganze Reihe von grundlegenden Dingen zu erledigen: die Einrichtung der Räume, die Bereitstellung des Materials, Schaffung einer guten Arbeitsatmosphäre. Vorab sollte auch die Rollenverteilung zwischen den Akteuren genau abgesprochen sein: Wer macht wann was?

Ankommen und Einstieg

Wenn die Teilnehmenden ankommen, sollten sie begrüßt werden. Bis alle da sind, können bereits einige Elemente zum Kennenlernen vorgeschaltet sein. Dazu kann auch das Abfragen von Erwartungen und Wünschen an die Veranstaltung gehören.

In der Startphase der Werkstatt ist es wichtig, alle Teilnehmenden von Beginn an in einen offenen, partizipatorischen und wertschätzenden Prozess hineinzunehmen. Der Beginn einer Veranstaltung darf von der Moderation nicht unterschätzt werden: Hier werden entscheidende Weichen für den weiteren Verlauf gestellt. Je nachdem, wie willkommen sich Teilnehmende fühlen, kann sich das auf alle folgenden Arbeitsschritte auswirken.

Sehr frühzeitig sollten die Teilnehmenden auch in die grundsätzliche Arbeitsweise einer Zukunftswerkstatt eingeführt werden.

Grundsätze

Wir arbeiten nicht gegeneinander, sondern miteinander.

- Gemeinsam soll etwas ganz Tolles entwickelt werden.
- Die Zukunftswerkstatt soll zu einem konkreten Ergebnis führen.
- Die Zukunftswerkstatt ist wie ein Spiel, deswegen müssen die Spielregeln eingehalten werden.
- Die gemeinsame Arbeit soll allen Beteiligten Spaß machen.

### 3.2 Kritikphase

Defizite erkennen und aufdecken

In der Kritikphase wird zum anstehenden Thema alles gesammelt, was an Defiziten erkennbar ist: Kritik, Ärger, Beschwerden, Befürchtungen. Es handelt sich jedoch lediglich um eine Kritikaufnahme, nicht um eine Kritikanalyse oder eine ausführliche Ursachenforschung.

Da zwischen aufwendigen Diskussionen über die Defizitursachen und dem Entwickeln von Gegenentwürfen, Alternativen oder innovativen Lösungsansätzen kein direkter Zusammenhang besteht, reicht es vollkommen aus, die kritischen Sachverhalte zu benennen und damit Emotionen abzureagieren. Diese Zusammenhänge gelten nicht nur für Erwachsene, sondern auch für Kinder und Jugendliche. Eine zentrale Botschaft lautet: Keine falschen Hoffnungen, aber heraus aus der Resignation! Wir wollen etwas anderes, und wir können etwas ändern!

Kritik aufnehmen

In dieser Phase muss die Artikulation von Problemen, Defiziten und Betroffenheit bei den Teilnehmenden gefördert werden. Durch die Moderations- und Visualisierungstechnik in der Zukunftswerkstatt ist dies in besonderer Weise möglich. Alle schreiben ihre Kritikpunkte anonym auf Karten. Niemand muss sich dafür anschließend rechtfertigen. Alle Äußerungen sind gleichwertig, keine wird vergessen. So kommt mit Sicherheit eine ehrlichere Kritik zustande als in konventionellen Gesprächen, bei denen einige dominieren, viele aber gar nichts sagen.

Frust und Ärger loswerden

Das kritische Material wird als Input benötigt, da es für die nächste Phase von entscheidender Bedeutung ist, Frust und Ärger vorher loszuwerden. Damit wird der Kopf frei für kreative Phantasie. Es geht aber auch darum, den Beteiligten viel Material als Basis für Assoziationen zu Gegenentwürfen zur Verfügung zu stellen. Kreative Einfälle können nur auf einer Grundlage entstehen.

Wichtiger Einstieg

Die Kritikphase der Zukunftswerkstatt dient in erster Linie dem Ankommen, auch im Hinblick auf den Gruppenprozess, der sich langsam und kon-

tinuierlich entwickeln muss. Sie ist Voraussetzung für die nächsten Phasen, sollte allerdings nicht zu lang ausgedehnt werden. Der größte Teil des geplanten Zeitbudgets wird für die aufwendigeren nachfolgenden Phasen benötigt. Die Kritikphase ist auch sinnvoll, um besondere Problemschwerpunkte herauszufiltern, für die in der Phantasiephase Lösungen gefunden werden können.

Grundsätze

- Die Teilnehmenden müssen die Möglichkeit haben, ihren Frust, Ärger und Unmut loszuwerden.
- Es werden nur Kritik bzw. Beschwerden aufgenommen und gesammelt, keine Ursachen analysiert.
- Kritisiert werden nur Sachen und Zustände, keine Personen.
- Diskutiert wird vor allem in den Kleingruppen.
- Alle Teilnehmenden müssen gleichberechtigt in die Kritiksammlung einbezogen sein.
- Killerphrasen sind nicht zugelassen.
- Die Kritikphase sollte nicht zu lang gestaltet werden: schnell zur Phantasiephase übergehen!

## 3.3 Phantasiephase

Visionen entwickeln

In der Phantasiephase sind Kreativität und Experimentierfreude besonders wichtig. Nach der eher nüchternen und sachbezogenen Kritikphase werden die einengenden Mauern der Realität für eine Weile verlassen. Eine optimistische Grundstimmung soll entstehen, in der Platz für neue Ideen, ungewohnte Gedankengänge und verrückte Erfindungen ist.

Ein solches Klima entsteht nicht von allein. Die Teilnehmenden müssen also gezielt eingestimmt werden. Zugleich muss ihnen der besondere Stellenwert dieser Phase klar werden. Ungewöhnliche Einfälle sind nicht nur zugelassen, sondern ausdrücklich erwünscht!

Phantasie anregen

Ein kreatives, experimentierfreudiges Klima ist der Schlüssel zu dieser Phase. Die Loslösung von den einengenden Fakten der Realität soll die Bereitschaft erhöhen, experimentierfreudig und neugierig zu sein und sich wandlungsfähig zu verhalten. Dazu gehört auch eine innere Bereitschaft, in dieser Phase Fehler zuzulassen und ein Scheitern zu riskieren. Alle Beteiligten brauchen eine grundsätzliche Offenheit gegenüber noch so seltsamen Ideen und Phantasien, Träumen und Wünschen. Immer wieder auftretende Bedenken wie: »Das geht doch nicht« oder: »Das ist verrückt« sind jetzt untersagt. Vielmehr geht es darum, Undenkbares zu denken, sei es noch so wild und unwahrscheinlich (vgl. Jungk und Müllert 1989: 107 f.).

Für Offenheit werben

Bei Kindern und Jugendlichen geht es nicht darum, Phantasie und Kreativität überhaupt zu ermöglichen und ihnen freien Lauf zu lassen. Das können sie ohne Weiteres und meistens viel besser als Erwachsene. Es geht eher darum, das Gesamtklima in der Gruppe so zu gestalten, dass den Teilnehmenden bewusst wird, dass sie keine Sanktionen zu erwarten haben, wenn die Offenheit gegenüber Neuem grenzenlos wird, dass also all die Blockaden aus den meisten phantasiefeindlichen Institutionen und Einrichtungen nicht gelten. Es muss der Mut zum Träumen und sogar Spinnen, zum ungezügelten und abweichenden Denken vermittelt werden. Dahinter steht die Überzeugung, dass jeder Mensch Phantasie hat: Alle tragen die notwendigen Ressourcen in sich!

Phantasie lockern

In dieser Phase zeigt sich besonders deutlich ein theoretisch-praktisches Kernstück der Zukunftswerkstatt: rational-analytische und systematische Verfahren auf der einen und intuitive Verfahren auf der anderen Seite. Das wird besonders deutlich beim Einstieg über Phantasielockerungsspiele, in denen das Lachen und die Lust am Spinnen und Blödeln die Blockaden abbauen lassen. Auf diesen Teilschritt, der die notwendige Stimmung und Atmosphäre schafft, darf auf keinen Fall verzichtet werden. Mehrere solcher Spiele sollten die Phase der Produktion von Ideen und Lösungsvorschlägen vorbereiten. Auch die Einteilung in Kleingruppen kann kreativ gestaltet werden.

Kreativ Ideen umsetzen

Die bewährten Methoden der Ideenfindung basieren auf der Kombination von Vorgaben und freier, bildhafter Assoziation. Wichtig ist hier, so wenig Selbstzensur wie möglich zu üben: Jeder Beitrag ist zugelassen und hat seinen Wert. Die Ideen anderer dürfen weiterentwickelt werden.

Bestens geeignet für die konkrete, kreative Umsetzung und Ausgestaltung der gesammelten Ideen ist der Modellbau. Hier wird dem sinnlichen, ganzheitlichen Denken und Erleben Rechnung getragen: Neben den verbalen Fähigkeiten sind nun auch motorische Fertigkeiten und haptische Aktivitäten gefragt.

Grundsätze

- Der Phantasie sind keine Grenzen gesetzt – nicht an Sachzwänge denken!
- Gegensätzliche Ideen und Visionen bleiben nebeneinander stehen.
- Es gibt keine Killerphrasen und keine vorschnelle Bewertung der Ideen.
- Mut zum Ungewöhnlichen ist gefragt.
- Jede Idee ist erlaubt. Je kühner und je verrückter die Einfälle, desto besser. Das scheinbar Undenkbare denken!
- Die Entwicklung der Ideen und ihre Bewertung zeitlich klar voneinander trennen: erst sammeln, dann diskutieren.
- Alle Vorschläge, Ideen und Visionen werden aufgeschrieben, nichts darf verlorengehen.

- Die Qualität der Gedanken ist noch nicht entscheidend, Quantität ist erst einmal wichtiger. Möglichst viele Vorschläge sammeln: Je größer die Anzahl der Stichworte, desto wahrscheinlicher ist ein Treffer.

### 3.4 Umsetzungsphase

Zurück in der Realität

Nach der Entwicklung von Visionen wird die Gruppe nun wieder mit der Wirklichkeit konfrontiert. Die gesammelten Ideen, so schillernd und wirkungsvoll sie auch waren, müssen sich nun an den realen Bedingungen messen lassen. An dieser Stelle besteht die Herausforderung darin, den Optimismus und die Motivation der Beteiligten weiter aufrechtzuerhalten und ihnen Mut zu machen: Ideen sind machbar!

Ideen zusammenführen

Die Ideen- und Projektkonferenz als erster Schritt in dieser Phase setzt bei den erarbeiteten Modellen an. Die Teilnehmenden kennzeichnen dabei all das, was ihrer Meinung nach unbedingt in das gemeinsame Gesamtmodell einfließen soll. So entsteht ein Ergebnis, das in seiner Breite, Vielfalt und Differenziertheit den Einzelvorschlägen überlegen ist.

Handlungsschritte entwickeln

Es folgt eine Sammlung von Handlungsschritten, mit der die mögliche Weiterarbeit in konkrete Form gebracht und die Grundlage zum späteren Planungszirkel entwickelt wird. Diese Phase der Zukunftswerkstatt darf nicht nüchtern und trocken gestaltet werden, sie soll die Energie und Motivation aus den vorangegangenen Phasen aufgreifen und weiterführen. Auch das Ersinnen und Entwickeln von Umsetzungsideen erfordert Phantasie. Damit sollen möglichst viele, neuartige, ungewöhnliche Wege und Umwege gefunden werden.

Eine Strategie der Umsetzung zu entwerfen kann Spaß machen. Der Geist dieser Phase wird dann deutlich, wenn das Verändern zur Lust wird. Besondere Chancen eröffnet als erster konkreter Schritt die öffentliche Präsentation der Ergebnisse, aus der sich sehr viel Kommunikation, Anerkennung und positives Selbstwertgefühl gewinnen lassen und vor allem der Eindruck: Ideen sind machbar!

Präsentation

In der Arbeit mit Kindern und Jugendlichen endet die Umsetzungsphase im Regelfall mit einer öffentlichen Präsentation der Ideen und Arbeitsergebnisse. Dies ist ein sehr wichtiger Versuch, öffentliche Kommunikationsprozesse über das Projekt zu organisieren, um den Transfer der Vorschläge zur Realisierung zu unterstützen. Deshalb müssen alle relevanten »Stakeholder« zu dieser Abschlusspräsentation am Ende des Tages eingeladen werden.

Grundsätze

- Vorschläge und Ideen werden ausgewählt, verdichtet und ausgestaltet.

- Ideen, Projektvorschläge und Vorstellungen werden langsam in die realen Bedingungen überführt und dabei immer konkreter.
- Folgeaktivitäten und nächste Schritte werden festgelegt.
- In allen Schritten dieser Phase ist Geduld notwendig.
- Andere müssen überzeugt und Verbündete für das Projekt gewonnen werden.
- Öffentliche Kommunikationsprozesse über das Projekt werden organisiert.

### 3.5 Die Nacharbeit

*Engagement weiterführen*

Die Zukunftswerkstatt wirkt stark motivierend. Das ist für die Folgezeit im Planungszirkel sehr wichtig, wenn Durststrecken durch zu lange Planungsprozesse in Verwaltung und Politik eintreten oder wenn sich die Kontaktaufnahme zu Personen und Gruppen, die helfen können, schwierig gestaltet.

Auch die Prüfung, was letztlich technisch machbar und auch finanzierbar ist, gestaltet sich oft nicht einfach. Manchmal ist eine öffentliche Präsentation vor den Gremien der Kommune erforderlich. Hier werden oft nochmals Leistungen gezeigt, die das Selbstbewusstsein der Teilnehmenden weiter stärken.

Ergebnisse der Zukunftswerkstatt können auch in Form eines Kinder- und Jugendgutachtens aufbereitet und als Produkt von Kindern und Jugendlichen der Kommune übergeben werden.

*Die Umsetzung gestalten*

Wenn die notwendigen Beschlüsse zur Umsetzung eines Projektes gefasst sind, kann die Realisierung beginnen. In dieser Phase wird gemeinsam an den Veränderungen gearbeitet. Der Abschluss mit einem großen Fest und einer kleinen Rede der Teilnehmenden und des Bürgermeisters bzw. der Bürgermeisterin sind eine gute öffentliche Wertschätzung. In der Folgezeit muss das Projekt aber weiter betreut und gepflegt werden, und dafür sind alle Maßnahmen zur Sicherung der Nachhaltigkeit notwendig.

*Gewinn für alle*

Was haben die Teilnehmenden im Rahmen solcher Planungs- und Beteiligungsspiralen, die genauso gut im Zuge von Verkehrsplanungen, des Schulbaus, der Stadtteilentwicklung, des Wohnungsbaus und der Jugendhilfeplanung anwendbar sind, gelernt? Nicht nur die damit verbundenen geistigen, sozialen, kreativen und planerischen Qualifikationen und das entsprechende Durchhaltevermögen, sondern auch, dass es sich lohnt, sich im Gemeinwesen zu engagieren, Verständnis für die kommunale Demokratie und für soziales und politisches Engagement im Allgemeinen zu entwickeln.

*Grundsätze einer Zukunftswerkstatt*

Es ist wichtig, den Versuch zu wagen, Kinder und Jugendliche durch die Organisation breiter und kreativer Beteiligungsprozesse intensiver in unser

demokratisches Gesamtsystem zu integrieren und auch über die Anhebung der Kinder- und Jugendfreundlichkeit unserer Kommunen und der Gesellschaft insgesamt die Lebensqualität für alle zu erhöhen.

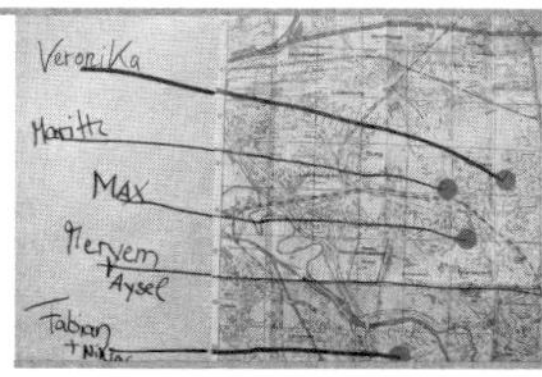


# II Methoden zur Erkundung der Lebenswelt

- Dialog- und Kommunikationswände
- Dokumentationsmappe
- Flanierende Begehungen und Beobachtungen
- Forscheraktionen
- Fotostreifzüge
- Fremdbilderkundung
- Gruppendiskussion
- Individuelles Zeitbudget
- Interviewstreifzüge
- Interviewtraining
- Jugendkulturenkataster
- Leitfadeninterview mit Schlüsselpersonen
- Mitmach-Tafel
- Modellbauaktionen
- Motzmonster und Klagemauer
- Nadelmethode
- Objektive Landkarte
- Projektskizzen
- Sozialraumbegehung
- Spiel- und Lebensraum-Befragungen
- Subjektive Landkarte
- Wortpaare
- Wunschbaum
- Wunsch- und Meckerkasten

## Dialog- und Kommunikationswände

An Dialog- und Kommunikationswänden können im öffentlichen Raum flanierende Kinder, Jugendliche und Erwachsene ihre Meinung zur Kinder- und Jugendfreundlichkeit in der Gemeinde äußern. Die auf Karten geschriebene Antworten werden aufgehängt und diskutiert. Die Aussagen lassen sich aufgrund unterschiedlicher Kartenfarben einzelnen Zielgruppen zuordnen und auswerten.

Die Methode eignet sich als Einstiegs- oder Anwärmübung zu einem bestimmten Thema, zur Erstellung eines Meinungs- und Stimmungsbildes oder als Ideenspeicher für die weitere Arbeit.

**Vorteile**
- Berücksichtigung vieler Menschen und Meinungen
- Dokumentation der Aussagen zur Weiterarbeit

**Nachteile**
- abhängig von Mitwirkung der Zielgruppe
- intensive Auseinandersetzung mit Themen erst im Anschluss

- Kinder ab 8 Jahren, Jugendliche
- bis zu 100 Teilnehmende

- je nach Gruppengröße flexibel

- gut einsehbarer Platz zum Aufstellen der Moderationswände
- mehrere Moderatoren (pro Kommunikationswand eine Person) bei größerer Zahl von Passanten oder bei jüngeren Kindern

- Anleitung zur Durchführung der Methode

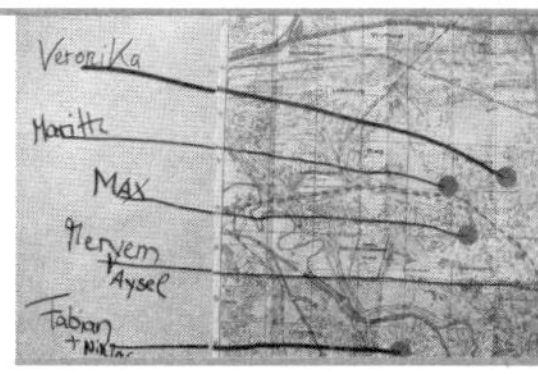


## Dokumentationsmappe

Für alle Verfahren der Lebenswelterkundung wird eine Mappe angelegt, in der alle wichtigen Informationen gesammelt werden. Damit entsteht ein umfangreiches Materialarchiv für die weitere Arbeit an den verschiedenen Themen.

Das Anlegen einer Dokumentationsmappe ist geeignet, um alle wichtigen Fakten, Aussagen und Materialien zu einem Lebensraum zu sammeln. Eine solche Mappe kann zur Fortschreibung als Materialsammlung genutzt werden.

**Vorteile**
- umfassende und geordnete Materialsammlung
- geringer Aufwand bei regelmäßiger Nutzung

**Nachteile**
- keine

- Kinder und Jugendliche
- Gruppengröße beliebig

- je nach Methode und Material unterschiedlich

- keine

- Anleitung zur Durchführung der Methode

## Flanierende Begehungen und Beobachtungen

Mit mehreren Personen und/oder Gruppen wird ein (fremder) Stadtteil oder ein Dorf begangen. Dabei dokumentieren Kinder und Jugendliche bestimmte Merkmale und Auffälligkeiten. Die Methode kann durch einfache qualitative Methoden wie Interviews mit Passanten/Kindern/Jugendlichen, Fotostreifzüge, Verkehrszählungen, Spielplatztests etc. erweitert werden.

Die Methode eignet sich zur ersten Bestandsaufnahme der Gegebenheiten im Stadtteil oder Dorf, da erste Auffälligkeiten (Gesamteindruck, Klima, Infrastruktur, informelle Treffs, gefährliche Verkehrspunkte) sichtbar werden. Weiterhin eignet sie sich zur Sensibilisierung sowie Orientierung in der Kommune und bietet die Möglichkeit der Untersuchung gerade auch im Blick auf die inoffiziellen und unbekannten Spielmöglichkeiten von Kindern und Jugendlichen.

### Vorteile

- schnelles und einfaches Kennenlernen des Stadtteils
- gute Orientierungshilfe zum Überblick über einen Lebensraum
- geringer Aufwand
- zahlreiche Kombinationsmöglichkeiten mit anderen Methoden

### Nachteile

- keine

- Kinder ab 10 Jahren, Jugendliche
- möglichst nicht zu große Gruppen

- je nach Anzahl der Kleingruppen mehrere Personen zur Begleitung der Gruppen

- Anleitung zur Durchführung der Methode
- Beobachtungsbogen

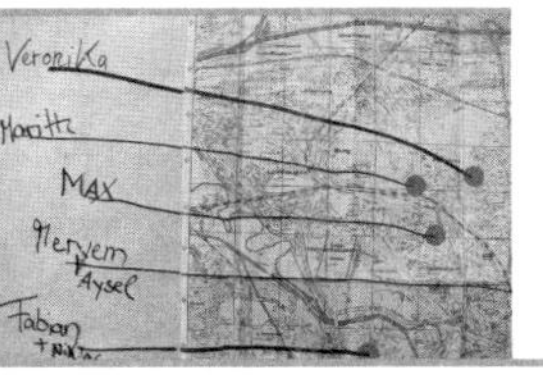


## Forscheraktionen

Mit Forscheraktionen erkunden Kinder ihre Gemeinde und überprüfen sie auf ihre Kinderfreundlichkeit. Die Bandbreite der möglichen Themen erstreckt sich von interessanten Orten in der Gemeinde über Verkehrswegeuntersuchungen bis zu ökologischen Erkundungen.

Die Methode eignet sich, um in die Lebensweltanalyse der Gemeinde einzusteigen, Spiel- und Erlebnisräume herauszufinden und Aufenthaltsorte zu benennen. Die Forscheraktionen fördern die bewusste Wahrnehmung des eigenen Lebensumfeldes.

### Vorteile

- Spaß bei eigener Erforschung der Gemeinde
- eindrucksvolle und konkrete Ergebnisse
- Berücksichtigung verschiedenster Aspekte durch offene Fragestellung

### Nachteil

- aufwendiges Erstellen einer zusammenfassenden Dokumentation

- Kinder ab 6 Jahren
- möglichst in kleinen Gruppen

- 60 bis 180 Minuten

- großer Raum zur Ausstellung der Ergebnisse
- mehrere Kleingruppenräume zur Vorbereitung der Präsentationen
- eine Person als Moderation pro Kleingruppe bei mehreren Gruppen

- Anleitung zur Durchführung der Methode
- Forscherauftrag

## Fotostreifzüge

Auf Fotostreifzügen sammeln Kinder und Jugendliche Eindrücke und Bewertungen ihrer unmittelbaren Lebenswelt.

Die Methode eignet sich als Einstieg in die Lebensweltanalyse. Kinder und Jugendliche werden zu Experten ihres Sozialraumes, indem ein Dialog zwischen Betroffenen und Verantwortlichen hergestellt wird.

### Vorteile

- Wahrnehmung individueller Lebenswelten und subjektiver Eindrücke
- Betroffene als Experten in »eigener Sache«

### Nachteil

- keine Repräsentativität

- Kinder ab 9 Jahren, jüngere Jugendliche
- bis zu 20 Teilnehmende

- pro Fotoaktion 60 bis 90 Minuten
- auf mehrere Tage verteilt, insgesamt etwa vier Wochen

- mehrere Kleingruppenräume
- eine Person als Moderation pro Kleingruppe bei mehreren Gruppen

- Anleitung zur Durchführung der Methode

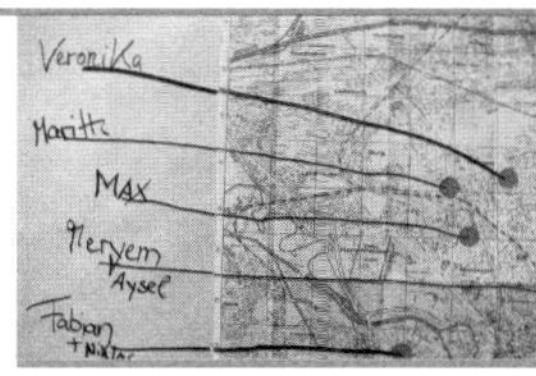


## Fremdbilderkundung

In einer Fremdbilderkundung geben Erwachsene und jugendliche Bewohnerinnen und Bewohner sowie andere relevante Gruppen Auskunft zur Außenwahrnehmung von Jugendeinrichtungen und deren Angeboten. Sie werden mit standardisierten Interviews befragt.

Die Methode eignet sich zur Auseinandersetzung mit der Außenwahrnehmung der Jugendarbeit in der Öffentlichkeit.

**Vorteil**

- fokussierter Blick auf Akzeptanz von Angeboten der Jugendarbeit

**Nachteile**

- starker Bezug auf Kinder- und Jugendarbeit, weniger auf andere Orte und Institutionen
- keine Informationen über Sozialraumqualität

- Kinder ab 10 Jahren, Jugendliche
- Gruppengröße beliebig, es kann in Kleingruppen gearbeitet werden

- abhängig vom jeweiligen Erkenntnisinteresse und dem damit verbundenen Aufwand

- eine Person als Moderation pro Kleingruppe bei mehreren Gruppen

- Anleitung zur Durchführung der Methode

## Gruppendiskussion

Verschiedene geschlossene Gruppen (Cliquen) und/oder thematische Fokusgruppe führen offene Diskussionsrunden durch. Die Gruppe bewertet ihre eigene Lebenswelt und stellt Problemlagen im Stadtteil aus ihrer Sicht dar. In diesem Rahmen können laufende Projekte oder Institutionen eingeschätzt (Fremdbild) und das Selbstbild der jeweiligen Gruppe festgestellt werden.

Die Methode eignet sich zur Erfassung von Einstellungen und Normen, Bedürfnissen und Bewertungen, Betroffenheit und versteckten Konfliktlagen sowie zur Situationsbeschreibung und -einschätzung.

**Vorteile**
- großer Freiraum für Befragte
- umfassende Diskussionsmöglichkeit durch offene Anlage

**Nachteile**
- Ungleichgewicht der Wortbeiträge bei großen Gruppen
- mögliches Ausufern der Diskussionen
- gelingende Diskussion von Gruppe und Thema abhängig
- mögliche Verzerrungen durch Leitfiguren einer Gruppe

- ältere Kinder und Jugendliche
- 5 bis 12 Personen

- 30 bis 120 Minuten

- ruhige Räume zur ungestörten Diskussion
- eine bis zwei Personen für die Moderation je nach Gruppengröße
- eine Person zusätzlich für Visualisierungsvariante

- Anleitung zur Durchführung der Methode

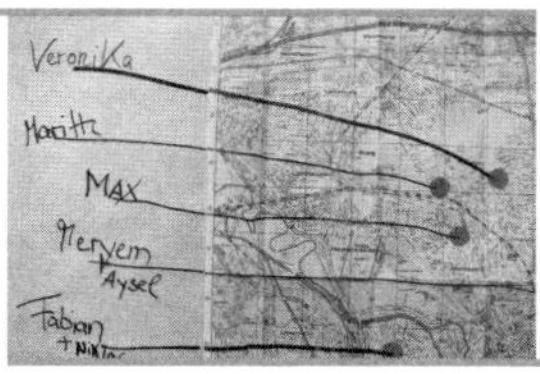


## Individuelles Zeitbudget

Kinder und Jugendliche dokumentieren ihren Tagesablauf und geben damit Aufschluss über ihre pflichtfreie Zeit sowie über die Aufteilung ihrer gesamten Tageszeit.

Die Methode eignet sich, um Kinder und Jugendliche, die einen großen Anteil ihrer Zeit zu Hause verbringen und nicht im öffentlichen Raum auftreten, »sichtbar« zu machen.

### Vorteile

- Einblick in den nichtöffentlichen Teil des Lebens von Kindern und Jugendlichen
- Einblick in familiäre Situationen

### Nachteile

- ausschließlich subjektive Wahrnehmungen und Selbstinterpretationen
- auf Offenheit der Kinder und Jugendlichen angewiesen
- bewusste oder unbewusste Fehleinschätzungen möglich

- Kinder ab 5 Jahre, Jugendliche
- möglichst in kleinen Gruppen

- je nach Erkenntnisinteresse kann die Dokumentation über mehrere Wochen erfolgen

- eine Person als Moderation pro Kleingruppe bei mehreren Gruppen

- Anleitung zur Durchführung der Methode
- Wochenplan
- Wochenplan blanko

## Interviewstreifzüge

Kinder und Jugendliche werden mittels einer spielerischen Variante der Verknüpfung von unstrukturierten Interviews und einer Ortsbegehung zu ihrer Wohnsituation befragt. Die Kinder übernehmen dabei sowohl die Führung durch den Stadtteil als auch das Führen der Interviews.

Die Methode eignet sich zur Evaluation von Wohnungen, Siedlungen und Wohnumfeldsituationen durch Kinder und Jugendliche.

**Vorteil**
- flexibler Einsatz ab einem Alter von 4 Jahren

**Nachteil**
- hoher Zeitaufwand für Einzelgespräche sowie Auswertung und Dokumentation

- Kinder ab 4 Jahren, Jugendliche
- Gruppengröße beliebig, es kann in mehreren Kleingruppen gearbeitet werden

- etwa 60 Minuten

- eine Person als Moderation pro Kleingruppe bei mehreren Gruppen

- Anleitung zur Durchführung der Methode
- Interviewfragen

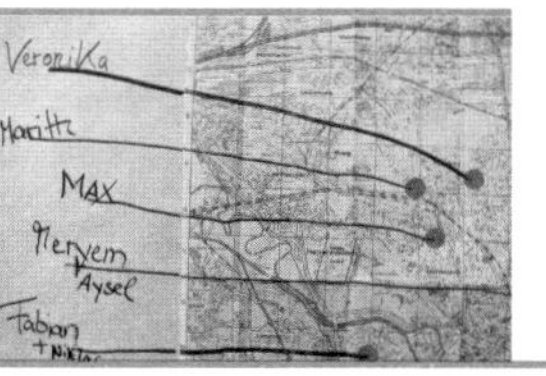


## Interviewtraining

Kinder und Jugendliche lernen Grundlagen eines dialogischen Verfahrens kennen und trainieren das Vorbereiten und Durchführen von Interviews. Interviewwerkzeuge können kennengelernt und die Stimme gezielt trainiert werden.

Die Methode eignet sich zur Vorbereitung von Kindern und Jugendlichen auf Interviewsituationen.

### Vorteile

- gute und gezielte Vorbereitung auf Interviews
- Sicherheit in Interviewsituationen

### Nachteile

- keine

- Kinder ab 7 Jahren, Jugendliche
- 10 bis 12 Teilnehmende

- mindestens 180 Minuten

- mehrere Kleingruppenräume
- mindestens eine Person pro Kleingruppe bei mehreren Gruppen zur Anleitung, ggf. externe Fachleute
- ruhige Plätze zum Üben

- Anleitung zur Durchführung der Methode

## Jugendkulturenkataster

Jugendliche entwerfen mit (Selbst-)Beschreibungen ein differenziertes Bild unterschiedlicher Szenen und Cliquen in einem Sozialraum.

Die Methode eignet sich zur Erstellung eines differenzierten Bildes über verschiedene Jugendcliquen und -szenen.

**Vorteile**
- unaufwendiges Verfahren
- Aktivierung Jugendlicher

**Nachteil**
- keine weiterführenden Informationen über einzelne Cliquen

- Jugendliche
- Gruppengröße beliebig, es kann in Kleingruppen gearbeitet werden

- maximal 90 Minuten

- großer Raum
- ggf. Platz für viele Moderationswände
- mehrere Kleingruppenräume

- Anleitung zur Durchführung der Methode
- Raster

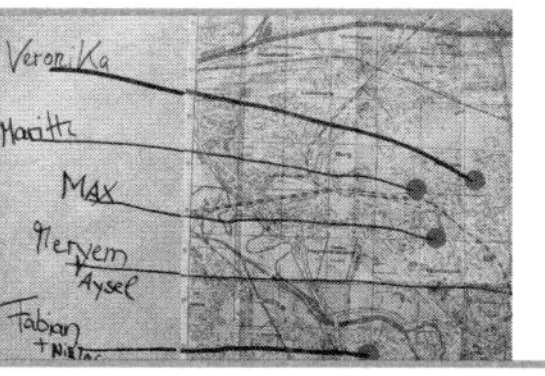


## Leitfadeninterview mit Schlüsselpersonen

Kinder und Jugendliche interviewen Bürgerinnen und Bürger einer Kommune, die spezielle Informationen über das Dorf oder den Stadtteil haben, um deren Wissen als Schlüsselpersonen nutzbar zu machen.

Die Methode eignet sich zur ersten Kontaktaufnahme mit Einwohnern und zur Erstellung einer verdichteten Sozialraum- und Lebensweltanalyse im Stadtteil.

**Vorteile**

- Informationen aus der Perspektive im Sozialraum lebender Personen
- komprimierte Informationsaufnahme durch Expertenstatus der Befragten
- Verständnis innerer Strukturen des Sozialraums

**Nachteile**

- Raum für Abschweifungen
- hoher Auswertungsaufwand bei Tonbandmitschnitten

- ältere Kinder und Jugendliche
- möglichst in Kleingruppen durchführen

- 30 bis 120 Minuten für die Durchführung, außerdem Zeit für die Verschriftlichung und weitere Bearbeitung der Interviews

- Interviewsituation ohne Ablenkung
- Begleitung jeder Interviewgruppe von einer Person als Moderation

- Anleitung zur Durchführung der Methode

## Mitmach-Tafel

Die Mitmach-Tafel dient am Anfang einer Veranstaltung der gegenseitigen Information über die Teilnehmenden, auch schon über deren grobe Interessenlage zum Thema. In einer Tabelle bzw. auf einer Tafel werden die wichtigsten Daten festgehalten. Gleichzeitig können hier erste Aussagen oder Meinungen der Teilnehmenden zu ihrer Lebenswelt erfasst werden.

Die Methode eignet sich für die Einstiegssituation von Veranstaltungen oder Projekten. Sie dient dem ersten Kennenlernen der Teilnehmenden und gibt Kommunikationsimpulse zu Beginn einer Veranstaltung. Sie ist ebenso als Einstieg in die Erkundung der Lebenswelt geeignet.

**Vorteile**
- geringer Zeitaufwand
- Überbrückung unterschiedlicher Ankunftszeiten der Teilnehmenden
- Erfassung aller Teilnehmenden

**Nachteile**
- wenig kommunikativ
- uninteressant bei untereinander bekannten Teilnehmenden

- Kinder ab 8 Jahren, Jugendliche
- Gruppengröße beliebig

- 5 bis 10 Minuten

- großer Raum
- Platz für mehrere Moderationswände

- Anleitung zur Durchführung der Methode

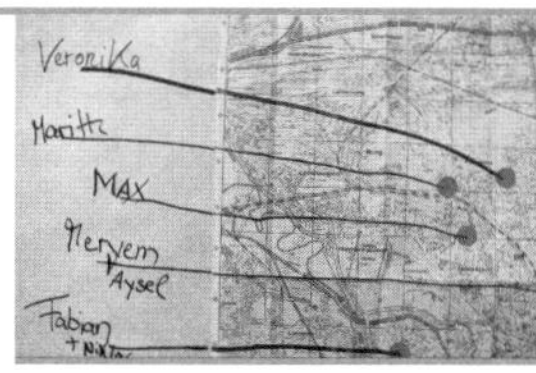


## Modellbauaktionen

Kinder bauen mithilfe von verschiedenen Materialien Modelle ihrer Wohngegend, Spielplätze, Schulgebäude und -höfe, Verkehrswege usw.

Die Methode eignet sich zur Stadtentwicklung oder -gestaltung sowie Siedlungsplanung und zielt auf die Verbesserung von Wohnumfeldsituationen.

### Vorteile

- Arbeit mit kindgerechten Materialen
- dreidimensionale Umsetzung von Wünschen und Ideen
- gestalterische Artikulationsform
- geeignetes Verfahren für öffentliche Präsentationen und bei Gesprächen mit Planern

### Nachteile

- sehr hoher Vorbereitungs- und Durchführungsaufwand
- Aufbewahrung und Lagerung mehrerer Modelle

- Kinder ab 6 Jahren, jüngere Jugendliche
- Vorschulkinder ab 4 Jahren nur eingeschränkt auf das unmittelbare Wohnumfeld
- bis zu 12 Teilnehmende

- je nach Alter der Teilnehmenden 90 bis 120 Minuten oder länger

- großer Raum, möglichst in der Nähe des Untersuchungsgebiets
- mehrere Personen zur Unterstützung der Aktionen

- Anleitung zur Durchführung der Methode
- Materialliste

### Motzmonster und Klagemauer

Kinder und Jugendliche notieren zu einem bestimmten Thema Kritikpunkte auf farbigen Blättern. Diese werden gesammelt und auf einen großen Papierbogen in Form eines Motzmonsters oder einer Klagemauer geklebt.

Die Methode eignet sich zur unkommentierten Freisetzung von Kritik und Frustration. Der Kopf wird frei, und es können sich vielfältige Ideen entwickeln. Weiterhin kann sie als Einstiegsmethode zur Bestandsaufnahme bei Planungsprozessen genutzt werden.

**Vorteil**

- eindrucksvolle öffentliche Präsentationsmöglichkeit

**Nachteil**

- Gefahr der Einseitigkeit ohne nachfolgende Schritte

- Kinder ab 10 Jahren, Jugendliche
- Gruppengröße beliebig

- 30 bis 60 Minuten

- großer Raum mit ausreichenden Flächen zur Befestigung der Ergebnisse
- mehrere Personen als Moderation bei großen Gruppen

- Anleitung zur Durchführung der Methode

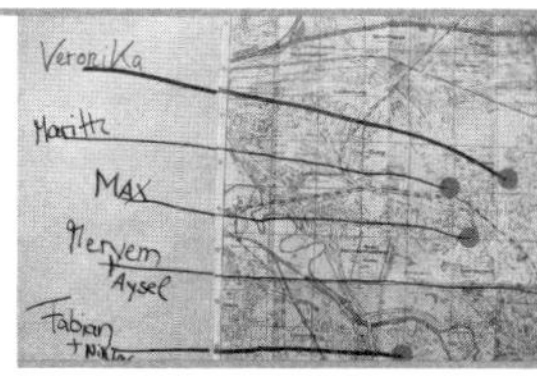


## Nadelmethode

Mit verschiedenfarbigen Nadeln oder Klebepunkten werden auf eine große Karte (Stadtplan) bestimmte Orte wie informelle Treffs, beliebte Freizeitorte, aber auch Gefahrenplätze, (Schul)Wege oder anderes im Sozialraum gekennzeichnet. Dies kann entsprechend bestimmter Kriterien wie Altersgruppen, Geschlecht oder anderen Merkmalen abgebildet werden. So sind differenzierte Zuordnungen auf einer gemeinsamen Karte möglich.

Die Methode eignet sich zum Einstieg und zur Bestandsaufnahme. Sie ist ein Verfahren der Datenerhebung, mit dem Auskünfte über das Gemeinwesen visualisiert werden, und dient der Vorbereitung für einen Dialog mit Entscheidungsträgern.

**Vorteile**
- animierende und aktivierende Methode
- wenig Zeitaufwand
- effektive Ergebnisse

**Nachteil**
- keine Informationen über Qualität der markierten Orte

- Kinder ab 8 Jahren, Jugendliche
- Gruppengröße beliebig, es kann in Kleingruppen gearbeitet werden

- als einmaliges kurzfristiges Projekt: 60 bis 120 Minuten
  (kann als fortlaufender Prozess über mehrere Wochen organisiert werden)

- mehrere Kleingruppenräume
- Befestigung der Karte an einem gut einsehbaren Platz bei längerfristiger Arbeit
- eine Person als Moderation pro Kleingruppe bei mehreren Gruppen

- Anleitung zur Durchführung der Methode

## Objektive Landkarte

In einem Stadtplan kennzeichnen Kinder und Jugendliche Orte, an denen sie sich gern aufhalten (gute Orte) sowie Orte, die sie meiden (schlechte Orte). Zusätzlich können sie ein Bewegungs- und Zeitdiagramm erstellen. Die Markierungen werden durch schriftliche Anmerkungen erläuert.

Die Methode eignet sich zur Kontaktaufnahme mit Kindern und Jugendlichen. Darüber hinaus gibt sie Aufschluss über deren Freizeitverhalten und Aufenthaltsorte in einer Gemeinde.

### Vorteile

- zeitökonomische Befragung der Kinder und Jugendlichen
- Erstellung eines einfachen Kinder- und Jugendstadtplans
- unmittelbare Dokumentation der Ergebnisse

### Nachteile

- keine

- ältere Kinder ab 10 Jahren, Jugendliche
- bis zu 6 Teilnehmende pro Kleingruppe

- 60 bis 120 Minuten

- großer Raum
- eine Person als Moderation pro Kleingruppe bei mehreren Gruppen

- Anleitung zur Durchführung der Methode

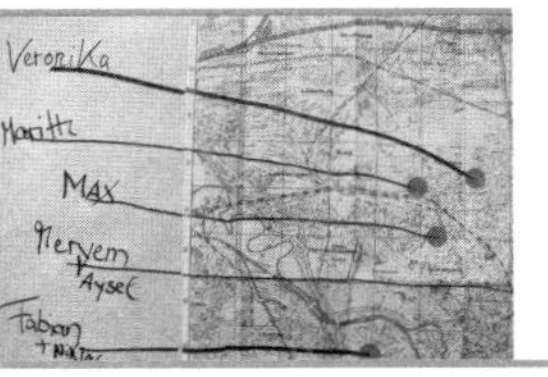


## Projektskizzen

Interessengruppen sammeln im Entscheidungsworkshop Ideen zu Leitprojekten durch Metaplan-Collagen oder Zeichnungen.

Die Methode eignet sich zur Sammlung erster Ideen und Vorschläge zu angestrebten Projekten.

**Vorteile**

- frühzeitige Sammlung erster Vorschläge zu Leitprojekten
- Materialsammlung für konkrete Ideenfindung und Weiterarbeit

**Nachteile**

- keine Methode der Ideenfindung im Sinne einer Zukunftswerkstatt
- Erarbeitung ausschließlich erster Ideen und »Skizzen«

- Kinder ab 3 Jahren, Jugendliche
- Gruppengröße beliebig, es kann in mehreren Kleingruppen gearbeitet werden

- 30 bis 60 Minuten

- mehrere große Arbeitsräume für einzelne Gruppen
- eine Person als Moderation pro Kleingruppe bei mehreren Gruppen

- Anleitung zur Durchführung der Methode

## Sozialraumbegehung

Mit der Sozialraumbegehung lernen die Teilnehmenden einen Stadtteil, seine Qualitäten sowie seine Bewohnerinnen und Bewohner näher kennen.

Die Methode eignet sich zur Ersterkundung eines Sozialraums und zur Kontaktaufnahme mit den Bewohnerinnen und Bewohnern. Sie zielt auf eine umfassende Wahrnehmung eines Sozialraums.

**Vorteil**
- Interpretation unmittelbarer Eindrücke räumlicher und sozialer Strukturen

**Nachteile**
- keine

- Kinder und Jugendliche ohne Altersbegrenzung
- Gruppengröße beliebig, die Begehungen können in Kleingruppen durchgeführt werden

- in regelmäßigen Abständen über einen Zeitraum von etwa vier Wochen

- keine

- Anleitung zur Durchführung der Methode
- Leitfaden

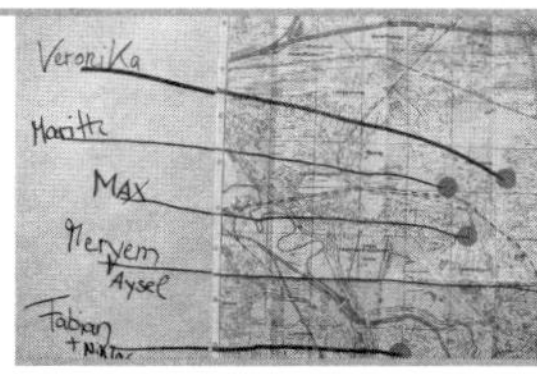


## Spiel- und Lebensraum-Befragungen

Kinder und Jugendliche geben auf einfachen Fragebögen Auskunft zu verschiedenen Themen bezüglich ihres Spiel- oder Lebensraums.

Die Methode eignet sich, um quantitative Aspekte zum Thema zu erfassen. Die Befragungen sind projektbegleitend einsetzbar, um Informationen fortlaufend einzuholen und zu ergänzen. Die Eregbniss dienen zur Einschätzung der Situation im Stadtteil.

### Vorteile

- überschaubarer Aufwand
- einfache Handhabung
- Vergleich der Meinungen verschiedener Altersgruppen
- Objektivität
- Erfassung von vielen Befragten

### Nachteile

- kaum konkrete Erfassung räumlicher Aspekte
- ungeeignet für jüngere Kinder

- ältere Kinder, Jugendliche
- Gruppengröße beliebig
- es kann in Kleingruppen an jeweils einer Befragung gearbeitet werden

- je nach Alter: mit Jüngeren max. 15 Minuten, mit Älteren länger

- mehrere kleine Räume
- mehrere Personen für die Moderation je nach Anzahl der Teilnehmenden

- Anleitung zur Durchführung der Methode
- Kinderfreundliche Straße
- Lebensraumbefragung
- Meine Spielorte
- Spielen im Stadtteil
- Spielplätze
- Traumwohnung

## Subjektive Landkarte

Subjektive Landkarten sind von Kindern oder Jugendlichen selbst gezeichnete oder gemalte Karten, mit denen sie ihre Lebensräume darstellen.

Die Methode eignet sich, um subjektive Betrachtungen des Lebensumfeldes zu erschließen, informelle Treffs von Kindern und Jugendlichen zu identifizieren oder unsichtbare Barrieren oder Angsträume sichtbar zu machen.

**Vorteile**

- intensive Einblicke in subjektive Lebenswelten
- besseres Verständnis der Bedingungen in der Lebenswelt

**Nachteile**

- keine

- Kinder ab 8 Jahren, Jugendliche
- möglichst in kleinen Gruppen

- 60 bis 120 Minuten

- eine Person als Moderation für jede Kleingruppe

- Anleitung zur Durchführung der Methode

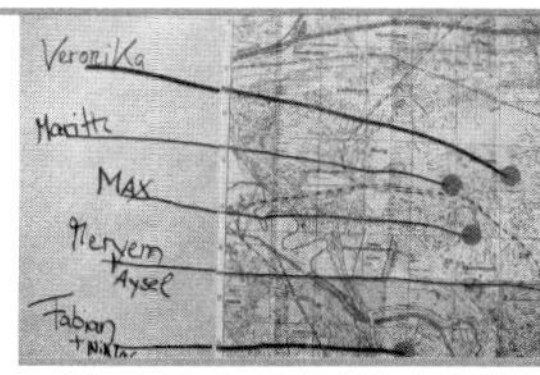


## Wortpaare

Zur Erforschung von Erlebnisqualitäten einzelner Aufenthaltsorte (Spielplätze, Straßenabschnitte, Marktplätze, Wiesen, Parkplätze usw.) werden Kinder und Jugendliche mit einem Kurzfragebogen zu einzelnen Aufenthaltsorten im Wohngebiet befragt.

Die Methode eignet sich zur Beschreibung und Bewertung von Erlebnisqualitäten einzelner Aufenthaltsorte durch Kinder.

**Vorteile**
- wenig Vorbereitungszeit
- für große Gruppen geeignet
- einfache Auswertung

**Nachteile**
- keine

- Kinder ab 9 Jahren, Jugendliche
- Gruppengröße beliebig

- etwa 60 Minuten

- eine Person als Moderation bei jüngeren Kindern

- Anleitung zur Durchführung der Methode
- Fragebogen Wortpaare
- Fragebogen Wortpaare Differenzierung

### Wunschbaum

In einer Kinder- oder Jugendeinrichtung wird ein »Wunschbaum« aufgestellt, an den die Kinder und Jugendlichen Wunschzettel hängen können.

Die Methode eignet sich, Wünsche, Ideen und Bedürfnisse von Kindern und Jugendlichen im Zusammenhang mit einem konkreten Thema oder Planungsvorhaben herauszufinden. Weiterhin kann mit dieser Methode persönlicher Kontakt zwischen der Gemeinde und Kindern oder Jugendlichen hergestellt werden.

**Vorteile**
- einfach
- visuell eindrucksvoll

**Nachteil**
- zum Teil Vernachlässigung der Weiterarbeit mit Ergebnissen

- Kinder ab 8 Jahren, jüngere Jugendliche
- Gruppengröße beliebig

- etwa zwei Wochen Laufzeit, während der etwa zwei Treffen von rund 120 Minuten stattfinden sollten

- Aufstellung des Wunschbaums an einer für Kinder oder Jugendliche gut erreichbaren Stelle

- Anleitung zur Durchführung der Methode

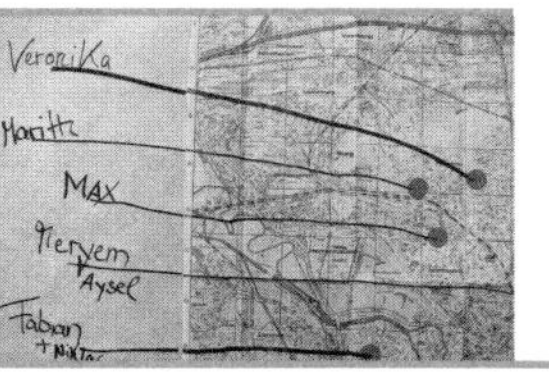


## Wunsch- und Meckerkasten

Kinder und Jugendliche einer Gemeinde sammeln in einem Briefkasten Wunsch-, Kritik- und Meckerzettel, die später an die Verantwortlichen weitergeleitet werden.

Die Methode eignet sich, um kontinuierlich Meinungsbilder von den Kindern und Jugendlichen einer Gemeinde zu erhalten und einen Dialog zwischen Erwachsenen und Kindern/Jugendlichen vorzubereiten. Weiterhin bietet sie die Möglichkeit, Themen für Beteiligungsprojekte zu ermitteln, an denen Kinder und Jugendliche Interesse haben.

### Vorteile

- umfassender Blick auf Probleme von Kindern und Jugendlichen
- breite Ideensammlung
- zur Vorbereitung von Kinder- und Jugendsprechstunden geeignet

### Nachteil

- geringe Wirkung ohne begleitende Maßnahmen wie Werbung, Bekanntgabe von Ergebnissen und Pflege des Instrumentes

- Kinder ab 8 Jahren, Jugendliche
- Gruppengröße beliebig

- kontinuierliche Durchführung

- keine

- Anleitung zur Durchführung der Methode

# III Methoden zur Ideen- und Entscheidungsfindung

- Ampelabfrage
- Entscheidungskreis
- Erfinderspiel
- Hitrakete
- Ideensprint
- Jetzt-bald-später-Matrix
- Zauberreise

## Ampelabfrage

Die Ampelabfrage ist ein sehr einfaches Verfahren der Abstimmung. Die Teilnehmenden stimmen zu Fragen oder Thesen ab, indem sie Karten in rot, gelb oder grün hochhalten. Die Farben stehen wie bei einer Ampel im Straßenverkehr für »dem stimme ich zu« (grün), »dem stimme ich teilweise zu« (gelb) und »dem stimme ich gar nicht zu« (rot).

Diese Methode eignet sich für einfache, schnelle und transparente Abstimmungen zu Themen und Sachverhalten. Sie kann zum Einstieg in Gespräche, Veranstaltungen und Inhalte genutzt werden und auch für die Auswertung von Diskussionen oder zum Feedback von Gruppenprozessen.

**Vorteile**
- einfaches Verfahren zur schnellen, transparenten Meinungsbildung
- nonverbaler Ausdruck persönlicher Meinungen
- schnelles Stimmungsbild bei großen Gruppen

**Nachteil**
- nicht anonym

- Kinder und Jugendliche ohne Altersbegrenzung
- Gruppengröße beliebig, sehr gut in großen Gruppen einsetzbar

- unterschiedlich je nach Thema und anschließender Diskussion

- keine

- Anleitung zur Durchführung der Methode

## Entscheidungskreis

Mit dem Entscheidungskreis werden bereits gesammelte Ideen und Vorschläge anhand verschiedener Kriterien auf ihre Umsetzbarkeit hin überprüft. In sechs Stufen wird zu jedem Vorschlag jeweils eine Prüffrage gestellt. Bei positiver Antwort rückt der Vorschlag eine Stufe weiter.

Die Methode eignet sich in allen Projektphasen, in denen Entscheidungen über Ideen oder Vorschläge getroffen werden sollen.

### Vorteile

- direkte Zusammenarbeit zwischen den Teilnehmenden
- Auseinandersetzung mit anderen Sichtweisen
- Erleben demokratischer Planungs- und Entscheidungsprozesse im Alltag

### Nachteil

- ungenaue Ergebnisse durch Berücksichtung unterschiedlicher Interessengruppen

- Kinder und Jugendliche ohne Altersbegrenzung
- Gruppengröße beliebig, gut auch in großen Gruppen einsetzbar

- 60 bis 90 Minuten

- großer Raum
- ausreichend Platz auf dem Fußboden
- Platz für 2 bis 3 Moderationswände
- mehrere Personen zur Moderation

- Anleitung zur Durchführung der Methode

## Erfinderspiel

Bei dieser Kreativmethode entwickeln Kinder, Jugendliche und Erwachsene durch das willkürliche, zufällige Kombinieren verschiedener Begriffe neue und ungewöhnliche Ideen.

Die Methode eignet sich zur Anregung und Lockerung der Phantasie, zum Aufbrechen von festen Denkstrukturen und zum Entwickeln innovativer Problemlösungen. Sie ist gut einsetzbar im Rahmen der Phantasiephase von Zukunftswerkstätten.

**Vorteile**
- Spaß beim Entwickeln neuer Ideen
- überdurchschnittlich kreative Lösungen

**Nachteile**
- keine

- Kinder ab 9 Jahren, Jugendliche
- Gruppengröße beliebig, bei großen Gruppen kann in Kleingruppen gearbeitet werden

- 45 bis 60 Minuten

- keine

- Anleitung zur Durchführung der Methode

## Hitrakete

Durch die Vergabe von Punkten wählen Kinder oder Jugendliche die besten Vorschläge aus einer Sammlung von Ideen aus. Ein solches Entscheidungsverfahren setzt eine abgeschlossene Diskussion oder Ideensammlung voraus.

Die Methode ist geeignet, wenn eine Auswahl zu treffen ist oder eine Prioritätenliste aus Vorschlägen und Ideen erarbeitet werden soll. Auch am Ende von Diskussionen, als Abschluss einer Ideensammlung und als Vorbereitung weiterer Arbeitsschritte ist sie gut einsetzbar.

### Vorteile

- schnelle und einfache Durchführung
- demokratisches Verfahren zur Entscheidungsfindung

### Nachteil

- keine Anonymität des Verfahrens

- Kinder ab 9 Jahren, Jugendliche
- Gruppengröße beliebig, bei großen Gruppen kann in Kleingruppen gearbeitet werden

- 10 bis 20 Minuten

- keine

- Anleitung zur Durchführung der Methode

## Ideensprint

Bei dieser kreativen Methode spielen zwei Gruppen gegeneinander und sammeln Ideen zur Lösung verschiedener Probleme. Dieses Spiel mit Wettbewerbscharakter erzeugt eine sehr dynamische und kreative Stimmung mit viel Spaß. Es können viele Vorschläge und Ideen in einem einzigen Spiel gesammelt werden.

Die Methode eignet sich für das Produzieren und Sammeln vieler Ideen (Lösungs-, Verbesserungs- und Handlungsvorschläge) für Organisationen, Einrichtungen oder Stadtteile, die in weiteren Arbeitsschritten bearbeitet werden können.

**Vorteil**
- umfangreiche und schnelle Produktion von Ideen und Lösungen

**Nachteil**
- mögliche Konflikte durch Konkurrenz rivalisierender Gruppen

- Kinder ab 9 Jahren, Jugendliche
- Gruppengröße beliebig, bei großen Gruppen kann in Kleingruppen gearbeitet werden

- 30 bis 60 Minuten

- großer Raum
- Platz für mindestens 3 Moderationswände

- Anleitung zur Durchführung der Methode

## Jetzt-bald-später-Matrix

Mit dieser Matrix (nach einer Idee von Tony Gibson) ordnen und systematisieren Kinder und Jugendliche die Bestandteile von Projekten und Vorhaben. Das geschieht sowohl in einem Zeitraster (jetzt, bald, später) als auch im Blick auf den Grad der Anforderung, ob Vorhaben allein oder mit anderen umgesetzt werden können.

Die Methode eignet sich zur Strukturierung einer Ideensammlung für ein Projekt oder Vorhaben. Weiterhin dient sie zur Planung der nächsten Handlungsschritte und motiviert zur eigenen Umsetzung.

**Vorteile**
- erste Strukturierung eines Vorhabens
- Motivierung zur Weiterarbeit an einem Projekt

**Nachteil**
- für Kinder wenig geeignet

- Jugendliche
- Gruppengröße beliebig, bei großen Gruppen kann in Kleingruppen gearbeitet werden

- 45 bis 60 Minuten

- keine

- Anleitung zur Durchführung der Methode

## Zauberreise

Eine imaginäre Zauberreise durch die Gemeinde regt Kinder an, neue und kreative Ideen für die Gestaltung verschiedener Plätze zu entwickeln. Für die Durchführung dieser Reise ist es wichtig, sich auf höchstens vier Plätze zu beschränken.

Die Methode eignet sich zur Sammlung von Ideen und Vorschlägen für spezielle Plätze am Wohnort, die für Kinder relevant sind.

**Vorteil**

- Berücksichtigung bisher eventuell vernachlässigter Orte

**Nachteil**

- Ideensammlung ausschließlich für einige konkrete Räume oder Orte

- Kinder ab 8 Jahren
- Gruppengröße beliebig, bei großen Gruppen kann in Kleingruppen gearbeitet werden

- 60 Minuten

- keine

- Anleitung zur Durchführung der Methode

# IV Methoden zum Projektmanagement

- Arbeitspaketebeschreibung
- Fischgrät-Diagramm
- Realisierungsprüfung
- SIL-Methode (Systematische Integration von Lösungselementen)
- SWOT-Analyse (Stärken-Schwächen-Analyse)
- Tabellarischer Projektstrukturplan
- Visueller Projektstrukturplan
- Warum-Warum-Diagramm
- Zeitschiene

## Arbeitspaketebeschreibung

Die Arbeitspaketebeschreibung dient der schriftlichen Ausformulierung der Teilaktivitäten in Projekten. Mit ihr werden die Aktivitäten, die zur Erreichung des Projektziels erforderlich sind, definiert und konkret beschrieben.

Die Methode eignet sich für die Definitions- und die Planungsphase. Sie unterstützt vor allem die Ressourcenplanung im Projekt.

**Vorteil**

- bessere Planung und Kontrolle des Einsatzes von Ressourcen

**Nachteile**

- keine

- Jugendliche
- bis zu 10 Teilnehmende

- keine

- Anleitung zur Durchführung der Methode
- Formblatt

## Fischgrät-Diagramm

Das Fischgrät-Diagramm bietet im Rahmen des Projektcontrollings eine Methode zur systematischen Analyse und Darstellung der Ursachen von Projektabweichungen. Vor dem Einsatz der Methode müssen Projektabweichungen bereits benannt worden sein.

Die Methode eignet sich für den Einsatz in der Realisierungsphase.

### Vorteile

- Entschlüsselung und Visualisierung von Gründen für Projektabweichungen
- Verdeutlichung der Abweichungen in ihrer gesamten Spannbreite
- keine reduzierte Betrachtung einzelner Aspekte
- gezielte Arbeit an eigentlicher Projektabweichung
- Ausklammerung angrenzender Thematiken aus der Diskussion

### Nachteile

- hoher Zeitaufwand
- Bearbeitung ausschließlich einer Abweichung pro Methodendurchgang

- Jugendliche
- bis zu 10 Teilnehmende

- etwa 60 Minuten pro Methodendurchgang und Abweichung

- keine

- Anleitung zur Durchführung der Methode

## Realisierungsprüfung

Mit dieser Prüfung werden aus mehreren Projektvorschlägen solche ausgewählt, die am besten zu realisieren sind. Die Realisierungschancen eines Projektes werden anhand von Prüfkriterien präzise untersucht und geprüft.

Die Methode eignet sich für die Startphase von Projekten und bietet die Möglichkeit, ein konkretes Projekt aus einer Vielzahl von potenziellen Vorhaben auszuwählen.

**Vorteil**

- Entwicklung vieler projektspezifischer Hinweise zu Realisierungsmöglichkeiten einer Projektidee

**Nachteile**

- hoher Zeitaufwand
- Überprüfung ausschließlich einer Projektidee pro Durchgang

- Jugendliche
- bis zu 8 Teilnehmende

- pro Projektidee und Durchgang etwa 30 bis 50 Minuten

- mehrere Räume für Einzel- oder Kleingruppenarbeit
- bei mehr als 8 Teilnehmenden jeweils eine Person als Moderation zur Arbeit in Kleingruppen

- Anleitung zur Durchführung der Methode
- Formblatt

## SIL-Methode (Systematische Integration von Lösungselementen)

Innerhalb der SIL-Methode werden in Einzel-, Paar- oder Kleingruppenarbeit Vorschläge für ein Projektthema entwickelt, im Plenum vorgestellt und diskutiert. Aus den präsentierten Vorschlägen werden jeweils die besten Ideen herausgefiltert und in die Ideen der anderen Vorschläge integriert.

Die Methode eignet sich besonders in der Vorbereitungsphase von Projekten und zur differenzierten Erarbeitung von Projektthemen.

**Vorteile**

- Aufnahme aller Vorschläge der Teilnehmenden
- umfassende, ausgereifte und von allen akzeptierte Lösungen
- hohe Identifikation aller Teilnehmenden mit Erarbeitungsprozess und Lösung

**Nachteil**

- quantitativ wenig Vorschläge für Projektthemen

- Jugendliche
- bis zu 8 Teilnehmende

- 120 bis 180 Minuten

- mehrere Räume für Einzel- oder Kleingruppenarbeit
- bei mehr als 8 Teilnehmenden jeweils eine Person als Moderation zur Arbeit in Kleingruppen

- Anleitung zur Durchführung der Methode

## SWOT-Analyse (Stärken-Schwächen-Analyse)

Die SWOT-Analyse (*S*trengths [Stärken], *W*eaknesses [Schwächen], *O*pportunities [Chancen], *T*hreats [Gefahren]) ist ein Werkzeug des strategischen Managements, wird aber auch für die Qualitätsentwicklung eingesetzt. Mit dieser einfachen und flexiblen Methode können sowohl Stärken und Schwächen innerhalb des Projektes als auch externe Chancen und Gefahren betrachtet werden. Aus dieser Kombination kann eine Strategie für die weitere Ausrichtung von Partizipationsprojekten abgeleitet werden.

Die Methode eignet sich für die Start- und Definitionsphase von Projekten im Zusammenhang mit Bestandsaufnahmen und -analysen. Ebenso ist die Methode zur Analyse des Projektumfeldes geeignet.

**Vorteile**

- schnelle Auseinandersetzung mit positiven und negativen Aspekten einer Situation
- Projizierung dieser Situation in die Zukunft

**Nachteil**

- oberflächliche Ergebnisse bei fehlender Ernsthaftigkeit oder Infragestellen des Nutzens möglich

- Jugendliche
- bis zu 10 Teilnehmende

- 120 bis 180 Minuten

- keine

- Anleitung zur Durchführung der Methode

## Tabellarischer Projektstrukturplan

Mit dem tabellarischen Projektstrukturplan werden alle geplanten Projektaktivitäten gesammelt und dargestellt. Die Methode dient der Erfassung und Formulierung der Aktivitäten in einem Projekt sowie einer eindeutigen Arbeitsverteilung im Projektteam.

Ein tabellarischer Projektstrukturplan dient zur Strukturierung in der Definitions- und Planungsphase.

### Vorteil
- Einsatz bei kleinen Projekten mit wenigen Aktivitäten

### Nachteile
- keine graphische Darstellung des Projekts
- keine Darstellung komplexer Zusammenhänge
- Gefahr der Unübersichtlichkeit bei einer großen Anzahl von Projektaktivitäten

- Jugendliche
- bis 20 Teilnehmende

- je nach Umfang des Projekts 60 bis 120 Minuten

- keine

- Anleitung zur Durchführung der Methode
- Formblatt

## Visueller Projektstrukturplan

Der visuelle Projektstrukturplan ermittelt alle durchzuführenden Aktivitäten und deren Vernetzung. Sie werden untergliedert in Haupt-, Teil- und Arbeitsaufgaben und in einen systematischen Zusammenhang gebracht sowie visuell sichtbar gemacht.

Die Methode eignet sich besonders in der Definitions- und Planungsphase.

**Vorteile**
- Berücksichtigung aller Projektaufgaben
- Verdeutlichung des Gesamtzusammenhangs innerhalb des Projektes

**Nachteile**
- keine

- ältere Kinder, Jugendliche
- bis 10 Teilnehmende

- je nach Umfang des Projektes 60 bis 180 Minuten

- großer Raum
- Platz auf dem Fußboden für den visuellen Projektstrukturplan

- Anleitung zur Durchführung der Methode

## Warum-Warum-Diagramm

Das Warum-Warum-Diagramm hat das Ziel, die Ursachen von Projektabweichungen systematisch zu analysieren, darzustellen und zu interpretieren. Mit immer neuen Warum-Fragen wird immer weiter in die Tiefe gegangen. Für den Einsatz der Methode müssen Projektabweichungen bereits vorher benannt worden sein.

Die Methode eignet für den Einsatz in der Umsetzungsphase.

**Vorteil**
- gleichzeitige Ergründung, Interpretation und Visualisierung der Ursachen für Abweichungen

**Nachteile**
- hoher Zeitaufwand
- Bearbeitung ausschließlich einer Abweichung pro Durchgang

- Jugendliche
- bis zu 10 Teilnehmende

- etwa 60 Minuten pro Methodendurchgang und Abweichung

- keine

- Anleitung zur Durchführung der Methode

## Zeitschiene

Mit der Zeitschiene wird der detaillierte Ablauf eines Projektes, also der Verlauf der Einzelaktivitäten dargestellt. Dadurch können sachlogische Zusammenhänge und Abhängigkeiten der einzelnen Schritte sichtbar gemacht werden.

Die Methode eignet sich vor allem in der Planungsphase.

**Vorteil**
- übersichtliche Darstellung von Projektinhalt und -verlauf

**Nachteile**
- keine

- Jugendliche
- bis zu 10 Teilnehmende

- je nach Aufgabenvielfalt und Umfang des Projekts 60 bis 120 Minuten

- großer Arbeitsraum oder große Fläche zur Erstellung der Zeitschiene

- Anleitung zur Durchführung der Methode

# Literatur


Arbeitsgemeinschaft für Jugendhilfe (Hrsg.). *Forum Jugendhilfe Spezial. Kinderrechte – Kinderpolitik*. Bonn 2000.

Balzer, Lars. *Wie werden Evaluationsprojekte erfolgreich? – Ein integrierender theoretischer Ansatz und eine empirische Studie zum Evaluationsprozess*. Dissertationsschrift. Landau 2005.

Barber, Benjamin. *Starke Demokratie*. Hamburg 1994.

Bartscher, Matthias. *Partizipation von Kindern in der Kommunalpolitik*. Freiburg im Breisgau 1998.

Bartscher, Matthias. »Wie kann die Vertretung von Kinderinteressen dauerhaft und effektiv institutionalisiert werden? – Kinder- und Jugendbüros, Kinderanwältinnen und Kinderbeauftragte«. *Strategien und Grundformen der Kinder- und Jugendbeteiligung I: Stellvertretende Formen – Beteiligung an den Institutionen der Erwachsenenwelt – Punktuelle Partizipation – Alltagspartizipation*. Beteiligungsbausteine – Band 3. Hrsg. Waldemar Stange. Münster 2007. 48–117.

Becker, Thomas, Ingo Dammer, Jürgen Howaldt, Stephan Killich und Achim Loose. *Netzwerkmanagement. Mit Kooperation zum Unternehmenserfolg*. Berlin 2005.

Berger, Gundel. »Rechtlicher Rahmen für die Mitwirkung in der Kommune«. *Kinder- und Jugendbeteiligung in Deutschland. Entwicklungsstand und Handlungsperspektiven*. Hrsg. Bertelsmann Stiftung. Gütersloh 2007. 115–128.

Bertelsmann Stiftung (Hrsg.). *Kinder- und Jugendpartizipation in Deutschland. Ergebnisse einer Strukturdatenerhebung in 564 Städten und Gemeinden*. Gütersloh 2005a.

Bertelsmann Stiftung (Hrsg.). *Kinder- und Jugendpartizipation in Deutschland. Daten – Fakten – Perspektiven.* Gütersloh 2005b.

Bertelsmann Stiftung (Hrsg.). *Mehr Partizipation wagen. Argumente für eine verstärkte Beteiligung von Kindern und Jugendlichen.* Gütersloh 2007a.

Bertelsmann Stiftung (Hrsg.). *Kinder- und Jugendbeteiligung in Deutschland. Entwicklungsstand und Handlungsperspektiven.* Gütersloh 2007b.

Bertelsmann Stiftung (Hrsg.). *Vorbilder bilden – Gesellschaftliches Engagement als Bildungsziel. Carl Bertelsmann-Preis 2007.* Gütersloh 2007c.

Beywl, Wolfgang, und Ellen Schepp-Winter. »Zielfindung und Zielerklärung – ein Leitfaden«. *QS 21 – Materialien zur Qualitätssicherung in der Kinder- und Jugendhilfe.* Hrsg. Bundesministerium für Familie, Senioren, Frauen und Jugend. Bonn 1999.

Beywl, Wolfgang, und Ellen Schepp-Winter. »Zielgeführte Evaluation von Programmen – ein Leitfaden«. *QS 29 – Materialien zur Qualitätssicherung in der Kinder- und Jugendhilfe.* Hrsg. Bundesministerium für Familie, Senioren, Frauen und Jugend. Bonn 2000.

Beywl, Wolfgang, Roland Mecklenburg, Jörg Richard, Theo Schneid und Martin Wonik. *Evaluation im Alltag. Jugendverbände untersuchen ihre Wirkungen.* Münster 2001.

Bingel, Gabriele, Anja Nordmann und Richard Münchmeier (Hrsg.). *Die Gesellschaft und ihre Jugend.* Opladen 2008.

Borsche, Sven. »Politik für Kinder – mit Kindern. Rahmenbedingungen einer Kinder- und Jugendhilfe sowie Familienpolitik an der Schwelle ins neue Jahrtausend«. *Forum Jugendhilfe Spezial. Kinderrechte – Kinderpolitik.* Hrsg. Arbeitsgemeinschaft für Jugendhilfe. Bonn 2000. 36–39.

Bortz, Jürgen, und Nicola Döring. *Forschungsmethoden und Evaluation für Human- und Sozialwissenschaftler.* 3., überarbeitete Auflage. Berlin 2002.

Bruner, Claudia F., Ursula Winklhofer und Claudia Zinser. *Beteiligung von Kindern und Jugendlichen in der Kommune – Ergebnisse einer bundesweiten Erhebung. Projekt: Modelle gesellschaftlicher Beteiligung von Kindern und Jugendlichen.* Hrsg. Bundesministerium für Familie, Senioren, Frauen und Jugend. Berlin 1999.

Brunsemann, Claudia, und Jörg Reelfs. »Interviewtraining«. *Methoden der Beteiligung von Kindern und Jugendlichen. Die operative Dimension der Partizipation I.* Beteiligungsbausteine – Band 7. Hrsg. Waldemar Stange. Münster 2008 (im Erscheinen).

Brunsemann, Claudia, und Waldemar Stange. »Der Entscheidungskreis«. »Dorfforscher/Dorfdetektive«. »Jetzt-Bald-Später-Matrix«. »Mehrpunktentscheidung – Hitrakete«. »Projektskizzen«. *Methoden der Beteiligung von Kindern und Jugendlichen. Die operative Dimension der Partizipation I.* Beteiligungsbausteine – Band 7. Hrsg. Waldemar Stange. Münster 2008 (im Erscheinen).

Brunsemann, Claudia, Waldemar Stange und Dieter Tiemann. *mitreden – mitplanen – mitmachen. Kinder und Jugendliche in der Kommune.* Hrsg. Deutsches Kinderhilfswerk und Ministerium für Frauen, Jugend, Wohnungs- und Städtebau des Landes Schleswig-Holstein. Berlin und Kiel 1997.

BAGLJÄ – Bundesarbeitsgemeinschaft der Landesjugendämter. *Qualitätsentwicklung in der Jugendarbeit – Ein Beitrag zur aktuellen Fachdiskussion.* München 2001.

BMFSFJ – Bundesministerium für Familie, Senioren, Frauen und Jugend (Hrsg.). *Freiwilliges Engagement in Deutschland 1999–2004. Ergebnisse der repräsentativen Trenderhebung zu Ehrenamt, Freiwilligenarbeit und bürgerschaftlichem Engagement.* München 2005a.

BMFSFJ (Hrsg.). *Nationaler Aktionsplan für ein kindergerechtes Deutschland 2005–2010.* Bonn und Berlin 2005b.

BMFSFJ (Hrsg.). *Für ein kindergerechtes Deutschland 2005–2010. Ein Kinder- und Jugendreport zum Nationalen Aktionsplan (NAP).* Bonn und Berlin 2006.

Burdewick, Ingrid. *Jugend – Politik – Anerkennung. Eine qualitative empirische Studie zur politischen Partizipation 11- bis 18-Jähriger.* Opladen 2003.

Burmeister, Jürgen, und Claudia Lehnerer. »Qualitätsmanagement am Beispiel der Zentralstelle Jugendhaus Düsseldorf e.V. in Abgrenzung zu ISO 9000 ff. Eine Vorstudie«. *QS 4 – Materialien zur Qualitätssicherung in der Kinder- und Jugendhilfe.* Hrsg. Bundesministerium für Familie, Senioren, Frauen und Jugend. Bonn 1996.

Cohn, Ruth C. *Von der Psychoanalyse zur themenzentrierten Interaktion. Von der Behandlung einzelner zu einer Pädagogik für alle.* Stuttgart 1975.

Deinet, Ulrich. *Sozialräumliche Jugendarbeit.* Opladen 1999.

Deinet, Ulrich. »Sozialräumliche Orientierung – mehr als Prävention!« *Deutsche Jugend* 3 2001. 117–124.

Deinet, Ulrich (Hrsg.). *Sozialräumliche Jugendarbeit. Grundlagen, Methoden und Praxiskonzepte.* Wiesbaden 2005.

Deinet, Ulrich. »Befragung von Schlüsselpersonen«. »Fremdbilderkundung«. »Jugendkulturenkataster«. »Nadelmethode«. »Strukturierte Sozialraumbegehung«. »Subjektive Landkarte«. »Zeitbudget«. *Methoden der Beteiligung von Kindern und Jugendlichen. Die operative Dimension der Partizipation I.* Beteiligungsbausteine – Band 7. Hrsg. Waldemar Stange. Münster 2008 (im Erscheinen).

Deinet, Ulrich, und Richard Krisch. *Der sozialräumliche Blick der Jugendarbeit. Methoden und Bausteine zur Konzeptentwicklung und Qualifizierung*. Wiesbaden 2005.

Detjen, Hans-Joachim. *Demokratie in der Gemeinde. Bürgerbeteiligung an der Kommunalpolitik in Niedersachsen*. Hannover 2000.

DPRG – Deutsche Public Relations Gesellschaft e.V. (Hrsg.). *Öffentlichkeitsarbeit. PR-Arbeit. Berufsfeld – Qualifikationsprofil – Zugangswege*. Bonn 2005.

Deutsche Shell (Hrsg.). *Jugend 2006 – Eine pragmatische Generation unter Druck. 15. Shell Jugendstudie*. Frankfurt am Main 2006.

Deutsches Kinderhilfswerk e.V. (Hrsg.). *Nachschlagewerk Kinderpolitik. Dokumentation beispielhafter Projekte, Erläuterungen, Adressen und weiterführender Literatur*. Berlin 2004.

Deutsches Kinderhilfswerk e.V. (Hrsg.). *Kinderreport Deutschland 2007: Daten, Fakten und Hintergründe*. Freiburg im Breisgau 2007.

Dienel, Peter C. *Die Planungszelle*. 3., durchgesehene und erweiterte Auflage. Opladen 1992.

Dinger, Gerhard, und Björn Franke. *Der Aufmischer. einmischen – mitmischen – aufmischen. Ergebnisse von »Jugend Spricht«, einer Studie zur Beteiligung Jugendlicher in der Kommune, der Schule, der offenen und der verbandlichen Jugendarbeit*. Tübingen 2004.

Donabedian, Avedis. *Explorations in Quality – Assessment and Monitoring. Volume II: The Criteria and Standards of Quality*. Ann Arbor 1982.

Edelstein, Wolfgang, und Peter Fauser (Hrsg.). *Beiträge zur Demokratiepädagogik. Eine Schriftenreihe des BLK-Programms »Demokratie lernen und leben«*. Berlin 2005.

Enquete-Kommission »Zukunft des Bürgerschaftlichen Engagements« des Deutschen Bundestages. *Bericht – Bürgerschaftliches Engagement: auf dem Weg in eine zukunftsfähige Bürgergesellschaft*. Opladen 2002.

Fatke, Reinhard. »Kinder- und Jugendpartizipation im wissenschaftlichen Diskurs«. *Kinder- und Jugendbeteiligung in Deutschland. Entwicklungsstand und Handlungsperspektiven*. Hrsg. Bertelsmann Stiftung. Gütersloh 2007. 19–38.

Fatke, Reinhard, Helmut Schneider, Sigrid Meinhold-Henschel und Martin Biebricher. »Jugendbeteiligung – Chance für die Bürgergesellschaft«. *Aus Politik und Zeitgeschichte* 12 2006. 24–32.

Feldmann-Wojtachnia, Eva. *Identität und Partizipation. Bedingungen für die politische Jugendbildung im Europa der Bürgerinnen und Bürger*. Hrsg. CAP – Forschungsgruppe Jugend und Europa. München 2007.

Fettermann, David M., Shakeh J. Kaftarian and Abraham Wandersman. *Empowerment Evaluation: Knowledge and Tools for Self-Assessment and Accountability*. Thousand Oaks 1996.

Garz, Kristin, und Waldemar Stange. »Ideen sammeln – Zauberreise«. *Methoden der Beteiligung von Kindern und Jugendlichen. Die operative Dimension der Partizipation I.* Beteiligungsbausteine – Band 7. Hrsg. Waldemar Stange. Münster 2008 (im Erscheinen).

Gille, Martina, und Winfried Krüger (Hrsg.). *Unzufriedene Demokraten. Politische Orientierungen der 16- bis 29-Jährigen im vereinigten Deutschland. DJI-Jugendsurvey 2.* Opladen 2000.

Glinka, Hans-Jürgen, Christa Neuberger, Brigitte Schorn, Waldemar Stange, Dieter Tiemann u.a. (Hrsg.). *Kulturelle und politische Partizipation von Kindern.* München 1999.

Graf, Pedro. *Konzeptentwicklung.* 2., überarbeitete Auflage. München 2002.

Graf, Pedro, und Maria Spengler. *Leitbild- und Konzeptentwicklung.* 3., überarbeitete und erweiterte Auflage. Augsburg 2000.

Hafeneger, Benno, Mechtild M. Jansen und Torsten Niebling (Hrsg.). *Kinder- und Jugendpartizipation. Im Spannungsfeld von Interessen und Akteuren.* Opladen 2005.

Hart, Roger. *Children's Participation: From Tokenism to Citizenship.* Florenz 1992.

Hart, Roger. *Children's Participation: The Theory and Practice of Involving Young Citizens in Community Development and Environmental Care.* New York 1997.

Hartmann, Martin, Michael Rieger und Brigitte Pajonk. *Zielgerichtet moderieren. Ein Handbuch für Führungskräfte, Berater und Trainer.* Weinheim und Basel 1997.

Hattenhauer, Hans. »Über das Minderjährigenwahlrecht«. *Jugend und Politik. Ein Handbuch für Forschung, Lehre und Praxis.* Hrsg. Christian Palentien und Klaus Hurrelmann. 2. Auflage. Neuwied, Kriftel und Berlin 1998. 238–259.

Heil, Karolus, Maja Heiner und Ursula Feldmann. *Evaluation sozialer Arbeit.* Frankfurt am Main 2001.

Heiner, Maja. *Selbstevaluation in der sozialen Arbeit.* Freiburg im Breisgau 1988.

Heiner, Maja. *Selbstevaluation als Qualifizierung in der Sozialen Arbeit. Fallstudien aus der Praxis.* Freiburg im Breisgau 1994.

Heiner, Maja. *Qualitätsentwicklung durch Evaluation.* Freiburg im Breisgau 1996.

Herbst, Dieter. *Public Relations. Das professionelle 1x1.* Berlin 1997.

Herbst, Dieter. *Public Relations. Das professionelle 1x1.* 3., überarbeitete Auflage. Berlin 2007.

Herrmann, Michael C. »Institutionalisierte Jugendparlamente: Über die Beteiligungsmotivation kommunaler Akteure – Formen, Chancen und Risiken«. *Jugend und Politik. Ein Handbuch für Forschung, Lehre und Praxis.* Hrsg. Christian Palentien und Klaus Hurrelmann. 2. Auflage. Neuwied, Kriftel und Berlin 1998. 315–334.

Hierhold, Emil. *Sicher präsentieren, wirksamer vortragen. Bewährte Tips und Strategien zur Überzeugung von Gruppen.* Wien 1990.

Himmelmann, Gerhard. »Was ist Demokratiekompetenz? Ein Vergleich von Kompetenzmodellen unter Berücksichtigung internationaler Ansätze«. *Beiträge zur Demokratiepädagogik. Eine Schriftenreihe des BLK-Programms »Demokratie lernen und leben«.* Hrsg. Wolfgang Edelstein und Peter Fauser. Berlin 2005.

Institut für angewandte Marketing-Wissenschaften BDU und Kommunikation im Marketing (Hrsg.). *Die 88 besten Checklisten für Ihre PR.* Landsberg 1998.

ISS – Institut für Sozialarbeit und Sozialpädagogik e.V. (Hrsg.). *Arbeitsbuch Jugendhilfeplanung.* Frankfurt am Main 2000.

Jaun, Thomas. »Durch Identifikation zu Verantwortungsbewusstsein: Die Partizipation von Kindern und Jugendlichen als Chance für eine nachhaltige Entwicklung«. *»... man kann ja nicht einfach aussteigen.« Kinder und Jugendliche zwischen Umweltangst und Konsumlust.* Hrsg. Ruth Kaufmann-Hayoz und Christine Künzli. Zürich 1999. 261–274.

Jordan, Erwin, und Reinhold Schone (Hrsg.). *Handbuch Jugendhilfeplanung. Grundlagen, Bausteine, Materialien.* Münster 1998.

Jungk, Robert, und Norbert R. Müllert. *Zukunftswerkstätten. Mit Phantasie gegen Routine und Resignation.* Hamburg 1981.

Karstens, Birgit, und Annekathrin Nehls. »Innovative Methoden der Sozialraum- und Lebensweltanalyse in der Jugendhilfeplanung – dargestellt an der Samtgemeinde Amelinghausen«. Unveröffentlichte Diplomarbeit. Lüneburg 2005.

Kaufmann-Hayoz, Ruth, und Christine Künzli (Hrsg.). *»... man kann ja nicht einfach aussteigen.« Kinder und Jugendliche zwischen Umweltangst und Konsumlust.* Zürich 1999.

Kessl, Fabian, Christian Reutlinger, Susanne Maurer und Oliver Frey (Hrsg.). *Handbuch Sozialraum.* Wiesbaden 2005.

Kessler, Heinrich, und Georg A. Winkelhofer. *Projektmanagement: Leitfaden zur Steuerung und Führung von Projekten.* Berlin 1997.

Klebert, Karin, Einhard Schrader und Walter Straub. *ModerationsMethode. Gestaltung der Meinungs- und Willensbildung in Gruppen, die miteinander lernen und leben, arbeiten und spielen.* Hamburg 1991.

Klein, Zymyat M. *Kreative Seminarmethoden. 100 kreative Methoden für erfolgreiche Seminare.* Offenbach 2003.

Knauer, Raingard, und Benedikt Sturzenhecker. »Partizipation im Jugendalter«. *Kinder- und Jugendpartizipation. Im Spannungsfeld von Interessen und Akteuren.* Hrsg. Benno Hafeneger, Mechtild M. Jansen und Torsten Niebling. Opladen 2005. 63–94.

Knauer, Raingard, Bianca Friedrich, Thomas Herrmann und Bettina Liebler. *Beteiligungsprojekte mit Kindern und Jugendlichen in der Kommune. Vom Beteiligungsprojekt zum demokratischen Gemeinwesen.* Wiesbaden 2004.

Ködelpeter, Thomas, und Ulrich Nitschke (Hrsg.). *Jugendliche planen und gestalten Lebenswelten. Partizipation als Antwort auf den gesellschaftlichen Wandel.* Wiesbaden 2008.

Kolhoff, Ludger. *Projektmanagement.* Baden-Baden 2004.

Kommission der Europäischen Gemeinschaften. *Weißbuch der Europäischen Kommission »Neuer Schwung für die Jugend Europas«.* KOM (2001) 681. Brüssel 2001.

König, Joachim. *Einführung in die Selbstevaluation. Ein Leitfaden zur Bewertung der Praxis sozialer Arbeit.* Freiburg im Breisgau 2000.

Koszyk, Kurt, und Karl Hugo Pruys. *Handbuch der Massenkommunikation.* München 1981.

Krappmann, Lothar. »Politische Sozialisation in Kindheit und Jugend durch Partizipation an alltäglichen Entscheidungen – ein Forschungskonzept«. *Sozialisation zur Mitbürgerlichkeit.* Hrsg. Hans-Peter Kuhn, Harald Uhlendorff und Lothar Krappmann. Opladen 2000. 77–92.

Kromrey, Helmut. »Evaluation – ein vielschichtiges Konzept. Begriff und Methodik von Evaluierung und Evaluationsforschung. Empfehlungen für die Praxis«. *Sozialwissenschaften und Berufspraxis* (24) 2 2001. 105–131.

Kuhn, Hans-Peter, Harald Uhlendorff und Lothar Krappmann (Hrsg.). *Sozialisation zur Mitbürgerlichkeit.* Opladen 2000.

Kutscher, Nadia. »Beteiligung von Jugendlichen zwischen Interessen, Erwartungen und Lebensalltag«. *Kinder- und Jugendbeteiligung in Deutschland. Entwicklungsstand und Handlungsperspektiven.* Hrsg. Bertelsmann Stiftung. Gütersloh 2007a. 187–204.

Kutscher, Nadia. »Digitale Ungleichheit und Bildungsbenachteiligung bei Kindern«. *Kinderreport Deutschland 2007: Daten, Fakten und Hintergründe.* Hrsg. Deutsches Kinderhilfswerk e.V. Freiburg im Breisgau 2007b. 97–112.

Landesjugendring Niedersachsen e.V. (Hrsg.). *Handbuch zur Qualitätsentwicklung in der Jugendverbandsarbeit.* Hannover 2002.

Landesjugendring Schleswig-Holstein e.V. (Hrsg.). *Auf der Suche nach mehr Demokratie – Bedingungen politischer Beteiligung von Kindern und Jugendlichen*. Kiel 1995.

Lehwald, Gerhard. »Partizipation und Lernen von Demokratie in der Großstadt. Das Leipziger Kinderbüro, ›Kinder planen ihre Stadt‹«. *Partizipation von Kindern und Jugendlichen in Stadtplanung und Dorfentwicklung. Aktionsfelder – exemplarische Orte und Themen II*. Beteiligungsbausteine – Band 6. Hrsg. Waldemar Stange. Münster 2008a. 33–58 (im Erscheinen).

Lehwald, Gerhard. »Wohnumfeld- und Spielraum-Methoden«. »Wortpaare«. *Methoden der Beteiligung von Kindern und Jugendlichen. Die operative Dimension der Partizipation I*. Beteiligungsbausteine – Band 7. Hrsg. Waldemar Stange. Münster 2008b (im Erscheinen).

Liebald, Christiane. »Leitfaden für Selbstevaluation und Qualitätssicherung«. *QS 19 – Materialien zur Qualitätssicherung in der Kinder- und Jugendhilfe*. Hrsg. Bundesministerium für Familie, Senioren, Frauen und Jugend. Bonn 1998.

Mannheim-Runkel, Monika, und Ursula Taplik (Hrsg.). *Konzeptentwicklung in der Jugendarbeit*. Frankfurt am Main 1998.

Mayrshofer, Daniela, und Hubertus A. Kröger. *Prozesskompetenz in der Projektarbeit. Ein Handbuch für Projektleiter*. Hamburg 1999.

Meinhold-Henschel, Sigrid. »Qualitätsanforderungen an Beteiligungsvorhaben«. *Kinder- und Jugendbeteiligung in Deutschland. Entwicklungsstand und Handlungsansätze*. Hrsg. Bertelsmann Stiftung. Gütersloh 2007. 221–246.

Merchel, Joachim (Hrsg.). *Qualität in der Jugendhilfe: Kriterien und Bewertungsmöglichkeiten*. 2. Auflage. Münster 1999.

Merk, Peter. »Wahlrecht ohne Altersgrenzen«. *Jugend und Politik. Ein Handbuch für Forschung, Lehre und Praxis*. Hrsg. Christian Palentien und Klaus Hurrelmann. 2. Auflage. Neuwied, Kriftel und Berlin 1998. 260–279.

Mickel, Wolfgang W. (Hrsg.). *Handlexikon zur Politikwissenschaft*. Bonn 1986.

Middendorf, Werner. »Qualitätsentwicklung im Jugendverband«. *Handbuch zur Qualitätsentwicklung in der Jugendverbandsarbeit*. Hrsg. Landesjugendring Niedersachsen e. V. Hannover 2002. 11–25.

Möller, Kurt. *Die Stuttgarter Jugendräte-Studie. Möglichkeiten zur politischen Beteiligung Jugendlicher an gesamtstädtischen Belangen in einer Großstadt*. Esslingen 1999.

Möller, Kurt. »Kommunalpolitische Partizipation von Kindern und Jugendlichen – Entwicklungsstand und Qualitätskriterien«. *neue praxis* (4) 2000. 379–396.

Morgenstern, Ines, Monika Mannheim-Runkel, Claudia Michelfeit und Gerline Schmidt-Hood. *Konzept und Qualität in der Offenen Kinder- und Jugendarbeit. Ein Modellprojekt aus Thüringen.* Norderstedt 2004.

Motzel, Erhard. *Projektmanagement Lexikon.* Weinheim 2006.

Müller-Schwarz, Uli, und Bernhard Weyer. *Präsentationstechnik. Mehr Erfolg durch Visualisierung bei Vortrag und Verkauf.* Wiesbaden 1991.

Nagel, Mathias. »Medienpädagogik als Punktuelle Partizipation – Grundlagen – Fallbeispiele – Tipps«. *Strategien und Grundformen der Kinder- und Jugendbeteiligung I: Stellvertretende Formen – Beteiligung an den Institutionen der Erwachsenenwelt – Punktuelle Partizipation – Alltagspartizipation.* Beteiligungsbausteine – Band 3. Hrsg. Waldemar Stange. Münster 2007. 229–269.

Neuland, Michèle. *Neuland-Moderation.* Eichenzell 1995.

Nitor, Freimuth Joachim, Astrid Wierwille und Sven Ziehr. *Die Kunst des Präsentierens.* Interaktive CD. Rellingen 2000.

Noelle-Neumann, Elisabeth, Winfried Schulz und Jürgen Wilke (Hrsg.). *Fischer-Lexikon Publizistik und Massenkommunikation.* Frankfurt am Main 2004.

Oetke, Dirk, und Waldemar Stange. »Flanierende Begehung I und II«. »Gruppendiskussion«. Spielraum-Befragung«. *Methoden der Beteiligung von Kindern und Jugendlichen. Die operative Dimension der Partizipation I.* Beteiligungsbausteine – Band 7. Hrsg. Waldemar Stange. Münster 2008 (im Erscheinen).

Olk, Thomas, und Roland Roth. »Zum Nutzen der Beteiligung von Kindern und Jugendlichen«. *Kinder- und Jugendbeteiligung in Deutschland. Entwicklungsstand und Handlungsansätze.* Hrsg. Bertelsmann Stiftung. Gütersloh 2007. 39–58.

Palentien, Christian, und Klaus Hurrelmann (Hrsg.). *Jugend und Politik. Ein Handbuch für Forschung, Lehre und Praxis.* 2. Auflage. Neuwied, Kriftel und Berlin 1998.

Pralow, Kai. »Kinder- und Jugendpartizipation: Möglichkeiten und Grenze. Eine Untersuchung und Systematisierung von Best-Practice-Modellen«. Unveröffentlichte Diplomarbeit. Lüneburg 2003.

Quesel, Carsten, und Fritz Oser (Hrsg.). *Die Mühen der Freiheit. Probleme und Chancen der Partizipation von Kindern und Jugendlichen.* Zürich und Chur 2006.

Riege, Marlo, und Herbert Schubert (Hrsg.). *Sozialraumanalyse. Grundlagen – Methoden – Praxis.* Wiesbaden 2005.

Ryan, Katherine E., und Lizanne DeStefano. *Evaluation as a Democratic Process: Promoting Inclusion, Dialogue, and Deliberation.* San Francisco 2000.

Schlicksupp, Helmut. *Innovation, Kreativität und Ideenfindung*. 6. Auflage. Würzburg 2004.

Schmidt, Manfred G. *Demokratietheorien*. Opladen 2000.

Schneider, Helmut. »Von Jugendskeptikern und Jugendbefürwortern. Wie nehmen Erwachsene Jugendliche wahr? Ergebnisse einer empirischen Untersuchung«. *Vorbilder bilden – Gesellschaftliches Engagement als Bildungsziel. Carl Bertelsmann-Preis 2007*. Hrsg. Bertelsmann Stiftung. Gütersloh 2007. 161–188.

Schneider, Helmut, und Reinhard Fatke. »Stärkung der kommunalen Beteiligung von Kindern und Jugendlichen«. *Kinder- und Jugendbeteiligung in Deutschland. Entwicklungsstand und Handlungsperspektiven*. Hrsg. Bertelsmann Stiftung. Gütersloh 2007. 131–142.

Schnelle, Eberhard (Hrsg.). *Metaplan Gesprächstechnik. Kommunikationswerkzeug für die Gruppenarbeit. Metaplan-Reihe Heft 2*. Quickborn 1982.

Schröder, Richard. *Kinder reden mit! – Beteiligung an Politik, Stadtplanung und -gestaltung*. Weinheim und Basel 1995.

Schröder, Richard. *Freiräume für Kinder(t)räume! Kinderbeteiligung in der Stadtplanung*. Weinheim und Basel 1996.

Schröder, Richard. »Verkehrsbe(un)ruhigungen – Verkehrsprojekte mit Kindern«. *Partizipation von Kindern und Jugendlichen in Stadtplanung und Dorfentwicklung. Aktionsfelder – exemplarische Orte und Themen II*. Beteiligungsbausteine – Band 6. Hrsg. Waldemar Stange. Münster 2008a. 99–103 (im Erscheinen).

Schröder, Richard. »Kinderfreundliches Wohnen. Kriterien für die Gestaltung des Wohnumfeldes und für die Gestaltung des Hauses«. *Partizipation von Kindern und Jugendlichen in Stadtplanung und Dorfentwicklung. Aktionsfelder – exemplarische Orte und Themen II*. Beteiligungsbausteine – and 6. Hrsg. Waldemar Stange. Münster 2008b. 115–121 (im Erscheinen).

Schröder, Richard. »Interviewstreifzüge mit Kindern zum Thema Kinderfreundliches Wohnen«. »Semantisches Differential zu speziellen Orten«. *Methoden der Beteiligung von Kindern und Jugendlichen. Die operative Dimension der Partizipation I*. Beteiligungsbausteine – Band 7. Hrsg. Waldemar Stange. Münster 2008c (im Erscheinen).

Schulz-Wimmer, Heinz. *Projekte managen. Werkzeuge für effizientes Organisieren, Durchführen und Nachhalten von Projekten*. Planegg 2007.

Seifert, Josef W. *Visualisieren – Präsentieren – Moderieren*. 21. Auflage. Offenbach 2001.

Seifert, Josef W. *Visualisieren – Präsentieren – Moderieren*. 23., erweiterte Auflage. Offenbach 2007a.

Seifert, Josef W. *Moderation & Kommunikation. Gruppendynamik und Konfliktmanagement in moderierten Gruppen*. 6. Auflage. Offenbach 2007b.

Sellnow, Reinhard. *Die mit den Problemen spielen. Ratgeber zur kreativen Problemlösung*. Bonn 1999.

Simon, Hermann, und Andreas von der Gathen. *Das große Handbuch der Strategieinstrumente. Alle Werkzeuge für eine erfolgreiche Unternehmensführung*. Frankfurt am Main und New York 2002.

Simon, Titus. *Kommunale Jugendhilfeplanung*. 5. Auflage. Wiesbaden 2003.

Sperling, Jan Bodo, Ursel Stapelfeldt und Jacqueline Wasseveld. *Moderation. Teams professionell führen mit den besten Methoden und Instrumenten*. Planegg 2007.

Spiegel, Hiltrud von (Hrsg.). *Jugendarbeit mit Erfolg. Arbeitshilfen und Erfahrungsberichte zur Qualitätsentwicklung und Selbstevaluation. Ein Modellprojekt des Landschaftsverbandes Westfalen-Lippe*. Münster 2000.

Spiegel, Hiltrud von. »So macht man Konzeptionsentwicklung in der Kinder- und Jugendarbeit – eine praktische Anleitung«. *Konzeptentwicklung in der Kinder- und Jugendarbeit. Reflexionen und Arbeitshilfen für die Praxis*. Hrsg. Benedikt Sturzenhecker und Ulrich Deinet. Weinheim und München 2007. 51–95.

Stadt Solingen (Hrsg.). *10 Jahre Jugendstaatrat Solingen – Jugendliche packen mit an*. Solingen 2007.

Stange, Waldemar. *Planen mit Phantasie. Zukunftswerkstatt und Planungszirkel für Kinder und Jugendliche*. Berlin und Kiel 1996.

Stange, Waldemar (Hrsg.). »Offene Versammlungsformen und Foren«. *Strategien und Grundformen der Kinder- und Jugendbeteiligung II: Kinder- und Jugendparlamente – Offene Formen – Projektansatz*. Beteiligungsbausteine – Band 4. Hrsg. Waldemar Stange. Münster 2007a. 191–198.

Stange, Waldemar (Hrsg.). *Strategien und Grundformen der Kinder- und Jugendbeteiligung I: Stellvertretende Formen – Beteiligung an den Institutionen der Erwachsenenwelt – Punktuelle Partizipation – Alltagspartizipation*. Beteiligungsbausteine – Band 3. Münster 2007b.

Stange, Waldemar (Hrsg.). *Strategien und Grundformen der Kinder- und Jugendbeteiligung II: Kinder- und Jugendparlamente – Offene Formen – Projektansatz*. Beteiligungsbausteine – Band 4. Münster 2007c.

Stange, Waldemar (Hrsg.). *Methoden der Beteiligung von Kindern und Jugendlichen. Die operative Dimension der Partizipation I*. Beteiligungsbausteine – Band 7. Münster 2008a (im Erscheinen).

Stange, Waldemar (Hrsg.). *Partizipation von Kindern und Jugendlichen in Stadtplanung und Dorfentwicklung. Aktionsfelder – exemplarische Orte und*

*Themen II*. Beteiligungsbausteine – Band 8. Münster 2008b (im Erscheinen).

Stange, Waldemar, und Dieter Tiemann. »Alltagsdemokratie und Partizipation: Kinder vertreten ihre Interessen in Kindertagesstätte, Schule, Jugendarbeit und Kommune«. *Kulturelle und politische Partizipation von Kindern*. Hrsg. Hans-Jürgen Glinka, Christa Neuberger, Brigitte Schorn, Waldemar Stange, Dieter Tiemann u.a. München 1999. 211–231.

Stange, Waldemar, Stefan Petzhold und Christoph Zastrow. »Kinder- und Jugendvertretungen: Repräsentative Formen der Beteiligung – Ein Überblick unter besonderer Berücksichtigung norddeutscher Länder«. *Strategien und Grundformen der Kinder- und Jugendbeteiligung II: Kinder- und Jugendparlamente – Offene Formen – Projektansatz*. Beteiligungsbausteine – Band 4. Hrsg. Waldemar Stange. Münster 2007. 64–123.

Statistisches Bundesamt (Hrsg.). *Statistisches Jahrbuch 2007 für die Bundesrepublik Deutschland*. Wiesbaden 2007.

Sturzenhecker, Benedikt, und Ulrich Deinet (Hrsg.). *Konzeptentwicklung in der Kinder- und Jugendarbeit. Reflexionen und Arbeitshilfen für die Praxis*. Weinheim und München 2007.

Thiersch, Renate. »Wie, was, wo wann und mit wem? – Sozialraumanalyse konkret«. *Theorie und Praxis der Sozialpädagogik* 5 2000. 10–18.

Tiemann, Dieter. *Demokratie lernen – Alltagsorientierte Kinderpolitik in Schleswig-Holstein*. Hrsg. Ministerium für Arbeit, Soziales, Jugend und Gesundheit des Landes Schleswig-Holstein. Kiel 1995a.

Tiemann, Dieter. »Kinderpolitik in Schleswig-Holstein: Die Demokratiekampagne«. *Auf der Suche nach mehr Demokratie – Bedingungen politischer Beteiligung von Kindern und Jugendlichen*. Hrsg. Landesjugendring Schleswig-Holstein e.V. Kiel 1995b.

Uhl, Katrin, Susanne Ulrich und Florian M. Wenzel. *Evaluation politischer Bildung: Ist Wirkung messbar?* Gütersloh 2004.

Ulrich, Susanne, und Florian M. Wenzel. *Partizipative Evaluation. Ein Konzept für die politische Bildung*. Gütersloh 2003.

Ulrich, Susanne, und Florian M. Wenzel. »Partizipative Evaluation«. *Evaluation politischer Bildung: Ist Wirkung messbar?* Hrsg. Katrin Uhl, Susanne Ulrich und Florian M. Wenzel. Gütersloh 2004. 27–48.

Vilmar, Fritz. »Partizipation«. *Handlexikon zur Politikwissenschaft*. Hrsg. Wolfgang W. Mickel. Bonn 1986. 339–344.

Wächter, Franziska, und Claudia Zinser. »Evaluation der Partizipationskampagne ›Projekt P – misch dich ein‹«. *Jugendliche planen und gestalten Le-*

*benswelten. Partizipation als Antwort auf den gesellschaftlichen Wandel.* Hrsg. Thomas Ködelpeter und Ulrich Nitschke. Wiesbaden 2008. 61–76.

Weimann, Mike. *Wahlrecht für Kinder. Eine Streitschrift.* Weinheim, Berlin und Basel 2002.

Windau, Bettina, und Sigrid Meinhold-Henschel. »Evaluation in Stiftungen. Gegenwärtiger Stand und Empfehlungen für die Praxis«. *Rote Seiten. Stiftung & Sponsoring. Das Magazin für Non-Profit-Management und -Marketing* (9) 5 2006.

Winkelhofer, Georg A. *Methoden für Management und Projekte – Ein Arbeitsbuch für Unternehmensentwicklung, Organisation und EDV.* Berlin, Heidelberg und New York 1997.

Winklhofer, Ursula, und Claudia Zinser. »Partizipation von Kindern und Jugendlichen – Erfahrungen in der Kommune«. *Kursiv* 3 2003. 30–35.

Winklhofer, Ursula, und Claudia Zinser. »Jugend und gesellschaftliche Partizipation«. *Die Gesellschaft und ihre Jugend.* Hrsg. Gabriele Bingel, Anja Nordmann und Richard Münchmeier. Opladen 2008. 71–93.

Zimmer-Henrich, Werner. *Projektmanagement, Verfahren und Instrumente für erfolgreiche Projektarbeit in Vereinen und Verbänden. Ein Trainingshandbuch.* Hrsg. Friedrich-Ebert-Stiftung. Bonn 1998.

Zinser, Claudia. »Wie wirkt Partizipation? Partizipation aus Sicht von Jugendlichen und Fachkräften«. Vortrag im Rahmen der Auftaktveranstaltung der baden-württembergischen Kampagne »Gelingende Beteiligung vor Ort – Impulse für lokale Jugendarbeit und Jugendpolitik«. Evangelische Akademie Bad Boll, 15. März 2004. Unveröffentlichtes Manuskript.

Zinser, Claudia. »Jugendstadtrat und Kommunalpolitik – Erfahrungen aus zehn gemeinsamen Jahren«. Vortrag im Rahmen der Aktionswoche »10 Jahre Solinger Jugendstadtrat«. Unveröffentlichtes Manuskript 2007.

Zinser, Claudia, und Thomas Schübel. »Was bleibt von der kommunalpolitischen Beteiligung? Eine Erhebung bei den Mitgliedern der ersten fünf Solinger Jugendstadträte.« *10 Jahre Jugendstadtrat Solingen – Jugendliche packen mit an.* Hrsg. Stadt Solingen. Solingen 2007. 22–35.

# Inhalte der CD-ROM

## Partizipationsprojekte in der Theorie

### Grundlagen der Partizipation

- Kinder- und Jugendpartizipation im wissenschaftlichen Diskurs
- Jugendpartizipationsstudie
- Zum Nutzen der Beteiligung von Kindern und Jugendlichen
- Normativer Bezugsrahmen
- Kinderrechte – normativer Rahmen für die Mitwirkung von Kindern und Jugendlichen
- Rechtlicher Rahmen für die Mitwirkung in Kommunen
- Von Jugendskeptikern und Jugendbefürwortern

### Qualität in Partizipationsprojekten

- Umsetzung der Qualitätsanforderungen
- Instrument zur Selbstevaluation
  - Teil1_Beschreibung
  - Teil2_Bewertung
- Qualitätsanforderungen an Beteiligungsvorhaben

### Modelle der Beteiligung

- Jugendforen
- Jugendeinwohnerversammlungen
- Kinder- und Jugendparlamente
- Beteiligung an den Institutionen der Erwachsenenwelt
- Punktuelle Partizipation
- Kinder- und Jugendbüros
- Kinder- und Jugendbeauftragte

### Information und Kommunikation

- Praxistipps für die Öffentlichkeitsarbeit

## Partizipationsprojekte in der Praxis

### Grundlagen des Projekt- und Qualitätsmanagements

*Das Projektmanagement*

- Checkliste Projektstatus
- Umgang mit verschiedenen Rollen im Team
- Phasen der Teamentwicklung
- Intervention in der Teamentwicklung
- Netzwerke für Beteiligung organisieren und steuern

*Qualitätsmanagement und Evaluation*

- Qualitätskriterien für Partizipationsprojekte
- Partizipative Evaluation
- Methoden der Evaluation
- Checkliste Selbstevaluation
- Leitfragen für die Selbstevaluation
- Instrument zur Selbstevaluation
  - Leitfaden
  - Teil1_Beschreibung
  - Teil1_Beschreibung_Formular
  - Teil2_Bewertungstool
  - Plakat

*Konzept- und Zielentwicklung*

- Sozialstrukturanalyse
- Daten zur Sozialstatistik
- Informationen zum Stadtteil
- SMART-Prinzip
- Gliederung eines Konzepts

*Informations- und Öffentlichkeitsarbeit*

- Tipps für attraktive Texte
- Nachrichtenfaktoren
- Kommunikationsplanung
- Medien für die PR-Arbeit
- Wie transportiere ich eine Nachricht?
- Instrumente der Medienarbeit
- Pressemitteilung
- Pressekonferenz
- Fachartikel
- Reportage
- Presseinterview
- Telefonischer Pressekontakt

## Management von Partizipationsprojekten

*Das Projektphasenmodell*

- Phasenschema zum Projektmanagement
- Leitfaden zum Projektmanagement

*Projektbeginn: Startphase*

- Startsituation von Partizipationsprojekten
- SIL-Methode
- Realisierungsprüfung
  - Formblatt
- Checkliste: Projektantrag
- Durchführung eines Kick-off-Meetings
- Themenliste für ein Kick-off-Meeting
- Leitfragen für die Startphase

*Analyse auf verschiedenen Ebenen: Definitionsphase*

- SWOT-Analyse
- Methoden für die Situationsanalyse
- Analyse der Einflussgrößen
- Schnittstellenmatrix
- Risikoanalyse
- Zielgruppenanalyse
- Stakeholderanalyse
- Kraftfeldanalyse
- Anlegen eines Sammelordners
- Kommunikationsmatrix
- Checkliste PR-Arbeit
- Leitfragen für die Definitionsphase

*Organisation und Aufgabenverteilung: Planungsphase*

- Tabellarischer Projektstrukturplan
  - Formblatt
- Visueller Projektstrukturplan
- Arbeitspaketebeschreibung
  - Formblatt
- Aktionsplan
- Zeitschiene
- Leitfragen für die Planungsphase

*Projektpraxis und Steuerung: Umsetzungsphase*

- Checkliste Projektabweichungen
- Leitfaden Projektcontrolling
- Fragebogen für Projekte und Vorhaben
- Fragebogen für Foren
- Leitfragen zur Bewertung des Projektverlaufs
- Dokumentation
- Fotodokumentation
- Abschlussdarstellung
- Offene Punkte
- Leitfragen für die Umsetzungsphase

### Moderieren – Visualisieren – Präsentieren

*Die Moderation*

- Analyse der Teilnehmenden
- Erarbeitung eines Moderationsplans
- Vorbereitung einer Moderation
- Das Ein-Text-Verfahren
- Tipps für die Moderation
- Tipps für schwierige Situationen

*Die Visualisierung*

- Material für Visualisierungen
- Checkliste Moderationsausstattung
- Hinweise zur Visualisierung

*Die Präsentation*

- Vor- und Nachteile verschiedener Medien
- Hinweise zur Strukturierung
- Gestaltung
- Organisation
- Konzeption
- Umgang mit Nervosität und Lampenfieber
- Sprechtechnik

## Methoden für Projekte zur Kinder- und Jugendpartizipation

### Die Zukunftswerkstatt –zentraler Baustein von Partizipationsprojekten

- Grundsätze einer Zukunftswerkstatt

### Methoden zur Erkundung der Lebenswelt

- Dialog- und Kommunikationswände
- Dokumentationsmappe
- Flanierende Begehungen und Beobachtungen
  - Beobachtungsbogen
- Forscheraktionen
  - Forscherauftrag
- Fotostreifzüge
- Fremdbilderkundung
- Gruppendiskussion
- Individuelles Zeitbudget
  - Wochenplan
  - Wochenplan blanko
- Interviewstreifzüge
  - Interviewfragen
- Interviewtraining
- Jugendkulturenkataster
  - Raster

### Methoden zur Erkundung der Lebenswelt (Fortsetzung)

- Leitfadeninterview mit Schlüsselpersonen
- Mitmach-Tafel
- Modellbauaktionen
  - Materialliste
- Motzmonster und Klagemauer
- Nadelmethode
- Objektive Landkarte
- Projektskizzen
- Sozialraumbegehung
  - Leitfaden
- Spiel- und Lebensraum-Befragungen
  - Kinderfreundliche Straße
  - Lebensraumbefragung
  - Meine Spielorte
  - Spielen im Stadtteil
  - Spielplätze
  - Traumwohnung
- Subjektive Landkarte
- Wortpaare
  - Fragebogen Wortpaare
  - Fragebogen Wortpaare Differenzierung
- Wunschbaum
- Wunsch- und Meckerkasten

### Methoden zur Ideen- und Entscheidungsfindung

- Ampelabfrage
- Entscheidungskreis
- Erfinderspiel
- Hitrakete
- Ideensprint
- Jetzt-Bald-Später-Matrix
- Zauberreise

### Methoden zum Projektmanagement

- Arbeitspaketebeschreibung
  - Formblatt
- Fischgrät-Diagramm
- Realisierungsprüfung
  - Formblatt
- SIL-Methode
- SWOT-Analyse
- Tabellarischer Projektstrukturplan
  - Formblatt
- Visueller Projektstrukturplan
- Warum-Warum-Diagramm
- Zeitschiene